法人・制度体・国家

―オーリウにおける法理論と国家的なものを求めて―

時本義昭著

成　文　堂

いやだというのに、むりやり医者にされてしまったんで。……あの連中が力ずくでもわたしを医者にしようというので、観念してなることにしたんですが、患者にとっちゃ迷惑な話ですよ。

モリエール（鈴木力衛訳）『いやいやながら医者にされ』

目次

凡例

凡例

一　引用部分の［　］内は本書の筆者による註記である。

二　引用部分の傍点については、引用文献が日本語の場合には原著者が付したものであり、外国語の場合には原文イタリックその他強調を示すものである。したがって、本書の筆者自らが付した傍点は存在しない。

三　日本語文献の引用に際して、原則として、旧字体を新字体に、歴史的仮名づかいを現代仮名づかいに、それぞれ改めた。

四　横書きの日本語文献の引用に際して、原則として、アラビア数字を漢数字に改めた。

五　本書の筆者がドイツ語文献から原語を引用する場合、形容詞については、原則として強変化・一格に、ラテン語文献から原語を引用する場合、名詞と形容詞については、原則として主格に、それぞれ統一した。

六　引用に際して略称を用いた文献を引用順で以下に掲げておく（（　）内は略称とそれを示した註とである）。

・Maurice Hauriou, *Principes de droit public*, 1910 ; 2e éd., 1916（『公法原理』・第一章第一節註（2））.

・Maurice Hauriou, *Précis de droit administratif*（正確なタイトルとその変遷については、第一章第二節一参照）, 1892 ; 2e éd., 1893 ; 3e éd., 1897 ; 4e éd., 1901 ; 5e éd., 1903 ; 6e éd., 1907 ; 7e éd., 1911 ; 8e éd., 1914 ; 9e éd., 1919 ; 10e éd., 1921 ; 11e éd., 1927（すべて、rééd., 2010）（『行政法精義』・第一章第一節註（58））. なお、息子であるアンドレ・オーリウによって補訂された第一二版一九三三年（二〇〇二年に復刊）は引用の対象としない。

・Maurice Hauriou, *Précis de droit costitutionnel*, 1923 ; 2e éd., 1929（rééd., 1965）（『憲法精義』・第一章第一節註（60））.

・Maurice Hauriou, *La science sociale traditionnelle*, 1896（『社会科学』・第一章第二節註（8））.

・Maurice Hauriou, *Leçons sur le mouvement social*（1899）in Le même, *Écrits sociologiques*, 2008（『社会運動』・第一章第二節註（85））.

・Maurice Hauriou, "L'institution et le droit statutaire", Recueil de législation de Toulouse, 1906（「規約法」・第二章第二節註（2））.

・Maurice Hauriou, "La théorie de l'institution et de la fondation. Essai de vitalisme social" in Le même, *Aux sources du droit*, 1933

（rééd., 1986）（初出は 1925）（「制度体と創設」・第二章第三節註（3））.
また、引用に際して頁数のみを示した文献も引用順で以下に掲げておく（（　）内はその旨を示した註である））。
・Maurice Hauriou, "De la personnalité comme élément de la réalité sociale", Revue générale du droit, de la législation et de la jurisprudence, 1898（第二章第一節註（34））.
・Maurice Hauriou, "Le droit naturel et l'Allemagne" in Le même, *Aux sources du droit*, 1933（rééd., 1986）（同論文は一九一八年の書簡）（第二章第三節註（67））.

七　註は各節ごとに通し番号を付した。したがって、前掲・supra が及ぶのは節までである。

八　憲法集として、ドイツについては、Ernst Rudolf Huber, *Dokumente zur deutschen Verfassungsgeschihte*, 3. Aufl., Bd. II, 1986 ; Bd. IV, 1991, 高田敏・初宿正典編訳『ドイツ憲法集［第6版］』二〇一〇年を、フランスについては、Léon Duguit, Henry Monnier, Roger Bonnard et Georges Berlia, *Les constitutions et les principales lois politiques de la France depuis 1789*, 7e éd., 1952, 野村敬造「資料　フランス憲法」同『フランス憲法・行政法概論』一九六二年を、それぞれ用いた。

序章　制度化された憲法制定権力と憲法改正権

第一節　芦部信喜の制度化された憲法制定権力

現在の欧米の憲法学界には、憲法制定権力の存在を、あるいは憲法制定権力論の有用性を否定する流れがあり[1]、わが国の憲法学界にもこのような流れに掉さす論者がいる[2]。それに対して、本書の出発点は、わが国の憲法学界で流通している制度化された憲法制定権力という表現は形容矛盾を含んでいるのではないかという非法学的で素朴な疑問である[3]。制度化された憲法制定権力という概念は、芦部信喜がビュルドーに依拠してわが国の憲法学界に導入したものであり[4]、憲法制定権力論は「芦部憲法学の骨格を形成したと評することができる」といわれる[5]。より限定的にいえば、芦部憲法学においては、憲法制定権力論は国民主権論と憲法改正限界説とのそれぞれの中核を担っており、憲法制定権力論と憲法改正限界説は手段と目的の関係にある。

第一に、国民主権論についてである。芦部信喜は憲法制定権力を「政治と法の交叉点」[6]に位置づけたうえで、「その法的探求」は可能であるとする[7]。憲法制定権力が法的考察の対象となるということは、そこに法的な要素が含まれているということであり、その法的な要素とは「人間人格不可侵の原理」[8]である。「この根本規範は……実定化された超実定的憲法原則、直接的通用力をもつ真の超実定法であり、……制憲権の活動を拘束する内在的な制約原理である」[9]。ここで重要な点は、この「原理」あるいは「根本規範」が憲法制定権力の「内在的な制約原理」であり、

「外から加えられる制約[10]」ではないということである。このような憲法制定権力の本質から、芦部はその担い手を国民とするが[11]、憲法制定権力の本質とその担い手との関係はこれとは逆ではないのか。つまり、憲法制定権力の担い手が国民であるが故に、その行使は個々の国民の「個人権[12]」によって拘束されるのである。いずれにしても、憲法制定権力と国民というその担い手との関係の中にその「制約原理」が存在するのであり、この意味でその「制約原理」は「内在的な」のである[13]。そして、国民が憲法制定権力を行使して「近代立憲主義憲法が制定されたとき、［憲法制定権力は］みずからを憲法典の中に組織化し、……国家権力の正当性の究極の根拠が国民に存するという建前ないし理念としての性格をもつ国民主権の原理［と、］法的拘束力に服しつつ憲法（国の統治のあり方）を改める改正権［と］に転化したのである[14]」。この場合、憲法制定権力は、「権力の正当性の根拠が国民に存するという契機と、国内における最高権力の究極的な行使者は選挙人団であるという契機をもつ国民主権説の、いわば権力的要素に力点がおかれた概念である[15]」といわれる。では、憲法制定権力＝主権ではなく、憲法制定権力∧主権なのであろうか。換言すれば、憲法制定権力の中には正当性的契機は存在しないのであろうか。まず、ここでいう主権とは「国民主権に言う主権[16]」であり、国民が担い手であるという点で憲法制定権力と主権は一致する。次に、すでに述べたように、憲法制定権力と国民というその担い手とは一体不可分である。この二点から、共通項である国民という担い手を除いた憲法制定権力と主権をイコールで結ぶことは可能であり、「人間人格不可侵の原理」＝「根本規範」＝「内在的な制約原理」＝「個人権」（註（13）参照）の実定憲法化されたものが国民主権における「権力の正当性の根拠が国民に存するという契機」であるということができる。そして、憲法制定権力は「国民主権の原理と不即不離の関係に[17]」ある。「かくして、主権＝憲法制定権力における正当性的契機と権力的契機が実定憲法におけるそれらへと転換されるわけである[18]」。もっとも、憲法制定権力については、権力的契機に「力点」が置かれていることは否定できない。

芦部信喜の（国民）主権論におけるこのような二元的構成は、日本国憲法の立脚する国民主権の原理をめぐる宮沢・

尾高論争の結果に対応すべく構成されたものである。この論争においては、「前者〔＝尾高〕が主権の行使（の正しさ）を問題にしたのに対して、後者〔＝宮沢〕が主権の帰属（主体）を問題にしたことによって、両者の議論は噛み合わないものになった[19]」が、後者が勝利したと理解されてきた以上、その後の（国民）主権論は主権の帰属（主体）という観点から構成されることにならざるをえない。この要請に応えたのが芦部の権力的契機であり、ここに芦部の国民主権論が通説化する要因の一つがあるとみるべきであろう[20]。確かに、権力的契機を、正当性の原理にとどまる宮沢俊義の国民主権論[21]に導入するのは問題であるが、しかし、宮沢↓芦部↓芦部説の通説化という流れにおいて権力的契機が決定的に重要な役割を果たしていることは間違いない。そして、国民主権論における権力的契機を主として提供するのが芦部の憲法制定権力論なのであり、この意味で、本節の冒頭で述べたように憲法制定権力論は芦部の国民主権論の中核を担っているのである。

第二に、憲法制定権力論と憲法改正限界説の関係についてである。芦部信喜によれば、憲法制定権力は「最初の制憲行為自体にみずからを憲法の中に組織化し、自然状態から法的形式に準拠する権力へと転化してゆく。〔その結果、〕憲法改正権〔は〕制憲権——始源的制憲権 pouvoir constituant originaire——に対し、制度化された制憲権 pouvoir constituant institué として観念される[22]」。ここでは、始原的憲法制定権力と制度化された憲法制定権力＝憲法改正権とが区別されているが、両者を区別する目的は、芦部においては、制度化された憲法制定権力＝憲法改正権の行使を制限すること、あるいは憲法改正に限界を設けることであるとは必ずしもいえない。というのは、すでに述べたように彼においては憲法制定権力それ自体の行使が内在的に制約されている以上、憲法によって設定された権力（pouvoirs constitués）の一つである制度化された憲法制定権力＝憲法改正権の行使も制限されるからである。「憲法制定権力と憲法改正権との峻別は、この型の限界論にとっては殆ど意味をもたぬ[23]」といわれる所以である。確かに、ヴァイマル期のドイツにおいてカール・シュミットが憲法制定権力（verfassunggebende Gewalt）という概念を復活させて[24]、それと憲法改正権を区別した目的は憲法改正に限界を設けることであった。しかし、そこには特殊ドイツ的、というよりも特殊ヴァイマル期的な事情が存在した。第二帝政期からヴァイマル期にかけての主流の考え方においては、法的性質という点で憲法と法律は区別されず[25]、ともに国家の意思によって制定・改正されるので、憲法制定権力という概念はそもそも不要であった。このような「『ドイツ』的な（à《l'allemande》）国家実証主義[26]」を代表するのがラーバントであり、ラーバントは、「憲法は国家を超越した神秘的な権力（mystische Gewalt）ではない[27]」として、国家以前の、あるいは国家を超越した憲法制定権力の存在を否定した。そして彼は、憲法に反する法律が憲法改正手続（ドイツ帝国憲法七八条）を遵守して制定される限りその有効性を否定せず、憲法とそれに反する法律とが同時に存在する状態を一般法と特別法の関係によって説明した。これが彼の憲法変遷論であり[28]、このような憲法と法律の関係に関する捉え方はアンシュッツによってヴァイマル期に継受された[29]。当然、憲法に反する法律の存在、すなわち、憲法改正規定（ヴァイマル憲法七六条）に依拠しつつ憲法の改正であることを明示しない「実質的憲法改正法律[30]」の存在は、制定当初からさまざまな問題を抱えていたヴァイマル憲法の規範的不安定性を助長し、「ヴァイマル共和国を悩ませた[31]」。とりわけ、「ある特定のケースまたはある特定の期間にかぎって、憲法典の規範内容に反する取り扱いを認める[32]」憲法破棄（Verfassungsdurchbrechung）は実質的意味の憲法の流動化を招いた[33]。このような事態の中で、シュミットが「憲法」と憲法法律を区別し、この区別に連動して憲法制定権力と憲法改正権を区別することは、憲法破棄や憲法改正から「憲法」を守るということ以上に、憲法改正の限界を明確にするという点で重要であったと考えるべきであろう。

シュミットによれば、「憲法制定権力は政治的意思であり、この意思の力または権威により、自己の政治的実存の態様と形式についての具体的な全体決定を下すことができる[34]」。その結果が「憲法」であるが、決定の内容は特定されず、したがって決定の主体も特定されない。「自己」が自らにふさわしい「政治的実存の態様と形式」を決定するが、「自己」は国民の場合もあれば君主の場合もあり、さらにそれら以外の場合もある。[35] そして、彼にとって憲法改正の限界は憲法制定権力の帰属主体の変更（＝憲法廃棄（Verfassungsvernichtung））であり、[36] 憲法改正をもってしてはそのような変更は成しえないが、それ以前の問題として憲法制定権力と憲法改正権では性質が異なる。すなわち、憲法制定権力が事実上の「力」であり、その行使が「法形式や手続に拘束され」[37] ないのに対して、憲法改正権は憲法によって設定された権力の一つとして「憲法に基づき憲法法律の規律に従い、また憲法法律上の権限の枠内において」[38] 行使される。ここで重要な点は、憲法改正権の対象は憲法法律であり、憲法制定権力の行使の結果である「憲法」ではないということである。[39] したがって、憲法改正手続による「憲法」それ自体の改正ということはありえない。もちろん、憲法制定権力の行使の結果である「憲法」は法であり、[40] それを「執行」[41] したものが憲法法律である。しかし、憲法改正権は「憲法」それ自体には及ばないのであり、[42] いわば憲法法律の中に閉じ込められているのである。その結果、通常の意味における憲法改正の限界、というよりも境界は「憲法」と憲法法律の間に存在する。[43] そして、この境界を超えた憲法改正は憲法制定権力の行使であり、憲法制定権力が事実上の「力」であることからすれば、それは改正された「憲法」の側からみれば法的現象ではない。彼の枠組みはこの限界（境界）を超えた「憲法」の改正に対しては法的に無力なのである。

それに対して、芦部信喜の憲法制定権力論は憲法制定権力を「人間人格不可侵の原理」＝「根本規範」＝「内在的な制約原理」＝「個人権」に服させることによって法的世界に取り込むとともに、その行使を制限する。その結果、限界を超えた憲法改正は「人間人格不可侵の原理」＝「根本規範」＝「内在的な制約原理」＝「個人権」との関係で法的に無効である。確かに、このような芦部の憲法制定権力論は濃厚な価値論に支えられており、彼自身、「私の制憲権論および改正限界論は自然法論と呼ぶことができる」[44] と述べているが、本書の筆者は彼の憲法制定権力論を自然法論であるとして批判することに関心はない。[45] ここで問題にすべきは憲法制定権力と憲法改正権の関係である。すでに述べたように、両者の区別は憲法改正に限界を設けるという点では無意味である。では、両者を区別することにまったく意味がないのかというと、そうではない。まず、憲法改正権を制度化された憲法制定権力として捉えることからすれば、逆説的であるが、両者を区別することはかえって両者の同質性を際立たせることになる。始原的憲法制定権力であろうと、制度化された憲法制定権力であろうと、ともに憲法制定権力なのである。あるいは、制度化された憲法制定権力という「作られたものは［始原的憲法制定権力という］作ったものに他ならないという関係を無視してはならない[46]」。しかも彼によれば、「国民に属する潜在的な［始原的］制憲権……は非常な場合にのみ発動され[47]」、この発動は「手続規定には何ら拘束されないが、……根本規範に合致するかぎり、正当性を獲得し法規範として妥当する[48]」。このように、彼の憲法制定権力論における権力的契機は強力であり、その主体が国民であることからデモクラシーとして現象するが[49]、このデモクラシー性は誰が国内における主権＝統治権の所有者かを論じる杉原泰雄の主権論＝法的国家論より徹底している。というのは、芦部の権力的契機は国家という法的枠組みに変動をもたらす可能性を秘めているからである[50]。樋口陽一は、この可能性＝危険性をいち早く察知した結果、「『憲法制定権』は何らの手続にも服さぬかわり、まさしくその反面として観念化され、いわば永久に凍結される[51]」として、正当性の原理にとどまる宮沢俊義の国民主権論に回帰したと考えられなくもない。次に、この同質性は、憲法によって設定された権力の内部では、憲法改正権の異質性として現象する。その結果、「改正手続規範は、制憲権が直接に改正機関を制度化し、その権限ならびに行使の方法を定めたものである[52]」ので、憲法の他の規定より高い段階に位置し、改正手続の重要な部分の改正は認められない[53]。以上のことから、芦部の憲法制定権力論は限界を超えた憲法改正を法的に処理するとともに、憲法制定権力と憲法改正権の同質性、および憲法改正権とそれ以外の憲法によって設定された権力との異質性を際立たせる役割を担っているのであり、この意味で、本節の冒頭で述べたように憲法制定権力論は芦部の憲法改正限界説の中核を担っているのであり、両者は手段と目的の関係にあるのである。では、制度化された憲法制定権力という場合の「制度化」とは何か。

芦部信喜によれば、制度化された憲法制定権力という場合の「制度化」とは、始原的憲法制定権力が「憲法典の中に組織化[54]」されることである。換言すれば、不文の状態で存在する始原的憲法制定権力を形式的意味の憲法の中に取り込むことである。ところで、第一次世界大戦後のヨーロッパ大陸諸国では「権力の法外的事実を成文法によって置き換える試み」が顕在化し、このような現象は「権力の合理化」といわれる[55]。この「合理化」は芦部のいう「制度化」と同義であるが、彼の依拠するビュルドーは「合理化」された憲法制定権力という表現を用いなかった[56]。ということは、ビュルドーのいう「制度化」には「合理化」に還元できないものが含まれているのではないか。そこで、彼の制度化された憲法制定権力について検討しなければならない。

（1）Cf. Claude Klein, "Inexistence ou disparition du pouvoir constituant?" in Olivier Cayla et Pasquale Pasquino (dir.), *Le pouvoir constituant et l'Europe*, 2011.

（2）長谷部恭男『憲法の境界』二〇〇九年三―二五頁。

（3）この疑問を、本書の筆者は「宮沢俊義の国民主権論と国家法人説」初宿正典・米沢広一・松井茂記・市川正人・土井真一編（佐藤幸治先生古稀記念論文集）『国民主権と法の支配〔上巻〕』二〇〇八年六九頁で提示した。ある論者が批判的意味を込めて用いる「憲法によって設定された憲法を制定する権力（pouvoir constituant constitué）」（Stéphane Rials, "Supraconstitutionnalité et systématicité du droit", Archives de philosophie du droit, 1986, p. 65）という表現に対して同様の疑問が提示されている（Olivier Jouanjan, "La forme républicaine de gouvernement, norme supraconstitutionnelle?" in Bernard Mathieu et Michel Verpeau (dir.), *La République en droit français*, 1996, p. 281）が、この表現は、そこに含まれる「憲法」の意味が異なるとすれば、つまり、実質的意味の憲法を制定する権力によって形式的意味の憲法を改正するために設定された権力というように理解すれば、必ずしも形容矛盾を含んでいるとはいえないであろう。さらに、cf. Olivier Cayla, "L'obscure théorie du pouvoir constituant originaire ou l'illusion d'une identité souveraine inaltérable" in *L'architecture du droit. Mélanges en l'honneur de*

Michel Troper, 2006, p. 253.

（4）時間的には、渡邊宗太郎「憲法制定権力と憲法改正権限」関西大学法学論集五巻一号一九五五年二一頁（同『続 憲法の基本問題』一九五六年に所収（二五–二六頁））の方が先であるが、同論文における議論は芦部の議論と比べて明晰に概念化されているとはいえず、しかもそれはビュルドーに依拠しすぎているため他の論者との比較が不十分であり、その結果、何よりも後世に対する影響力という点で芦部の議論の比ではない。

（5）高橋和之「芦部憲法学の理論的諸前提」ジュリスト一一六九号一九九九年一九–二〇頁。

（6）芦部信喜『憲法制定権力』一九八三年三頁、三九頁および三一七頁。

（7）同右・三九頁。

（8）拙著『国民主権と法人理論――カレ・ド・マルベールと国家法人説のかかわり――』二〇一一年五頁。「人間価値の尊厳」・「人間人格の自由と尊厳」ともいわれるが、さらに、芦部・前掲書註（6）、三一八頁も参照。

（9）芦部・前掲書註（6）、四二頁。三一八頁も同旨。

（10）同右・一〇九頁。

（11）同右・四三頁。三一八頁も同旨。

（12）同右・三九頁。

（13）「人間人格不可侵の原理」＝「根本規範」＝「内在的な制約原理」＝「個人権」は憲法制定権力の「前提」であるともいわれる（同右・三九頁および四二頁）。なお、芦部の実体的根本規範論は清宮四郎から継受したものであるといわれる（高見勝利「『憲法制定権力』考」樋口陽一・高橋和之編（芦部信喜先生古稀祝賀）『現代立憲主義の展開　下』一九九三年七一六頁）が、両者の関係については、さらに、菅野喜八郎『国権の限界問題』一九七八年五七–六二頁も参照。また、実体的根本規範論については、須賀博志「憲法制定権力論の日本的変容（二・完）――黒田覚に即して――」法学論叢一四五巻四号一九九九年五三頁参照。

（14）芦部信喜『憲法学Ⅰ』一九九二年二四三頁。さらに、二二一–二二二頁、および同『憲法 新版補訂版』一九九九年四一–四二頁も参照。

（15）芦部・前掲書註（6）、四三頁。三一八頁も同旨。「制憲権は……主権の権力的契機をとり出して構成されたものである」ともいわれる（三二四頁）。さらに、芦部・前掲書註（14、『憲法学Ⅰ』）、二四二頁も参照。

（16）芦部・前掲書註（14、『憲法学Ⅰ』）、二四二頁。

(17) 芦部・前掲書註(6)、四三頁。

(18) 前掲拙著註(8)、六頁。

(19) 同右・三頁。

(20) 辻村みよ子は、芦部が正当性的契機と権力的契機の「融合・結合という折衷的表現」(おそらく、芦部・前掲書註(14、『憲法学Ⅰ』)、二四四-二四五頁)を用いたことが「混乱や誤解を招いた」という(辻村みよ子「主権論・代表制論」法学教室三五七号二〇一〇年七頁)が、はたしてそうであろうか。それに対して、これら二つの契機に対応する「全国民と選挙人団」(芦部・前掲書註(14、『憲法学Ⅰ』)、二四五頁)という「二重国民概念」(前掲拙稿註(3)、六八-六九頁)を、芦部が「自同性の原則」(芦部・前掲書註(14、『憲法学Ⅰ』)、二四五頁)によって同視しようとすることは問題である。

(21) 前掲拙著註(8)、三-四頁参照。

(22) 芦部・前掲書註(6)、四五頁。三一九頁も同旨。

(23) 菅野喜八郎『続・国権の限界問題』一九八八年一三-一四頁。このことは芦部も自覚している(芦部・前掲書註(6)、一〇九頁参照)。

(24) フランス革命期の憲法理論における憲法制定権力という概念と国民が制定した憲法という憲法観とをドイツ国法学に最初に導入したのは、Egon Zweig, *Die Lehre vom Pouvoir Constituant*, 1909である。一方で、シュミットは憲法制定権力と憲法改正権が区別されていない点が同書の「根本的な誤り」(カール・シュミット(阿部照哉・村上義弘訳)『憲法論』一九七四年一二五頁)であるというが、他方で、同書は「憲法制定権力の歴史と理論との金字塔(véritable monument)」(Claude Klein, "La découverte de la doctrine française du pouvoir constituant en Allemagne : de l'Empire à la République fédérale" in Olivier Beaud et Patrick Wachsmann (dir.), *La science juridique française et la science juridique allemande de 1870 à 1918*, 1997, p. 141)であるといわれる。同書とともに、Robert Redslob, *Die Staatstheorien der französischen Nationalversammlung vom 1789*, 1912とKarl Loewenstein, *Volk und Parlament*, 1922とは、フランス革命期の憲法理論をドイツ国法学に導入した「三部作」(ibid., p. 142 ; Claude Klein, *Théorie et pratique du pouvoir constituant*, 1996, p. 100)であるといわれ、これらによってまかれた種はヴァイマル期にさまざまな形で開花することになる。後年のレーヴェンシュタインも三者の関係を同様に捉えているようである(Nachdruck, 1990, S. Ⅷ)。さらに、cf. Christoph Möllers, "'We are (afraid of) the people' : Constituent Power in German Constitutionalism" in Martin Loughlin & Neil Walker (ed.), *The Paradox of Constitutionalism*, 2007, p. 90 ; Duncan Kelly,

“Egon Zweig and the Intellectual History of Constituent Power” in Kelly L. Grotke & Markus J. Prutsch (ed.), *Constitutionalism, Legitimacy, and Power*, 2014. ただし、国民が制定した憲法という憲法観は実体的憲法概念ということができるが、ヴァイマル期に憲法概念が実体化される要因は他にもある。すなわち、シュミットなどの実体的あるいは実在的あるいは超実証主義的（metapositiver）憲法概念は第二帝政期における法実証主義的国家概念に対する反動だったのである（Christoph Schönberger, “Der “Staat” der Allgemeinen Staatslehre：Anmerkungen zu einer eigenwilligen deutschen Disziplin im Vergleich mit Frankreich” in Olivier Beaud/Erk Volkmar Heyen（Hrsg. /dir.）, *Eine deutsch-französische Rechtswissenschaft?/Une science juridique franco-allemande?*, 1999, S. 119f.）。

（25）ドイツにおいては伝統的に憲法と法律が同質のものとして捉えられてきたが、その始まりはクリューバーのようである（Charles Borgeaud, *Établissement et révision des constitutions en Amérique et en Europe*, 1893（rééd.）, pp. 57-58）。すなわち、協約憲法であるフランスの一八三〇年憲章の下においては、憲法も法律（同憲章一四条）もともに君主と議会の協働によって制定されるので、両者の間に質的な差異はないというわけである（Johann Ludwig Klüber, *Öffentliches Recht des Teutschen Bundes und der Bundesstaaten*, 4. Aufl., 1840（Nachdruck, 1970）, S. 406f. Anm. e）。それに対して、モールは両者を区別して憲法の法律に対する優位を主張した（Robert von Mohl, *Staatsrecht, Völkerrecht und Politik*, Bd. I, 1860, S. 83 Anm. 1）が、このような主張が受け容れられることはなかった。

（26）C. Klein, *supra note*（24）, p. 93.

（27）Paul Laband, *Das Staatsrecht des Deutschen Reiches*, Bd. II, 1878, S. 38；5. Aufl., Bd. II, 1911, S. 39.

（28）詳しくは、赤坂正浩『立憲国家と憲法変遷』二〇〇八年三七二-四〇三頁参照。

（29）Gerhard Anschütz, *Die Verfassung des Deutschen Reichs vom 11. August 1919*, 14. Aufl., 1933（Nachdruck, 1965）, S. 401. さらに、vgl. Götz-Friedrich Schau, *Das Verhältnis von Verfassung und einfachem Recht in der Staatsrechtslehre der Weimarer Republik*, 2002, S. 85ff., 清宮四郎『国家作用の理論』一九六八年（オンデマンド版、二〇〇一年）一四八-一四九頁、小嶋和司『憲法学講話』一九八二年三〇六頁、および高見・前掲論文註（13）、七二〇-七二一頁も参照。ただし、赤坂・前掲書註（28）、四四三-四四五頁参照。

（30）赤坂・前掲書註（28）、四四五-四四六頁。さらに、菅野・前掲書註（13）、八〇頁も参照。

（31）C. Klein, supra note（24）, p. 138.

（32）赤坂・前掲書註（28）、四五一頁。

（33）憲法破棄について詳しくは、岩間昭道『憲法破棄の概念』二〇〇二年五-二〇四頁参照。さらに、Vgl. Ernst Rudolf Huber, *Deutsche Verfassungsgeschichte seit 1789*, Bd. VI, 1981, S. 421ff. その結果、形式的意味の「憲法それ自体は、いかなる法が現に妥当しているのかもはや示すことができなかった」といわれる（Jörn Ipsen, *Staatsrecht I*, 21. Aufl., 2009, S. 277f.）。

（34）シュミット・前掲書註（24）、九八頁。

（35）同右・一〇一-一〇六頁。さらに、山下威士『憲法学と憲法』一九八七年一六五-一六六頁も参照。

（36）シュミット・前掲書註（24）、一二〇-一二二頁および一二六頁。

（37）同右・一〇三頁。それに対して、尾高朝雄『法の究極に在るもの』一九五五年（新版）八四-八五頁参照。

（38）シュミット・前掲書註（24）、一二四頁。

（39）同右・一二六頁。「憲法」の内容は、具体的には、憲法制定権力の帰属主体と「憲法を形成している基本的な政治上の決断」（一二三頁）とから成る。

（40）同右・三九-四〇頁。さらに、菅野喜八郎『論争　憲法―法哲学』一九九四年一九四-二一八頁も参照。

（41）シュミット・前掲書註（24）、一〇〇頁。

（42）Vgl. Udo Steiner, *Verfassunggebung und verfassunggebende Gewalt des Volkes*, 1966, S. 184f.「憲法」の改正は、憲法制定権力の帰属主体の変更を伴わない憲法廃止（Verfassungsbeseitigung）に含まれる（同右・一二六頁および一三一-一三四頁）。したがって、「憲法」の改正を含むものにVerfassungsbeseitigungという用語を用いるのは適切であるとはいないが、それに「廃止」という訳語をあてるのはやむをえないであろう（「除去」という訳語が用いられる場合もある（C・シュミット（尾吹善人訳）『憲法理論』一九七二年一二八頁））。また、「議会主権の否定が、シュミットをして、ワイマール憲法七六条によって議会の特別多数に与えられた憲法改正権を制限的に解釈せしめるに至った動機とみることができよう」といわれる（菅野・前掲書註（13）、八九頁）が、この点に関連して、石川健治によるシュミットの制度体保障論理解は興味深い。石川によれば、シュミットの制度体保障論とは、「市民的法治国の立場からすれば破砕されるべき特権の主体＝中間団体」（石川健治『自由と特権の距離［増補版］』二〇〇七年五六頁）という意味における制度体を、形式的意味の憲法の中に取り込むことによって、「単純多数決（＝法律）によっては廃止できないという憲法律的効果をもって保障」（同右・五九頁）するものである。この場合、制度体が「憲法」ではなく憲法法律の対象であるとすれば、ヴァイマル憲法においては議会のみによる憲法改正が可能である以上、制度体は、立法権から保護されても、シュミットの不信の対象である議会それ自体からは保護されない。

（43）　ただし、シュミットは、「ライヒ政府による簡略な立法手続の創設を……目的と」（宮澤俊義『転回期の政治』一九三六年三四一頁）した一九三三年三月二四日の授権法（Gesetz zur Behebung der Not von Volk und Reich. この法律の全訳については、三四〇-三四一頁参照）をめぐって、アンシュッツに与して憲法改正の限界を放棄した（Carl Schmitt, “Gesetz zur Behebung der Not von Volk und Reich”, Deutsche Juristen-Zeitung, 1933, Sp. 456）。

（44）　芦部・前掲書註（6）、三二二頁。芦部はラートブルフの第二次世界大戦後の自然法論に傾倒しているようである（i-ii頁）が、その際、法実証主義を批判しつつ（三二六頁）ラートブルフの自然法論に賛同することに矛盾（＝自らのいう自然法とラートブルフのいうそれとが異なる可能性）を感じないのであろうか。この点と関連して、芦部は自らの立場が「歴史的〔＝可変的〕自然法論」と「基本的には同じ」であるという（三二三頁。さらに、菅野・前掲書註（23）、三三二-三三三頁も参照）が、はたしてそうであろうか。これらの点については、次章第一節註（113）および（114）参照。

（45）　そのような批判として、菅野・前掲書註（13）、五八-六〇頁、および同・前掲書註（40）、二一七-二一八頁。そもそも、特定の法理論を自然法論であるとして批判することにどれだけ意味があるのか疑問である。例えば、尾高朝雄は自らのノモス主権論が自然法論であることを一貫して否定した（拙稿「ノモス主権と理性主権」龍谷紀要二九巻二号二〇〇八年一七頁註（13）参照）が、このような尾高の実定法の定義（同右・三一-五頁）と、自他ともに自然法論者であることを認めるジェニーのそれ（François Gény, *Science et technique en droit privé positif*, 2e tirage, t. I, 1922 (rééd., 2003), pp. 55-56）とがきわめて類似していることは興味深い。いずれにしても、自然法論については次章第一節三で検討したい。ところで、本書の筆者は、法理論とそれを支えるものとを分けたうえで、前者を論じるにあたって後者を持ち込んではならない、あるいは後者によって前者を判断してはならないという立場に立つ（前掲拙著註（8）、二一〇-二一一頁）が、前者を理解するうえで後者が有益であることを認めるにやぶさかではない。このことを芦部の憲法制定権力論に当てはめた場合、注目すべきは芦部の憲法制定権力や憲法改正に関する論稿が一九五〇年代の半ばから一九六〇年代の半ばに集中しているという事実である（芦部信喜先生還暦記念『憲法訴訟と人権の理論』一九八五年九〇〇-九〇七頁参照）。この時期には、改憲・再軍備を掲げる鳩山内閣が成立する（一九五四年一二月）とともに政府憲法調査会が設置され（法律の施行は一九五六年六月、発足は翌年八月）、政治勢力の左右激突の中で憲法改正の機運が高まった（例えば、渡辺治『日本国憲法「改正」史』一九八七年二三三-四五五頁参照）。このような状況の中で、「旧制高校一年で太平洋戦争、旧制大学一年で学徒出陣と、日本の戦争拡大とともに、かけがえのない青春時代を歩まざるをえなかった［だけではなく、］『陸軍航空関係予備役兵科将校補充及服務臨時特例』（昭和一八年勅令五六六号）に基づく特別操縦見習士官［＝「特攻隊要員」］（第一期）募集で合格寸前のところまでいっ」（高見勝利『芦部憲法学を読む』二〇〇四年一一頁）た芦部が、わが国の有史以来未曾有の人的および物的損失の後に制定された日本国憲法の基本原理を死守したい、というよりも死守しなければならないと判断した（芦部・前掲書註（6）、一四九－一六八頁および第二部参照）心情を、戦後生まれの筆者が理解できないわけではない（芦部信喜『憲法叢説1』一九九四年二八〇－二八二頁参照）。さらに、尾吹善人『憲法の基礎理論と解釈』二〇〇七年一三七－一三八頁も参照。

（46）　中村哲「憲法制定権について（二）――帝国憲法第一条に関する昨今の学説について――」国家学会雑誌五七巻七号一九四三年四五頁。さらに、cf. Arnaud Le Pillouer, "Pouvoir constituant originaire et pouvoir constituant dérivé : à propos de l'émergence d'une distinction conceptuelle", Revue d'histoire des facultés de droit et de la science juridique, 2005-2006, pp. 139-140.

（47）　芦部・前掲書註（6）、四五頁。

（48）　同右・四三頁。ただし、憲法改正のための国民投票が憲法に規定されている場合には、それに拠る以外の憲法制定権力の行使は認められない（三二四－三二五頁）。

（49）　憲法制定権力論に関して、杉原は、それは実効性を伴わない体制擁護のイデオロギーであるとして、一貫して否定的である（杉原泰雄『国民主権の研究』一九七一年三四二－三五九頁、および同『憲法と国家論』二〇〇六年一四二－一四九頁）が、このような主張が彼の人民主権論と整合するか否かは検討を要するであろう。

（50）　憲法制定権力論におけるこのような強いデモクラシー性はその後の憲法訴訟論といかなる関係にあるのであろうか。この問いは、それがリベラルな憲法訴訟論と矛盾するといっているのでは決してなく、両者の間に何らかの有機的な結びつきがあるのではないかという意味である（例えば、芦部信喜『宗教・人権・憲法学』一九九九年二四三－二六六頁参照）。

（51）　樋口陽一『近代立憲主義と現代国家』一九七三年三〇一頁。

（52）　芦部・前掲書註（6）、五五頁。

（53）　憲法改正権とそれ以外の憲法によって設定された権力との関係、および憲法改正手続の改正について、芦部とシュミット（シュミット・前掲書註（24）、一三〇頁）は結論でほぼ一致しているが、憲法制定権力と憲法改正権の同質性を認める芦部の方がそれを認めないシュミットよりも一貫性を有するといえるであろう。なお、憲法改正権によって憲法改正手続を改正した場合、このような事態を法理論によって説明できるのかという問題は、わが国の憲法学界では、すでに決着がついた問題である（菅野・前掲書註（13）、一九五－一九七頁註（1）、および長谷部恭男『権力への懐疑』一九九一年二七－二八頁参照）。この問題については、さらに、cf. C. Klein, *supra note* (24), pp. 123-131.

(54) 芦部・前掲書註（6）、三一九頁および三二一頁、ならびに同・前掲書註（14、『憲法学Ⅰ』）、二四三頁。さらに、同・前掲書註（14、『憲法　新版補訂版』）、三五七頁も参照。

(55) 大石眞『議院自律権の構造』一九八八年一一五頁。

(56) Cf. Georges Burdeau, *Essai d'une théorie de la révision des lois constitutionnelles en droit positif français*, 1930, p. XIX. それに対して、議院内閣制を論じるにあたっては、「議院内閣制の『合理化』」という概念を用いている（Le même, *Le régime parlementaire dans les Constitutions Européennes d'après guerre*, 1932, p. 71）。

第二節　ビュルドーの「制度」化された憲法制定権力

あらかじめ結論を示しておこう。ビュルドーの「制度」化された憲法制定権力という場合の「制度」化とは、制度体論における「制度」化の一形態である[1]。客観的にみればローマ法における組合（societas）と法人（universitas）のフランス的な中間形態として提示されたオーリウの制度体論は、一方で、ドイツ語圏の論者によってさえ「きわめて独創的[2]」と評されるが、他方で、この論者によれば、「実際には多くの追随者を見出さなかった[3]」。もっとも、後者の点につて、制度体論がまったく消滅してしまったとはいえず[4]、その後継者の一人がビュルドーなのである。ビュルドーの法的国家論が制度体論に立脚していることはわが国でも指摘されているが[5]、ここで彼の法的国家論の全体について論じることはできない。ここで注目すべきは、彼が研究活動の当初から制度体論に、さらにはその前提である自然法論に立脚していたわけではないということである。そこで以下では、立場が変わる前と後との彼の憲法制定権力論を中心に検討するが、その前に彼が研究活動を始める一九三〇年前後までのフランス憲法学界における憲法制定権力論をめぐる状況をみておかなければならない。

芦部信喜によれば、憲法制定権力と憲法改正権の同視が一七八九年に始まる革命期以降の「フランス公法学を貫いた基本的な観念であ」[6]り、その原因の一つは「一九世紀後半から二〇世紀初頭のフランスにおける実証主義公法学……の影響である」[7]。ところが、原因（法実証主義）と結果（憲法制定権力と憲法改正権の同視）の関係は必ずしも明らかではない。すなわち、国家の存在を前提とする法実証主義からすれば、国家の組織を定める憲法を制定する権力は国家の存在に先行し、法的考察の対象にはならないが、なぜ、このことが憲法制定権力と憲法改正権の同視をもたらすのか[8]。いずれにしても確かに、第三共和制下のフランスにおいて、「新憲法の制定も憲法改正も共に、『憲法制定権力』の中に漠然と含まれて観念された」[9]ことは否定しえないであろう。このように憲法制定権力と憲法改正権が漠然と同視される、というよりも混同される状況の下で、法実証主義的な発想によって憲法制定権力が法的考察から排除されることによってもたらされたのは、憲法制定権力と実定憲法上の憲法改正権との法的な結びつきの切断、あるいは「『始原的憲法制定権力』との関係で憲法改正権の法的構造を検討するという方向」の否定である[10]。憲法制定権力論の母国における憲法制定権力論の消滅であり、この意味においても、憲法制定権力論の母国というフランスの「栄光はいつまでも不動のものであるというわけにはいかない」[11]のである。しかも、ここでいう法実証主義とは、特定の論者の法理論というよりも、第三共和制憲法を前提とするという意味である。ビュルドーが研究活動を始める一九三〇年頃には、同憲法はさまざまな機能障碍を抱えつつも半世紀以上存続し、形式的意味の憲法と政治体制との変転を繰り返してきたそれまでのフランス憲法史からすればその安定性は否定しえない。その結果、憲法改正に関する議論は憲法制定権力に関する一般論から切り離され、同憲法（公権力の組織に関する一八七五年二月二五日法律八条[12]の解釈論として展開された。憲法改正の限界についていえば、国民議会は代議院と元老院が憲法改正の必要性を宣言した議決（résolution）に拘束されるか否かという形で議論されたのである。[13]『フランス実定法における憲法改正論序説（*Essai d'une théorie de la révision des lois constitutionnelles en droit positif français*）』一九三〇年におけるビュルドーも同様であるが、同書における彼の憲法改正論を検討する前に同書における彼の法理論についてふれておかなければならない。

ビュルドーはカレ・ド・マルベールの晩年の高弟であり、[14]カレ・ド・マルベールのストラスブール大学退職（一九二九年）後はパリ大学のラフェリエールなどに師事した。[15]カレ・ド・マルベールにしろ、ラフェリエールにしろ、第三共和制下のフランスにおいて数少ない純粋な法実証主義の立場に立つ憲法学者であることから、[16]ビュルドーは「この当時〔＝一九三〇年代〕強い法実証主義の影響を受けていた」[17]といわれる。さらに、おそらく晩年のカレ・ド・マルベールがケルゼンを取り上げたことから、[18]ケルゼンの影響も受け、その結果、ビュルドーの当時の法的国家論はカレ・ド・マルベールの法的国家論とケルゼンのそれとを折衷したようなものになっている。すなわち、ビュルドーは国家と国家によって強制される法とを前提とするという意味で法実証主義の立場に立つが、ビュルドーにおいては国家における規範的要素が重視され、この点にケルゼンの影響が認められる。ビュルドーによれば、「国家とは、国家それ自体と同視される……規範体系の特別な規定にもとづいてなされるすべての行為が帰属させられるべき中心である」[20]。あるいは、「特定の領域において生活する諸個人に妥当する規範の体系」[21]であるともいわれる。もっとも、国家はその目的との関係で法人（personne juridique）として現象し、その目的を実現するという義務の主体、あるいは「特定の目的の達成に向けられた意思を備えた人格」である。[22]もちろんこの「意思」は機関としての自然人によって供給され、規範の創設という動態的側面＝国家作用として現象する。そこで問題になるのが憲法の制定であるが、憲法制定権力と憲法改正権が同視あるいは混同されてきた伝統[23]の中にあって、ビュルドーは両者を区別して後者を憲法によって設定された権力の一つとして位置づけることに腐心している。その際、彼は用語を「厳密な意味における憲法制定権力と憲法改正権[24]」と確定したうえで、前者は「純粋な事実であり、そのようなものとして法的範疇には属しえない[25]」という。また、「固有の意味の憲法制定権力は……事実にすぎない[26]」ともいうが、その実体は先行する法秩序におけるあらゆる形式から解放された意思であり、その行使によって「最初の根本規範（première norme fondamentale）」＝「最初の憲法（constitution première）」が制定される[27]。このように、「最初の憲法」の制定は法的現象ではなく、権力の源に関する議論は「その性質からして法学には属さない[28]」。憲法制定権力に関するここまでの議論はカレ・ド・マルベール[29]に依拠したものであり、さらにビュルドーは「最初の根本規範」を実体化するという点でもカレ・ド・マルベール[30]に追随するが、この点にはそれなりの理由が存在する。すなわちビュルドーによれば、規範秩序の頂点には「根本規範」と憲法改正機関が同列関係で存在し、前者は規範秩序の「静態的側面」、後者はその「動態的側面」であり、前者は後者をとおして具体化されるのである。その結果、この具体化は上位規範の執行ではなく、前者のいわば自己増殖であり、憲法改正によってもたらされた新しい憲法規定は既存の憲法規定と同じ形式的効力を有する。ところで、ビュルドー自身、憲法改正に関するこのような説明の仕方を「やや技巧的[31]」と評しているが、「根本規範」とか、「静態的側面」・「動態的側面」とかといった用語とは裏腹に、このような議論はケルゼンの純粋法学とはまったく異質である。その目的の一つは、法実証主義の立場を維持しつつ憲法改正機関と憲法改正権との法的性質を導き出すこと（註（23）参照）であろうが、そもそも「根本規範」と憲法改正機関を一体的に捉えることが理論的に可能であるか疑問である。ただ、このような説明の仕方には、後ほど述べるその後のビュルドーの法理論・政治理論の核心である法の理念の萌芽がすでに表れているといえなくもない。というのは、ビュルドーによれば、法の理念は自らに内在する力によって、いわば自己膨張するような形で自己実現するからである。それはともかく、このようにして論証された憲法改正権の法的性質[32]を前提として、憲法改正論は一般論としてではなく第三共和制憲法の解釈論として展開されるのである。

ビュルドーの憲法改正論の目的は、憲法によって設定された権力として法的権限である憲法改正権に限界を設けないことによって、形式的意味の憲法の変動をフォーマルな手続の統制下に置くことである。[33]もちろん、憲法改正の必要性を宣言した代議院と元老院との議決に国民議会が拘束されるとすると、理論的に憲法改正機関が立法機関に、したがって憲法が立法権に従属することになるし、[34]また、技術的に憲法の追加が困難になる。[35]しかし、法実証主義者である彼はあらゆる憲法の変動を憲法改正として法的世界に取り込みたいのであり、改正禁止規定は「法的価値のない願望[36]」にすぎないとして、あるいは「サンクションを伴わせることのできない原理の宣言[37]」にすぎないとして、その改正をも容認する。このような彼の憲法改正無限界説の背後には、一方で、多くの憲法が一七八九年の革命以来制定されては廃止されてきたという歴史的事実に対する厳しい認識がある。この認識を一般化すれば、法の規制対象の可変性に連動した法の可変性に対する認識といえるであろう。[38]他方で、看過してはならないのは、彼が一八八四年の憲法改正によって導入された共和政体改正提案禁止規定の改正を容認する背後には、現実に共和制が否定されることはないという確信が存在するであろうということである。[39]となると、ヴィシー体制の成立によってこの確信が否定されたことが、あるいはそれに対する法実証主義の無力さが、彼が自然法論に転向した原因ではないかと推察されるが、彼の述べるところによれば、必ずしもそうではないようである。

ビュルドーは第二次世界大戦中に出版された『政治権力と国家（*Le Pouvoir politique et l'État*）』一九四三年で自然法論者へと変貌を遂げた。同書の冒頭で、彼は、「戦前に、本書はすべて構想され、その大部分は執筆された[40]」と述べている。現に彼は、一九三七年に公表された論文で、カレ・ド・マルベールとすでに取り上げた『フランス実定法における憲法改正論序説』とを批判して、国家のみが法を創設するという「私の立場は、法の理念に関する深い分析ではなく、自然法学派のいくつかの主張に対する反対によって支配されていた。私の誤りを認めるにやぶさかではない[41]」と改悛の情を吐露している。そして、「実定法と自然法……のいずれかを重視するのは、建設的な〔議論〕という点で、あまりに非妥協的な立場である[42]」として、実定法と自然法の二元論を解消すべく、後ほど述べるように自然法論者としてのビュルドーにとって鍵概念である法の理念について詳細に検討するのである。その過程で公共善と権力という概念も持ち出され、権力の「制度」化を除けば、自然法論者としてのビュルドーにとって重要な概念はすでにこの論文において概略が論じられている。したがって、この論文は彼の研究生活におけるターニング・ポイントであるが、なぜこのような心境の変化が生じたかは、彼の著作目録[43]から窺い知ることはできない。残念ながら、このような変化の過程や原因を文献的に論証することはできないのである[44]。その意味でこの論文はいわば突然変異のようなものであるが、ただ自然法論者としての彼の法理論・政治理論の「素描」にとどまる。それに対して、この「素描」をもとに彼の法理論・政治理論の骨格を提示したのが『政治権力と国家』であり、その目的は権力（Pouvoir）それ自体を論じることである。というのは、彼によれば、第三共和制下の公法学は権力と力（force）を同視することによって国家の法的考察から命令的要素を排除しようとしたが[45]、現実には国家における支配の要素を否定することはできないからである。そこで、同書は「あらゆる憲法組織の要石としての権力」を「国家の法的概念の中に再導入する」。ここで権力とは、あらゆる統治形態から切り離された、逆にいえばあらゆる統治形態に適用可能な、という意味で「中立的な政治権力」である[46]。このような意味で、権力それ自体を論じる同書に、『憲法研究序説（*introduction à l'étude du droit constitutionnel*）』というサブタイトルが付されたわけである。国家の現実を直視した権力性の重視[47]は、法理論が異なるようになったとはいえ、彼がカレ・ド・マルベールから継受したものに他ならない[48]。また、同書において人間存在の集団における権力現象がさまざまな具体的問題から切り離されて扱われるということは、逆に同書をさまざまな問題との関係で体系的に展開したのが、ビュルドーの主著である『政治学汎論（*Traité de science politique*）[49]』であるということを意味する。『政治権力と国家』は「『政治学汎論』〔の初版〕の序文としての役割を果たすであろう」といわれる所以である。前者はいわばレジュメ、あるいは膨大な量の後者を読み解くための地図なのであり、その意味で、一九四〇年代以降のビュルドーを論じるにあたって決定的に重要である。ところで、芦部信喜は制度化された憲法制定権力という用語を『政治学汎論』の初版から借用した[51]が、この用語は同書のレジュメにとどまる『政治権力と国家』では用いられていない。その理由の一つは、後者においては憲法改正が取り上げられていないからであろう。それに対して、この用語を最初に用いたのはボナールのようである[52]が、以下では、『政治学汎論』の初版を用いて同書の第三版によって確認しつつ、ビュルドーの憲法改正論について検討することにしよう。[50]

ビュルドーによれば、始原的（originaire）憲法制定権力が既存の法的規制によって拘束されることなく、あるいはそれを否定して行使されるのに対して、「制度」化された（institué）憲法制定権力は既存の憲法上の機関によって、既存の憲法上の手続に従って行使される[53]。この意味で、憲法制定権力それ自体は「雑種の（hybride）性質」[54]を有する。もちろん「制度」化された憲法制定権力は憲法改正権を意味する[55]が、彼は、問題はいかにして両者を両立させるかであるという。ここで看過してはならないのは、この問いが成立するには、始原的憲法制定権力は何らかの法的要素を含んでおり、その結果として法的考察の対象となりうるということが肯定されなければならないということである。この点は後ほどふれることにして、まず両者の関係を確認しておこう。始原的憲法制定権力は、憲法の制定によって、一方でその性質を変えるわけでもなければ、他方で憲法改正権の中に完全に吸収されるわけでもない[56]。その結果、始原的憲法制定権力は既存の「憲法機構の外にとどまっている」[57]。始原的憲法制定権力のこのような永続性との関係で、憲法改正権には制約が課される。第一に、憲法改正をもってしては始原的憲法制定権力の帰属主体を変更することはできない。第二に、憲法の部分改正と全面改正とを区別することは現実には困難であるが、憲法改正手続によっては憲法を全面的に改正することはできない[58]。「……始原的憲法制定権力とは異なり、……憲法改正権はその本質それ自体から制限された権力なのである」[59]。ここでは、『フランス実定法における憲法改正論序説』における憲法改正無限界説が限界説へと明確に、あるいは「ラディカルに」[60]改説されている[61]。問題は憲法改正に限界があることの根拠であるが、その一つは、もちろん憲法改正権を設定する始原的憲法制定権力の存在である。そして、すでに述べたように始原的憲法制定権力の「法的性質（juridicité）」が肯定されていることから[62]、前節で述べたように、芦部信喜の憲法制定権力論と同様に、始原的憲法制定権力は法的制約を受けることになり、その結果として憲法改正に限界が存在する。このように芦部の憲法制定権力-憲法改正権とビュルドーのそれとは基本構造において類似しているが[63]、内実という点で異なる。すなわち、ビュルドーにおける始原的憲法制定権力に対する法的制約の源である法の理念（idée de droit）を、芦部はビュルドーに依拠するに際して切り落としたのである。法の理念はビュルドーの法理論・政治理論の核心であるが[64]、ここでそれについて詳しく論じることはできない。ここでは、それと密接な関係を有する権力の「制度」化（institutionnalisation du Pouvoir）とともに、その概略を示しておこう。

ビュルドーによれば、始原的憲法制定権力は法秩序の創設に際して法の理念によって制約されるとともに「制度」化される。第一に、法の理念についてであるが、法の理念とは、「共通善（Bien commun）に適合した社会秩序」の表象（représentation）であり、「社会的組織に関する多様な特徴をいくつかの本質的な原理に統合する」[65]ものである。そして、法の理念は「自らを体現する権力（Pouvoir）と結びつく」[66]ことによってその一部が実定法として実現されるが、ここで注意すべきは、権力は法の理念の外側からそれに仕えるのではなく、「理念の力（puissance）それ自体」、つまり法の理念が自らを実現するためにその内部に備わっているものだということである。あるいは、権力の役割は『法のイデー』のエネルギーを現実的なものへ移すこと」[67]というべきかもしれない。その意味で権力は事実上の力ではなく、「社会的意思から生じ、集団を共通善の追求へと向かわせることを目的とし、とりわけ、社会的意思が命じる態度を構成員に強制することができる力」[68]である。このような権力には、「社会生活の組織的力」という「概念の側面」とそれを行使する個人またはその一団という事実の側面とがある。[69] 換言すれば、理念とそれを実現する人間（の意思）とであるが、この場合、後者は前者の「道具にすぎない」[70]。その結果、法の理念は人間（の意思）という力を「道具」として自らを実現するが、この力がそれを行使する個人またはその一団から分離されて国家という抽象的な存在に帰属させられるとき、権力の「制度」化が生じる。そこで第二に、権力（Pouvoir）の「制度」化についてであるが、それは、「権威と［集団の］指導者の分離と、権力の保持者としての国家の創設とが同時に実現される過程[71]」であり、「『制度』化された権力（Pouvoir institutionnalisé）」とは国家に他ならない[72]。より正確にいえば、「権力とは、制度体においては、機関をとおして活動する国家それ自体である」[73]。そして、国家創設の過程で、始原的憲法制定権力は、国家における権限の一つとして、「制度」化された憲法制定権力＝憲法改正権へと転化する。ということは、「制度」化された憲法制定権力という場合の「制度」化（institué）は権力の「制度」化（institutionnalisé）＝国家の創設の一部であり、後者を大きな「制度」化というとすれば、前者は小さな「制度」化ということができるであろう[74]。その意味で、後者は前者の前提であるにもかかわらず、芦部信喜の憲法制定権力論はこの部分を切り落としてしまった。芦部はいわば、ラテン的な客観的自然法論を切り落として、清宮四郎によって実体化された根本規範という器に第二次世界大戦後に復活したゲルマン的な主観的自然権論を盛ったのである（前節註（13）および次章第一節註（114）参照）。この芦部によって切り落とされた部分を復活させるには制度体論を検討しなければならず、そのためにはオーリウにまでさかのぼらなければならない。

（1）　制度体という用語と「制度」という用法とについては、次節註（12）参照。

（2）　Ulrich Häfelin, *Die Rechtspersönlichkeit des Staates*, Bd. I, 1959, S. 218 Anm. 11.

（3）　*Ibid.*, S. 264. 制度体論の支持者は「強固な知的集団」を形成していたといわれる（Jean-Louis Clément, "La théorie juridique de Maurice Hauriou : l'adhésion de la démocratie chrétienne 1919-1930” in Annie Stora-Lamarre, Jean-Louis Halpérin et Frédéric Audren (dir.), *La République et son droit* (*1870-1930*), 2011, p. 149. 具体的には、cf. pp. 149-152）が、制度体論が、一九三〇年代前半に頂点に達した後、「衰滅の一途を辿る」（仲野武志『公権力の行使概念の研究』二〇〇七年一七五頁）ことは否定できない（その原因の一端については、第二章第三節註（37）参照。さらに、終章註（30）も参照）。さらに、飯野賢一「モーリス・オーリウの公法学説研究（一）――制度理論・ナシオン主権論の構造解明に向けての試論――」早稲田大学大学院法研論集八七号一九九八年二〇頁註（4）も参照。ただし、これは法学の領域においてであり、制度体論はそれ以外の人文・社会科学の領域においては広く影響を与え続けているといわれる（Yann Tanguy, “L'institution dans l'œuvre de Maurice Hauriou Actualité d'une doctrine”, Revue du droit public, 1991, pp. 62-64. さらに、cf. Eric Millard, “Hauriou et la théorie de l'institution”, Droit et société, 1995, pp. 401-408）が、この点については、第二章第三節一で改めて取り上げる。また、企業制度論との関係については、山口俊夫『概説フランス法　下』二〇〇四年四七一-四七六頁参照。

（4）Cf. Florian Linditch, *Recherche sur la personnalité morale en droit administratif*, 1997, p. 101 note 113, 山元一「《法》《社会像》《民主主義》（五・完）――フランス憲法思想史研究への一視角――」国家学会雑誌一〇七巻九・一〇号一九九四年一六七頁註（2）参照。さらに、cf. Michel Halbecq, *L'état son autorité, son pouvoir* (*1880-1962*), 1964, pp. 550-560 : Miriam Theresa Rooney, “Introduction”, Albert Broderick (ed.), *The French Institutionalists*, 1970, pp. 10-11.

（5）水波朗『トマス主義の憲法学』一九八七年一三三頁、山元・前掲論文註（4）、一六七頁註（2）、および櫻井陽二『ビュルドーの政治学原理』二〇〇七年三二頁。その結果、ビュルドーは「オーリウの後継者と目される」（小島慎司「近代国家の確立と制度体の自由（二）――モーリス・オーリウ『公法原理』第二版における修道会教育規制法律への批判の分析――」国家学会雑誌一二一巻五・六号二〇〇八年一二五頁註（141）。さらに、cf. M. Halbecq, *supra note* (4), p. 600 : Olivier Beaud, “Préface Carl Schmitt ou le juriste engagé”, Carl Schmitt (tra. Lilyane Deroche), *Théorie de la Constitution*, 1989, p. 76 note 348 : Olivier Beaud, “Préface”, Maurice Hauriou, *Principes de droit public*, 1910 (rééd., 2010), pp. 5-6（この序文には頁数が付されておらず、数字は本書の筆者が前から付したものである）: Julia Schmitz, *La théorie de l'institution du doyen Maurice Hauriou*, 2013, p. 409 : U. Häfelin, *supra note* (2), S. 265 Anm. 278）。ただし、ビュルドーがオーリウの制度体論に全面的に賛成し、依拠しているわけではない（cf. Georges Burdeau, *Traité de science politique*, t. II, 1949, p. 235. とくに、p. 236 note 1 : 3e éd., t. II, 1980, p. 254）ことを看過してはならない。

（6）芦部信喜『憲法制定権力』一九八三年二〇頁。

（7）同右・二五頁。

（8）同右・二五‐二六頁。さらに、渡邊宗太郎『続　憲法の基本問題』一九五六年一五‐一九頁も参照。

（9）山元一『現代フランス憲法理論』二〇一四年一八二頁。

（10）同右。さらに、cf. Raymond Carré de Malberg, *Contribution à la Théorie générale de l'État*, t. II, 1922（rééd., 1962. 同書は二〇〇四年にも復刊されたが、本書は一九六二年版を用いた）, pp. 504-505 note 18. 一見するとオーリウはその例外のようである（cf. Maurice Hauriou, *Précis de droit constitutionnel*, 2e éd., 1929（rééd., 1965. 同書は二〇一五年にも復刊されたが、本書は一九六五年版を用いた）, pp. 258-259）が、必ずしもそうではないということについては、第三章第一節四参照。

（11）Egon Zweig, *Die Lehre vom Pouvoir Constituant*, 1909, S. 1. cf. Olivier Beaud, *La puissance de l'État*, 1994, pp. 211-214.

（12）同条によれば、代議院と元老院が、別々に、憲法改正が必要である旨を絶対多数で議決した後、両議院が合同して国民議会を構成し、国民議会が絶対多数によって憲法改正を行う。

（13）Cf. Adhémar Esmein, *Éléments de droit constitutionnel français et comparé*, 5e éd., 1909, pp. 977-980；Léon Duguit, *Traité de droit constitutionnel*, 2e éd., t. IV, 1924, pp. 538-544；R. Carré de Malberg, *supra note*（10）, pp. 583-599；Joseph-Barthélemy et Paul Duez, *Traité de droit constitutionnel*, nouvelle éd., 1933（同書は一九八五年と二〇〇四年に復刊されたが、本書はオリジナル版を用いた）, pp. 893-896；Eugène Pierre, *Traité de droit politique électoral et parlementaire*, 5e éd., 1924（rééd., 1989）, pp. 27-33. ここでは、エスマン（*Éléments de droit constitutionnel*, 1896）以前の第三共和制下の憲法学は対象としない。この点については、改めて論じる機会をもちたい。

（14）Cf. Georges Burdeau, "Préface", Raymond Carré de Malberg, *La Loi, expression de la volonté générale*, 1931（rééd., 1984）, pp. VIII-IX；Georges Burdeau, "L'apport de Carré de Malberg à la théorie de la loi" in Georges Burdeau, *Écrits de Droit constitutionnel et de Science politique*, 2011, p. 508. さらに、cf. Jean Gaudemet, "Georges Burdeau et l'Université" in Bernard Chantebout（dir.）, *Le Pouvoit et l'Etat dans l'œuvre de Georges Burdeau*, 1993, pp. 6-8；Jean Waline, "Georges Burdeau à Strasbourg" in *ibid.*, pp. 12-13.

（15）ビュルドーの略歴については、櫻井・前掲書註（5）、一三‐一四頁参照。

（16）ラフェリエールについては、cf. Julien Laferrière, *Manuel de droit constitutionnel*, 2e éd., 1947, pp. 346-355；Le même, "La coutume constitutionnelle, son rôle et sa valeur en France", Revue du droit public, 1944.

（17） 山元・前掲書註（9）、一八八頁註（70）。

（18） 拙著『国民主権と法人理論――カレ・ド・マルベールと国家法人説のかかわり――』二〇一一年第三章第四節二参照。

（19） Georges Burdeau, *Essai d'une théorie de la révision des lois constitutionnelles en droit positif français*, 1930, pp. 19–21 et 25. 同書はロッシ賞の受賞作である。ロッシ賞（Prix Rossi）とは、ロッシ婦人のパリ大学法学部（パリ法科大学）に対する遺贈にもとづいて設けられたものであり、毎年民法部門と憲法部門で公募された作品の中から優れたものに贈られた。憲法部門は議院内閣制の理論的発展に貢献したといわれる（Alain Laquièze, *Les origines du régime parlementaire en France*（*1814–1848*）, 2002, pp. 7–8）。ロッシについては、拙稿「黎明期のフランス憲法学――ペッレグリーノ・ロッシを中心に――」龍谷紀要二九巻一号二〇〇七年参照。

（20） G. Burdeau, *supra note*（19）, p. 58.

（21） *Ibid.*, p. 54.

（22） *Ibid.*, pp. 61–62.

（23） ビュルドーは憲法制定権力と憲法改正権がともに法外的な（extra-juridique）権力として混同されてきたと理解しているが、その原因については、cf. *ibid.*, pp. 85–88.

（24） *Ibid.*, p. 79.

（25） *Ibid.*, p. 81.

（26） *Ibid.*, p. 15.

（27） *Ibid.*, pp. 79–80.

（28） *Ibid.*, p. 84.

（29） 前掲拙著註（18）、第三章第二節二参照。

（30） 同右・三一三–三一四頁註（30）参照。

（31） *Ibid.*, p. 99.

（32） ビュルドーによれば、「憲法改正権とは、法秩序をとおして考察された憲法制定権力である」（*ibid.*, p. 14）。

（33） それ故、ビュルドーは憲法の規定に反する憲法慣習の存在を認めない（*ibid.*, p. 282）が、第三共和制憲法の簡潔さにかんがみ制定法に対する慣習の補完性までは否定しない（*ibid.*, p. 333)。

（34）*Ibid.*, pp. 291-292.

（35）*Ibid.*, pp. 283-284.

（36）*Ibid.*, p. 298.

（37）*Ibid.*, p. 299.

（38）Cf. *ibid.*, pp. 296-297.

（39）*Ibid.*, pp. 300 et 317-318. もちろん、この確信は政治的確信であり、第三共和制下の憲法改正無限界説に立つ多くの論者もこの確信を共有しているとみるべきである。とくに注目すべきはその一人として挙げられる（芦部・前掲書註（6）、五六頁、および山元・前掲書註（9）、一八八-一八九頁註（70））バルテルミーである。というのは、彼の場合、この確信がなければ、彼の理性主権論＝自然法論（前掲拙著註（18）、一五一頁参照。さらに、cf. Guillaume Sacriste, *La République des constitutionnalistes*, 2011, pp. 489-491 et 533-534）からすれば、限界説に与していたであろうことが予測されるからである（cf. J.-Barthélemy et P. Duez, *supra note* (13), pp. 896-897)。いずれにしても、法理論としての法実証主義と第三共和制憲法の存在を前提として議論するという意味での法実証主義とを分けた場合、彼を法実証主義者であるということができるのは後者の意味においてであり、確認すべきは、一九二〇年代から一九三〇年代のフランス憲法学界において、芦部信喜の捉え方（芦部・前掲書註（6）、二五-二六頁）とは裏腹に、前者が主流であるとはいえないという事実である（前掲拙著註（18）、第三章第一節一参照。さらに、cf. H. Stuart Jones, *The French state in question*, 1993, pp. 48 and 180-181)。ただし、一九三〇年代になると、ヴァリーヌ、カピタン、エゼンマンなどといった若手の法実証主義者が台頭してくる。なお、法理論としての法実証主義と実定憲法の存在を前提として議論するという意味での法実証主義との混同と同様の混同が宮沢俊義の自然権論にも見られるということについては、高橋正俊「法実証主義的自然権説について」香川法学一四巻三・四号一九九五年九九頁参照。

（40）Georges Burdeau, *Le Pouvoir politique et l'État*, p. 1. したがってボーが、『政治学汎論』（註（49）参照）がビュルドーの「思想の……転換点」（O. Beaud, *supra note* (11), p. 324）であるというのは不正確である。

（41）Georges Burdeau, "La règle de droit et le pouvoir esquisse d'une théorie du pouvoir envisagé comme unificateur de l'idée de droit" in Le même, *supra note* (14)（初出は1937), p. 64 note 41. すでに述べたようにビュルドーによるケルゼンの純粋法学の受容の仕方には問題があるが、一九三〇年代の前半にビュルドーの「若き日の法実証主義」（M. Halbecq, *supra note* (4), p. 553)

がケルゼンから何らかの影響を受けたことは確かであり、おそらくこのようなビュルドーが自然法論に転向したことから、ある論者はビュルドーを「かりそめ（provisoire）のケルゼニアン」という（Jean-Marie Denquin, "Préface", G. Burdeau, *supra note*（14）, p. 10）。

（42）G. Burdeau, supra note（41）, p. 48.

（43）Cf. *Mélanges offerts à Georges Burdeau, Le Pouvoir*, 1977, pp. XIII-XVI, 櫻井・前掲書註（5）、三三八-三四一頁参照。

（44）ビュルドーによれば、註釈学派の衰退、自然法論の復活、さらに社会学の台頭によって実定法と自然法の対立が激化し（G. Burdeau, supra note（41）, pp. 47-48）、さまざまな方法によって両者の妥協が模索されてきたが、彼はこれらのうちいずれも満足のいくものはないという（p. 49）。しかし、このようなことは彼に固有ものではなく、本書の筆者が関心を有するのは、彼が法実証主義を放棄した理由、さらにいえば、彼が法実証主義を持ちこたえることができなくなった原因である。なお、彼のパリ大学時代における、オーリウの弟子であるアシル・メストル（第三章第二節註（107）参照）の影響が考えられるが、メストルのビュルドーに対する影響については想像の域を出ない。

（45）樋口陽一『比較憲法［全訂第三版］』一九九二年一五三-一五四頁参照。

（46）G. Burdeau, *supra note*（40）, p. 2.

（47）Cf. F. Linditch, *supra note*（4）, p. 101, 水波・前掲書註（5）、一三四-一三五頁参照。

（48）前掲拙著註（18）、二〇八-二一〇頁参照。

（49）初版全七巻一九四九-一九五七年、第二版全一〇巻一九六七-一九七七年、第三版は未完であり、第一巻-第六巻一九八〇-一九八七年および第一〇巻一九八六年。『政治権力と国家』を体系的に展開したのが『政治学汎論』の初版であるということができるとすれば、後者を要約したのが『政治学の方法（*Méthode de la science politique*）』一九五九年ということができる。

（50）Bernard Chantebout et Francis Hamon, "Georges Burdeau et le Pouvoir" in *supra note*（43）, p. 1. さらに、cf. Georges Burdeau, *Traité de science politique*, t. I, 1949, pp. 12-13.

（51）芦部・前掲書註（6）、四五頁。

（52）O. Beaud, *supra note*（11）, p. 314；Arnaud Le Pillouer, "Pouvoir constituant originaire et pouvoir constituant dérivé：à propos de l'émergence d'une distinction conceptuelle", Revue d'histoire des facultés de droit et de la science juridique, 2005-2006, p. 123 note 1. ボナールによれば、実定憲法が存在しない国家創設時に行使されるのが始原的憲法制定権力であるのに対して、制度化

された憲法制定権力は実定憲法の存在を前提としてそれを改正するために行使される（Roger Bonnard, "Les actes constitutionnels de 1940", Revue du droit public, 1942, p. 49. さらに、cf. pp. 50 et 59. 彼については、大隈義和『憲法制定権の法理』一九八八年一七四頁参照。また、彼のデュギーに依拠した主権論については、cf. Roger Bonnard, *Précis de droit adminisratif*, 4e éd., 1943, pp. 38-41）。以後、このような両者の「区別はフランスの憲法理論において一種の常識と化した」（O. Beaud, *supra note* (11), p. 314）といわれる（ただし、このことが憲法制定権力と憲法改正権の峻別をもたらすとは限らない）が、第二次世界大戦後の憲法の教科書あるいは体系書（もちろん、ビュルドーのそれを除く）のうち、多くは派生的憲法制定権力という用語（註（55）参照）を用い、制度化された憲法制定権力という用語を用いるもの（Bernard Chantebout, *Droit constitutionnel*, 26e éd., 2009, p. 31 : Dominique Turpin, *Droit constitutionnel*, 1992, p. 81 : Dominique Chagnollaud, *Droit constitutionnel contemporain*, 5e éd., t. I, 2007, p. 42 など）は少数派にとどまる。なお、わが国の憲法学界には「法制度化された制憲権」という用語を用いる論者（阪本昌成『憲法理論Ｉ』一九九三年一一四頁（第三版一九九九年一二五頁）。それに追随する論者として佐藤幸治『日本国憲法論』二〇一一年三九頁）が存在するが、この場合、「法制度化された」という表現がボナール・ビュルドー→芦部信喜という形で継受された「制度化された」という表現との関係で特別な意味を有するわけではないにもかかわらず、パンデクテン法学の用語（法制度）を連想させる恣意的な表現を不用意に用いるべきではない。

（53）Georges Burdeau, *Traité de science politique*, t. III, 1950, pp. 203-204 : 3e éd., t. IV, 1984, pp. 190-191.

（54）G. Burdeau, *supra note*（53, 1ère éd.）, p. 171 : Le même, *supra note*（53, 3e éd.）, p. 171.

（55）ビュルドーは「制度」化された憲法制定権力の別の表現としてプレローの派生的（dérivé）憲法制定権力を挙げている（G. Burdeau, *supra note*（53, 1ère éd.）, p. 203 note 1）が、派生的憲法制定権力という表現を用いる論者であれば自らの師であるカレ・ド・マルベールを挙げるべきであろう（前掲拙著註（18）、一三二頁参照）。

（56）G. Burdeau, *supra note*（53, 1ère éd.）, pp. 207 et 212 : Le même, *supra note*（53, 3e éd.）, pp. 193 et 197. さらに、渡邊・前掲書註（8）、二六–二七頁も参照。

（57）G. Burdeau, *supra note*（53, 1ère éd.）, p. 210 : Le même, *supra note*（53, 3e éd.）, p. 196.

（58）G. Burdeau, *supra note*（53, 1ère éd.）, pp. 211-212 : Le même, *supra note*（53, 3e éd.）, pp. 196-197. 始原的憲法制定権力と憲法改正権のこのような関係の中に、ある論者は両者を「妥協」させようとするビュルドーの意図を見て取り、そこにシュミットとの類似性が存在することを指摘する（Udo Steiner, *Verfassunggebung und verfassunggebende Gewalt des Volkes*, 1966, S. 186）

が、ビュルドーとシュミットは法理論という点で、したがって出発点からまったく異なる（註（63）参照）ということを看過してはならない。

（59）G. Burdeau, *supra note*（53, $1^{\text{ère}}$ éd.）, p. 247 ; Le même, *supra note*（53, 3e éd.）, p. 231.

（60）Marie-Françoise Rigaux, *La théorie des limites matérielles à l'exercice de la fonction constituante*, 1985, p. 37.

（61）したがって、始原的憲法制定権力が法的世界に取り込まれている点も含めれば、「彼の理論のほぼ大まかな姿はすでに一九三〇年代の学位論文［『フランス実定法における憲法改正論序説』］にみられる」（大隈・前掲書註（52）、一五七頁註（76）。一六九頁も同旨）とはいえない（もっとも、「差異」の存在が留保されている（一六九頁および一八一頁註（46）。それに対して、ジュアンジャンは「『始原的』憲法制定権力と『派生的』憲法制定権力」という理論枠組みの連続性をより強く主張する（Olivier Jouanjan, "La forme républicaine de gouvernement, norme supraconstitutionnelle?" in Bernard Mathieu et Michel Verpeau (dir.), *La République en droit français*, 1996, p. 273 note 5）。さらに、cf. A. Le Pillouer, supra note（52）, p. 124））。ただし、改説には不徹底な要素が存在する（山元・前掲書註（9）、一九一頁註（85））。なお、『フランス実定法における憲法改正論序説』においては、憲法改正権は「組織された権力（pouvoir organisé）」（G. Burdeau, *supra note*（19）, p. 242）と言い換えられている。

（62）G. Burdeau, *supra note*（53, $1^{\text{ère}}$ éd.）, p. 215 ; Le même, *supra note*（53, 3e éd.）, p. 202. その結果、『フランス実定法における憲法改正論序説』においてビュルドーが依拠した、始原的憲法制定権力を純粋な事実として法的考察から排除したカレ・ド・マルベールは批判されることになる（Le même, *supra note*（53, $1^{\text{ère}}$ éd.）, pp. 213-215 ; Le même, *supra note*（53, 3e éd.）, pp. 200-202）。

（63）ボーは、憲法制定権力と憲法改正権を区別して「憲法改正権の実体的無制限性」を否定するという点でシュミットとビュルドーを同列に論じている（O. Beaud, *supra note*（11）, pp. 323-324）が、それより約一〇年前に、菅野喜八郎は、シュミットと多くの点でビュルドーに依拠する芦部信喜とを「法実証主義的限界論」と「自然法論的限界論」として位置づけていた（菅野喜八郎『続・国権の限界問題』一九八八年（初出は一九八五年）一一-一二頁）。その結果、ボーの捉え方に反して、シュミットとビュルドー＝芦部とは憲法改正限界説という点で一致するが、その前提である法理論という点では異なるわけである。

（64）Cf. Olivier Passelecq, "L'idée de droit chez Georges Burdeau" in B. Chantebout（dir.）, *supra note*（14）, p. 23. 高橋和之『国民内閣制の理念と運用』一九九四年二八〇頁註（88）、ならびに櫻井・前掲書註（5）、二二頁および二六五頁参照。

（65）G. Burdeau, *supra note*（50）, p. 92 ; Le même, *Traité de science politique*, 3e éd., t. I, vol. I, 1980, pp. 218-219. さらに、cf. Le même, *supra note*（40）, pp. 58-59. 法の理念についてより具体的には、さしあたり、櫻井・前掲書註（5）、二七〇-二七六頁参

照。

（66） G. Burdeau, *supra note* (50), p. 93 : Le même, *supra note* (65), p. 220.

（67） 水波・前掲書註（5）、二三六頁。さらに、cf. G. Burdeau, *supra note*（5, 1ère éd.）, p. 237 : Le même, *supra note*（5, 3e éd.）, pp. 256-257.

（68） G. Burdeau, *supra note* (50), p. 216 : Le même, *Traité de science politique*, 3e éd., t. I, vol. II, 1980, p. 10.

（69） G. Burdeau, *supra note* (50), p. 215 : Le même, *supra note* (68), pp. 9-10. したがって、Pouvoir は権力機構と訳すべきかもしれない（cf. Le même, supra note (41), p. 55 note 22）。

（70） G. Burdeau, *supra note* (50), p. 216 : Le même, *supra note* (68), p. 11.

（71） G. Burdeau, *supra note* (50), p. 257 : Le même, *supra note* (68), p. 119.

（72） さらに、cf. G. Burdeau, *supra note* (40), pp. 142-143 et 173-174 : Le même, *supra note*（5, 1ère éd.）, p. 239 : Le même, *supra note*（5, 3e éd.）, pp. 259.「制度」化された権力が「法的権力」であるのに対して、統治者と分離されていない権力は「個人に体現された（Pouvoir individualisé）権力」といわれ、それは「個人的権力」であり、「事実上の権力」である（Le même, *supra note* (68), pp. 108 et 120）。なお、ビュルドーの「制度」化-個人体現化が規範的概念であるのに対して、デュヴェルジェの「権力の個人体現化（personnalisation du pouvoir）」は社会学的概念である（Maurice Duverger, *La VIe République et le régime présidentiel*, 1961, pp. 34-37）。もっとも、ビュルドーはかつて、「権力を人の中に体現する」という意味で personnalisation du pouvoir を、権力者から分離されたという意味で dépersonnalisé を、それぞれ用いていた（G. Burdeau, supra note (41), pp. 62-63）。この意味における personnalisation du pouvoir を政治学の観点から論じたものとして、cf. Georges Burdeau, "Réflexions sur la personnalisation du pouvoir" in G. Burdeau, *supra note* (14)（とくに、pp. 362-365）.

（73） G. Burdeau, *supra note*（5, 1ère éd.）, p. 245 : Le même, *supra note*（5, 3e éd.）, pp. 267.

（74） 権力の「制度」化という場合の「制度」化とは要するに法人格化という意味であるが、この点に関するビュルドーの理論の特徴については、さしあたり、cf. F. Linditch, *supra note* (4), pp. 100-102. また、権力の「制度」化という概念に対する批判については、渡邊・前掲書註（8）、二三二-二三四頁参照。

第三節　オーリウの法理論における変遷するものと一貫性を有するもの

オーリウの法理論は難解をもって知られるが、その要因としてはさまざまなことが考えられる。[1]第一に、表現方法であり、彼は比喩や造語を多用し、しかも自然科学の用語をしばしば用いる。[2]第二に、主張内容の変転であり、これは第一の要因と相まって彼のテキストを読む者を困惑させる。この点ジェニーによれば、「無線電話の受信局のように、オーリューの精神は知的雰囲気を横切るすべての波を摑む。そしてその矛盾と交錯の中において生命の意義を捕えようとする。しかるに彼の努力は、えられたと思われるものを不断にまたまた問題とするところの新たな波によって絶えず妨げられる[3]」。要するに、オーリウは、「法理論は決して事実に反してはならない[4]」として、変遷する現実に密着して自らの理論をそれに適合させるべく常に努めるのであり、このような「社会生活の複雑さに対する過敏さ[5]」の結果として、「論理的な明快さを犠牲にすることも厭わない[6]」。彼自身が認めているように、そのときどきの彼の著作は「実験室の継続的報告書にとどまる[7]」のである。このような現実に対する執着からすれば、彼は実定法の内部で概念計算（Rechnen mit Begriffen）に終始したラーバント[8]の対極に位置しているといえる。それはともかく、このような第二の要因はオーリウの社会学的方法の表れの一つであるといえ、オーリウの社会学的方法については次章第二節で検討する。第三に、彼の思考様式であり、これは均衡という概念の中に凝縮されているといえる。彼の法理論、より広くいえば集団現象や社会の捉え方における均衡という概念の重要性は多くの論者が指摘するところである。この概念も彼の社会学的方法の構成要素の一つであり、次章第二節で取り上げるが、彼の均衡理論においては、複数の異質なものが統合されて新しいものが生み出される。このような、「対立する二つの概念を設定してその緊張関係の中で事象の本質を析出するという」[9]弁証法的な思考様式は、それをフランス憲法史に適用すれば、政治体制の周期理論（théorie des cycles ou théorie cyclique）として現象するが[10]、そこには一元的で演繹的な思考様式には存在しない難解さや曖昧さがつきまとわざるをえない。実は、彼におけるこのような弁証法的な思考様式とそれに伴う難解さや曖昧さという点にはギールケのゲノッセンシャフト論[11]に通じるものがあり、しかもオーリウの制度体の実体はギールケのゲノッセンシャフトと同様に有機体であることから[12]、両者をさまざまな点で比較することは前者のより深い理解をもたらすであろう。

以上のようなオーリウの法理論を難解なものにしている要因は、いわば形式的なものである。もちろん、実質的なものも含めてこれら以外の要因も指摘することはできる。それに対して、彼のテキストを読み解き、彼の法理論を論じるに際しての要諦は、「現在の日本の神秘化されたオーリウ像を「いたずらに」助長[13]」してはならないということである。そのためには、とりわけ彼が用いる用語や概念を安易に反復することなく、可能な限り従来のもの・平易なものに置き換えることによって「神秘化されたオーリウ像」を脱神秘化しなければならない[14]。ただし、そのことに急なあまり、本来のオーリウ像を歪曲してはならないことは当然である。ところで、彼の法理論を難解なものにしている第二の要因は誰もが指摘するが、その際、変転する表層の背後に強固な一貫性を有するものが存在することを看過してはならない。一貫性を有するものに関する指摘も脱神秘化の一つといえるであろう。

オーリウの法理論において一貫性を有するものについては種々の観点から指摘することができるが、ここでは、彼の法理論における「集団的なもの（le collectif）」の重要性[15]にかんがみ、集団を捉えるための枠組み・集団の実体・集団の構成員を取り上げることにしよう。第一に、集団を捉えるための枠組みについてであるが、これは彼の法理論を難解なものにしている第二の要因の背後に存在するもの、あるいはそれを支えているものである。この点、「……オーリウの思想は大きく変遷した［が、］社会的現象の社会学的考察とその法学への適用とに対する執着は彼の全著作をとおして不変である」[16]といわれる。そして、この社会学的方法と彼の法理論を難解なものにしている第三の要因である均衡理論とは、すでに述べたように一体不可分である。第二に、集団の実体についてであるが、これは主観的要素と客観的要素によって二元的に構成された法人論であり、石川健治のいう「ごく普通の法人論」[17]である。したがってここで「普通の法人論」とはフランス的な法人実在説[18]であり、そこから制度体論が生み出されるわけであるが、その結果、オーリウは「もともとサレイユ・ミシュウ等と同じ言語を語っていたのであり、［このような意味における］〝普通〟の議論を、まず念頭に置かないと[19]」、制度体論を理解することはそもそもできない。法人論が制度体論の中心的位置を占めている[20]、あるいはその基盤を成しているのである。この点については第二章で詳細に検討するが、いずれにしても、制度体論が難解に思われる原因の一つは、それを理解しようとする側における法人論という枠組みの欠如にあるということができるであろう。第三に、集団の構成員についてであるが、オーリウは集団とその構成員との関係について一貫して個人主義の立場に立っている。ここで個人主義という観点を取り上げたのは次の理由による。すなわち、すでに述べたように制度体の実体が有機体であることから、さらに彼の法理論における「集団的なもの」の重要性から、「オーリウ説は危険と隣り合わせの理論であ[21]」り、現に、彼の制度体論を「ファシストの理論」に限りなく近い[22]と評するような「グロテスクな誤解[23]」が存在するので、そうではない、さらには、彼はその対極に位置しているということをあらかじめ強調しておくためである。当然このような誤解に対しては厳しい批判が存在する[24]が、彼は、次節二で検討する習作時代にすでに、「社会は個人のために作られているのであり、その逆ではない[25]」と繰り返し述べている。

オーリウの法理論が難解に思われる原因の一つは主張内容の変転であるとこれまでされてきたことを否定するつもりはない。それに対して、以上のような、彼の法理論において一貫性を有するものに関する指摘[26]は特定の観点からなされたものであり、しかも概略にすぎない。そこで、本書は一貫性を有するもの、あるいは連続性を有する側面に着目し、以下ではこれらの指摘を敷衍することによって彼の法理論と法的国家論とについて論じたい。第一章では主として方法論について検討し、第二章では集団論として法人論とそれを発展させた制度体論とについて時期を区切って詳細に分析し、第三章ではその結果をとおして法的国家論について考察する。したがって本書の目的は、法人論という枠組みによって制度体論について分析し、その結果を国家に適用することであり、この目的が達せられることによって憲法学の立場から彼の全体像が示されるであろうが、その前に彼を取り巻く諸情勢について概観しておかなければならない。

（1） Cf. Lucien Sfez, *Essai sur la contribution du doyen Hauriou au droit administratif français*, 1966 (rééd., 2011), pp. 5-7 : François Fournié, *Recherches sur la décentralisation dans l'œuvre de Maurice Hauriou*, 2005, pp. 2-5. 磯部力「モーリス・オーリウの行政法学」兼子仁・磯部力・村上順『フランス行政法学史』一九九〇年二五四-二五五頁註（15）参照。

（2） オーリウのこのような表現方法を支えているのは彼の博識さであるが、彼は文学と理学とのバカロレアの保持者である（L. Sfez, *supra note*（1）, pp. 66-67 : André Hauriou, "Maurice Hauriou――A Memoir" in Albert Broderick (ed.), *The French Institutionalists*, 1970, p. 26）。彼が用いるさまざまな比喩については、cf. Christopher Berry Gray, *The Methodology of Maurice Hauriou*, 2010, pp. 53-62. なお、彼の学生時代におけるフランスの大学はすべて単科大学（faculté）であり、しかもその種類は神学・法学・医学・理学・文学にとどまっていた（田原音和『歴史のなかの社会学』一九八三年一三八頁）。

（3） 宮沢俊義『公法の原理』一九六七年九一頁。さらに、米谷隆三「制度法学の展開」『米谷隆三選集（第一巻）』一九六〇年一〇頁も参照。

（4） L. Sfez, *supra note*（1）, p. 41（cf. Maurice Hauriou, *Principes de droit public*, 1910（同書は二〇一〇年に復刊されたが、本書はオリジナル版を用いた）, p. 430）. さらに、cf. L. Sfez, *supra note*（1）, pp. 186 et 367 : F. Fournié, *supra note*（1）, p. 77. 次章第二節註（56）も参照。

（5） Frederick Hallis, *Corporate Personality*, 1930（reprinted, 1978）, p. 227. さらに、cf. F. Fournié, *supra note*（1）, p. 75 note 392.

（6） 磯部・前掲論文註（1）、二三二頁。さらに、三八一頁および四二八-四二九頁註（18）も参照。同様の指摘として、cf. Michel

Halbecq, *L'état son autorité, son pouvoir* (*1880-1962*), 1964, pp. 549 et 550.

（7）Maurice Hauriou, *Principes de droit public*, 2e éd., 1916, p. XXⅦ.

（8）拙著『国民主権と法人理論──カレ・ド・マルベールと国家法人説のかかわり──』二〇一一年八〇頁および八七-八九頁参照。

（9）橋本博之『行政法学と行政判例』一九九八年七〇頁。このことは「一元論に対する嫌悪」（Marcel Waline, "Les idées maîtresses de duex grands publicistes français : Léon Duguit et Maurice Hauriou", L'Année politique française et étrangère, 1930, p. 39. さらに、cf. Georges Gurvitch, *L'Idée du Droit Social*, 1932（rééd., 1972）, p. 617）の表れであり、「一元的方法を排斥し、ものごとをすべて諸矛盾の間の均衡として多元的に理解することこそ、オーリウ法学の最も基本的かつ最も魅力的な方法論にほかならない」ともいわれる（磯部・前掲論文註（1）、二四九頁註（7））。さらに、宮沢・前掲書註（3）、一〇〇頁も参照。

（10）Cf. Pierre Hébraud, "La notion de temps dans l'œuvre du Doyen Maurice Hauriou" in *La pensée du doyen Maurice Hauriou et son influence*, 1969, pp. 186-188 : Stéphane Pinon, "Le pouvoir exécutif dans l'œuvre constitutionnelle de Maurice Hauriou（1856-1929）", Revue d'histoire des facultés de droit et de la science politique, 2004, p. 120 note 5,「訳者あとがき」モーリス・デュヴェルジェ（拙訳）『フランス憲法史』一九九五年二三〇-二三一頁参照。周期理論はヨーロッパ規模における政治体制の変遷にも適用される（cf. Lucien Sfez, "Maurice Hauriou et l'avènement des exécutifs forts dans les démocraties occidentales modernes" in *ibid.*, pp. 116-117）が、これが周期理論の一般理論であり、これを一七八九年の革命以降のフランスに適用したものはその特殊理論にすぎないと理解すべきかもしれない。周期理論の原型については、cf. Maurice Hauriou, *La science sociale traditionnelle*, 1896（同書は二〇〇八年に復刊された（Maurice Hauriou, *Écrits sociologiques* に所収）が、本書はオリジナル版を用いた）, pp. 208-259.

（11）前掲拙著註（8）、六七頁参照。

（12）théorie de l'institution の institution に初めて制度という訳語を用いたのは杉山直治郎のようである（米谷・前掲論文註（3）、六頁、および三代川潤四郎「二つの社会生命論（一）──制度理論の一研究──」法学一五巻一号一九五一年一〇九頁。さらに、仲野武志『公権力の行使概念の研究』二〇〇七年一七八頁註（2）も参照）が、実体が有機体である集合体に institution という用語を用いることにはフランスにおいても異論がある（Georges Renard, *La Théorie de l'Institution*, 1930, p. 96 : Francois Gény, "La Notion de Droit en France Son état présent. Son avenir", Archives de philosophie du droit et de sociologie juridique, 1931, p.

40. さらに、cf. Yves Sassier, "Réflexion autour du sens d'*Instituere, Institutio, Institua*" in Jean-Philippe Bras (dir.), *L'institution*, 2008, pp. 19-20)。本書では、institution における有機体的側面をも表すために制度体という訳語を用いるが、そうすることは、制度体とそれ以外の制度一般とを区別することができるという利点も有するであろう。なお、制度体では表現上不自然に思われる場合には「制度」と表記する。

(13) 小島慎司「近代国家の確立と制度体の自由（五・完）――モーリス・オーリウ『公法原理』第二版における修道会教育規制法律への批判の分析――」国家学会雑誌一二一巻一一・一二号二〇〇八年一六四頁。

(14) わが国の法学界にとってオーリウの法理論の理解を困難にしているより深い原因は、彼が一九世紀の半ばから後半にかけてドイツ法学において彫琢された基本的な諸概念（例えば、法律行為（acte juridique）や法律関係（rapport juridique））を相対化することによって独自の法理論を構築しようとしたことにあるとみるべきである。法に関する彼独自の諸概念は、基本的な概念や理論枠組みについてドイツ法学に依拠してきたわが国の法学界にとって異質なのである。これらの概念については、第二章第二節で必要に応じて検討するが、彼のこのような立場、つまりドイツ法学を全面的に否定することなく、批判しつつもその一部を自らの法理論の中に取り込もうとするが故に、彼の法理論は、ドイツ法実証国法学の克服を目指してきたわが国の戦後の憲法学界にとって、たとえ難解であろうとも、詳細な分析と考察とに値するのである。

(15) Cf. Jean-Arnaud Mazères, "Duguit et Hauriou ou la clé caché" in Fabrice Melleray (dir.), *Autour de Léon Dugit*, 2011, pp. 126-127.

(16) Florian Linditch, "La réception de la théorie allemande de la personnalité morale de l'Etat dans la doctrine française" in Olivier Beaud et Patrick Wachsmann (dir.), *La science juridique française et la science juridique allemande de 1870 à 1918*, 1997, pp. 212-213.「オーリウは、自らが常に、同じ方法で、同じ指導理念の下に、同じ方向に向かって、活動していると信じている」ともいわれる（Ch. B. Gray, *supra note* (2), p. 86)。

(17) 石川健治『自由と特権の距離［増補版］』二〇〇七年一八六頁。

(18) 前掲拙著註（8）、第二章第二節参照。

(19) 石川・前掲書註（17）、一八一頁。

(20) Olivier Beaud, "Hauriou et le droit naturel", Revue d'histoire des facultés de droit et de la science juridique, 1988, p. 132.

(21) 小島慎司「近代国家の確立と制度体の自由（一）――モーリス・オーリウ『公法原理』第二版における修道会教育規制法律へ

の批判の分析――」国家学会雑誌一二一巻三・四号二〇〇八年一一三頁。さらに、同『制度と自由』二〇一三年二四－二五頁、および同「日本における制度法学の受容」岡田信弘・笹田栄司・長谷部恭男編（高見勝利先生古稀記念）『憲法の基底と憲法論』二〇一五年も参照。

(22) Wolfgang Friedmann, *Legal Theory*, 5th ed., 1967, p. 241. さらに、cf. Ch. B. Gray, *supra note* (2), pp. 34-35.

(23) Albert Broderick, "Preface", A. Broderick (ed.), *supra note* (2), p. xiv.

(24) Roman Schnur, "Einführung", Ders. (Hrsg.), *Die Theorie der Institution und zwei andere Aufsätze von Maurice Hauriou*, 1965, S. 24f. ただし、cf. H. Stuart Jones, *The French state in question*, 1993, p. 184 note 16 ; Bruno Silhol, "Maurice Hauriou et le droit du travail" in Carlos-Miguel Herrera (dir.), *Les jurists face au politique*, t. I, 2003, p. 64 ; Guillaume Sacriste, *La République des constitutionnalistes*, 2011, pp. 539-540.

(25) Maurice Hauriou, "La crise de la science sociale" in Le même, *supra note*（10, *Écrits sociologiques*）（初出は1894）, pp. 300, 303 et 313. オーリウの個人主義については、cf. Julien Bonnecase, *Science du Droit et Romantisme*, 1928, pp. 634-646 ; E.A. Poulopol, "L'idée de libéralisme dans l'œuvre juridique de Maurice Hauriou" in *Mélanges Paul Negulesco*, 1935, pp. 593-595 ; Victor Leontowitsch, "Die Theorie der Institution bei Maurice Hauriou", Archiv für Rechts-und Sozialphilosophie, 1937, S. 211ff. ; F. Fournié, *supra note*（1）, pp. 502-516. とりわけ、Charles Eisenmann, "Deux théoriciens du droit : Duguit et Hauriou" in Charles Eisenmann, *Écrits de théorie du droit, de droit constitutionnel et d'idées politiques*, 2002（初出は1930）はさまざまな観点からオーリウの個人主義を指摘している。いずれにしても、「オーリウにとって、社会は手段であり、目的ではない」が、彼が社会と個人のうちどちらを優先させているかという点（F. Fournié, *supra note*（1）, pp. 67-68）は簡単に答えることができる問題ではないであろう。

(26) オーリウの法理論における一貫性に関する指摘は、「オーリウのホーム・グラウンド」（磯部・前掲論文註（1）、一二五二頁註（11））である行政法の領域においてもなされている（橋本・前掲書註（9）、三〇頁）。

第一章　オーリウにおける社会学と自然法論の統合

オーリウが研究生活を始めた一九世紀末は共和制の確立に伴ってさまざまな分野・領域で変革がもたらされた時期であり、その変革の中にはフランス国内にとどまらないものもある。このような激動の中で、法制史家として研究生活を始めた彼は、カトリック思想を基盤として法学と社会学を統合しようとした。その目的は社会の法則性とその構成員である個人の自由とを両立させることであるが、これらは社会学の台頭と自然法論の復活という時代の流れを反映したものとみることもできる。しかし、註釈学派の衰退と法学教育の改革によってもたらされた学としての法学の多様化とによって新しい共通の法学方法論が求められていたとはいえ、法学に社会学を導入することが法学界によって必ずしも歓迎されたわけではないということには注意を要する。と同時に、法則性と自由の両立が彼に外在的にもたされた側面を有することは否定できないが、社会的現象を客観的なものと主観的なものとの均衡、あるいは客観的なものが主観化される均衡運動として捉える彼に固有の一貫した方法と強い結びつきを有することは明らかである。均衡理論は『伝統的社会科学』におけるマクロの均衡理論から『社会運動論』におけるミクロのそれへと展開することによって宗教性を払拭し、前者において提示された贖罪としての制度体はこの過程の中で行政法理論との関係で法の一般理論へと発展するのである。本章では、次章で制度体論を分析する準備作業として、彼を取り巻く外的環境（milieu）と方法論とについて検討することにしよう。

第一節　オーリウの周辺

オーリウを取り巻く外的環境にはさまざまなものがある。本節では、彼と関係のある限りでの社会学、カトリック思想の法的現象形態である自然法論、および社会学の台頭と密接な関係にある高等教育改革の一環として行われた法学教育改革と自然法論の復活とによって惹起された法学の方法に関する議論を取り上げるが、その前に、これらと密接な関係を有する第三共和制の確立過程について簡単にふれておかなければならない。

一　習作時代と第三共和制の確立

オーリウは一八八二年に大学教授資格試験に主席で合格し、翌年トゥールーズ大学で法制史の講義を担当することになったが、法学における彼の基本的な立場が確立されたのは『伝統的社会科学（*La science sociale traditionnelle*）』一八九六年においてである。[1] 法学における基本的な立場について、後年、彼は自らを「カトリック思想に立脚した実証主義者（positiviste catholique）[2]」であると規定している。この自己規定は、法学者である彼が、彼に大きな影響を与えたタルドがディレッタンティズムの故に実現しえなかった法学と社会学の統合を、カトリック思想（とくに、伝統的自然法論）を基盤として成し遂げたという矜持の表明とみるべきであろう。[3] ところで、オーリウが法学における基本的な立場を確立するのに要したという意味で習作時代ということができる一八八〇年代から一八九〇年代前半までの一〇数年間は第三共和制の確立期と重なる。

第三共和制憲法は一八七五年に成立したが、実質的意味の憲法のレベルで第三共和制が確立したとえいるには一八七九年まで待たなければならなかった。同憲法は王党派と共和派の妥協の産物であり、しかもその成立に際して偶然の要素が存在しなかったとはいえない（共和制の採用を決定づけたヴァロン修正案は一票差で成立した）。このような危うい妥協が早晩崩壊することは目に見えており、両派の対立が決定的となったのが一八七七年の五・一六事件である。すなわち、同憲法が二元型（オルレアン型）議院内閣制に立脚していると理解していた正統王朝派のマク＝マオン大統領は、一八七六年二月に行われた下院議員選挙で共和派が勝利した結果を否定するような首相任命を行った後、下院を解散したのである。選挙の結果再び共和派が過半数を制したにもかかわらず彼が王党派の内閣を組織したため、王党派の大統領‐内閣と共和派の下院多数派との対立が再燃したが、今回は彼が屈服せざるをえなかった。さらに一八七九年には、元老院でも共和派が過半数を制するとともに、彼の辞任をうけて大統領の権限を限定的に解釈するグレヴィーが大統領に就任するに至り、大統領・首相および上下両院は共和派によって掌握された。共和派による共和国の支配が確立したわけである。このような事態を形式的意味の憲法のレベルで確定したのが、共和制を憲法改正の対象とすることはできないとする一八八四年の憲法改正であった。かくして第三共和制は実質的意味の憲法のレベルで確立したといえるが、体制を支える政治勢力のレベルではいまだ脆弱であり、後者の点が露呈したのが、一軍人によって煽動された大衆の不満が対独ナショナリズムと結びついて反議会主義運動へと発展したブーランジェ事件（一八八九年）である。同事件はルイ＝ナポレオンによるクーデタを想起させるが、ある意味では一時的な現象にすぎない。しかし、その背後には共和制を容認しない反体制勢力が存在し、第三共和制は王党派などから成るこの政治勢力によってことあるごとに揺さぶられることになる。さまざまな「不安定の中における「体制としての」安定」[4]といわれる所以である。このような状況の中で、共和派にとって「カトリシスムとはロワイヤリスムと同義語である」[5]といわれるように反体制勢力の一翼を担っていたカトリック勢力は、一八九二年のレオ一三世の回勅によって、共和制を容認して積極的に政治生活に参加するように勧告された（ラリマン）。この回勅の背後には、ブーランジェ事件にみられる反体制勢力としての王党派の凋落・一八八〇年代の教育分野などにおける反教権主義政策（anticléricalisme）から教会の利益を守る必要性・社会主義勢力の議会への進出などが存在し、これらに対応すべくこの回勅も含めて複数の回勅がこの時期に発せられた。体制問題についていえば、確かにカトリック信者は一時的には混乱したが、しかし紆余曲折を経てやがて共和制を支える保守勢力となるのである[6]。ただし、第三共和制に相対的な安定をもたらす急進派（radicaux）の主導権が確立されるには、ユダヤ人がからんだ軍事機密の漏洩に関する冤罪事件をめぐって一〇年近くにわたって人道主義（＝共和制的価値）と愛国主義が激しく対立することによって国論を二分したドレフュス事件[7]（一八九四‐一九〇六年）という試練を経なければならなかった。同事件の過程で、急進派は共和制化の徹底（王党派の排除・大資本批判・政教分離など）を求めて共和派内部で主導権を確立し、以後、中間階層に広く支持された急進派の下で政治と経済との領域において自由主義（laisser-faire）が理念としては開花するのである。

世紀の転換点におけるフランスのさまざまな分野・領域に大きな影響を及ぼしたドレフュス事件はオーリウの習作時代を超えるが、いずれにしても、第三共和制の確立期は共和制という政治体制を実質的に確定させるまでの間にさまざまな分野・領域で古いものと新しいものとが激しくせめぎ合った時期であり、その中にあって、担当することになった法制史の講義との関係で方法論の確立を目指していた彼は後年次のように述懐している[8]。すなわち、「新しいものが必要なのではない。新しくされた古きものが必要なのである。……法秩序に関する古き論者達の議論を、再調整した上で採用するべきである[9]」。ここで彼が「再調整」のために必要としたものの一つが、当時法学部に進出しつつあった社会学なのである。

二　高等教育改革と社会学の台頭

オーリウは、習作時代の当初、社会学の法学部への進出に反対していた。その原因は彼の社会学理解にあるが、この社会学理解はタルドの影響によって変化し、その結果、オーリウは改めて理解し直された社会学を自らの法理論の中に取り込むことによって方法論を確立するに至るのである。そこで以下では、第一に、社会学の大学への進出について述べ、第二に、デュルケムとの関係でタルドの特徴について簡単にふれたうえで、第三に、オーリウの当初の社会学理解を示すことにしよう。

第一に、社会学の大学への進出についてである。オーリウが法学における基本的な立場を確立した『伝統的社会科学』が出版された一八九六年は、フランスにおける大学改革が頂点に達した年であるといわれる[10]。当時の大学改革は、反教権主義政策の一つとして教育界からカトリック勢力（とくに、初等・中等教育を担っていた修道士）を排除しようとする教育改革の一環であったが[11]、それだけにはとどまらないものであった。というのは、一九世紀後半のフランスにおける大学は、フランス人も含めて現在のわれわれからすれば、想像を絶する惨状の中にあったからである。すなわち、「大学はその団体的自立性を奪われ、固有の学生を失い、財政的自立さえも失って、研究機関としてはもちろんのこと教育機能すら失った単なる試験機関に堕していた[12]」。そして、「ほぼ一九世紀の全期間を通じて、フランスには大学レヴェルの学部はあったのだが、大学はなかった[13]」のである。その結果、産業社会の出現や共和派が支配する共和国の実現などといった「時代的状況に応じた新しい教科・科目の導入によって高等教育の多様化と現実主義化を図[14]」らなければならなかった。そのために、既存の分散した学部（facultés）＝単科大学を主要都市に配置された総合大学（universités）へと統合して国民的一体性の精神的基盤の一つとすることが、共和派知識人から成る政治家や官僚による上からの改革として目指されたのである[15]。法学部と文学部についていえば、「教科の『世俗化』をねらって社会的現実を直接の研究対象とする社会・人文諸科学を導入し」、このことによって両学部の性質を大きく転換することが企てられた。このような状況の中で社会学は研究対象が両学部の学問分野にまたがることから両学部に導入されようとしたが、法学部と法学教育との改革については本節四で取り上げることにしよう。その際、「伝統の強いパリ大学よりも地方大学のほうにより抵抗が少なかった」といわれ[16]、とりわけオーリウの出身大学であるボルドー大学は社会学に対して開放的であった[17]。そのためもあってか、デュルケムは一八八七年に同大学文学部で社会学関係の講義を担当することになった。もっとも、デュルケムは新しい学問分野である社会学に対する大学内外からの批判に応えて学としての社会学を擁護しなければならなかったが、そのことをとおして自らの社会学を大成させるとともに一大学派（durkheimiens）を形成したのである。ところが、彼は社会学者としてのこのような業績にふさわしい地位をアカデミックな世界で手に入れたとはいえない。彼の「社会学者としてのまぎれもない成功と、その大学内における地位の不遇[18]」といわれる所以である。このうち前者は彼個人の才能と努力との結果のみによってもたらされたとはいえず、そこには共和派の支配権の確立という要因が存在した。また、後者の原因はタルドをはじめとする社会学をとりまくパリの知識界にあるが、この点は第二のタルドの特徴との関係でふれることにする。そこで以下では、デュルケムの社会学と共和派の支配権の確立との関係について述べることにしよう。

高村学人によれば、教育改革や政教分離などによって公的世界からカトリック勢力を排除しようとした共和派は、その結果として「モラルの源泉を宗教以外のものに求めねばならなくなるが、代替的な新たな基盤となったのが、科学に他ならなかった。……デュルケムの社会学が成功を収めたのも、［それが］宗教ではなく、分業による連帯という世俗的（非宗教的）な社会関係にモラルの源泉が存在することを科学的に明らかにした[19]」からである。デュルケムが「第三共和政のイデオローグ[20]」であり、彼の社会学が「第三共和制の公定教育学[21]」というわけである。彼の社会学と第三共和制の確立過程とが平行関係にあるという捉え方は社会学者の間では目新しいものではないが、このような捉え方は、エスマンが第三共和制の確立期に憲法学の領域において「『共和国』のレジストたる役割を担った[22]」ことを髣髴させる。それはともかく、デュルケムの提唱した連帯主義は急進派（とくに、レオン・ブルジョワ）の社会政策に理論的基盤を提供した[23]。デュルケムは大革命によって伝統社会から解放された個人が原子化した状態にとどまることは危険であると考え、産業化と分業との進展によって発生する職業集団（groupe professionnel）という中間団体にこのような個人を統合し、職業集団間の相互依存と連帯とによって国家に対抗しようとした。その際一方で、職業集団は個人のモラルの源泉となると同時に国家との関係で盾となり、他方で、国家は社会に対して公的なものを体現し、職業代表にもとづいて全体の調整を行う。その結果として秩序が創り出されるわけであるが、留意すべきは、このような社会観は、個人の利益の追求をとおして秩序が形成されるとする功利主義とは異質だということである。また、個人の側からみれば、その利益は職業集団を媒介として国家に吸収され、その自由は、国家との関係では職業集団によって、職業集団との関係では国家によって、それぞれ守られる。個人は職業集団という集団への帰属によって自立することができるのである。[24] このような社会の理解のあり方は憲法学の領域ではボルドー大学のデュギーに影響を与え、とくに中期のデュギーを組合運動との関係で過激な主張に走らせたと考えられなくもない。[25] いずれにしても、以上のような社会理論を提示したデュルケムは中間階層に支持された急進派の「イデオローグ」にふさわしいといえるが、エスマンとは異なり、アカデミックな世界において栄達を遂げたとはいえない。その原因は、すでにふれたように社会学をとりまくパリの知識界にあるが、ここでデュルケムの社会学を当時のフランスにおける社会学全体の中に位置づけることはできない。ここでは、オーリウに影響を与えたタルドの特徴を浮きぼりにするという観点からタルドとデュルケムを比較することにしよう。[26]

そこで第二に、タルドの特徴についてである。タルドとデュルケムの関係について、今では、「デュルケムは社会学の古典としてゆるぎない地位を築いているのに対して、その有力な論敵であったタルドはそれほど注目を集めているとはいえない[27]」、あるいは、タルドの「思想はデュルケムと比べると社会学においては周辺的な位置しか占めていない[28]」といわれる。しかし、かつてはそうではなかった。社会学（sociologie）という用語を考案し（一八三九年）、それが客観的な事実に関する科学的な社会研究であることを目指したコントの実証主義の後、社会学は哲学から脱却して社会科学へと向かう「移行期」[29]にあった。その中にあって、すでに述べたようにデュルケムはアカデミックな世界においていまだ制度化（＝大学における講座化）されていない社会学を学として独立させるべく努めたが、最初の著書である『社会分業論（*De la division du travail social*）』一八九三年が出版されたとき、ダルドはすでに複数の著書によって犯罪学者としての地位を確立しており、[30]さらに『模倣の法則（*Les lois de l'imitation*）』一八九〇年によってタルドの社会学理論は世に知られるようになっていた。このような状況の下で、いわば後発のデュルケムがすでに一定の評価を得ていたタルドに論争をいどんだわけである。[31]両者の争点は多岐にわたるが、ここでは集団における個人の位置づけ、あるいは、個人が集団において果たす役割という点に注目することにしよう（さらに、註（36）も参照）。デュルケムによれば、社会的事実とは個人に対して外在的で拘束的なものであり、社会学はこのような社会的事実を観念としてではなく「もの（chose）」として客観的に扱わなければならず、その成立や変化をもっぱら社会的環境と関連づけて説明しなければならない。これがデュルケムの社会学的方法の核心であるが、そこにおいては、「個人的事実は社会的事実の構成要素ではなく、その単なる現れにすぎ［ず、］社会という原型が初めに存在して、それをもとに個人がつくられる」[32]。その結果、ある社会的現象は他の社会的現象によって説明され、この説明から個人的要素は排除される。また、社会は個人に還元されないだけではなく、個人に先行する。それに対して、個人の心理の内的過程を社会が成立する契機として重視するタルドはデュルケムの社会学的方法を次の三点にわたって批判する。まず、社会的事実の拘束性について、社会的事実は個人の発明という形で生じ、模倣によって他の人々に広まるので、その拘束性はすべての個人に及ぶわけではない（発明者には及ばない）。次に、社会的事実の外在性について、社会的事実がわれわれにとって外在的なものに感じられるのは、それが社会を構成する他の人々によって共有されているからであり、構成員の外部に存在するからではない。最後に、社会的事実とその構成要素である個人的事実との関係について、社会学においては、観察者自身が社会の構成要素（心理的存在）であるので、社会を構成する個人にまでさかのぼって分析することが可能である[33]。このようなデュルケム批判からすれば、タルドにおいては社会的現象における個人のイニシアチヴあるいは駆動力が重視されており、これなくしては社会的現象は生じない。ただし、タルドは「社会的事実を全面的に個人的事実に還元して考えていたわけではな［く、］彼にとって社会的事実の要素となる行為とは……複数の個人にかかわるものでなければならない[34]」。結局、彼においても社会を完全に個人に還元することはできず、この点では彼はデュルケムと一致するが、社会を完全に個人に還元することができるとすれば、そもそも社会学は成立しないであろう[35]。それに対して、個人が集団において果たす役割に限定すれば、デュルケムが集団の側から個人を捉えて個人を集団の中に埋没させてしまうあるいは解消してしまうのに対して、タルドが個人の側からアプローチして個人のイニシアチヴや創意工夫を重視することから、両者は異なる。このようなデュルケムの社会学理論はすでに述べたようにドレフュス事件を経ることによって成立した大衆民主主義社会に適合的であり、確かに職業集団による個人の自立化という点は留保しなければならないが、しかしそこから反個人主義的という批判を払拭することは難しいであろう[36]。それに対して、タルドは模倣という心理的現象を通じて社会的現象を説明しようとし、「社会的なもの……はすべて模倣を原因としている」ので、「社会的存在もまた、その存在が社会的であるかぎり本質的に模倣的なものであ[37]」るという。そして、社会＝模倣、換言すれば社会は模倣によってもたらされる関係性と同質性とによって成り立っていると考えるタルドによれば、模倣は個人間の相互作用に始まり、さまざまな過程を経て全体へと伝播されるが、出発点である発明はあくまで個人の創造なのである。彼の社会学が「個人主義的社会学[38]」といわれる所以である。個人が集団において果たす役割を重視するこのような集団観は、エリート的要素を多分に含んだオーリウの個人主義によって継受されることになるであろう[39]。

第三に、オーリウの当初の社会学理解についてである。彼は、第一で述べたような制度化を求める社会学を前にして、社会学の法学部への進出は認められないという。その理由は、社会学者の法の概念が「科学的というよりも哲学的」であり、「若者の法感情と同時に法感覚を弱める性質を有する」ことから、「法学教育にとってきわめて危険である」からである。[40] ここで「哲学的」とは、一七・八世紀以来の合理主義にもとづいて自然科学をモデルとして社会を捉えるという意味である。このような「自然科学に立脚して構成された社会科学」においては、社会は厳格な論理の連鎖によって機械論的に説明され、そこから「善と悪のあらゆる矛盾」は排除される。[41] その結果一方で、善と悪の問題＝正義の問題は功利性に還元され、このようにして「指導理念（idées directrices）」の欠如した法は「純粋な力」に屈するとともに、[42] その概念が「法学教育にとってきわめて危険である」ことは明らかである。他方で、善と悪の問題をめぐる自由意思（libre arbitre）が排除された社会は「全体的決定論（déterminisme universel）」によって支配され、「社会の運命」、さらには「人類の運命」を示すことさえ可能なように思われる。それに対して彼は、「人類の運命が定まっているのであれば、人生はおもしろくないであろう。［そもそも］このようなばかげた希望は何にもとづいているのであろうか[43]」と述べて、一七・八世紀以来の合理主義的な「哲学体系」とそれに立脚した社会学とに対して強い不信を示している。要するに、彼は社会学の功利主義と決定論とに反対しているわけであるが、しかし「事態が変われば、法学部は最終的には社会学を受け容れるであろう」として、

Un peu de sociologie éloigne du droit, beaucoup de sociologie y ramène.

という有名な一文を記している。[44] となると、この一文が意味するところは、現状のような限られた（＝Un peu）社会学は法学にとって「無益なことしかなさないであろう[45]」だけではなくそもそも有害であるが、そうではないより幅広い（＝beaucoup）社会学は法学にとって有益である可能性があるということであろう。[46] では、彼は事態の変化として何を期待しているのであろうか。それは「科学的」の意味と密接な関係を有する。

オーリウのいう「科学的」とは客観的な観察にもとづいたという意味である。このような態度で社会を眺めれば、彼によれば、人間は孤立して存在するのではなく、その「深い類似性」から社会生活を営み、他者とのかかわりの中で善悪の判断を行い、そこから「道徳感情」が生じる。そして、「道徳感情」は功利性には還元できない「固有の社会的力」を有し、この力は組織されれば法の源の一つとなる。[47] このように「道徳感情」あるいは「正義の感情は……主要な社会的事実であり[48]」、その結果、「純粋な科学たろうとすれば、この正義の感情を考慮するであろう[49]」。換言すれば、「純粋な科学」は「観察にもとづいた道徳（morale d'observation）[50]」に立脚しなければならないのであり、しかも、前節の末尾で述べたように社会は個人のために作られるものであることから、この道徳は、「……源において社会的であり、手段において社会的であり、目的において個人的である。これが事実の観察から得られた道徳である[51]」。ここで看過してはならないのは、まず、観察という客観的要素から道徳＝善と悪の問題という主観的要素が導き出され、両要素が社会学において統合されているということである。その意味で彼のいう社会学は「かなり特殊である[52]」が、ここに、すでに述べた（三一‐三二頁）相対立するものを統合しようとする弁証法的な思考様式を見て取ることができる。次に、「観察にもとづいた道徳」においては個人のイニシアチヴに力点が置かれているということであり、このような道徳に立脚した「純粋な科学」にとって自由意思は不可欠である。その結果、社会観という点では、彼は社会から個人を導き出すデュルケムと決定的に異なるが、社会の法則性をすべて否定するわけではない[53]。もちろん「全体的決定論」は否定するが、同時に「全体的自由意思」も否定する。そして、「部分的決定論（certain déterminisme）」という曖昧な概念を持ち出して、決定論と自由意思を両立させようとするのである[54]。ここにも、弁証法的な思考様式とそれに伴う難解さや曖昧さが表れているが、これらを両立させるのに便利なのがタルドの模倣という概念である。すなわち一方で、模倣によって一定程度の社会の秩序が維持され、他方で、ある個人が模倣の対象を選択するに際しては一定の自由な裁量が存在し、さらにある個人による模倣の過程には創意工夫がありうる[55]。

「タルドは個人の歴史的役割と社会的統合の必要性の両方を強調し〔、〕自由と権威とを調和させようとしてのである[56]」。その結果、社会の一定の法則性と個人のイニシアチヴ＝自由意思とが並存しうるのであり、社会はすべて法則によって支配されているのではなく、そこには法則によって支配されていない自由意思が働く領域が存在する。これがオーリウの求める社会学の内容であり、オーリウによれば、社会学が「観察にもとづいた道徳」の結果としてこのような「純粋な科学」であれば、換言すれば、善と悪の問題を取り込むことによって「伝統的な考え方に再び活力をもたらす」のであれば、法学部はそれを受け容れることができる[57]。ただし、その場合における法学と社会学の関係は、「法学は……社会学を利用するのであり、社会学は法学にとって補助学である」というものである。その根拠は、「法学が術（art）である」のに対して、社会学は知識や情報を提供する学にとどまるからであり[58]、換言すれば、法学が実践知であるのに対して、社会学は理論知であるからである。したがって、術としての法学と学としての社会学は上下関係あるいは支配服従関係にあるわけではない。術としての法学はギールケのいう「実践的感覚」＝法的賢慮を髣髴させる[59]が、オーリウが法に道徳性＝善と悪の問題＝正義を要求する以上、法の中に、そしてそれを対象とする法学の中に、客観的な認識を超えた価値的なものが持ち込まれるのは当然であり、オーリウにおけるこのような法の概念は生涯変わることはない[60]。この点で、彼は実定法と道徳を峻別するカレ・ド・マルベールの対極に位置するのであり、当然、法実証主義の立場に立つ論者によって批判されであろう[61]。

ところで、オーリウは社会を「全体的決定論」によって説明し尽くそうとする社会学を「哲学的」であるとして批判したわけであるが、ということは、「哲学的」とは「観念的」という意味でもあり、彼の真意はこのような観念論の傲慢さに警鐘を鳴らすことであったと考えられなくもない。現に、彼は次のように指摘している。すなわち、「……一般大衆の間には、〔一七・八世紀以来、〕われわれは誤った途を歩んできたのではないかという漠然とした感情が広まっている。……その結果もたらされるのは、精神の不安と道徳問題の再提示とである[62]」。実は、この「漠然とした感情」が一九世紀末のフランスにおける自然法論復活の原因の一つなのである。

三　自然法論の復活

現象的にみれば、一九世紀末に、ドイツにおいて法実証主義が頂点に達したのに対して、フランスでは自然法論が復活した。しかし、自然法論の復活（＝自然法の再生）は一九世紀末から二〇世紀初頭にかけての欧米における共通の現象である。[63] この現象の「共通の地盤[64]」は、自然法論の復活が一九世紀のこの地域を支配した実証主義に対する反動だということである。この点を若干敷衍すれば、自然科学の進歩と経済の成長（産業革命）、そしてこれらの帰結である産業社会化などによってもたらされた繁栄は無限に続くと思われていたが、進歩思想と物質主義に立脚したこの繁栄の背後では資本主義が進展し（資本の集中）、その結果、個人（労働者・消費者）の自由は集団（企業）によって併呑され、経済の自動調整機能は破綻し、労働者問題をはじめとする社会問題は深刻化して階級間の対立は激化した。このような状況の下で、すでに述べたオーリウのいう漠然とした不安から、「実定法よりも高次の指導原理[65]」が求められるようになったのである。かくして、「自然法への回帰は［この地域の］いたるところでみられる[66]」わけであるが、復活した自然法論は国によってその影響力や位置づけが異なる。ここでは、英米その他にはふれることなく、フランスを中心に、必要に応じてドイツにも言及することにするが、その前に、復活した自然法論に共通の要素について述べておかなければならない。

まず確認すべきは、新旧自然法論の共通点である。ルビエによれば、自然法とは「事物の本性と理性とによって真と認められた規範の総体」であり、「社会の秩序を維持するために不可欠な掟[67]」である。そこで、復活した自然法論に共通の要素、換言すれば、それと一七・八世紀の古典的自然法論との相違についてであるが、古典的自然法論の特徴はこのような自然法の不変性と絶対性を主張する点にある。野田良之によれば、「物理界を支配する不変の法則が存在すると等しく、社会生活を支配する万古不易の法則が存在し、それは……理性によって発見されるべき[68]」自然法である。また、野田が自然法論の復活を論じるに際して依拠するジェニーによれば、この自然法は「絶対的かつ不変で、直接かつ普遍的に適用されうる法の完全な体系[69]」である。しかも、それは「細目の規定まで含めた理想法の体系[70]」として構想され、理性に対する強固な信頼によって支えられていた。ところが、その実体は「近代市民的資本主義の社会的要求を法的に表現したもの[71]」、あるいは「私有財産制度及契約自由制度を支柱とする現資本主義社会に於ける法律秩序の根本前提[72]」であり、古典的自然法論はこのような内容から絶対君主制の下では「革命的にならざるを得なかった[73]」。その結果、自然法はフランス革命までは実定法を批判するためのものであり、実定法と対抗関係にあったのである。それに対して、復活した自然法論は何らかの形で自然法に一定の可変性を認める。その理由は、歴史法学派や社会学の主張の結果、「近代自然法論の致命的欠陥である歴史的所与及歴史的発展への考察の欠如を十分に意識[74]」せざるをえなかったからである。そして、復活した自然法論の可変性は自然法と実定法の対抗関係を協調関係へと転換することを可能にする。すなわち、旧自然法論における自然法は不動の理想法であり、実定法とはいわば別世界の存在であったが、そこに可変性という歴史性が導入されることによって自然法の世界と実定法の世界とが結びつけられたのである。その結果、新自然法論においては自然法と実定法を「円滑に連繫せしめ[75]」ることが可能になり、実定法の中に自然法を見出そうとする、あるいは実定法に自然法を導入しようとする論者が現れてくる。その一人がジェニーであり、彼は裁判官が具体的事件の解決をとおして自然法を見出し、それを判決という実定法に導入することを主張する[76]。となると、いかにして自然法に客観性をもたせるのかということが問題となり、一九世紀末から二〇世紀初頭にかけてのフランス法学界において、珍しく、方法が盛んに論じられることになるのである。この時期の法学方法論は法学教育の改革とも関連しており、この点については本節四で取り上げることにする。新旧自然法論の相違としてもう一つ見逃してはならないのは、旧自然法論が孤立した個人を前提としていたのに対して、資本主義の進展に伴う集団現象のために「原子的個人の結合を根底とする個人主義的法観念やこれを自明の理として前提する法理論[77]」が破綻した結果、新自然法論は集団における個人を前提とせざるをえないということである[78]。

以上の可変性・実定法との協調関係・集団性が復活した自然法論に共通の要素であるとともにその特徴であり、古典的自然法論との相違であるが、すでに述べたように復活した自然法論は国によってその影響力や位置づけが異なる。この点野田良之によれば、法実証主義を特徴づけるのは「法秩序の無欠缺性と推論式による法的事件の自動機械的解決」とであるが、「前者と結びついて法源を制定法にかぎろうとする傾向が、後者と結びついて推論式における大前提の自明性の盲目的是認が随伴する。そこで〔法〕実証主義批判において〔、〕前者に重点がおかれる場合は自然法の問題は主として法源論としての性格をとるのに対して、後者に重点がおかれる場合は法学方法論としての性格が顕著となる。フランスではいずれかと言えば前者の傾向が強く、ドイツではいずれかと言えば後者に傾く[79]」。これは一見鮮やかな図式化であるが、すでに述べたことからすれば、当時のフランスにおける自然法論が「法源論としての性格」を「強く」帯びているとは必ずしもいえないであろう。それに対して、ドイツにおけるそれが「法学方法論としての性格」を有することは否定できない（もっとも、ドイツにおいては、復活した自然法論に限らず、常にこのような傾向が強いが）。いずれにしても自然法論の復活と法学方法論の転換とは密接不可分であるが、この両者において決定的な役割を果たしたのがシュタムラーである。そもそも、復活した自然法論が「一般的影響力をもつことになるのは[80]」、シュタムラーが「可変的内容を有する自然法（Naturrecht mit wechselndem Inhalte）」を主張してからであるといわれる。そしてフランスでは、復活した自然法論の一翼を担うことになるサレイユがシュタムラーのこの用語を紹介し普及させたのをうけて[81]、ジョセフ・シャルモン『自然法の再生（*La naissance du droit naturel*）』一九一〇年が脚光を浴びることになるのである。そこで、フランスにおける復活した自然法論を検討する前にシュタムラーにふれておかなければならない[82]。

シュタムラーは「新カント派の哲学を法理論に導入した先導者であり[83]」、彼の法理論によって「実証主義からの離反[84]」がもたらされ、その結果、第二帝政の末期からヴァイマル期にかけて、反あるいは非法実証主義的な法理論が乱立することになる。彼は世紀の転換点において法理論の転轍機の役割を果たしたのであり、その意味で彼の法理論の影響力は絶大である。このような彼は、後ほど述べるように一方で、法の概念と法の理念とを区別することによって法実証主義の下で法学の世界から排除されていた正しいこと（Richtige）を法理論に再導入して法哲学を再活性化するとともに、他方で、感性によってもたらされる経験的直観は質料と純粋直観（＝形式）から成るというカントの感性論[85]を法学に導入することによって法と法学との自立性を確立した。この両者は密接不可分であるが、シュタムラーの出発点は歴史法学派批判である。ただし注意すべきは、シュタムラーが批判の対象としたのは、歴史法学それ自体ではなく「歴史的法理論（geschichtliche Rechtstheorie）」だということである。ここで歴史法学派の歴史について論じることはできないが、歴史法学派は、その一部が一九世紀半ばにパンデクテン法学へと発展し、さらにその一部が個別的な経験から概念を抽出してこの特殊な概念から一般的な概念に至るという一般法学（allgemeine Rechtslehre）へと発展するが、彼が批判の対象としたのはこのような経験主義的で帰納的な一般法学である[86]。それに対して、彼は「個別の法の評価に際して、確実な規範として基礎に置くことができる客観的原理[87]」が必要であるとして、個別的な経験から一般的な概念へという帰納的方法から、「客観的原理」から個別的なものへという演繹的方法へと法的思考の転換を求めるのである。そこで自然法についてであるが、彼によれば、「歴史的法理論」によって自然法が科学的に克服されたということは広く承認されている[88]が、このことが、「歴史的法理論によって自然法の問題が科学的に根拠がなく無意味なものであるとされた」ということを意味するわけではない[89]。ここで「自然法の問題」とは、「理性的認識によって普遍妥当的で不可欠な原理を探求する[90]」ことである。しかも、この「探求」

は「先験的な原理にもとづく[91]」ものでなければならないにもかかわらず、すでに述べたように「歴史的法理論」は法源を経験的・歴史的・比較法的方法によって社会生活の中に求めた。その結果彼は、このような「歴史的法理論」によっては「普遍妥当的で不可欠な原理を探求する」ことはできないとして、そのためにはカントの批判哲学に立脚しなければならないという。かくしてシュタムラーは、もはや法の歴史性を否定することができないことから、「自然法の要請と歴史学派の要請とをカントの批判哲学の立場から総合せんとする[92]」のであり、その最初の具体化が『唯物史観による経済と法（*Wirtschaft und Recht nach materialistischen Geschichtsauffassung*）』一八九六年である。同書の主たる目的は、タイトルの『唯物史観による』という部分とは裏腹に、新カント学派の認識論における形式（Form）と素材（Stoff oder Materie）の区別を法と経済の関係に適用して、恒常性を有する形式としての法が変遷する素材としての経済を規制するとして、唯物史観に反して法と法学との自立性を確立することである[93]。自然法に関する問題は、同書では、社会生活における法秩序の一部として論じられている。その前提として、シュタムラーは形式と素材の区別を法に適用して、法の内容（Inhalt）は形式と素材によって構成されるとする[94]。ということは、「自然法とは、その内容において自然に適合した法である[95]」が、素材は経験的・歴史的諸条件に規定されて変遷するので、「あらゆる場所と時代とに無条件で妥当する不変の内容によって構成される[96]」自然法を科学的に論証することはできない。その際シュタムラーは、人間の本性に由来するものをもって普遍妥当性の対象とすることはできず、「普遍妥当性を有する人間の本性」とは「まったくの美辞麗句（Floskel）」にすぎないとして[97]、カトリック系の実体的自然法論に明確に反対している。したがって彼によれば、「古い法学者は、絶対的重要性を有する特定の法を追求した限りにおいて、誤っていた。それに対して、可変的内容を有する自然法を追求していたのであれば、正しかった。それは、経験的に条件づけられた関係において、理論的に正しい法（richtiges Recht）を含むような法命題である[98]」。ここで理論的な正しさ、あるいは客観的な正しさとは、「特定の経験的な関係の下で社会生活の普遍妥当的な最終目的に適合する[99]」

ことであり、歴史的に条件づけられた実定法がこのような正しさを有する場合、彼はそれを「可変的内容を有する自然法」というのである。そして、特定の実定法が「正しい法」＝「可変的内容を有する自然法」であるか否かを判断する「法則適合性（Gesetzmäßigkeit）」に普遍妥当性を求める。[100] ここで「法則適合性」とは、「社会生活のありうる規制の内容」とは無関係な「判断の純粋な形式」である。この場合、「社会生活の……最終目標」それ自体が可変的であれば、可変的な目標と可変的なその現実態との適合関係を判断する「法則適合性」は「純粋な形式」ということができる。しかし、彼の真意はそうではないので、彼は「社会生活の普遍妥当的な最終目的」というのであろう。[101] ここに、彼の自然法論は内容空虚で形式主義的であるという批判が枚挙にいとまがないにもかかわらず、彼の「社会的理想は実体的（materieller）内容を有する」[102]という評価が存在する理由がある。いずれにしても、「可変的内容を有する自然法」を「正しい法」と言い換えて、[103]それについて体系的に論じたのが彼の主著である『正法論（*Die Lehre von dem richtigen Rechte*）』一九〇二年であるが、ここで同書の内容に言及することはできない。[104] ここでは、彼が新カント学派に属することが何を意味するのか考えてみることにしよう。

そもそも、新カント主義を法学に導入した目的は法実証主義の克服であり、すでに述べたようにその第一人者がシュタムラーであった。[105] ところが、法実証主義者であるイェリネクやケルゼンも新カント学派に属することからすれば、結果として、新カント学派は反あるいは非法実証主義的論者と法実証主義的論者とに分かれることになる。「つまり、新カント主義は法価値を重視する反実証主義として出発しながら、一部は、制定法実証主義という実証主義に転換していったのである」[106]。もっとも、この両者は決定的に対立するわけではない。三島淑臣はこの点、「いわゆる自然法論と新理想主義［ドイツにおけるその典型が新カント学派］の間には根本的な相違がある」としたうえで、新理想主義は「形而上学や存在論に対して否定的であり［、］この点では実証主義と共通する立場をとる。換言すれば、この新理想主義は実証主義的世界観の支配下における価値考察の企てであり、実在から価値を分離した上で、この後者に価値的アプローチを試みようとする」という。[107]ここでは一方で、新カント学派の内部における反あるいは非法実証主義的論者と法実証主義的論者との親和性[108]が指摘されるとともに、他方で、同じ自然法論といっても、シュタムラーの「可変的内容を有する自然法」と「いわゆる自然法論」、つまり実体的自然法論[109]との「根本的な相違」が強調されている。もちろん、シュタムラーと同時代のドイツにおいても、カトリック系の実体的自然法論は存在するのであり、その典型がカートラインの自然法論であるが、ただ、フランス革命以後のドイツにおいては、この実体的自然法論は歴史的・文化的諸要因のため決して主流になることはなかった。[110]このことは基本的に第二次世界大戦後のドイツについてもいえるのであり、このような状況の下でシュタムラーの自然法論は実体的自然法論に「決定的な打撃を与え」[111]るとともにオーリウの制度体論と同様に（註（36）参照）その代替的役割を果たすことができたのであり、シュタムラーはすでに述べた法理論の転轍機としてだけではなくこの意味においても重要な役割を果たしたのである。それ故、逆説的であるが、シュタムラーの法理論は「あまたの論争」を惹起したのであり、このことによってその重要性を推し量ることができるといわれる。[112]それはともかく、第二次世界大戦後のドイツにおいて自然法論が復活したとき、その背後に彼が存在していたこと、そして彼の主張する「可変的内容を有する自然法」＝「正しい法」と実体的自然法論との間には「根本的な相違」があることを看過してはならない。そうすれば、新カント学派（西南ドイツ学派）に属するラートブルフが、第二次世界大戦後、価値相対主義の立場からかつて否定していた自然法ついて語るとき、[113]その主張を比較的違和感なく聴くことができるのではないか。[114]

第二次世界大戦後の復活した自然法論は本節の射程を超えるが、ここで確認すべきは、一九世紀末から二〇世紀初頭にかけてのドイツで、一方でシュタムラーが自然法論の復活において重要な役割を果たしたが、他方で法実証主義が頂点に達したということである。そもそも私法の領域では一九〇〇年に民法典が制定され[115]（正確には、一八九六年八月二四日公布、一九〇〇年一月一日施行）、公法の領域ではこの時期にゲルバー＝ラーバントの法実証主義国法学が支配的となった[116]。しかし、その背後からは法実証主義批判が歩み寄っていたのであり、その一つがシュタムラーの歴史法学派批判なのである。ところで、シュタムラーはドイツの法学界において法理論の転轍機の役割と実体的自然法論の代替的役割とを果たした旨述べたが、彼の歴史法学派批判と「可変的内容を有する自然法」という用語とは思わぬ効果をもたらした。すなわち、ほぼ同時代のフランスの法学界において自然法論の復活を、いわば誘発したのである。

シュタムラーの「可変的内容を有する自然法」という用語は、「自然法についてのポピュラーな既成観念〔＝何らかの不変のものを含んだ実体的自然法〕からすると甚だ刺激的な印象を与えた言葉であり〔、〕彼の名前と結びついて広く喧伝される常套句となった[117]」。この用語とその前提となっている歴史法学派批判とにフランスにおいていち早く反応したのがサレイユである。サレイユはシュタムラーの自然法論を「自然法学派の真に学問的な復活[118]」であるとして賞賛するが、サレイユがカトリック系の実体的自然法論者であることからすれば[119]、シュタムラーの自然法論に対するこのような評価は額面どおり受け取るべきでないか、あるいはシュタムラーの自然法論に関する不十分な理解にもとづいたものであるか、にわかに判断しがたい[120]。また、ドイツにおけると同様に、フランスにおいても彼の自然法論は内容空虚で形式主義的であるという批判[121]が一般的な中で、サレイユ同様、シュタムラーを高く評価するのはジェニーである。ジェニーは、シュタムラーの業績の「重要さはサヴィニーの偉大な業績に匹敵する[122]」としたうえで、おそらくフランスでもっとも詳細にシュタムラーを論じている[123]。ジェニーがシュタムラーに強い関心を示す理由は、裁判官による具体的事件の解決をとおした自然法の発見という法創造機能（四二一四三頁参照）に対していかにして客観性をもたせるのかということとの関係で、ジェニーにとってシュタムラーによる「正しい法」の確定過程が大いに参考になるからであろう。現に、ジェニーは契約の自由に対する制限について「正しい法」と実定法の関係を検討しているが[124]、その結果はといえば、原理とそこから導き出される具体的解決とが必ずしも有意味な形で結びついていない、あるいは後者が恣意的であるとして、「大きな失望[125]」を禁じえないという。サレイユにしろジェニーにしろ、このように自然法的な発想に依拠しようとする、あるいは依拠せざるをえないのは、一八八〇年代に衰退期に入った註釈学派[126]（Ecole exégétique ou Ecole de l'exégèse）が一九世紀末から二〇世紀初頭にかけての資本主義の発展に伴う社会・経済情勢の変動に対応できなかったからである。すなわち、註釈学派にとって民法典は「自然法を化体した《完全な》理性の法典[127]」であり、法の解釈において制定法（＝書かれた理性（ratio scripta））に厳格に拘束されることはとりもなおさず自然法を実現することであった（loi＝droit）が、すでに述べた（五一頁）ようにその自然法の実体は近代資本主義社会の法であったことから、それから変容した社会には適応することができず、その結果、「註釈学派における自明の理たる論理的大前提そのものがもはや自明の理ではないことにな〔り、〕法学の方法論の根本的変革」が求められることになるのである[128]。かくして、一九世紀末から二〇世紀初頭にかけてのフランスにおいては、同時期のドイツとは対象的に、法実証主義が主流になることはない。このことは、当時のフランスにおいて復活した自然法論が大きな影響力を有することのいわば消極的な理由であるが、もちろんその積極的な理由も存在し、しかもそれはフランスに固有のものである。具体的にはラリマン（四〇頁参照）と共和制の擁護とであり、前者は自然法論が影響力を発揮する環境を整備したものであり、後者の必要性をもたらしたドレフュス事件はシャルモンの『自然法の再生』と密接な関係を有する。

第一に、ラリマンについてである。多くのカトリック系の論者は一七八九年のフランス革命とそれがもたらした共和制とを容易に容認しなかったが、その理由の一つは、それらの理論的前提である古典的自然法論と彼らが立脚する伝統的自然法論との異質性であると考えられる[129]（註（77）参照）。このような対抗関係の中で、一八九二年のレオ一三世の回勅が共和制を容認して政治生活に参加するようカトリックの信者に勧告したことは、共和制と伝統的自然法論の対立を緩和するとともに、カトリック系の論者が自然法論を主張しやすい環境をもたらしたといえるであろう[130]。第二に、ドレフュス事件と共和制の擁護とについてである。ドレフュス事件とは、本節一（四一頁）で簡単にふれたように、ユダヤ人がからんだ軍事機密の漏洩に関する冤罪事件である。同事件は一九世紀末から二〇世紀初頭にかけて約一〇年にわたって国論を二分し、さまざまな分野・領域に大きな影響を及ぼしたが、当時の法学界に対するその影響はこれまで看過されてきたきらいがある[131]。同事件の発端は、一八九四年一二月に、ユダヤ人のドレフュス大尉が軍事機密をドイツに漏洩した罪で軍法会議によって終身刑に処せられたことである。ユダヤ人による普仏戦争の相手国への売国行為が裁かれたということで、確かに同事件はセンセーショナルな事件であった。しかし、それはあくまで一刑事事件であり、その意味で当初は単なる一出来事（événement）にすぎなかった。それが事件（affaire）へと発展したのは、一八九八年一月に、ゾラの冤罪を弾劾する記事が新聞紙上に掲載されたことによる。何らかの軍事機密がドイツ側に漏洩したことは事実のようであるが、事件についてのすべての真相は現在まで明らかにされていないし、そうすることは将来もできないであろうといわれる。おそらく軍の上層部の関与によってドレフュスを犯人とする証拠が捏造されたのであろうが、それにもとづいた有罪判決が、一方で愛国心と軍の名誉とによって熱狂的に支持され、他方で正義と人道主義との名の下に激しく非難された。しかもこのような状態が、一九〇六年七月に、最終的な無罪判決が下されるまで続いたのである。その結果もたらされたものは、急進派の支配の確立とそれを支える中間階層という大衆民主主義、知識人による共和制擁護の広がりとそのために何らかの実体的な価値が必要であることからそれまで支配的であった実証主義に揺らぎが生じたこと、そして反ドレフュス派の主要な構成員であるカトリック勢力に対する強い不信感（その帰結の一つが一九〇五年の政教分離法の制定）などである。もちろん、国益によって冤罪を正当化しようとする反ドレフュス派に義憤を覚えるカトリックの信者（カトリック系のドレフュス派）は決して少なくなかった。実は、これらの人々の「代弁者」[132]の一人がシャルモンであり、これらの人々の「スローガン」[133]が『自然法の再生』だったのである。「われわれを道徳的に内戦状態に置いたあの事件［の中で］論争の的になったのは自然法の問題であった[134]」とシャルモンが同書で述懐しているように、彼はドレフュス「事件と自然法に関する伝統的なカトリックの概念との架け橋になろうと[135]」したのである。それ故同書は、すぐ後で述べるように復活した（と彼が考えた）自然法論の寄せ集めにとどまり彼独自の自然法論をほとんど含まないにもかかわらず、「大きな話題になった[136]」、あるいはその「タイトルは、二〇世紀前半に自然法に与しようとしていた……人々にとって、たちまち、旗手としての役割を果たすことになった[137]」のである。したがって、フランスにおける自然法論の復活は「ドレフュス事件の余波[138]」というよりも、一九世紀末から二〇世紀初頭にかけての欧米において共通の現象として自然法論が復活する中にあって[139]、特殊フランス的な現象である同事件がドレフュス派のカトリック系の論者に自然法論をもたらしたという意味で、フランス的な特殊性をも具備した現象であるということができる[140]。そこで最後に、『自然法の再生』を取り上げることにしよう。

シャルモンはモンペリエ大学法学部で民法を担当していた法学者であるとともに、「社会的カトリシスム運動の活動家であり、キリスト教民主主義者[141]」である。社会的カトリシスム運動は、一八九一年に、レオ一三世が回勅によって、労働者問題に積極的にかかわるとともに、それをとおして社会の改良に貢献するようカトリック信者に促すことによって公認されたものであり[142]、共和制を容認する翌年の回勅と相まってキリスト教民主主義の政治勢力へと発展する。シャルモンはこのような動きに初期から積極的にかかわっていたのであり、そうするにあたっての法学者としてのシャルモンの基本的な主張は「法の社会化（socialisation du droit）」である。彼によれば、「法の社会化とは、……社会のすべての構成員の利益のためにそれ［法＝権利］を認めることである[143]」。そして「法の社会化」は、個人に権利の享受を確保するためのものである以上、個人の権利と対立するものではない[144]。このような意味における「法の社会化」が必要なのは、資本主義の進展（＝資本の集中）に伴う大きな社会的変動の中にあって、契約の自由によって現実の不平等が覆い隠されているからである。そこで、現実の不平等の是正＝「法の社会化」を実現するためには、法の理念（idée du droit）を自由から正義・連帯・平等へと転換しなければならない[145]。要するに、権利主体の完全な自由を一定の範囲で制約することによって実質的平等あるいは社会的正義を実現すべきであり、そのためには、一方で社会連帯による「個人と集団の相互依存関係[146]」が必要であり、他方で市民生活への国家権力の介入を一定の範囲で容認するというのが、彼の基本的な立場であるということができるであろう[147]。そして、彼のいう法の理念はこのようなことをその内容とし、ときに法的理想主義（idéalisme juridique）、ときに自然法と言い換えられる。その際彼は、「自然法は進化の思想と両立しがたいものではない[148]」として、シュタムラーの「可変的内容を有する自然法（droit naturel à contenu variable）」に与するが、自然法の内容がシュタムラーのそれと異なることは明らかである[149]。また、シャルモンの自然法＝法的理想主義がシュタムラーやジェニーの法学方法論のような精緻な理論によって支えられているわけではない。シャルモンはこのような意味における自然法＝法的理想主義につらなるさまざまな動きを総称して『自然法の再生』といっているのである。あるいは、「法思想の現在における大きな流れの中から理想主義的傾向を抽出[150]」したというべきかもしれない。具体的には、社会連帯・「可変的内容を有する自然法」・ジェニーの自由な科学的探究・デュギーの客観法などが取り上げられている。その中に、自称実証主義者であるデュギーが含まれることから、『自然法の再生』は「驚くべき寄せ集め（amalgame）[151]」であるといわれるが、デュギーの法理論に自然法的要素が含まれることは多くの論者が指摘するところである[152]。いずれにしても、同書が「フランスにおける［自然法論復活の］発展の一つの概観[153]」であるといわれる所以であり、実はここに、すなわち「寄せ集め」にとどまり理論的な独自性に乏しいということに、同書が当時広く読まれた原因の一つがあるいえなくもないであろう。

しかし、一九世紀末以降の自然法論において独自の法学方法論を伴わないことは致命的である。というのは、歴史法学派や社会学を経た自然法論には、自然法の内容を確定するにあたって一定の客観性が要求されるからである。その結果、すでに示唆した（五一頁）ように、当時のフランス法学界において方法が盛んに論じられることになる。

これは法学方法論が求められる法学内部の原因である。それに対して、「法学部への社会科学の導入は、法学部の伝統的体質を激変させる性質をさえ帯びていた[154]」といわれるように、本節二（四二頁）で述べた高等教育改革は当然法学部の改革を含むことから、法学はこの改革にも対応しなければならない。かくして、「歴史的条件が〔法学の〕変化の必要性を示し、法学の発展の性質がその方向を示す[155]」といわれるように、一九世紀末から二〇世紀初頭にかけてのフランス法学界は、法学の内部と外部から、方法論の再検討を迫られるのである。

四　法学方法論

オーリウは、『行政法精義』の一一の版と三五〇以上の判例評釈とを含めれば、膨大な業績を残したといえる[156]。そのうち、憲法に関する業績については論者によって評価が分かれることは否定できないが、行政法に関する業績については多くの論者が高く評価する。後者については、「オーリウ以前に〔行政法の〕体系書は存在せず、オーリウ以後にそれがある[157]」といわれるように、彼は「現代的なフランス行政法学の『総論体系』を生み出した[158]」のであり、ということは、フランスの現代行政法学それ自体を創り出したということができる。「オーリウは〔行政法学の〕規準を確立した[159]」といわれる所以である。また、後者のうち判例評釈については、「オーリウは……行政法学における判例批評家（アレティスト）のパイオニアであ[160]」り、「判決の内容にまで立ち入った理論的分析と批判を加える本当の意味での『評釈』のジャンルを〔行政法の領域において〕開拓し確立した[161]」といわれる。民法典のような統一的法典が存在しない行政法の領域においてはもともとコンセイユ・デタの判例研究が重要であることはよく指摘されてきたが、それに加えて、彼が活躍した一九世紀末から二〇世紀初頭のフランスでは、現代国家化に伴って公権力の国民生活への積極的介入が要請されるようになり、行政の活動範囲は大幅に拡大され、行政裁判の需要と重要性とは高まっていた[162]。このような状況の下で、開拓者である彼の「判例評釈は、行政判例法及び行政法学説の双方に大きな影響力を持った[163]」のである。ところがである、彼がトゥールーズ大学で行政法を担当するようになったのは単なる偶然にすぎず、その背後には法学教育の改革が存在した。そこでまず、法学方法論が求められる法学外部の原因について検討しなければならない。

最初に確認すべきは、他の領域と比較した場合におけるフランスの法学教育の特殊性である。すでに指摘した（註（12））特殊フランス的な高等教育・研究機関の多元性の中にあって、法学教育は一般教育・研究と職業教育とが分離されることなく一元的に法学部（一八九六年より前は法科大学（註（13）参照））によって担われていた[164]。ということは、法科大学（法学部）は社会・経済情勢の変化に敏感に対応することが求められるわけである。ところが、これもすでに述べた（四二頁）ことであるが、とりわけ産業社会の出現は「高等教育の多様化」を要請するにもかかわらず、一九世紀のフランスにおける法学教育の伝統はこの要請に反するものであった。フランスにおいては、一九世紀を通じて、「法学校教授はまず法律家でなければならない」と考えられており、その結果として法の研究と実務とは未分離であった。「法学者にはゼネラルな知が求められた[165]」のであり、このことを象徴するが法学の教授資格試験の対象科目が民法とローマ法に限定されていたことである[166]。ローマ法は民法にその基盤を提供するものであることからすれば、当時の法学教育は民法（典）に密着したものであり、民法を中心に据えることによって法学（教育）に一体性と体系性が確保されると考えられた[167]。このような法学教育は民法典の制定とともにナポレオン時代に形成され、註釈学派によって強固なものとされて、一九世紀末まで続けられたのである。それはいわばジェネラリスト教育ということができ、確かに、他の社会科学からの法学の自立性をもたらした[168]。しかし、私法優位の法学教育、さらにいえば私法に偏向した法学教育については、産業社会の要請をまつまでもなく一九世紀の半ば以来その弊害が指摘され[169]、その改革が求められていた。すなわち、教授資格試験のすべての合格者が民法かローマ法の講義を担当するとは限らないことから、これら以外の講義の質が問題であること、また、合格者は講座の正教授になる（平均約四〇歳）まではその代理か講座化されていない講義を担当し、この間（平均約一五年）、担当科目が変更される可能性が高いことから、民法とローマ法以外の領域では専門化が進まず、研究に支障をきたす可能性があることなどといった弊害である[170]。その結果、「古色蒼然たる」[171]「教授資格の合理的分割」[172]が教育と研究の両面から求められていたところに、さらに「高等教育の多様化」という要請が加わったのである。そこで一八七七年以降、一連の法学教育の改革が実施されることになる。同年三月二六日デクレによって経済学が学部教育において義務化され、一八八〇年一二月二八日デクレによって公法と経済学を重視することが打ち出された[173]。このような一連の動きの背後には、産業社会化と行政国家化の下で法科大学（法学部）に従来の法曹の養成に加えて官僚や企業経営者の養成が求められるようになったこと[174]、経済学については私立政治学校（註（164）参照）などの成功がその導入を急がせたことなどが存在する[175]。また、博士課程についてはやや遅れて、一八九五年四月三〇日デクレによって従来の法学博士に加えて経済学博士が新設されるとともに、民法とローマ法に加えて経済学・行政法・法制史・憲法・国際公法・財政法などが設けられた。さらに、一八九六年七月二三日アレテによって教授資格が民刑事法・公法・法制史・経済学に分割された[176]。ジェネラリスト教育からスペシャリスト教育への転換である。一連の改革のうち教授資格の分割は「法学の構成に対して決定的な役割を果たした」[177]といわれ、法学内部における各科目の自立性を確立し、全体としての法学を刷新するとともに、法学教育の変遷にも相当な影響を与えた。とりわけ、一方で註釈学派が凋落し、他方でさまざまな領域における法理論が私法から自立した結果、新しい共通の法学方法論が求められるようになったのである[178]。しかし、このことから直ちに、「法学思想の劇的ともいえる急転回」[179]が生じたとか、さらに、「法の概念それ自体」[180]の変容がもたらされたとかいったことにはならないのであり、そのような帰結に至るには、法学方法論が求められる法学内部の原因に加えて、これまで述べてきた法学教育の改革という法学外部の原因についてさらに踏み込んだ検討が必要である。とくに、ジェネラリスト教育からスペシャリスト教育への転換がもたらした過渡的な副作用についてはそうである。

この副作用は当然予想されるものであった。すなわち、新しく設けられた科目については、民法中心の旧教授資格試験合格者のうち主として中堅・若手が対応せざるをえないことから、学部と博士課程とにおける法学教育の多様化は彼らに法学教育の改革以前よりも大きな負担を課すことになった。本書の主たる対象であるオーリウについていえば、すでに何度かふれたように彼は当初法制史の講義を担当していたが、「一八八八年に学部長によって……突然に、まだ新しい講座であった行政法講座の担当を命ぜられた」[181]。もっとも、「まだ新しい」といっても、トゥールーズ大学に行政法講座が設置されたのは一八二九年であるが[182]、いずれにしても、すでに述べたように一九世紀末のフランスでは現代国家化に伴って行政裁判の需要と重要性とが高まっていたとはいえ、「ほぼ一九世紀を通じて、……行政法は……学問的に軽視されていた」[183]のであり、行政法学は「無秩序で取るに足らない学問」[184]であるとみなされていた。当然このような状況の下で行政法を担当することは一般に敬遠されるわけであり、その結果として、行政法を担当せざるをえなくなることは当時の「若い研究者を襲うことがある最悪の運命」[185]であるとまでいわれる。とりわけ、法制史の研究[186]に真剣に取り組んでいた彼にとってはそうであろう。彼は自らの意に反して行政法学者にならざるをえなかったのである（administrativiste malgré lui）。それに対して、法学教育の多様化の中で特異な才能を発揮した論者が存在する。それは、教授資格試験において彼と同期であったサレイユである。サレイユは、グルノーブル大学で法制史（一八八四－一八八五年）を、ディジョン大学で法制史（一八八五－一八九五年）と憲法（一八八九－一八九五年）を、パリ大学で刑法（一八九五－一八九八年）と民法（一八九八－一九〇九年）を、それぞれ担当した[187]。その間、彼は多くの単行本と膨大な数の雑誌論文とを公表しただけではなく、それぞれの分野で傑出した成果を上げた（唯一悔やまれるのは民法の体系書を著さなかったことであるといわれる）。このような業績に報いるべく、彼のために晩年に至って、パリ大学法学部は比較民事法講座を設けた（一九〇九年）。おそらく彼のような経歴は極端な部類に属するであろうが、しかし、法学教育の多様化が中堅・若手の旧教授資格試験合格者に、過渡的にではあるが、以前にもまして多くの種類の科目の担当を強いたことは否定できないであろう。そして、このような状況の下で、すでに述べたように新しい共通の法学方法論が求められるようになるわであるが、その際、「歴史的で比較法的な方法」を「用いた著作のみが真に科学的であるということができる」といわれ[188]、とくに歴史が重視された。

法学方法論との関係で、当時、歴史が重視されるようになった要因としてはいくつかのことが考えられる。第一に、一八七〇年代には法制史が「魅力的で重要な研究領域」になっていたことである。その結果、「法学研究における歴史的で社会学的な方法への強い関心」がもたれるようになり[189]、エスマンもこのような関心を抱いた一人であった[190]。このいわば法制史の盛況はドイツ歴史法学派の間接的な影響によってもたらされた。フランスでは、ドイツの影響によって復古王政下で法を歴史的に捉えることが主張されるようになるが[191]、その原因は、ドイツと同様に、フランス革命とその法的帰結であるナポレオン法典とに対抗するために、それらが立脚している普遍的な合理主義ではなく国民（民族）に固有のものが重視された、というよりも重視されなければならなかったことにある。その際、自然法的な発想にもとづいて全ドイツに適用される民法典の制定を主張したティボーに反対して、法は「習俗と民族の確信とによって成立・発展するもの」であり、現状においては法典化は時期尚早であると主張したサヴィニー率いる歴史法学派が最適に思われたのである[192]。そして、「フランスは一八二〇年代に歴史法学派の大きな影響をこうむった」のであり、その具体的な影響は一八三〇年代に現れることになる。すなわち、解釈学的方法と自然法論を退けて歴史主義を主張したロッシ、行政法学者であるとともに法制史の創始者といわれ、ローマ法とフランス法の伝統との結びつきを重視したラフェリエール、フランスにおけるサヴィニーのもっとも重要な信奉者であるとともに、法制史・比較法・哲学・経済学を含むように法学教育の範囲を拡大すべきであるとして法学教育の改革を唱えたラブレーなどである[193]。ただし、歴史法学派の影響はこの時期のフランスにおける法理論の主流には決してならなかった。というのは、「サヴィニーとラブレーのようなフランスにおける信奉者との『運命論（fatalism）』」は敬遠され、「ほとんどのフランスの法学者が選んだのは歴史主義と合理主義の調和であった」からである[194]。しかも一方で、ちょうどこの頃註釈学派の全盛期が始まろうとしており[195]、他方で、歴史法学派の「運命論」に対する反感は二〇世紀初頭に至るまで持続性を有した[196]。にもかかわらず、なぜ、一八七〇年代に法制史が「魅力的で重要な研究領域」になったのか。その原因の一つは、一八六〇年代における、ドイツの歴史学とロマニステンとの伝統のフランスへの「仲介者（passeurs）」[197]の存在（例えば、ラブレー）であり、その恩恵に浴した一人がエスマンだったのである。そして、このような動向に目をつけたのが共和派の教育行政関係者であり、これが法学方法論との関係で歴史が重視されるようになった第二の要因である。すなわち、学士院の一つである道徳学・政治学アカデミーは第二帝制下の「リベラルな政治家の避難所」になっていたが、これらの政治家は二月革命以降に現象してきた社会問題に註釈学派的な思考では対応できないとみて、第三共和制下で議会の議員に選出された後、教育行政関係者に働きかけて法科大学（法学部）の内部で「何よりも帰納的方法を発展させようとした」のである。これらの政治家が「学問の世界と政治の世界との仲介者の役割を果たした」わけである。そして、一八八一年に開設された法制史の講義が共和派政府による法学教育改革の目玉（「前衛的講義」）であり、パリ大学におけるその担当者として白羽の矢が立ったのがエスマンであった。しかも、「帰納的方法の推進は大学における共和派による改革の本質的要素を成していた」といわれるように、このような方向における高等教育改革は法学のみにとどまらなかった[198]。共和派とその教育行政関係者にとって、「帰納的方法、観察にもとづいた方法、そしてとくに経験的方法」が学問における唯一可能な方法と思われたのであり[199]、それ故、彼らは台頭しつつあった社会学をさまざまな点で利用しようとしたのである。いずれにしても、註釈学派はその衰退が始まる前からすでにその足元が掘り崩されつつあったことになるが、このような流れを決定づけたのがブトミーの註釈学派批判であり、これが法学方法論との関係で歴史が重視されるようになった第三の要因である。この第三の要因は第二の要因と密接な関係を有する。というのは、すでに述べた（註（164）参照）ようにブトミーは一八七一年に私立政治学校を設立したが、その構成員の中には第二の要因の構成員と重複する者が存在したからである[200]。そして、同校が成功した原因の一つは、同校が大革命以来の課題であった行政官僚の養成の必要性に一定の範囲で応えたことにあり、その結果、同校の成功は既存の法学教育に対する彼の「鋭い批判」に説得力をもたせたわけである[201]。彼が構築しようとしたのは高級官僚を養成するための「国家学（sciences d'État）」であるが、それは歴史学・行政学・経済学などから成るので、そこには単一の方法は存在しない[202]。そして、彼の目的はこのような「国家学に関する教育を組織すること」[203]であるが、問題はこの目的を実現するための手段である。彼によれば、法科大学（法学部）には固有の「伝統と方法」が存在し、そこにおいては制定法を「書かれた理性」とみなしてそれを前提にした形式主義的で演繹的な方法が支配している。このような「伝統と方法」は「国家学の教育にとってふさわしいものとはまったく正反対である」ことからすれば、国家学にとって必要な講座を既存の法科大学（法学部）の内部に新設するよりも、「それから独立して、国家学の全領域を含んだ特別な学校を設立する」方が望ましい[204]。かくして、彼は既存の法科大学（法学部）とその法学教育とに見切りをつけて私立政治学校を設立するのである。それに対して、既存の法科大学（法学部）が、一連の法学教育の改革によって、「法学の学としての一体性」を維持しつつ「歴史的で社会学的な方法の影響に対して門戸を開いた」[205]ことはすでに述べたとおりである。以上の三つの要因によって法学方法論との関係で歴史が重視されるようになったのであるが、歴史はいわば縦のあるいは通時的な比較であることから、当然、横のあるいは共時的な比較、要するに比較法も重視されてしかるべきであり、その結果、「歴史的方法と比較法的方法」[206]が一九世紀末から二〇世紀初頭にかけてのフランス法学界における新しい共通の方法論となるのである[207]。

ところで、すでに述べた（註（176））ように、一連の法学教育改革の最大の受益者はそれによって私法からの自立性を獲得した公法学であることから、「公法学は私法の枠外で発展することによって法学の構成要素を定義し、註釈学派の方法に反対する」[208]といわれる。それに対して、これもすでに述べた（五一頁および五七-五八頁）ことであるが、私法の領域においても自然法論との関係で法学の方法が論じられていた。そこで以下では、公法学者としてデランドルを、私法学者としてサレイユを、それぞれ取り上げて（もっとも、すでに述べたようにサレイユは純粋な私法学者ではないが）、それぞれの法学方法論について検討することにしよう。

第一に、デランドルについてである。彼は『フランス憲法史（*Histoire constitutionnelle de la France*）』第一巻および第二巻一九三二年・第三巻一九三七年の著者として知られているが、同書は、彼が若き日に著した『政治学の危機と方法問題（*Crise de la science politique et le problème de la méthode*）』一九〇二年において、「作られるべきは……わが国の近代的政治制度の歴史」であり、「私が真に欲するのは憲法史の研究である」[209]と述べていたことを実現したものであろう。もっとも、前者が、後者において主張された歴史を中心とした「複合的方法」[210]を具体的に適用したものとして成功作であるかは疑わしい。というのは、前者の序文で政治学における歴史的方法とは、「諸々の制度や国家諸権力を、環境の変化をうけて作用し、それらの反映する諸力の前進後退に応じて変遷するところの生きた現実として、歴史の中で追跡してゆく」[211]ことであるとしつつ、前者で展開されたフランス憲法史は議会内部の政治的な動きを中心とした静態的で平板なものにとどまっているからである。それはともかく、ここでは後者において主張された歴史を中心とした「複合的方法」について検討することにしよう。本節三で取り上げたシャルモン同様、ディジョン大学のデランドルは一九世紀末から二〇世紀初頭にかけて社会的カトリシスム運動に積極的に参加した[212]。このようなデランドルの信条においては、「カトリックの教義」にもとづいて「主体としての人間の自立性」が否定され、その結果として「人間の理性（entendement）をもって実定法の基盤とすること」が拒否される[213]。その結果一方で、有権者団→議会→法律という流れによって表明される一般意思による支配（loi = droit）が否定され、他方で、執行府は議会に従属し議会は有権者団に従属する一元型議院内閣制的憲法運用が批判される。とりわけ後者を、彼は「粗野な形態における直接民主制」[214]であるとして痛罵し、その下で権力の分散や市民の自発的犠牲（自由の制限や租税）の低下によって国家が弱体化する可能性があるとして、統一後のドイツの軍事的脅威をも念頭に置きつつ[215]、サクリストによれば、かなり保守的な立場から、組合運動に代表される不可避的な民主化に対抗して社会的変動を政治制度の中に取り込むべく、執行府の強化や利益代表を実現するための二院制などを主張した[216]。デランドルは、急進派が「支配する議会の離合集散によって齎される内閣の弱体・不安定を、権力の、体制の、ひいては国家の土台の侵蝕、すなわち共和国自体の弱体化として捉えた」右翼の憲法改革運動に連なるわけである[217]。しかもデランドルによれば、普通選挙を前提とした民主制の下における国家の弱体化は特殊フランス的な現象ではなく、近代国家一般に共通する危機であり、このような現状からすれば、「民主的圧力と権威の必要性とを両立させる」[218]ために「政治学の復活が焦眉の急である」[219]。政治学が復活しなければならないということはそれまでの政治学では現状に対応できないということである。その原因としては、それまでの政治学が主としていわゆる政論家によって担われてきたことによる「堅固な方法」の欠如、大革命以来の政治制度の変転やさまざまな決定論の台頭などによる政治学の無力化、政治が社会・経済問題を解決するための手段と化している現状などが挙げられる[220]。これが彼のいう「政治学の危機」であり、この危機を克服するためには政治学＝憲法学にふさわしい方法論が確立されなければならない。その際、政治制度が歴史的に形成され変遷するものであることから、「政治学〔＝憲法学〕の方法は原則として歴史的でなければならない」[221]。ここでは政治制度の歴史性と方法の歴史性とが結びつけられているが、この結びつきを実体的に支えているのは「発展の原理」と「持続的基盤」＝「国民的気質（tempérament）」であり、彼によれば、これらによって大革命から第三共和制に至るまで繰り返されてきた革命と政治制度の変転とが回避されるのである[222]。その結果、政治学＝憲法学の方法は歴史の発展性と持続性とを反映したものでなければならないが、しかし「純粋かつ厳格な意味における歴史的方法[223]」にとどまってはならない。それに加えて「批判的」でなければならないのである。ここで「批判的」とは、単なる観察にもとづくだけでは不十分であり、特定の政治制度が形成される環境・政治制度それ自体・その機能が分析されなければならないということである。[224]その結果として「自由と運命論を結び付ける[225]」「批判的」な歴史的方法においては、「事実認定を基本としつつ、過去または未来におけるその結果に関する判断が留保される[226]」。ところで、「政治学〔＝憲法学〕の方法は原則として歴史的でなければならない」旨述べたが、ここで「原則として」とは、確かに「歴史は政治学〔＝憲法学〕にとって必要な供給源である」が、しかし「政治学〔＝憲法学〕にとって十分なものではなく、政治学〔＝憲法学〕は他の方法（disciplines）をも必要とする」ということである。すなわち、教義学的方法に由来する「理想」あるいは「目的」（註（219）参照）、比較的方法による客観性の付与、法学的方法による「形式の付与」をも必要とする。[227]かくして、彼のいう歴史的方法とは歴史が「純粋理性・比較・法学的方法[228]」によって補われた「複合的方法」であり、しかもそれはすでに述べたような意味で「批判的」でなければならない。もっとも、以上のように彼の方法論それ自体はそれなりに精緻なものであるが[229]、それを適用した『フランス憲法史』が成功作であるか疑わしいということはすでに指摘したとおりである。

第二に、サレイユについてである。彼は教義学的方法の個人主義的な主観性を批判してデランドルの「批判的」な歴史的方法を基本的に支持するが[230]、サレイユのこのような主張は、それが演繹的思考の否定を意味することから、個別的な経験から一般的な概念へという帰納的方法から、「客観的原理」から個別的なものへという演繹的方法へと法的思考の転換を求めるシュタムラーの歴史法学派（精確には「歴史的法理論」）批判に与する自らの立場（五七頁。さらに、註（127）も参照）と矛盾する可能性を孕んでいる。[231]本書がサレイユによるシュタムラーの自然法論理解に疑問を呈した（註（120））所以である。サレイユの法学方法論は、ジェニー同様（五七–五八頁）、いかにして自然法に客観性をもたせるのかということから出発して[232]、比較法に重点を置いている。サレイユは、歴史法学派以降の自然法論について論じる文脈の中で、特定の歴史的条件の下で現象する、その意味で相対的な自然法をいかにして客観的に認識するのかという問いを立てて、立法的類推（analogie législative）・社会的法意識（conscience juridique collective）・比較法においてそのような認識が可能であるという。まず、立法的推論とは立法者意思の探究として行われてきたものであり、あることAは特定の法律には明文で規定されていないが、この法律に明文で規定されていることBの理念（＝相対的自然法）と何らかの結びつきを有する場合、AとBは共通の理念（＝相対的自然法）の具体化であるとして、この法律をAにも適用するというものである。次に、社会的法意識とは法的義務を伴った普通人の平均的慣習として現象するものであるが、公序良俗のような一般条項はその内容を確定するにあたって法律それ自体が自然法に依拠することを認めたものであり、その内容＝相対的自然法は社会的法意識＝法的義務を伴った普通人の平均的慣習によって確定される。最後に、比較法とは諸国の法を比較することによって普遍的な傾向を見出し、それを具体的な法命題として定式化するものであり、このようにして得られた法命題は文明人の共通法として実定法とその解釈との関係で補充的役割を有する。[233]ここでは、サレイユの法理論において重要な役割を果たす比較法について若干敷衍することにしよう。彼によれば、比較法学は主要学と補助学に分けられる。主要学においては、特定の制度に関して、類似した社会・経済状態にある国の立法を比較することによって「まったく相対的な理念型」が導き出される。[234]もっとも、各国の立法の中には「特殊な歴史的要素」と「一般的な進歩の要素」が見出されるが、このうち、後者が「人類の歴史における永続的で一般的なものに対応する」として重視される。[235]ここには、歴史法学派以来の法は変遷するものであるという認識を前提として、この変遷が進歩あるいは進化として捉えられており、エスマンに通じるものがあるといえる。[236]いずれにしても、この「理念型」は「文明人の共通法」[237]であるとしても、「類的な形態（type générique）」[238]といわれるように直ちに実現されるべきものではなく、そのためには補助学としての比較法学が必要である。すなわち、立法・学説・判例をとおして、主要学によって得られた「未来の方向」あるいは「最終的目的」[239]

は、各国の伝統や既存の実定法との調和などを考慮しつつ、段階的に実現されることが求められるのである。サレイユは、このような内容を有する比較法学は法学の既存の諸分野の単なる補助学ではなく、それらから独立した固有の法学の分野であることを繰り返し強調している。その理由は、比較法によってもたらされる「相対的な理念型」が相対的な自然法とみなされ、比較法がその「解釈に純粋な客観的基盤をもたらす」[240]ことによって、歴史法学派が示さなかった、あるいは示すことができなかった法の変遷の方向性を示すからであろう。したがってサレイユにとって、比較法（学）は法の歴史的進化とその中で現象する相対的自然法との「採長折短的調節」[241]あるいは「架橋工事」[242]の結果であり、「法の発展にとって創造的な手段」[243]、さらにいえば「もっとも確実でもっとも実り豊かな進歩の手段」[244]なのである。ただし、このような「創造的で建設的な役割」[245]を担い、「理論装置の中心」[246]である彼のいう比較法（学）は、一七・八世紀の古典的自然法論がかつて目指したような文明人（＝欧米人）に共通の統一法を形成しようとするものではなく、あくまで各国実定法の解釈的進化を促進するための相対的な自然法発見の媒介にすぎないということを看過してはならない。その意味で、彼にとっての比較法（学）は、確かに法学の既存の分野との関係では補助学ではないが、しかし「国法の補助学」であり、国法との関係では「副次的で二次的な役割しか果たさない」のである。[247]

さて以上で、法学教育の多様化とその必然的帰結である法学それ自体の多様化、そして復活した自然法論によって、「歴史的方法と比較法的方法」あるいは「歴史と比較法」が一九世紀末から二〇世紀初頭にかけてのフランス法学界における新しい共通の方法論となったことが、概ね示されたと思われる。フランス法学界において方法がこの時期のように盛んに論じられたのは珍しいことであるが、このような状況の中で、オーリウは自らの方法論の確立を目指し、その結果として社会学的方法を提示することになるのである。

（1）ただし、同書以前に『行政法精義』の初版（一八九二年）と第二版（一八九三年）が出版されていることには注意を要する。したがって、法学における基本的な立場が確立されていないということのみをもって『伝統的社会科学』の出版以前を習作時代と呼ぶことは適切ではないかもしれないということを留保しつつ、次章第一節の対象である制度体論の前期と区別する必要がある場合には、習作時代を初期と呼ぶことにする。『行政法精義』の初版と第二版が『伝統的社会科学』に先行していることの意味と『行政法精義』のタイトルの変遷とについては次節一で取り上げる。なお、オーリウは一八八〇年と一八八一年の二度にわたって教授資格試験に失敗している（Patrick Arabeyre, Jean-Louis Halpérin et Jacques Krynen (dir.), *Dictionnaire historique des jurists français*（XIIe–XXe *siècle*）, 2e éd., 2015, p. 516（écrit par Jean-Michel Blanquer）; Jean-Michel Blanquer et Marc Milet, *L'Invention de l'État*, 2015, pp. 32 et 35-36）。

（2）Maurice Hauriou, *Principes de droit public*, 2e éd., 1916, p. XIV（初版（一九一〇年。同書は二〇一〇年に復刊されたが、本書はオリジナル版を用いた）も含めて、以下、同書からの引用は『公法原理』版・頁という形で示した）. オーリウは「一九世紀におけるカトリシスムの伝統的主張と自由主義的で共和制的な本質を有する理論との統合」（Julien Barroche, "Maurice Hauriou, juriste catholique ou libéral?", Revue française d'histoire des idées politiques, 2008, p. 311）を目指したともいわれる。その中にあって、Julia Schmitz, *La théorie de l'institution du doyen Maurice Hauriou*, 2013 は彼の「哲学的源の分析」（*ibid.*, p. 51）を試みるものであるが、その際、制度体論が「彼のあらゆる著作と分析とを結びつけることを可能にする」（*ibid.*, p. 54）という認識の下、その意味で「王道（voie royale）」あるいは「理論的大河（grand fleuve）」（*ibid.*, p. 56）としての制度体論を、positivisme・spiritualisme・vitalisme という観点から分析する。このうち、前二者は本来対立するものであることから、それらを統合するものとして後者は位置づけられるが、positivisme は彼自身のいう「実証主義」に、spiritualisme は「カトリック思想」に、それぞれあたるであろう。それに対して、「実証主義」と「カトリック思想」を統合するのが制度体論であるというのが本書の立場である。

（3）Cf. François Gény, *Science et technique en droit privé positif*, 2e tirage, t. II, 1927（rééd., 2003）, pp. 90-91.

（4）Jean Petot, *Les grandes étapes du régime républicain français (1792-1969)*, 1970, p. 452. 本段の以上は、拙稿「第三共和制の成立とアデマール・エスマンの国民主権論」大石眞・土井真一・毛利透編（初宿正典先生還暦記念論文集）『各国憲法の差異と接点』二〇一〇年Ⅱ（2）を必要な限りで要約したものである。

（5）山本桂一編『フランス第三共和政の研究』一九六六年三三頁（石原司執筆）。

（6）中木康夫『フランス政治史　上』一九七五年二八五–二八七頁、渡辺和行・南充彦・森本哲郎『現代フランス政治史』一九九七年三九–四一頁（南執筆）、および西川知一『近代政治史とカトリシズム』一九七七年九三–一〇八頁。さらに、cf. Miriam Theresa Rooney, "Introduction", Albert Broderick (ed.), *The French Institutionalists*, pp. 8-9. 紆余曲折の一つはもちろん政教分離法の制定（一九〇五年）であるが、一方で、これらの回勅は、直ちに、同法の制定に至る急進派政府の「反教会主義政策に対して影響を与えるものではなかった」（大石眞『憲法と宗教制度』一九九六年五九頁）ということには注意を要する（もっとも、「反教権主義闘争は一八九〇年代にいったん収まった」（小泉洋一『政教分離の法』二〇〇五年一五頁）という見方もある）。他方で、教皇庁は第三共和制初期の「フランスの急速な世俗化をレオ一三世の失政の結果とみなし」（小島慎司『制度と自由』二〇一三年四七頁）ていたといわれる。その結果、急進派政府と教皇庁の関係は同法の制定に至るまで、一時的に、急速に悪化した（山本編・前掲書註（5）、九七–一〇八頁（石原執筆））。さらに、vgl. Ernst von Hippel, *Der französische Staat der Gegenwart*, 1928, S. 99ff.

（7）同事件は、本節三で検討するように、自然法論復活の契機の一つであり、当時の法学界にも大きな影響を与えた（cf. Guillaume Sacriste, *La République des constitutionnalistes*, 2011, pp. 482-483, 前掲拙稿註（4）、五八頁註（20）参照）。

（8）Cf. Frédéric Audren et Marc Milet, "Préface Maurice Hauriou sociologue Entre sociologie catholique et physique sociale", Maurice Hauriou, *Écrits sociologiques*, 2008, pp. IX–XIV ; J.-M. Blanquer et M. Milet, *supra note* (1), pp. 44-51.

（9）磯部力「モーリス・オーリウの行政法学」兼子仁・磯部力・村上順『フランス行政法学史』一九九〇年三三九頁註（12）。

（10）具体的には、田原音和『歴史のなかの社会学』一九八三年一七六頁の「高等教育改革立法等の略年譜」参照。さらに、cf. Félix Ponteil, *Histoire de l'enseignement en France*, 1966, pp. 312-315, 一七九–一八〇頁も参照。

（11）「カトリック勢力にとって最も過酷な結果をもたらした」（高村学人『アソシアシオンへの自由』二〇〇七年一九八頁）といわれる初等教育の無償・義務・ライシテの原則を確立したフェリー法（一八八一–一八八二年）については、今野健一『教育における自由と国家』二〇〇六年二二七–二四九頁参照。また、改革された大学において教育を受けた中等教育の教員が世俗的教育（とくに、「幅広いエリート層の教育」（George Weisz, *The Emergence of Modern Universities in France, 1863–1914*, 1983, p. 129））を担うことによって共和制の強化が図られた。アルベール・ティボーデ『教師の共和国（*La République des Professeurs*）』一九二七年がいうところの教師とはリセの教師であり、その典型が、哲学者であるアランこと本名エミール＝オーギュスト・シャルティエである（さらに、cf. Paul Gerbod, *La condition universitaire en France au* XIXe *siècle*, 1965, pp. 577–579）。さらに、石堂常世『フランス公教育論と市民教育の原理』二〇一三年二〇九-二一五頁も参照。

（12）田原・前掲書註（10）、一五三-一五四頁。「フランスにおける大学の組織は、一九世紀の初頭以来、ヨーロッパの他の諸国と比べて全般的に脆弱である」（Christophe Charle, *La république des universitaires 1870-1940*, 1994, p. 9）という状況の中で、「一八七〇年代までのフランス［の］大学はゆきつくところまできていた」といわれる（一五三頁）が、このような状況について若干敷衍すれば、当時の大学は、ナポレオン学制（cf. Terry Nichols Clark, *Prophets and Patrons : The French University and the Emergence of the Social Sciences*, 1973, pp. 18-20, 今野・前掲書註（11）、九〇-一〇八頁参照）以来の中央集権的な国家統制の下で人事権や予算権を失い、原則として公開講義（cours public）であることから固有の学生を有さず（講義のレベルも低い）、学位（バカロレア、リサンス、ドクトラ）授与機関として専門職業教育とは無縁の古典教育に終始し、およそ民主的な産業社会における教育と研究とに対応しうるものではなかった（田原・前掲書註（10）、一四一-一五三頁）。さらに、cf. Antoine Prost, *Regards historiques sur l'éducation en France* XIXe-XXe *siècles*, 2007, p. 150. なお、特殊フランス的な高等教育・研究機関の多元性（大学、グランド・ゼコール、五つのアカデミーによって構成される学士院とその講義機関であるコレージュ・ド・フランス）に関する問題については、その存在を指摘するにとどめ、ここでは踏み込まない。

（13）F・K・リンガー（筒井清忠他訳）『知の歴史社会学』一九九六年四三頁（永谷健訳）。「多くの孤立した学部（facultés）は存在するが、大学（universités）は存在しない」（F. Ponteil, *supra note* (10), p. 310. さらに、cf. T.N. Clark, *supra note* (12), p. 29）ともいわれる（前節註（2）参照）。フランスで学部の集合体を大学と呼ぶようになったのは一八九六年からである（cf. Alphonse de Beauchamps, *Recueil des lois et règlements sur l'enseignement supérieur*, t. V, 1898, p. 591. さらに、cf. Jean-Jacques Bienvenu, "La fabrication d'une loi sur l'Université. La loi du 10 juillet 1896", Revue du droit public, 2009）。なお、わが国では二〇〇三年に国立大学法人法が制定されて国立大学に国家から独立した法人格が付与されたが、フランスにおいて大学に法人格が実質的に付与されたのは一八九三年である（cf. Antoine Prost, *Histoire de l'enseignement en Frace 1800-1967*, 1968, p. 239）。

（14）田原・前掲書註（10）、一四頁。

（15）その際、「ドイツ大学モデルへの言及は……改革への意欲を駆りたてる象徴的神話的作用を果たした」（田原・前掲書註（10）、一六四頁。さらに、池端次郎『近代フランス大学人の誕生』二〇〇九年第Ⅲ部も参照）。というのは、普仏戦争における「敗戦は単に軍事的敗北という以上に体制と技術における敗北であり、せんじつめれば科学と教育の敗北として受けとめられていたからである」（田原・前掲書註（10）、一五五頁。さらに、cf. T.N. Clark, *supra note* (12), pp. 28-29 ; G. Weisz, *supra note* (11), pp.

62-63)。いずれにしても、当時の大学改革は、大学の近代化、というよりも近代的大学の創出という点では成功したが、既存の学部＝単科大学を主要都市に配置された総合大学へと統合するという点(cf. Eugène Duthoit, *L'enseignement du droit et des sciences politiques dans les universités d'Allemagne*, 1893, pp. 14-16)では必ずしも成功したとはいえないといわれる(同右・一八五–一九〇頁参照。さらに、cf. V. Karady, "Les universités de la Troisième République" in Jacques Verger (dir.), *Histoire des universités en France*, 1986, pp. 331-334, 同右・二四二–二五三頁も参照)。なお、当時の大学改革に対するオーリウの評価については、『公法原理』一・四九一–四九三参照。結局、この大学改革によって形成された「フランス近現代の高等教育の基本構造」(田原・前掲書註(10)、一四一頁)は、一九六八年のいわゆる五月革命による変革まで維持されることになる。

(16) 田原・前掲書註(10)、一五頁。

(17) Cf. G. Weisz, *supra note* (11), p. 300 ; Marc Malherbe, *La faculté de droit de Bordeaux* (*1870-1970*), 1996, pp. 76-77.

(18) 同右・一二一–一二三頁。

(19) 高村・前掲書註(11)、一九六頁。さらに、cf. Joseph Charmont, *La renaissance du droit naturel*, 2e éd., 1927, pp. 143-146, リンガー・前掲書註(13)、二〇二–二一八頁(北垣徹訳)も参照。

(20) 高村・前掲書註(11)、二〇一頁。さらに、夏刈康男『社会学者の誕生』一九九六年四九–五〇頁も参照。

(21) Claude Nicolet, *L'idée républicaine en France*, 1982, p. 316.「半官的国家哲学」(Johann August Schülein, *Theorie der Institution*, 1987, S. 80)ともいわれ、共和派政府はデュルケムと彼の社会学とに社会主義に対する防波堤としての役割をも期待した(Jacqueline Gatti-Montain, *Le système d'enseignement du droit en France*, 1987, p. 94)。

(22) 前掲拙稿註(4)、五三頁。さらに、五八–六〇頁も参照。Guillaume Sacriste, Le Droit de la République (1870-1914), thèse (Université Paris I), 2002 (microfiche)は、このような捉え方をフランスにおける憲法学の成立過程に適用したものであろう。考えてみれば、社会学の成立時期と憲法学のそれとはほぼ重なるが、さまざまな点で大変興味深いこの学位論文の単行本である Le même, *supra note* (7)については、改めて論じる機会をもちたい。

(23) 佐藤幸治は、生存権(社会権)は「社会連帯に基礎をおく」という(佐藤幸治『日本国憲法論』二〇一一年三六二頁)が、その際、「社会連帯」が何を意味するのか明らかにしているわけではない。ただここでいえることは、政治と経済との領域における自由主義を理念としては前提とする急進派の社会連帯、さらにはその理論的前提であるデュルケムの社会連帯からは、現在のわれわれがいうところの生存権(社会権)は出てこないはずだということである。それに対して、二〇「世紀初頭における急進派の公式教義」(G. Sacriste, *supra note* (7), p. 483. さらに、cf. Maxime Leroy, *La loi*, 1908, p. 274(ルロワについては、vgl. Roman Schnur, "Über Maxime Leroy", Archiv für Rechts-Sozialphilosophie, 1954-1955 ; L. Murard et P. Zylberman, "Maxime Leroy (1873-1957), la "démocratie régalienne" ou le crime de lèse-société", Cahiers Jean Jaurès, 2000))といわれるレオン・ブルジョワの連帯主義(solidarisme)を個人主義と集産主義の、あるいは自由主義と社会主義の統合と理解するものとして、中村睦男『社会権法理の形成』一九七三年一九四-二〇四頁参照(さらに、山元一「《法》《社会像》《民主主義》(三)——フランス憲法思想史研究への一視角——」国家学会雑誌一〇六巻九・一〇号一九九三年三一-三二頁も参照)。「連帯に社会保障の原理を求める考え方は、フランスに典型的にみられる」ともいわれる(伊奈川秀和『フランス社会保障法の権利構造』二〇一〇年八四頁)が、第一次世界大戦前の社会連帯と福祉国家(積極国家)とを直結させるこれらの捉え方(北垣徹「新たな社会契約——フランス第三共和政期における福祉国家の哲学的基礎——」ソシオロジ四〇巻一号一九九五年七五-八二頁、および廣澤孝之『フランス「福祉国家」体制の形成』二〇〇五年六三-六七頁なども同旨)にはすでに述べた理由で賛成できない。さらに、廣田明「フランスにおける福祉国家の成立——福祉国家の思想史のために——」社会労働研究四五巻四号一九九九年一一九-一三五頁も参照。デュルケム-レオン・ブルジョワ-急進派の社会連帯には現代的な福祉国家としての実体が欠如しているのではないかという疑問は、急進派のイデオローグとしてデュルケムだけではなく、すでに述べたようにエスマンが存在することとも関係する。つまり、両者は集団の捉え方や集団における個人の位置づけという点でかなり異質なのである。これらの点に関するデュルケムの立場についてはタルドとの比較という形ですぐ後で述べるが、これらの点に関するエスマンの立場を一言でいえば若干の直接民主制的傾向を含んだ自由主義ということができるであろう(前掲拙稿註(4)、六六-六七頁および七四-八二頁参照)。急進派はその諸政策(中木・前掲書註(6)、三三八-三六五頁参照)や議会運営(拙著『国民主権と法人理論——カレ・ド・マルベールと国家法人説のかかわり——』二〇一一年二〇五-二〇六頁参照)からすればこのようなエスマンの立場に近い(同様のことはアラン(註(11)参照)についてもいえるであろう)のであり、それにもかかわらずデュルケムの社会学が急進派のイデオロギーになりえたのは、「分業による連帯という世俗的(非宗教的)な社会関係にモラルの源泉が存在することを科学的に明らかにした」からであるといわれる場合、急進派が重視したのは「分業による連帯」ではなくその世俗性と道徳性であるというのが本書の筆者の理解である。急進派はデュルケムの社会学を手段として用いたということのような理解においては、デュルケム-レオン・ブルジョワの社会連帯と現代的な福祉国家(=目的)との実体的関係については別途考えなければならないのであり、その際、デュルケムは急進派のイデオローグであるという通説的理解は、おそらく大枠においては揺るがないにしても、細部においては再検討を免れないであろう。

(24) 高村・前掲書註(11)、二〇〇-二〇七頁。

(25) 前掲拙著註(23)、一九六-一九七頁註(2)および一九八頁註(5)参照。デュルケムのデュギーに対する影響については、中井淳『デュギー研究』一九五六年一-二八頁、大塚桂『フランスの社会連帯主義』一九九五年九一-一九七頁、およびウィリアム・ローグ(南充彦他訳)『フランス自由主義の展開』一九九八年三一三-三二二頁(野田裕久訳)など参照。次の一連の事実は興味深い。すなわち、デュギーがボルドー大学に赴任したのは一八八六年、デュルケムが同大学に赴任したのは翌年、両者はデュルケムがパリ大学に赴任する一九〇二年までの間非常に親しい関係にあった(M. Malherbe, *supra note* (17), p. 77 note 88)、デュギーがスペンサーの有機体説の影響を脱して実証主義的憲法理論を確立するのは一九〇一年である(高橋和之『現代憲法理論の源流』一九八六年一九九-二〇一頁註(1))。このようにデュギーがデュルケムから影響を受けたとすれば、オーリウがタルドの影響を受けたことら、生涯にわって展開されるオーリウとデュギーの論争には、社会学におけるタルドとデュルケムの論争の法学における代理戦争の側面がないとはいえないであろう(ただし、次節註(61)参照)。

(26) さまざまな観点からタルドとデュルケムを比較するものとして、cf. Pierre Favre, *Naissances de la science politique en France (1870-1914)*, 1989, p. 150, 大野道邦「『構造化されたもの』と『構造化するもの』――デュルケムとタルドの論争」碓井崧・丸山哲央・大野道邦・橋本和幸編『社会学の焦点を求めて』一九八六年二八四-二八九頁など参照。

(27) 池田祥英「タルドとデュルケムの論争――デュルケム主要著作に対するタルドの批判を中心として――」大野道邦編『フランス社会理論への挑戦』二〇〇五年一三七頁。

(28) 同右・一六〇頁。「タルドはその論敵であったデュルケムとの論争に敗れ、その批判によって抹殺されてしまったかのような扱いを受けている」といわれてきた(米虫正巳「タルド-デュルケム論争をめぐって」人文論究四八巻三号一九九八年三六-三七頁)が、今では、「両者の対立はデュルケムの勝利によって終わったわけではなく、タルドの死去によって中断したまま終わったというのが正しい」といわれる(村澤真保呂「差異、反復、権力――模倣説の再検討(1)――」龍谷大学社会学部紀要三一号二〇〇七年二八頁)。タルドを再評価する動きについては、同右・二八-二九頁、および中倉智徳『ガブリエル・タルド』二〇一一年二四-三三頁参照。また、タルドの再評価をめぐって、「あたかも百年前のタルド=デュルケム論争が再燃したかのような」論争が今世紀に入って生じていることについては、村澤真保呂「ガブリエル・タルドの社会学とその現代的意義について――社会科学の専門性と政治をめぐる考察――」龍谷大学国際社会文化研究所紀要一五号二〇一三年二四一-二四三頁および二五一―二五三頁参照。
(29) 山下雅之『コントとデュルケームのあいだ』一九九六年一一頁。
(30) 夏刈康男『タルドとデュルケム』二〇〇八年二七―五四頁、およびG・ステファニ、G・ルヴァスール、R・ジャンビュメルラン（澤登俊雄・新倉修訳）『フランス刑事法［犯罪学・行刑学］』一九八七年二二―二三頁参照。
(31) デュルケムは、統計資料を駆使した社会学的研究の先駆といわれ、中期の代表作である『自殺論（*Le suicide*）』一八九七年において模倣という概念も含めてタルドを徹底的に批判したが、実は、当時司法統計局長であったタルドは同書を準備していたデュルケムに司法省所有の非公開の自殺関係資料を閲覧する便宜を図ったのであり、デュルケムは同書の序文でこの点に謝意を表している（デュルケム（宮島喬訳）『自殺論』一九八五年（中公文庫）一六頁）。なお、「第三共和政下における世俗主義と反教権の教育改革に関して［、タルドとデュルケム］は同じ立場、すなわち、教育改革の観念を共有していた」といわれる（夏刈・前掲書註（30）、九九頁）。
(32) 池田・前掲論文註（27）、一四三頁。
(33) 同右・一四三―一四六頁。さらに、夏刈・前掲書註（30）、九〇―九二頁も参照。
(34) 池田・前掲論文註（27）、一四七頁。タルドが、全体は部分に、社会は個人に、それぞれ還元することができると主張する（大野・前掲論文註（26）、二九一―二九二頁）のは、「ライプニッツのモナドのひとつひとつが宇宙全体を内包しているのと同じ意味で、諸個人もまた社会をその脳の中に内包しているからであり、決して個人的現象だけが存在すると言っているのではない」（村澤真保呂「ガブリエル・タルドとコミュニケーションとしての社会」京都大学総合人間学部紀要八巻二〇〇一年五五―五六頁。さらに、鈴木泉「哲学と社会学の幸福な闘争――タルドという奇跡についての一考察――」社会学雑誌二〇号二〇〇三年一〇三―一〇五頁も参照）。このようないわば社会的モナド論は、ギールケのゲノッセンシャフト論における「個々の人間における全体の部分」（前掲拙著註（23）、一〇一頁註（13））を想起させる。
(35) なお、デュルケムとタルドでは社会学の位置づけが異なるといわれる。すなわち、デュルケムが「既存の大学制度のなかの専門科学として社会学を構想していた」のに対して、タルドは「個別科学を超えた総合科学としての社会学を構想し」ていた（村澤真保呂（訳）「社会学と社会科学――タルドとの対決――」龍谷大学社会学部紀要三一号二〇〇七年七五頁（訳者による解説））が、後者における「社会の科学および社会の『術』としての……『一般社会学』」については、中倉・前掲書註（28）、四二一―四二三頁および一三八頁参照。

（36）　タルドとデュルケムの争点の一つに、犯罪は社会における正常な現象かというものがある。デュルケムは、軽微な犯罪に対する社会的寛容さを維持するために、犯罪は「健康な社会にとっての不可欠な一部分をなしている」（デュルケム（宮島喬訳）『社会学的方法の規準』一九七八年（岩波文庫）一五二頁）という。その意味するところは、「およそ犯罪行為の存しないような社会はない」（一五〇頁）という事実の確認ではなく、「社会が連帯を確認するために『一定率』の犯罪を必要とする」（巻口勇一郎『デュルケム理論と法社会学』二〇〇四年八三頁）ということだそうである（cf. Jean Carbonnier, *Flexible droit*, 7e éd. 1992, pp. 27-29）が、ということは、彼は犯罪の種類を特定していないので、個人法益を侵害された個人が全体としての社会の犠牲になることを容認するということになる（タルドの批判については、池田・前掲論文註（27）、一四八－一五四頁参照）。またデュルケムは、私法の領域では、「個人超越的な人類社会を背景として聖性を付与され［た］人格」（巻口・前掲書註（36）、一一一頁）を尊重すべしという道徳（＝集合意識）によって私的自治の原則に制約を課すような理論を展開している。そして、法や契約の内容がこのような意味における道徳に合致することを要求しているが、この類の主張は、人間に共通の要素によって自由意思に制限を加えようとする自然法論、しかも法の効力論という点からすれば、かなり単純な自然法論であるといえよう。ということは、デュルケムの集合意識は、反教権主義が政界を支配し、ドレフュス事件を通じて知識人の間に浸透する中にあって、カトリック思想と密接不可分な関係にある伝統的自然法（註（77）参照）の代用概念であると理解することも可能である。社会学の門外漢である本書の筆者はこの点についてはこれ以上踏み込まないが、次の指摘は興味深い。すなわち、第二次世界大戦後の西ドイツにおいて自然法論が復活した（本書四六頁参照）が、そのとき、プロテスタント系の論者はオーリウの制度体論を伝統的自然法論の代用として持ち出したという指摘（Roman Schnur, "L'influence du Doyen Hauriou dans les pays germaniques" in *La pensée du doyen Maurice Hauriou et son influence*, 1969, p. 261. さらに、vgl. Roman Schnur, "Einführung", Roman Schnur (Hrsg.), *Die Theorie der Institution und zwei andere Aufsätze von Maurice Hauriou*, 1965, S. 23）である。さらにデュルケムは、損害賠償に「懲罰の意味合い」（巻口・前掲書註（36）、一一六頁）を認めて、私法の秩序維持機能をもって私法の公法性を主張するが、すべての法は秩序維持機能を有することからすれば、デュルケムの法理論にはそもそも私法は存在しないことになるであろう（英米法における懲罰的損害賠償については、田中英夫『英米法総論　上』一九八〇年五四五－五四八頁参照）。というよりも、彼のいう法は秩序法とでもいうべきであろう。つまりこうである。彼のいう抑止法（droit répressif）は刑罰などによって秩序を維持するためのものであり、復原法（droit réstitutif）はその秩序が侵害された場合に秩序を回復するためのものである。したがって、社会の発展に伴って抑止法から復原法へと変遷するとはいえ（その結果、両法はギールケの社会法と個人法（前掲拙著註（23）、七四頁参照）、また次章第二節で検討するオーリウの「制度」法と個人法のような共時的関係にはない）、そこにあるのは全体としての秩序のみであり、いかにして全体の中に個人を位置づけ、いかなる地位とそれに付着する利益とを個人に分配し、いかにして個人はその利益を主観的権利として主張することができるのかという視点が、要するに個人の視点がそこには欠落しているのではないか。いずれにしても、「既存有力説の地位を揺るがす非常に魅力的な法概念」（巻口・前掲書註（36）、v頁）を含んでいるといわれるデュルケムの法理論については、ギュルヴィッチ（潮見俊隆・壽里茂訳）『法社会学』一九八七年（復刊版）一一二‐一二九頁なども参照。

（37）ガブリエル・タルド（池田祥英・村澤真保呂訳）『模倣の法則』二〇〇七年九〇頁および四〇頁。

（38）夏刈・前掲書註（30）、iii頁、六二頁、七四頁および八二頁など。

（39）実は、タルドの社会理論においても貴族主義的要素が指摘されている（稲葉三千男「ガブリエル・タルド――その著『世論と群集』を中心に――」G・タルド（稲葉三千男訳）『世論と群集』一九六四年二四二頁）。

（40）Maurice Hauriou, “Les facultés de droit et la sociologie,” in Le même, *supra note*（8）（初出は 1893）, p. 3.

（41）Maurice Hauriou, “La crise de la science sociale,” in Le même, *ibid.*（初出は 1894）, pp. 294-296. cf. Maurice Deslandres, *Crise de la science politique et le problème de la méthode*, 1902（rééd.）, pp. 53-54.

（42）M. Hauriou, supra note（40）, pp. 5-6.

（43）Ibid., p. 6.

（44）Ibid., p. 4.

（45）Maurice Hauriou, “Réponse à《un docteur en Droit》sur la Sociologie”, Revue internationale de sociologie, 1894, p. 391. 同論文でいう docteur en Droit とは、有機体説に立脚した社会学理論を展開したヴォルムスだそうである（F. Audren et M. Milet, supra note（8）, pp. XⅧ-XⅨ）。

（46）オーリウは社会学のあり方について述べているわけであるが、これを法学の側からみれば、Un peu de sociologie は単なる社会学の真似事を、beaucoup de sociologie は社会学的性質を備えた法的分析を、それぞれ意味するであろう（Jean-Arnaud Mazères, “Hauriou ou le regard oblique,” in *Politique, communication et technologies. Mélanges en hommage à Lucien Sfez*, 2006, p. 50）。さらに、vgl. Hansjügen Friedrich, *Die Institutionenlehre Maurice Haurious*, 1963, S. 60.

（47）M. Hauriou, supra note（41）, pp. 299-300.

(48) M. Hauriou, supra note (40), p. 8.

(49) Ibid., p. 4.

(50) M. Hauriou, supra note (41), p. 299.

(51) Ibid., p. 300.

(52) Marc Milet, "L. Duguit et M. Hauriou, quarante ans de controverse juridico-politique (1889-1929) essai d'analyse socio-rhétorique" in Carlos-Miguel Herrera (dir.), *Les jurists face au politique*, t. I, 2003, p. 89. 観察の対象に含まれる主観的要素が観察の結果である理論に主観的要素をもたらすか否か、また、前者が後者の存在を正当化するか否かについては、判断が分かれるであろう。なお、社会学が法学の視点を「事実的なもの（réel）」に向け、「法的および社会的事実の観察」にもとづいた「事実的なものへの回帰が自然法の研究に及び」、その結果として「自然法の再生」がもたらされたという指摘がある（Joseph-Thomas Delos, "La Théorie de l'Institution", Archives de philosophie du droit et de sociologie juridique, 1931, pp. 151-152）。

(53) オーリウが法学に社会学的方法を導入しようとしたのは、もともと法制史の研究における方法論を確立するためであった（四一頁参照）ことからすれば、彼が社会の法則性それ自体を否定しないのは当然である。

(54) M. Hauriou, supra note (40), p. 7. 以前のオーリウは社会に対する法則のより強い拘束力を認めていたようである（J. Schmitz, *supra note* (2), p. 118）。後年の彼は「ある種の自由意思とある種の決定論との実際的結合」（『公法原理』一・五四二）というが、この点、ある論者は単線的決定論（déterminisme unilinéaire）に対して複線的決定論（déterminisme à séries multiples）といい、後者には「決定論の相対性と多面性」が存在するという（Albert Brimo, "La philosophie du droit naturel du Doyen Maurice Hauriou" in *supra note* (36), pp. 73-74）。また、後者は「自由な自発性を許容する」ともいわれる（Frederick Hallis, *Corporate Personality*, 1930 (reprinted, 1978), p. 218）。

(55) M. Hauriou, supra note (40), pp. 7-8 ; Le même, supra note (45), p. 394 ; Le même, supra note (41), pp. 301-313. さらに、cf. Christopher Berry Gray, *The Methodology of Maurice Hauriou*, 2010, p. 113. オーリウは一八九三年にタルドを訪問し（F. Audren et M. Milet, supra note (8), p. XⅢ）、以後両者の交流は継続され（ibid., p. XLV, さらに、J.-M. Blanquer et M. Milet, *supra note* (1), pp. 88 et 110）、その結果、オーリウはタルドから持続的な影響を受けたといわれる（Lucien Sfez, *Essai sur la contribution du doyen Hauriou au droit administratif français*, 1966 (rééd., 2011), p. 18 note 38）。それに対して、確かに初期のオーリウはタルドの「忠実な弟子」であったが、しかしその後オーリウにおけるタルドの重要性は減少したという理解（Ch. B.

Gray, *supra note* (55), p. 14）もある。なお、オーリウだけではなく、カトリック系の法学者の中にはタルドの支持者が多いといわれる（Frédéric Audren, "La Belle Époque des juristes catholiques (1880-1914)", Revue française d'histoire des idées politiques, 2008, p. 270)。

（56）ローグ・前掲書註（25）、一八五頁（堀口良一訳）。

（57）M. Hauriou, supra note（45）, p. 394. 生涯の論敵であるオーリウとデュギーは社会学の法学部への進出をめぐって初めて議論を戦わせたが、デュギーが社会学に法学部での一定の役割を認める（cf. P. Favre, *supra note*（26）, pp. 98-100）のに対して、オーリウの立場が変わったことから、「二人の立場は逆転した」といわれる（*ibid*., p. 102）が、デュギーの立場が変わっていない（したがって、この点に関する限り両者の立場は同じ）ことから、少なくともこの点についてはそうはいえないであろう。さらに、cf. G. Weisz, *supra note*（11）, pp. 300-301 : Guillaume Richard, *Enseigner le droit public à Paris sous la Troisième République*, 2015, pp. 235-236.

（58）M. Hauriou, supra note（40）, p. 8. オーリウは同時期に、術は「創造であり」、学は「経験によってもたらされる規範を観察する」と述べている（Le même, *Précis de droit administratif*, 1892（rééd., 2010）, p. 157（以下、同書からの引用は『行政法精義』版・頁という形で示した。各版の出版年については、凡例六参照））が、法学と社会学の関係に関するこのような捉え方は晩年まで変わらない（cf. Le même, "L'ordre social, la justice et le Droit" in Le même, *Aux sources du droit*, 1933（rééd., 1986）（初出は1927）, p. 70）。彼の、社会学の功利主義と決定論とに対する批判、さらに術としての法学とその補助学としての社会学という捉え方について、「ここには、科学よりも技術を優越させるという意味で反科学的であり、イデオロギー的にも反動的な見解が顕著に見られ」（田原・前掲書註（10）、二六頁）、このような彼の「見解は伝統主義的立場からする特殊な批判であ」（二七頁註（1））るというきわめて否定的な理解が存在するが、この理解における「技術」や「伝統主義」が何を意味するのか明らかではない（彼のいう伝統の意味については、次節二で取り上げる）。また、彼が docteur en Droit という名の下に批判の的としたヴォルムス（註（45）参照）は、法学と社会学はそれぞれ固有の領域を有するので、それぞれを術と学としたうえでどちらが優位するのかという問いは「無意味な問い」であるとオーリウを批判する（René Worms, "Observation critique", Revue internationale de sociologie, 1894, p. 395）。

（59）前掲拙著註（23）、八〇頁。また、佐藤幸治のいう「法の技巧的理性」（佐藤幸治『現代国家と司法権』一九八八年五〇七頁（さらに、五四七-五五二頁も参照））あるいは「人間理性の抽象的理論操作に対する賢慮に基づく自戒・自衛（同『日本国憲法と「法の支配」』二〇〇二年一一九頁）に近いのではないか。と同時に、学と術はジェニーの科学（science）と技術（technique）に対応するように思われる（宮沢俊義『法律学における学説』一九六八年五六-六一頁参照）が、ジェニーはオーリウにおいては科学と技術が明確に区別されていないという（F. Gény, *supra note* (3), p. 109）。この批判は註（61）で述べる法実証主義者の批判に通じる。なお、法学をこのような意味における術として捉えることに、法学者としてのオーリウが理論的な純粋性や一貫性よりも具体的妥当性を優先させる（本書三一頁参照）原因の一つがあるとみるべきであろう。

（60）Cf. Maurice Hauriou, *Précis de droit costitutionnel*, 2e éd., 1929（rééd., 1965. 同書は二〇一五年にも復刊されたが、本書は一九六五年版を用いた）, pp. V–XII. 初版（一九二三年）も含めて、以下、同書からの引用は『憲法精義』版・頁という形で示した。

（61）法実証主義者が批判するのはオーリウにおける法と事実の混同である（Georges Vedel, "Le Doyen Maurice Hauriou et la Science politique" in André de Laubadère, André Mathiot, Jean Rivero et Georges Vedel, *Pages de doctrine*, t. I, 1980, pp. 48-49 et 50. さらに、cf. Mathieu Doat, "Quelques remarques sur la méthodologie d'Hauriou : *entre* droit et faits", Revue de la recherche juridique, 2002, p. 614）。しかし、強者による弱者の支配という国家の定義は事実と法を混同したものであるとデュギーを批判するオーリウ（磯部力「公権力の行使と『法の二つの層』——オーリウのデュギー批判に寄せて——」山口俊夫編集代表（野田良之先生古稀記念）『東西法文化の比較と交流』一九八三年四〇四頁）が法と事実を混同するとは思えず（cf. F. Gény, *supra note* (3), p. 99, 磯部・前掲論文註（9）、三〇八-三〇九頁註（1）および三四七-三四八頁参照（さらに、『公法原理』一・四八も参照）。とくに、『行政法精義』六・五、ならびに本書一二一頁、二一一頁および三二五頁など参照。この点については、以後、必要に応じて言及したい）、また、オーリウが歴史的事実によって法を正当化するという批判（Charles Eisenmann, *Écrits de théorie du droit, de droit constitutionnel et d'idées politiques*, 2002, p. 61）については、歴史的事実による法の正当化が法と事実の混同を常に意味するわけではないであろう。なお、「これまで法哲学者は、科学と法学の違いとして、事実と規範、経験科学と規範科学、理論と（価値判断を主として意味する）実践の違いを強調するなど、的はずれな見方を強調しすぎてきた」という「法哲学者」の指摘（亀本洋『法哲学』二〇一一年三六三頁）は、新カント学派の影響を強く受けたわが国の法学者にとって傾聴に値するであろう。

（62）M. Hauriou, supra note (41), p. 297.

（63）この現象を概観するものとして、善家幸敏『法思想史概論』一九七六年二八五-二九〇頁、および三島淑臣『法思想史』一九八〇年三四三-三四四頁など参照。

(64) 野田良之「現代自然法」尾高朝雄・峯村光郎・加藤新平編『法哲学講座　第五巻(下)』一九五八年一二五頁。

(65) Wolfgang Friedmann, *Legal Theory*, 5th ed., 1967, p. 152. さらに、cf. p. 224.

(66) Louis Le Fur, *Les grands problèmes du droit*, 1937, p. 140. ル・フュールの自然法論については、宮沢俊義「ル・フュウルの自然法論」同『憲法の思想』一九六七年二五五-二七〇頁、および水波朗『法の観念』一九七一年一三七-一四〇頁参照。

(67) Paul Roubier, *Théorie générale du droit*, 2e éd., 1951, p. 184. ルビエについては、水波・前掲書註(66)、一四七-一五五頁参照。

(68) 野田良之「註釈学派と自由法」尾高朝雄・峯村光郎・加藤新平編『法哲学講座　第三巻』一九五六年二二八頁。

(69) François Gény, *Méthode d'interprétation et sources en droit privé positif*, 2e éd., t. II, 1919 (2e tirage, 1932)（同書は一九九五年に復刊されたが、本書は一九三二年のオリジナル版を用いた）, p. 94. さらに、cf. Le même, *supra note* (3), pp. 274-275 : Charles Boucaud, "La crise du droit naturel", Revue de philosophie, 1905, pp. 293-294.

(70) 尾高朝雄『法哲学』一九五六年六二頁。さらに、vgl. Konrad Cosack, *Lehrbuch des deutschen bürgerlichen Rechts*, Bd. I, 1898 (Nachdruck, 1999), S. 18ff. 和田小次郎『近代自然法学の発展』一九五一年一五-一八頁も参照。ただし、長谷部恭男『憲法学のフロンティア』一九九九年一一頁参照。自然法論の体系化という点で重要な役割を果たしたのはプーフェンドルフであり（和田・前掲書註(70)、八八頁、九八頁および一〇一頁）、しかも、ヨーロッパの諸「法典のうちの若干のものの『総則』は、プーフェンドルフの労作なしには、考えられぬものである」といわれる（F・ヴィーアッカー（鈴木禄弥訳）『近世私法史』一九六一年三七二頁）。ということは、パンデクテン法学の背後には古典的自然法論（の体系）が存在するということになる（上山安敏『法社会史』一九六六年一七六-一七八頁、および竹下賢『実証主義の功罪』一九九五年二一五頁）。それに対して、一般的な理解によれば、歴史法学派およびそれから発展したパンデクテン法学と古典的自然法論とは対抗関係にあり、パンデクテン法学から法実証主義国法学が発展することによって、一九世紀後半には私法と公法との領域で法実証主義が支配的となり、後ほどふれる（註(88)）ように自然法論は受難の時代を迎えるということになるであろう。ところが、自然法論の持続的影響力と多様性（註(84)および註(109)参照）とからすれば、自然法論対法実証主義という単純な図式では捉えきれない部分が存在するのであり、その一つがすでに述べたパンデクテン法学と古典的自然法論（の体系）の関係なのである。さらに、次章第二節註(59)も参照。

(71) 野田・前掲論文註(68)、二三三頁。

(72) 中井・前掲書註(25)、一五〇頁。

（73）野田・前掲論文註（68）、二三四頁。

（74）中井・前掲書註（25）、一四七頁。さらに、cf. Raymond Saleilles, "École historique et droit naturel d'après quelques ouvrages récents", Revue trimestrielle de droit civil, 1902, p. 80.

（75）尾高・前掲書註（70）、六二頁。善家・前掲書註（63）、二八四頁も同旨。もっとも、ビュルドーによれば、自然法論の復活は「古い考え方［＝註釈学派］から精神を解放したが、その結果として、秩序づけるべき新しい世界に直面して混乱をもたらしただけであった」（Georges Burdeau, *Écrits de Droit constitutionnel et de Science politique*, 2011, p. 47）。そして、おそらく若手の法実証主義者の台頭（序章第二節註（39）参照）によって、一九三〇年代には自然法論と法実証主義の対立は「耐え難いまでに亢進した」（p. 50）。

（76）前掲拙著註（23）、二〇二-二〇三頁。さらに、cf. ibid., pp. 89-90.

（77）野田・前掲論文註（68）、二三二頁。サレイユは、「われわれは本質的に個人主義に立脚した社会のために制定した民法典を有するが、しかし［現在］ますます集団的権利の組織化に向かいつつある」という（Raymond Saleilles, "Introduction", *Les méthodes juridiques*, 1911, p. XVII. さらに、cf. Le même, "Le Code civil et la méthode historique" in *Le Code civil 1804-1904*, t. I, 1904 (rééd., 2003), pp. 107-120）。ここで看過してはならないのは、孤立した個人から出発する啓蒙期の古典的自然法論とカトリック思想に立脚した伝統的自然法との相違である。後者は一定の秩序を有する集団から出発し、後者においては個人はこのような集団の中に位置づけられることによって存在理由を獲得する。その結果、伝統的自然法論と古典的自然法論の間には「まったくの断絶」（Marc Réglade, "Le fondement du droit", Archives de philosophie du droit et de sociologie juridique, 1933, p. 168）が存在し（さらに、cf. José Fernando de Castro Farias, La reformulation de l'État et du droit à la fin du XIXème siècle et au début du XXème siècle : les énoncés de Léon Duguit et de Maurice Hauriou. thèse (Université Montpellier I), 1992 (microfiche), p. 283 ; Jean-Louis Clément, "La théorie juridique de Maurice Hauriou : l'adhésion de la démocratie chrétienne 1919-1930" in Annie Stora-Lamarre, Jean-Louis Halpérin et Frédéric Audren (dir.), *La République et son droit (1870-1930)*, 2011, pp. 155-156, 田中耕太郎『法哲学　一般理論下』（田中耕太郎著作集5）一九六四年八-九頁も参照）、両者は同じ自然法論といいつつ実体に着目すれば水と油の関係（さらにいえば、対抗関係）にあり（ただし、cf. Marcel Gauchet, *L'avènement de la démocratie*, t. II, 2007, pp. 270-276）、伝統的自然法論を世俗化すれば古典的自然法論になるわけではない。また、自然権に関しても、古典的（本書のいう伝統的）自然権の教理は「十七世紀に現れた近代的自然権の教理とは区別されなければならな

い」といわれる（レオ・シュトラウス（塚崎智・石崎嘉彦訳）『自然権と歴史』二〇一三年（ちくま学芸文庫）一六九頁）。したがって、「現代自然法論においては、スコラ的［＝伝統的］自然法論と……合理主義的［＝古典的］自然法論とはもはや本質的対立とは考えられなくなって来つつあ」（団藤重光『法学の基礎』一九九八年（再増補）二六八頁。二七二頁も同旨）るとはいえないのであり、旧自然法論の内部におけるこの「断絶」を意識的かつ明確に認識しない自然法論は不明確なものとならざるをえず、場合によっては混乱に陥るであろう（「わが国の通説的［＝本書のいう古典的自然法論に立脚した］自然権説がいささか曖昧かつ中途半端なものであった」（佐藤幸治「人権論の一断面　高橋正俊教授の問題提起に触発されつつ」法律時報六八巻六号一九九六年三九頁）原因はここにもあるのではないか。それに対して、伝統的自然法論と古典的自然法論を明確に区別するものとして、山田秀『ヨハネス・メスナーの自然法思想』二〇一四年八五-九二頁参照）。そして、自然法論の復活という場合の自然法はあくまで伝統的自然法論なのである（ただし、伝統的自然法の不変性については、論者によって捉え方が異なる（次章第三節註(75)参照））。自然法論については、次章第三節二で、オーリウとの関係で改めて取り上げたい。なお、本節二で取り上げたタルドの自然法論は古典的自然法論に近いようである（cf. Gabriel Tarde, *Les transformations du droit*, 8e éd. 1922（この版は第二版一八九四年の増刷版である）, pp. 142-161）。また、伝統的自然法論（復活したという意味で新自然法論）は、存在・事実から当為・規範を導出することは論理的に不可能であるとして、道徳的要請（＝客観的実質的価値）は人間の本性に関する事実的な真実から導出されるという「伝統的な自然法論の中核」を否定する「新自然法論」（河見誠『自然法論の必要性と可能性』二〇〇九年四〇-四一頁）とは、当然異なる。

(78)　前掲拙稿註（4）、五八頁註（20）、中井・前掲書註（25）、一四八頁および一五〇頁、F. Gény, *supra note* (3), p. 18 ; P. Roubier, *supra note* (67), p. 183. 中井淳によれば、この相違は「資本主義社会に於ける発展の量的差異が齎らす異なる社会階梯の対応的顕現」である。ここで「量的差異」とは、旧（＝古典的）自然法論の前提は個人主義であり、個人主義は「資本主義社会の観念形態」であるので、新自然法論が個人主義を採用したのは資本主義の容認を意味することから、新旧自然法論が同じ資本主義の異なる発展段階に対応しているということである（中井・前掲書註（25）、一五〇頁）。その結果中井は、新自然法論は「或程度批判的であり闘争的でありながら、究極的には現存社会機構の肯定に堕する小ブルジョア階級のイデオロギーたる性格を完全に啓示する」（同右・一五一頁。それに対して、新自然法論は「自由主義的な大ブルジョワの政治的戦略」につらなるものであるという捉え方については、cf. Norbert Foulquier et Guillaume Sacriste, "Avant-propos Un constitutionnaliste oublié, le privatiste Raymond Saleilles", Raymond Saleilles, *Le droit constitutionnel de la Troisième République*, 2010, pp. 29-30)「『改良』

の理論であって、『変革』のそれではあり得ない」（同右・一五〇頁）として、「何等実効性なき結果に至る」、その意味で「空虚な本体を露呈せざるを得なかった」（同右・一四七頁）新自然法論に対してきわめて否定的な評価を下している。彼が対象とする新自然法論はフランスのそれであるが、そこに含まれる個人主義的側面があまりに強調されすぎた結果がこのような否定的な評価であり、これは特異な評価であるといわざるをえないであろう。ここまで極端ではないが、宮沢俊義もこの時期に復活した自然法論に対して否定的である（宮沢・前掲論文註（66）、二五三−二五四頁）。さらに、恒藤武二『法思想史』一九七七年四二六頁も参照。

（79） 野田・前掲論文註（64）、一二八−一二九頁。

（80） 三島・前掲書註（63）、三四三頁。

（81） R. Saleilles, supra note (74), p. 97. cf. P. Roubier, *supra note* (67), p. 190 note 1.

（82） シュタムラーの法理論については、そのかなりの部分が、恒藤恭『批判的法律哲学の研究』一九二三年（増補版（初版は一九二〇年））第二篇−第四篇および第六篇によって、すでに戦前のわが国の法学界に紹介されているが、わが国の法学界における彼の法理論の研究史については、竹下・前掲書註（70）、一七六−一七九頁参照。

（83） 加藤新平「新カント学派」尾高朝雄・峯村光郎・加藤新平編『法哲学講座　第五巻㊤』一九六〇年五四頁。「法学の分野での真正なカントたろうとすること、これがシュタムラーの抱負であった」ともいわれる（七二頁）。さらに、恒藤・前掲書註（78）、五五−五七頁も参照。

（84） K・ラーレンツ（米山隆訳）『[第六版] 法学方法論』一九九八年一三〇頁。メスナーは、「シュタムラーの法哲学は、その当時に支配的であった法実証主義に対抗する主たる勢力をなすものであった」（ヨハネス・メスナー（水波朗・栗城壽夫・野尻武敏訳）『自然法』一九九五年二五二頁）としたうえで、シュタムラーの法理論を、法＝権利を理念的なものないし観念的なものから導き出すという意味での「観念論的自然法論」（同右・五〇五頁）として位置づけている。なお、メスナーは自然法論の第三の類型として「唯物論的自然法論」（同右・五〇六頁）を挙げているが、本書はこの自然法論を議論の対象としない。

（85） カント（高峯一愚訳）『純粋理性批判』一九八九年（新装版）六三−六四頁参照。

（86） 竹下・前掲書註（70）、一八二−一九二頁。さらに、cf. R. Saleilles, supra note (77, "Le Code civil et la méthode historique"), p. 99. これはヴィーアッカーのいう「法律学的自然主義」にあたる。ここで「自然主義」とは、「法は単なる現実でありその結果法学は現実科学であり因果説明的な方法が法学の方法であると規定する諸思潮」（ヴィーアッカー・前掲書註（70）、六七一頁）

である。

（87）Rudolf Stammler, "Über die Methode der geschichtlichen Rechtstheorie" in Ders., *Rechtsphilosophische Abhandlungen und Vorträge*, Bd. I, 1925（初出は 1888）, S. 10. さらに、vgl. Karl Larenz, *Rechts-und Staatsphilosophie der Gegenwart*, 2. Aufl., 1935, S. 25f.

（88）「自然法の概念ほど多くの迫害を受けねばならぬ概念……は決して多くはない」といわれる（H・ロンメン（阿南成一訳）『自然法の歴史と理論』一九五六年一三七頁）が、とりわけ「一九世紀は、……人の歴史はじまって以来もっとも強く自然法が否定せられた時代であろう」（宮沢・前掲論文註（66）、一五三頁）。ただし、一九世紀後半のドイツに限っても、自然法論の持続的影響力を指摘する論者は決して少なくない。Karl Bergbohm, *Jurisprudenz und Rechtsphilosophie*, 1892 は有名であるが、それ以外にも、例えば、vgl. Ernst Immanuel Bekker, *System des heutigen Pandektenrechts*, Bd. I, 1886（Nachdruck, 2002）, S. 39f. なお、一九世紀のフランスにおける自然法論には、民法典と註釈学派の関係に由来する特殊性が存在することは後ほど指摘するとおりである。

（89）Ibid., S. 25.

（90）Ibid., S. 18.

（91）Ibid., S. 29.

（92）野田・前掲論文註（64）、一三八頁。「シュタムラーの法理念論は、一方では永遠の理想法を掲げる自然法の立場に対し、他方では、存在するものにそのまま価値を住みこませる歴史法学的立場に対して、……批判的立場をとり、法の正当性の普遍妥当的・形式的な原理を確立しようとする」ともいわれる（加藤・前掲論文註（83）、九一頁）。

（93）Rudolf Stammler, *Wirtschaft und Recht nach materialistischen Geschichtsauffassung*, 5. Aufl., 1924, S. 108ff.

（94）*Ibid.*, S. 166f. この点は伝統的な質料形相論（hylémorphisme）を想起させ、ジェニーもその旨指摘している（F. Gény, *supra note*（3）, p. 148. さらに、cf. Le même, *Science et technique en droit privé positif*, 2e tirage, t. Ⅲ, 1925（rééd., 2003）, p. 16）が、水波朗によれば、ジェニーは伝統的な質料形相論と新カント学派のそれとの「間の差を意識していないわけではない」（水波朗『トマス主義の法哲学』一九八七年三一頁註（2））。

（95）R. Stammler, *supra note*（93）, S. 159.

（96）*Ibid.*, S. 161.「特定の内容と同時に無条件の妥当性を有する法命題といったものは……矛盾に満ちており、成立しえない」ともいう（S. 174）。

(97)　*Ibid*., S. 171.「人間の本性にもとづくことによって、法規範の内容のこの［＝変遷する歴史的現実に対する］具体的依存性から決して逃れることはできない」ともいう（S. 169）。さらに、vgl. Rudolf Stammler, "Wesen des Rechtes und der Rechtswissenschaft" in Ders., *supra note*（87）（初出は 1913）, S. 390；Ders., *Theorie der Rechtswissenschaft*, 2. Aufl., 1923, S. 283.

(98)　R. Stammler, *supra note*（93）, S. 174.「正しい法」は、シュタムラーがカトリック系の実体的自然法論に反対していることから、「人間の本性というよりも法の本質に適合した内容」（F. Gény, *supra note*（3）, p. 152）を有するといわれる。

(99)　R. Stammler, *supra note*（93）, S. 175.

(100)　*Ibid*., S. 175f.

(101)　この点について、シュタムラーは後年次のように述べている。すなわち、「各人は、他者に対して、自己目的としてのみ結合された状態にある。このように考えられた結合意思は、その内容において、自由に意思する人々の共同体を意味する。この定式は社会的理想（soziales Ideal）といわれる」（Rudolf Stammler, *Lehrbuch der Rechtsphilosophlie*, 2. Aufl., 1923, S. 199. さらに、vgl. S. 66f.（ルドルフ・シュタムラー（森三十郎訳）「法哲学綱要（六）」法学論叢（福岡大学）四七巻三・四号二〇〇三年六七六頁を参照したが、訳は本書の筆者がつけた））。つまり、「自由に意思する人々の共同体」＝「社会的理想」は、個人を拘束するが個人が目的としてとどまるという条件でのみ結合意思を正当化するわけである。そして、「自由に意思する人々の共同体」＝「社会的理想」は「法の理念（Idee des Rechts）」ともいわれ、実定法の正しさの判定基準であり、「正しさに関する思想は……法内容の実質的評価の形式である」（Ders., *Die Lehre von dem richtigen Rechte*, neubearbeitete Aufl., 1926（Nachdruck, 1964）, S. 156）。さらに、vgl. Ders., supra note（97）, S. 424ff. なお、彼によれば、法とは「不可侵的かつ自主的結合意思」（Ders., *supra note*（101, *Lehrbuch der Rechtsphilosophlie*）, S. 89；Ders., *supra note*（97）, S. 116；Ders., supra note（97）, S. 409）であり、ここで「不可侵的」とは結合意思が恒常的に定立される場合であり（これによって法が恣意的命令から区別される）、「自主的」とは結合される意思の内容が結合意思によって強制される場合である（これによって法が習律から区別される）。そして、「外的規制」としての法によって社会が成立する（ルドルフ・シュタムラー（森三十郎訳）「法哲学綱要（二）」法学論叢（福岡大学）四六巻一号二〇〇一年一二二一一四一頁。さらに、vgl. Jan Schröder, *Recht als Wissenschaft*, 2. Aufl., 2012, S. 287）が、注意すべきは、このような法の定義を前提とした彼の法理論は法的国家論とは無関係に形成されているということである（Morris Ginsberg, "La Philosophie du Droit de Rudolf Stammler", Archives de philosophie du droit et de sociologie juridique, 1932, p.

569 : Morris Ginsberg, “Stammler's Philosophy of Law” in *Modern theories of law*, 1933, p. 45. さらに、牧野雅彦『国家学の再建』二〇〇八年一五七頁および一六一頁も参照)。

(102)　Helmut Coing, *Grundzüge der Rechtsphilosophie*, 5. Aufl., 1993, S. 76. さらに、vgl. S. 71. ヴィーアッカーは、シュタムラーが「実体的倫理を形式的論理のうちに解消させてしまったという非難は」必ずしも正鵠を得ていない（ヴィーアッカー・前掲書註(70)、七〇四頁。さらに、七一三頁も参照）として、「シュタムラーの法理念は、……人間の共同生活の一般的道義性と関連して[おり、]この一般的道義性こそ実体的法理念の対象であり、この理念のうちシュタムラーが発展させた諸要素は、法が価値として理解されるかぎり、法の現実的に実体的な基本構造なのである」という（七〇四頁）。そして彼の立場は、「個人の権利行使に制限を課すことによる社会改革へと向かう傾向」（W. Friedmann, *supra note* (65), p. 186）を有するともいわれる。ただし、「自由に意思する人々の共同体」=「社会的理想」を実体的なものとすれば、それは内容を伴う以上可変的にならざるをえないであろう。逆に、彼のいうように形式的なものとした場合、特定の内容を伴う実定法の正しさの判定基準になりうるか疑問である（野田・前掲論文註(64)、一四二―一四五頁、および同『法における歴史と理念』一九五一年一一六頁参照。亀本洋は、「ケルゼンは、シュタムラーのいう『不可侵的に自主的に結合する意欲』が『法』になるためには、それを可能にする『規範』（Norm）が先行的に存在していなければならないと考えた」（亀本・前掲書註(61)、一六頁。牧野・前掲書註(101)、一八八頁註(1)も同旨）といい、団藤重光は両者の法理論の類似性を指摘する（団藤・前掲書註(77)、二八二頁)）。「自由に意思する人々の共同体」=「社会的理想」はカントの感性論における純粋直観（=形式）にあたる（ただし、「シュタムラアの意味する事象の形式は、一定の具体性と特異性とを持ち、従って何等かの内容を具備する[ものであり、]純粋に無内容なる本質の形式」ではないという理解（尾高朝雄『法律の社会的構造』一九五七年九三頁）がある）が、後者は経験的直観を成り立たせるものであり、その真偽あるいは正否を判断する基準ではない。シュタムラーのカント理解に問題があるのではないかといわれる（Erich Kaufmann, *Kritik der neukantischen Rechtsphilosophie*, 1921 (Nachdruck, 1964), S. 11f.: K. Larenz, *supra note* (87), S. 32f.）根拠がここにもあるのではないか。なお、フォルム（形相）をめぐるシュタムラーとカール・シュミットの（無）関係に関する和仁陽『教会・公法学・国家』一九九〇年一九五頁註(66)の指摘は興味深い。

(103)　「可変的内容を有する自然法」と「正しい法」とが異なるものである可能性を示唆する論者（三木新「シュタムラアの法哲学に関する若干の覚え書き」産大法学二巻三号一九六八年一二一頁）が存在するが、その際、両者が具体的にどのように異なるのかは示されていない。

(104) 詳しくは、恒藤・前掲書註(82)、二二九-二四七頁、尾高・前掲書註(102)、二三〇-二三四頁、加藤・前掲論文註(83)、九〇-一〇九頁、および佐藤立夫「法哲学者としてのルドルフ・シュタムラー――学説の展望とその批判――」早稲田政治経済学雑誌一九八巻一九六六年一七-二四頁など参照。なお、野田良之は、「可変的内容を有する自然法」という用語は『唯物史観による経済と法』において「唯一回……使用されただけである」(野田・前掲論文註(64)、一四〇頁)というが、必ずしもそうではないようである(vgl. R. Stammler, *supra note* (101, *Die Lehre von dem richtigen Rechte*), S. 105)。

(105) 一般に、シュタムラーは新カント学派のうちマールブルク学派に属するといわれるが、加藤新平はこの点、シュタムラーは「マールブルク学派に近い」と慎重な言い方をしており(加藤・前掲論文註(83)、五四頁。その理由については、六四頁註(17)参照)、ケルゼンも同様の疑念を共有しているようである(Hans Kelsen, *Hauptprobleme der Staatsrechtslehre*, in *Hans Kelsen Werke*, Bd.II, 2. Halbband, 2008, S. 145ff.)。

(106) 竹下・前掲書註(70)、一七一頁。さらに、一九九頁および二四三-二四四頁も参照。

(107) 三島・前掲書註(63)、三四〇頁。

(108) ヴィーアッカーは、新カント主義は「法律実証主義と超法律的法との両方の形式的根拠づけを自己のうちに含んでいた」という(ヴィーアッカー・前掲書註(70)、七〇一頁)。

(109) この意味における自然法論の多様性については、メスナー・前掲書註(84)、五〇六-五〇八頁参照。

(110) カートラインについては、野田・前掲論文註(64)、一五四-一六二頁、水波・前掲書註(66)、一一四-一二九頁参照。第二帝政下のカトリックをめぐる状況については、和仁・前掲書註(102)、七三-七六頁および九八-一〇三頁参照。

(111) 新里光代「法理念としての自然法論――シュタムラーの自然法論をめぐって――」法学研究四五巻二号一九七二年二八八頁。

(112) W. Friedmann, *supra note* (65), p. 184. さらに、vgl. Friederike Wapler, *Werte und das Recht*, 2008, S. 150.

(113) ラートブルフは、「あらゆる法的規則よりも強力で、それに反する法律が通用力を欠くような法の諸原則が存在する。これらの諸原則は自然法または理性法と呼ばれる」としたうえで、「自然法または理性法」は「人権および公民権の諸宣言」において具体化されているという(ラートブルフ(村上淳一訳)「五分間の法哲学」ラートブルフ『実定法と自然法』一九六一年二二七-二二八頁)。それに対して、シュタムラーは、一七八九年のフランス人権宣言を、「単に意味的に条件づけられた素材」あるいは「具体的に決定された意義を有する特定の命題」にすぎないとしている(R. Stammler, *supra note* (101, *Die Lehre von dem richtigen Rechte*), S. 146. さらに、vgl. Ders., supra note (97), S. 431)。

(114) ラートブルフが自然法について語ることと彼が立脚する価値相対主義との整合性の有無について、宮沢俊義が肯定的に理解するのに対して、加藤新平は否定的に理解するが、両者の理解に相違が生じる原因はラートブルフのいう自然法の捉え方にある。すなわちそれを、宮沢が「歴史的・経験的に成立したところの」ものとして捉える（宮沢・前掲書註（59）、一四七頁。同『憲法Ⅱ〔新版（改訂）〕』一九七四年一五八頁および一六八頁も同旨。さらに、同『憲法の原理』一九六七年四一三-四一四頁も参照）のに対して、加藤は「形式的な原理」ではなく「内容づけられた」ものあるいは「古典的自然法的」なものとして捉える（加藤新平『法哲学概論』一九七六年二二六-二二七頁（さらに、五二六-五二七頁も参照）。菅野喜八郎はラートブルフのいう自然法を加藤のように捉えたうえで、「これに同調する限りでは、宮沢教授も同断〔＝整合性の欠如〕である」（菅野喜八郎『続・国権の限界問題』一九八八年三二九頁）という）。さらに、矢崎光圀『法実証主義』一九六三年一四-一五頁、および新正幸『ケルゼンの権利論・基本権論』二〇〇九年九-一一頁註（14）も参照。前者は「可変的内容を有する自然法」＝「正しい法」に近く、後者は実体的自然法論に近いといえるが、ラートブルフがシュタムラーから強い影響を受けていた（尾高朝雄『実定法秩序論』一九四二年三九〇頁。さらに、ラートブルフ（田中耕太郎訳）『法哲学』一九六一年一二六-一二七頁および一三六-一三七頁も参照）ことからすれば、ラートブルフは自然法との関係で新カント学派の内部で西南ドイツ学派からマールブルク学派へと立場を変えたといえなくもないであろう。その意味でラートブルフの「価値相対主義は、始めから一種の自然法的志向を内包していた」（三島・前掲書註（63）、三四八頁註（5））ということができる（大塚滋『説き語り　法実証主義』二〇一四年一五四-一六〇頁参照）が、この場合、彼の立場の変更は法実証主義から自然法論へと「転向」したフェアドロス（前掲拙著註（23）、三一三頁註（24））とは根本的に異なるわけである。さらにいえば、シュタムラーの形式的自然法を実体化したのがラートブルフの自然法ではないのか。このことは前註で比較した人権宣言の両者の捉え方の相違に表れており、そうであるとするならば、ラートブルフの自然法は孤立した個人から出発する「近代啓蒙期自然法」（芦部信喜『憲法制定権力』一九八三年六頁）と同じ（ただし、おそらく一定の可変性を認めたうえで）ということになり（ただし、註（102）におけるフリードマンの指摘は留保しなければならない）、何らかの集団性を重視する再生した自然法とは出発点が異なる（註（77）参照）。以上のことから、第一に、ラートブルフの自然法論と価値相対主義との整合性の有無については、加藤（と菅野）に軍配を上げざるをえないであろう。第二に、芦部信喜が法実証主義を批判しつつラートブルフの自然法論に賛同することに矛盾は存在しないことになる（ともに実体的な古典的自然法論）。その結果として第三に、芦部の自然法と「歴史的〔＝可変的〕自然法論」とは異なる（前章第一節註（44）参照）。このような相違を芦部が認識することができないのは、自然法論には、伝統的自然法論

→復活した自然法論と古典的自然法論→ラートブルフという二つの系統が存在し、しかも両系統において自然法の可変性がシュタムラーによって導入された（もちろん、他の論者を通じて（その場合、後者の系統について問題が生じる可能性については、註（102）におけるフリードマンの指摘を参照））ということが芦部によって明確には認識されていないからであろう。このような状況の下で、「人間人格不可侵の原理」・「人間価値の尊厳」・「人間人格の自由と尊厳」に立脚した芦部の人権観が主流になる（団藤・前掲書註（77）、二七二頁、および阿南成一「自然法の復権について」阿南成一・水波朗・稲垣良典編『自然法の復権』一九八九年三−五頁参照）ことからすれば、わが国の戦前の法学界におけるシュタムラー研究は芦部以降の戦後の憲法学界に有効に継受さなかったといえるであろう。また、後ほど取り上げるシャルモンに代表されるフランスにおける復活した自然法論についても、わが国の戦前の法学界において注目されたにもかかわらず、同様のことがいえるが、その原因は伝統的自然法論と古典的自然法論の対抗関係（註（77）参照）にあり、芦部は後者に依拠することによって前者の戦後の憲法学界への継受を遮断したのである（芦部はこの対抗関係に無自覚であったわけではない（芦部・前掲書註（114）、三三八頁註（12）参照）が、その厳しさに対する認識が甘いのであり、このことはわが国の戦後の法学界全体についていえるのではないか）。これらの結果が、漠然とした反ではなく非自然法論と漠然とした反法実証主義とが並存するという戦後の憲法学界の奇妙な状況ではないのか（田中耕太郎『法哲学　自然法』（田中耕太郎著作集６）一九六六年四二頁参照）。このような曖昧さから脱却するには、自然権の存在を、日本国憲法の解釈論として論証しようとする「法実証主義的自然権説」と同憲法とは無関係にそうしようとする「本来的な自然権説」または「超越論的自然権説」とを区別する（高橋正俊「法実証主義的自然権説について」香川法学一四巻三・四号一九九五年九九頁）以前の問題として、伝統的自然法論と古典的自然法論と形式的自然法論の三者の共通点と相違点を明確に認識したうえで、伝統的自然法論および古典的自然法論と形式的自然法論とのかかわり方を捉えなければならないであろう。

（115）　ドイツでは、民法典が制定された時点で、すでに資本主義の進展によって自由競争がある程度制約される状況にあったといわれる（ヴィーアッカー・前掲書註（70）、五七四−五八四頁）が、それ故、自由競争を前提とした民法典の第一草案（一八八八年に公表）における社会的傾向の欠如は各方面から厳しく批判されたのである（西村稔『知の社会史』一九八七年一六六−一七九頁参照）。

（116）　前掲拙著註（23）、八七頁参照。

（117）　加藤・前掲論文註（83）、九八頁註（1）。

(118) R. Saleilles, supra note (74), p. 92.

(119) 野田・前掲書註(102)、八九-九五頁、および同・前掲論文註(64)、一六五-一六七頁参照。さらに、cf. G. Sacriste, *supra note* (7), pp. 357-360,『法律思想家評伝』一九五〇年二三七-二四一頁(石崎政一郎執筆)も参照。もっとも、伝統的自然法論者であるボヌカーズ(cf. Julien Bonnecase, *La Notion de Droit en France au dix-neuvième siècle*, 1919, pp. 218-221)はサレイユがシュタムラーの強い影響下にあると理解したうえで、サレイユの自然法論について、シュタムラーのそれと同様に「内容が欠如した」「空虚な形式」(*ibid.*, p. 116)にすぎないという意味で「法的ロマン主義に属する理論」(Julien Bonnecase, *La pensée juridique française de 1804 à l'heure présente*, t. II, 1933, p. 260)であると批判する(「法的ロマン主義」については、cf. Julien Bonnecase, *Science du Droit et Romantisme*, 1928, pp. 716-717)。それに対して、団藤重光は、サレイユの進化的自然法(droit naturel évolutif)は「シュタムラーの『可変的内容の自然法』……とはちがって、社会の歴史的進化の中に自然法の客観的実現を看取しようとするものである」という(団藤・前掲書註(77)、二六七頁)。ここでは団藤の理解を正当としておこう(cf. R. Saleilles, supra note (74), pp. 98-99)。サレイユの法学方法論については本節四で取り上げることにする。なお、トゥールーズ大学でオーリウの指導を受けたボヌカーズは、ボルドー大学法学部で主として民法を担当していた(cf. M. Malherbe, *supra note* (17), pp. 278 et 467-472. ボヌカーズの民法の体系書として、*Précis de droit civil*, 2e éd., t. I, 1938 ; t. II, 1939 ; 1ère éd., t. III, 1935 ある)が、彼の伝統的自然法論という立場からであろうか、同僚である自称実証主義者デュギーと激しく対立した(M. Malherbe, *supra note* (17), pp. 153-154 ; Jean Brethe de la Gressaye, "Un conflit doctrinal à la faculté de droit de Bordeaux : Bonnecase contre Duguit" in *Mélanges offerts à Marcel Laborde-Lacoste*, 1963 ; J.-M. Blanquer et M. Milet, *supra note* (1), pp. 284-285)。さらに、いわゆるボヌカーズ事件(収賄容疑で刑事手続が開始される(最終的には免訴(一九四二年))とともに免職(一九四一年))については、cf. M. Malherbe, *supra note* (17), pp. 156-160.

(120) 二〇世紀初頭の独仏におけるシュタムラー理解の水準(cf. F. Gény, *supra note* (3), pp. 128-129)からすれば、残念ながら後者であるといわざるをえないであろうが、この点については、本節四で改めて取り上げる。

(121) ここでは、本書の主たる対象であるオーリウの批判のみを紹介しておこう。彼は「可変的内容を有する自然法」という用語は形容矛盾を含んでいるとしてそれを厳しく批判する。すなわち、「可変的内容を有する自然法」とは「何たる愚弄であり、何たる無力な告白であろうか。理想とは定義上絶対的でなければならないにもかかわらず、可変的、したがって相対的理想とは」(Maurice Hauriou, "Le droit naturel et l'Allemagne" in Le même, *supra note* (58, *Aux sources du droit*)(同論文は一九一八年の書簡), p. 20)。

(122) F. Gény, *supra note* (3), p. 128. さらに、cf. pp. 179 et 181–182. 自然法論の復活を論じるに際してジェニーに依拠する野田良之もジェニーほどではないがシュタムラーの法理論に対して好意的である。野田によれば、シュタムラーの法理論は法の理念に至る「科学的作業の論理的順序を示」しているのであり、「このような方法的手続に対して思想的無内容をとがめるのは、地図に対して美しい風景が書いていないことを責めるようなものであろう」(野田・前掲論文註(64)、一四五頁)。

(123) François Gény (tra. Isaac Husik), "The Critical System (Idealistic and Formal) of R. Stammler," in Rudolf Stammler (tra. Isaac Husik), *The Theory of Justice*, 1925 (reprinted, 2000), pp. 493–552 は F. Gény, *supra note* (3), pp. 127–190 の翻訳である。それに対して、おそらくドイツでもっとも詳細にシュタムラーを論じたのは、マックス・ウェーバー(松井秀親訳)「R・シュタムラーの唯物史観の『克服』」ウェーバー『社会科学論集』一九八二年であろうが、同論文はシュタムラーの自称唯物史観を克服したとされる社会理論を、用語の曖昧さや概念の混乱などを執拗に指摘することによって、徹底的に批判するものである。

(124) Cf. F. Gény, *supra note* (3), pp. 164–176.

(125) *Ibid.*, p. 183. さらに、cf. pp. 185–187. 加藤新平も同様の作業(加藤・前掲論文註(83)、一〇五–一〇九頁参照)の後、「原則適用の実例に当って見た結果後に残るのは深い失望感である」(一一〇頁)として、結局シュタムラーの法理論は「偉大な失敗作」(一一四頁)であるといわざるをえないという。その結果、シュタムラーの法理論に限っていえば、「純粋に形式的な分析であるほうがかえって、実際に『役に立つ』可能性が高い」(亀本・前掲書註(61)、一五五頁)とはいえないわけである。このような評価に対して、シュタムラーは法の普遍的科学を確立しようとする「哲学者としての願望」と具体的事件における解決を求めようとする「私法学者としての願望」とによって引き裂かれたというフリードマンの評価(W. Friedmann, *supra note* (65), p. 185)が妥当なところではないかと思われる。

(126) 註釈学派の変遷については、野田・前掲論文註(68)、二二〇–二二六頁参照。

(127) 同右・二三〇頁。さらに、野田・前掲論文註(64)、一三三–一三四頁も参照。註釈学派はこのように理解された民法典を前提として「推論式による法的事件の自動機械的解決」(本書五二頁)を目指すことから、註釈学派にはシュタムラーの「歴史的法理論」批判は当たらないはずである。

(128) 野田・前掲論文註(68)、二三八頁。

(129) ただし、フランスにおいて共和制と(君主制と結びついた)カトリックの明確な対立構図が形成されるのは、復古王政期にルイ一八世が自らの権力を王権神授説によって正当化してからである。

(130) ヴィーアッカー・前掲書註（70）、六九九‐七〇〇頁参照。

(131) 前掲拙稿註（4）、五八頁註（20）、および本節註（7）参照。

(132) F. Audren, supra note (55), p. 269.

(133) G. Sacriste, *supra note* (7), p. 485.

(134) J. Charmont, *supra note* (19), p. 9.

(135) G. Sacriste, *supra note* (7), p. 485.

(136) Julien Bonnecase, *La pensée juridique française de 1804 à l'heure présente*, t. I, 1933, p. 446.

(137) Jean-Louis Sourioux, "La doctrine française et le droit naturel dans la première moitié du XXème siècle", Revue d'histoire des facultés de droit et de la science juridique, 1989, p. 155.

(138) H. Stuart Jones, *The French state in question*, 1993, p. 40.

(139) フランスにおける新カント学派については、北垣徹「道徳の共和国——ジュール・バルニと新カント派の政治思想」人文学報八一号一九九八年参照。オーリウは、「新カント学派の法哲学はフランスでは成功しないであろう」(Maurice Hauriou, "Le pouvoir, l'ordre, la liberté et les erreurs des systèmes objectivistes" in Le même, *supra note* (58, *Aux sources du droit*)（同論文の初出は一九二八年であるが、同論文はほぼ原形のままで『憲法精義　第二版』（二‐一四）に再録されている）, p. 83）と予測していた。

(140) サクリストは、ドレフュス事件が地方大学の公法系の法学者の間で自然法論を復活させ、復活した自然法論はパリの急進派政府とエスマンに代表されるそのレジストたち（四三頁参照）によって形成された「共和制の理論モデル」とに対する地方大学法学部の対抗手段となったとして、カトリック思想の影響を受けた地方大学の法学者の公法理論とパリ大学の「共和制の理論モデル」とを対抗関係において捉える（G. Sacriste, *supra note* (7), pp. 420-422, 478, 488-489 et 494）。確かに、このような「パリと地方のアカデミックな亀裂」（p. 390）という図式は第三共和制の初期における憲法理論の形成期から第一次世界大戦までの時期には基本的に当てはまると思われ、魅力的であるが、詳細な検討に耐えられるか否かについては、註（22）で指摘した点も含めて、改めて論じる機会をもちたい。

(141) *Ibid.*, p. 484.

（142）社会的カトリシズムと一八九一年の回勅とについては、中村・前掲書註（23）、一六六−一七五頁、および高村・前掲書註（11）、二〇八−二一二頁参照。

（143）Joseph Charmont, *Le droit et l'esprit démocratique*, 1908, p. 39.

（144）*Ibid.*, pp. 46-47.

（145）*Ibid.*, pp. 66-69.

（146）J. Charmont, *supra note*（19）, p. 222.

（147）シャルモンが、「立法権が全能であり、公権が憲法によって保障された権利ではない国においては、権力分立は擬制にすぎない。［そこにおいては、］立法府にとってすべてが可能であり、少なくともそのように思われる。法律は敵を無力化するための手段にすぎないのである」（*ibid.*, p. 126. さらに、cf. pp. 131-132）というとき、そこで批判されているのは第三共和制下の議会主権一般のみではなく、同体制の確立期における教育・結社・政教分離などに関する一連の反教権主義的立法とそれを可能にした議会主権と理解すべきであろう（一連の反教権主義政策に対するカトリック系の法学者や官僚による反撃については、cf. F. Audren, supra note（55）, pp. 236-244 et 261-263）。このことは他のカトリック系の論者による議会主権批判にも多かれ少なかれ当てはまるのであり、一口に議会主権批判といってもその背後にはさまざまな思惑があるということを見落としてはならない。

（148）*Ibid.*, p. 175.

（149）田中耕太郎によれば、シャルモンの主張する自然法は、「シュタンムレルの如き意味ではない、進化の思想及び有用の思想との調和を失はざる多少流動的なる自然法」（田中・前掲書註（77）、五一頁）である。

（150）Joseph Barthélemy, "Analyses et comptes rendus : *la Renaissance du droit naturel*, par J. Charmont, 1910", Revue du droit public, 1910, p. 596.

（151）G. Sacriste, *supra note*（7）, p. 486.

（152）前掲拙著註（23）、一九二頁。

（153）メスナー・前掲書註（84）、五一一頁。

（154）田原・前掲書註（10）、二四頁。

（155）J. Gatti-Montain, *supra note*（21）, p. 91.

(156) オーリウの業績については、cf. François Fournié, *Recherches sur la décentralisation dans l'œuvre de Maurice Hauriou*, 2005, pp. 559-562 et 584-588 ; Ch. B. Gray, *supra note* (55), pp. 199-206 ; J.-M. Blanquer et M. Milet, *supra note* (1), pp. 369-379, 磯部・前掲論文註（9）、一-四頁（巻末）参照。

(157) 同右・二二七頁。オーリウは「フランス行政法史上最初にして最大の体系家であり、かつまた最も生産的な法思想家であった」ともいわれる（二四二頁）。それに対して、cf. Olivier Beaud, "Préface", Maurice Hauriou, *Principes de droit public*, 1910 (rééd. 2010), p. 12 note 4（この序文には頁数が付されておらず、数字は本書の筆者が前から付したものである）。

(158) 橋本博之『行政法学と行政判例』一九九八年九頁（さらに、兼子仁「フランス行政法学史概観」兼子他・前掲書註（9）、二九-三〇頁も参照）。それを可能にしたのは「人格という中心概念」であり、行政を「人格化された公権力」による「権利の行使」として捉えることによって、オーリウは行政法「学を完全に統合された形で提示すること」に成功した（François Burdeau, *Histoire du droit administratif*, 1995, pp. 331-332. さらに、cf. Maurice Hauriou, *De la formation du droit administratif français depuis l'an VIII*, 1893（初出は1892であり、Mathieu Touzeil-Divina (dir.), *Miscellanées Maurice Hauriou*, 2013に収録されているが、本書は一八九三年版を用いた）, pp. 23-32）。このことは『行政法精義　初版』の序文（I-VII）で明確な形で述べられているが、その目的は、「従来私法とまったく異質の原理が支配すると考えられてきた公権力行使の領域にも主観的な法カテゴリーが妥当することを示し、行政法を私法と同様の強固な法論理体系として確立する」（磯部・前掲論文註（9）、三五一頁）ことである。その結果、「オーリウにおいては、行政法は私法＝普通法と法原理としての基盤を共有しつつ、特権概念を核とした限定的な領域として、普通法の上にいわば立体的に重なり合う存在であった」（同右・三六三頁。さらに、橋本・前掲書註（158）、二七-三〇頁も参照）。このような目的はミシュウの法人論の目的と同じであり（前掲拙著註（23）、一六一頁および一八三-一八四頁参照）、制度体論においてだけではなくこの点においても、オーリウにとって人格の概念は決定的に重要である。オーリウの法人論については、制度体論との関係で次章において詳細に検討する。

(159) R. Schnur, supra note (36), S. 16.

(160) 橋本・前掲書註（158）、七五頁。アレティスト（arrêtiste）とは、私法の領域において、註釈学派から科学学派への移行期に現れた判例研究を重視する論者の総称であり、彼らは判例評釈に力を注いだ（山口俊夫『概説フランス法　上』一九七八年一〇八頁）。

(161) 磯部・前掲論文註（9）、二五七頁註（27）。一八九二年以来執筆された判例評釈は、息子であるアンドレ・オーリウによって、『行政法精義』の編成に従って三巻本に編纂されている（Maurice Hauriou, *Notes d'arrêts sur décisions du Conseil d'État et du Tribunal des conflits*（3 vols.), 1929（rééd. 2000). cf. André Hauriou, "Avertissement", t. I）。判例評釈は晩年まで執筆されたので、オーリウは、行政法講座を担当するようになって以来（本書六五頁参照）、平均すれば毎年約一〇の判例評釈を執筆したことになり、自らアレティストを自認していた（磯部・前掲論文註（9）、二五七頁註（26））。その特徴の一つは、この三巻本が「百科全書的作品」（Jacques Fournier, "Maurice Hauriou arrêtiste", Études et documents Conseil d'État, 1957, p. 156. さらに、cf. p. 160）といわれるように、判例評釈の対象が行政法のすべての領域にわたっていることであり（判例評釈と法理論の関係については、vgl. Susanne Bleich, "Der Einfluß von Maurice Hauriou auf die französische Rechtstheorie und Jurisprudenz", Verwaltungsarchiv, 1998, S. 2f.）、この点でオーリウに対抗することができるのはジェーズのみであるといわれる（J. Fournier, supra note（161), p. 156）。オーリウとジェーズの関係については、第三章第二節註（107）参照。それに対して、教授資格試験においてオーリウと同期であったパリ大学法学部のベルテルミーは判例を重視しなかった点が批判されている（H.S. Jones, *supra note*（138), pp. 47-48 note 67）が、確かに、「行政法の研究に適用されうる最良の方法」を論じるに際して、ベルテルミーはコンセイユ・デタの判例の重要性をほとんど強調しない（Henry Berthélemy, "La méthode applicable à l'étude du droit administratif" in *supra note*（77, *Les méthodes juridiques*). とくに、cf. pp. 79-81）。彼については、前掲拙著註（23）、第二章第一節二参照。

(162) 山口・前掲書註（160）、一一九頁。

(163) 橋本・前掲書註（158）、七九頁。さらに、cf. J. Fournier, supra note（161), p. 157. 磯部・前掲論文註（9）、二三六頁も参照。

(164) 後ほど述べるようにフランスにおける近代的な法学教育は民法典の制定をうけてナポレオン時代に形成されたが、ナポレオンが法学教育に期待したのはいわゆる法制官僚の養成であり、能動的な行政官僚ではなかった（J. Gatti-Montain, *supra note*（21), p. 110）。ということは、彼は国家の統治という点からすれば民法典の制定をうけて設立された法学校（école de droit. 一八〇八年に faculté de droit と改名）にはあまり多くを期待していなかったとも考えられ、その結果、法学教育をあえて一般教育・研究と職業教育とに分離する必要を感じなかったのではなかろうか。なお、このような意味における一元的な法学教育の第三共和制下における主たる例外（cf. H.S. Jones, *supra note*（138), pp. 31-32）は、ブトミーが一八七一年に設立した私立政治学校（École libre des sciences politiques. 現在の政経学院（Instituts d'Études politiques）の母体）である。ブトミーと「コンセイユ・デタの構成員の多くを輩出した」（山口・前掲書註（160）、一一八頁）私立政治学校とについては、cf. Pierre Rain（et Jac-

ques Chapsal), *L'École libre des sciences politiques*, 1963 ; Pierre Favre, "Les sciences de l'État entre déterminisme et libéralisme, Émile Boutmy (1835-1906) et la création de l'École libre des sciences politiques", Revue française de Sociologie, 1981 ; P. Favre, *supra note* (26), pp. 21-50 ; G. Sacriste, *supra note* (7), pp. 103-108, 初宿正典編訳『人権宣言論争』一九八一年二一六-二二〇頁（初宿執筆）、および田原・前掲書註（10）、二九頁など参照。

(165)　野上博義「七月王政期のフランス法学と法学教育」上山安敏編『近代ヨーロッパ法社会史』一九八七年二三五頁。「唯一人の教授が一つのテーマ『法』を一つの全体計画の下で講義する」ことが理想と考えられ、その典型が、刑法・ローマ法・経済学などをさまざまな大学で講じたロッシであるとされた（二三六頁）。ギゾーによって一八三四年にフランスで初めてパリ法科大学に設置された憲法講座を担当したロッシについては、拙稿「黎明期のフランス憲法学――ペッレグリーノ・ロッシを中心に――」龍谷紀要二九巻一号二〇〇七年参照。

(166)　教授資格試験は論文（フランス語とラテン語）・公開講義・討論から成り（cf. Charles Lyon-Caen, "L'Agrégation des facultés de droit", Revue internationale de l'enseignement, 1887, pp. 445-446）、ナポレオン時代に始まったコンクール制を一九世紀半ばに受け継いだものである（野上・前掲論文註（165）、二一九-二二〇頁参照。さらに、cf. E. Duthoit, *supra note* (15), pp. 20-24）。

(167)　J. Gatti-Montain, *supra note* (21), p. 71. さらに、cf. ibid., p. 459. 宮沢俊義は、当時の「フランスの大学［＝法科大学（法学部）］のかような傾向を『法律化』……と呼」（宮沢俊義『公法の原理』一九六七年一六四頁）んでいるが、その中にあって、民法学（者）は法科大学（法学部）の内部で主導権を握っていただけではなく、当時の法科大学（法学部）の主たる役割が法曹教育であったことから、この主導権は実務の世界にも反映され、その結果、民法学者が「司法精神の支配者（pontifes）としての役割」（G. Sacriste, *supra note* (7), p. 52）を果たしたといわれる。

(168)　J. Gatti-Montain, *supra note* (21), p. 70.

(169)　Cf. *ibid.*, p. 84. サヴィニーは、すでに、おそらく一八一〇年頃のフランスにおける民法典に密着した法学教育の限界を指摘している（Friedrich Carl von Savigny, *Vom Beruf unserer Zeit für Gesetzgebung und Rechtswissenschaft*, 1814 (Nachdruck, 2000), S. 137ff.）。

(170)　Ibid., pp. 456-458. もっとも、当時の法科大学（法学部）の主たる役割が法曹教育であったことから、法学者は研究についてはあまり多くを期待されず（G. Sacriste, *supra note* (7), p. 48）、このことがドイツ法学との関係でフランス法学が遅れをとった原因の一つであるといえる。また、法学者の実務との強い結びつきはさまざまな不祥事の温床であり、時代は下るが、すでにふれた（註（119））ボヌカーズ事件もその一つであろう。

（171）Paul Ourliac, "Hauriou et l'Histoire du Droit" in *supra note* (36), p. 79.

（172）Ch. Lyon-Caen, supra note (166), p. 468.

（173）Alphonse de Beauchamps, *Recueil des lois et règlements sur l'enseignement supérieur*, t.Ⅲ, 1884, pp. 147-149 et 536-541. 経済学は一八〇四年以来法学校で教えられてきた（J. Gatti-Montain, *supra note* (21), p. 51）。なお、一九世紀末のパリ大学法学部の科目については、田原・前掲書註（10）、一二五頁参照（さらに、cf. Jean-Louis Halpérin, "Un gouvernement de professeurs : réalité ou illusion?" in Jean-Louis Halpérin (dir.), *Paris, capitale juridique* (*1804-1950*), 2011, pp. 72-79）。

（174）同右・一二四頁。若き日のデュギーは、民法教育の重要性を認めつつ、学部教育と博士課程教育は異なるとして、「法学部の教育は実際的かつ歴史的でなければならない」、あるいは「職業教育でなければならない」と主張する（L. Duguit, "De quelques réformes à introduire dans l'enseignement du droit", Revue internationale de l'enseignement, 1888, pp. 154 et 160-161）。さらに、木村琢麿『ガバナンスの法理論』二〇〇八年一二一-一二二頁も参照。

（175）原田・前掲書註（10）、一二八-一二九頁。さらに、cf. G. Weisz, *supra note* (11), pp. 188-189.

（176）A. de Beauchamps, *supra note* (13), pp. 480-484 et 607-615. 以上の一連の法学教育の改革の最大の受益者はそれによって私法からの自立性を獲得した（J. Gatti-Montain, *supra note* (21), p. 49）公法学であろう。その一つである憲法学の特殊性については、前掲拙稿註（4）、五八-五九頁、および小島・前掲書註（6）、六-八頁参照。博士課程が二つに分割される背景に存在した非教育的事情については、田原・前掲書註（10）、一二九頁参照。また、教授資格試験の改革には Ch. Lyon-Caen, supra note (166) が影響を与え（A. Prost, *supra note* (13), p. 234）、エスマンは教授資格の分割に賛成する立場でこの改革に関与している（cf. A. de Beauchamps, *supra note* (13), pp. 607-615）。

（177）J. Gatti-Montain, *supra note* (21), p. 84. ただし、私法優位を覆そうとする改革に対する法学部の抵抗は激しく、一九〇五年に政府は新科目に力を入れるように法学部に要請した（cf. Alphonse de Beauchamps, *Recueil des lois et règlements sur l'enseignement supérieur*, t.Ⅵ, 1909, pp. 687-693 et 752-760）。

（178）H.S. Jones, *supra note* (138), p. 36.

（179）田原・前掲書註（10）、一二八頁。

（180）J. Gatti-Montain, *supra note* (21), p. 43. 実証主義の台頭によって、一九世紀末に、「法理論の全面的再構築」が求められていた（J. Schmitz, *supra note*（2）, p. 67）ことは事実である。

（181）磯部・前掲論文註（9）、二三五-二三六頁。そのあたりの事情については、cf. Mathieu Touzeil-Divina, "Maurice Hauriou, mystificateur ou héros mythifié" in Le même（dir.）, *supra note*（158）, pp. 85-87 ; J.-M. Blanquer et M. Milet, *supra note*（1）, pp. 60-62.

（182）兼子・前掲論文註（158）、九二頁。

（183）H.S. Jones, *supra note*（138）, pp. 45-46. さらに、cf. p. 36.

（184）L. Sfez, *supra note*（55）, p. 68. すでに述べたように、この無秩序な学問に、総論を創出することによって体系を付与したのがオーリウであった（彼は、『行政法精義』の第二版（一八九三年）の出版と同時に小冊子を公表して、この小冊子で、行政法学にはすでに「理論体系（corps de doctrine）」（M. Hauriou, *supra note*（158）, p. 3）が存在しているという前提に立って、フランス革命以降の行政法（学）を歴史的に跡づけている。なお、この小冊子の内容は、その大部分が『行政法精義』の第二版（三一-五七）と第三版（二四五-二六八）に収録されている）。その際、彼の世代がローマ法を含む民法中心の法学教育を受けていたことからすれば、「私法学者と法制史家としての彼の素養」を強調する（L. Sfez, *supra note*（55）, p. 68. Eric Millard, "Hauriou et la théorie de l'institution", Droit et société, 1995, p. 386 も同旨）ことは妥当ではないであろう（法制史については、前掲拙著註（23）、二四-二五頁註（22）参照。行政法については、cf. J. Gatti-Montain, *supra note*（21）, p. 72）。

（185）H.S. Jones, *supra note*（138）, p. 46. さらに、cf. Gabriel Marty, "La théorie de l'Institution" in *supra note*（36）, p. 29 ; Ch. B. Gray, *supra note*（55）, p. 1.

（186）本節一の冒頭で述べたように法制史の講義を担当することになったオーリウはその方法論の構築に取り組んでいたが、彼の法制史に関する最初期の業績については、cf. P. Ourliac, supra note（171）, pp. 80-81. なお、彼が行政法を担当せざるをえなくなった翌年に法制史の講義を担当するようになったのは、教授資格試験において彼と同期であったブリッソーである（オーリウの後任というわけではない）。ブリッソーは法制史の有名な教科書の冒頭で、可変的自然法論・相対的決定論・社会的事実をとおした帰納的方法論（観察・比較・一般化）などを展開して、自らの立場を「発展的理論（doctrine évolutionniste）」と称している（Jean Brissaud, *Manuel d'histoire du droit français*（*sources-droit public-droit privé*）, t. I, 1898, pp. 1-15）。後ほど述べるように、このような立場は当時の為政者の法制史に対する要求に概ね応えるものであったといえるであろう。

（187）杉山直治郎『法源と解釈』一九五七年三一五頁、前掲書註（119）、二三五-二三七頁（石崎執筆）、H.S. Jones, *supra note*（138）,

p. 36 : G. Sacriste, *supra note*（7）, p. 129. したがって、カトリック思想に立脚するサレイユは註（140）で示したカトリック思想の影響を受けた地方大学の法学者の公法理論とパリ大学の「共和制の理論」モデルとの対抗関係の例外であるが、サクリストはこのことを認めたうえでその理由を示している（cf. *ibid.*, pp. 129-130 et 357-359）。憲法学者としてのサレイユについては、cf. Nicolas Haupais, "La《crise》de la pensée révolutionnaire au tournant du XXe siècle : la pensée《constitutionnelle》de Raymond Saleilles", Revue d'histoire des facultés de droit et de la science politique, 2003 : N. Foulquier et G. Sacriste, supra note（78）, 高橋・前掲書註（25）、三六九–三七八頁参照。なお、レイモン・サレイユ『刑罰の個別化（*L'individualisation de la peine*）』一八九八年の序文を執筆したのはタルドである。

（188）Ferdinand Larnaude, "Le droit public. sa conception. sa méthode" in *supra note*（77, *Les méthodes juridiques*）, p. 43.

（189）H.S. Jones, *supra note*（138）, p. 37.

（190）Cf. Guillaume Sacriste, "Adhémar Esmein en son époque Un légiste au service de la République" in Stéphane Pinon et Pierre-Henri Prélot（dir.）, *Le droit constitutionnel d'Adhémar Esmein*, 2009, pp. 19-20.

（191）Donald R. Kelley, *Historians and the Law in Postrevolutionary France*, 1984, pp. 74-75. さらに、cf. Charles Giraud, *Histoire du droit romain*, 1841, pp. 1-6.

（192）碧海純一・伊藤正己・村上淳一編『法学史』一九七六年一四〇–一四一頁（村上執筆）。ただし、行政法の領域では、逆に、ある意味ではフランス行政法学がドイツにとって「一つの見本」となった（Erk Volkmar Heyen, "Das französische Verwaltungsrecht in der deutschen Rechtswissenschaft" in Olivier Beaud/Erk Volkmar Heyen（Hrsg. /dir.）, *Eine deutsch-französische Rechtswissenschaft?/Une science juridique franco-allemande?*, 1999, S. 281）。

（193）D.R. Kelley, *supra note*（191）, pp. 87-99. さらに、cf. André-Jean Arnaud, *Les juristes face à la société du XIXe siècle à nos jours*, 1975, pp. 65-70 : Alfons Bürge, "Ausstrahlungen der historishen Rechtsschule in Frankreich", Zeitschrift für Europäisches Privatrecht, 1997, S. 644f. : Bernard Durand, "Regards français sur l'histoire du droit en Allemagne" in O. Beaud/E.V. Heyen（Hrsg. /dir.）, *supra note*（192）, pp. 14-24 : J. Schmitz, *supra note*（2）, p. 80. ロッシと歴史法学派の関係については、前掲拙稿註（165）、二四頁註（29）を、行政法学者としてのラフェリエールについては、一九–二〇頁を、それぞれ参照（なお、ロッシの法理論はその後自然法的傾向を有するようになるといわれるが、この点についてはさしあたり、cf. Henri Baudrillard, *Publicistes modernes*, 1862（新版が翌年に出版されているが、これは増刷版であり、一九七九年に復刊された。本書は一八六二年版を用

いた）, p. 417, 八一一〇頁参照）。

（194） D.R. Kelley, *supra note*（191）, p. 117. さらに、cf. p. 75, 野上・前掲論文註（165）、二一七頁も参照。

（195） 野田・前掲論文註（68）、二二一–二二二頁。もっとも、歴史法学派、というよりもパンデクテン法学の影響は註釈学派にも及んでいるのであり（A. Bürge, supra note（193）, S. 648ff.）、その典型は Charles Aubry et Frédéric-Charles Rau, *Cours de droit civil français*（8 vols）, 4e éd., 1869-1879 である。

（196） Cf. M. Deslandres, *supra note*（41）, pp. 250-251. 法科大学は、一部の例外を除いて、一八八〇年頃まで歴史法学派の影響を無視し、「歴史主義に対する蔑視は依然として強かった」といわれる（Jean-Louis Halpérin, *Histoire du droit privé français depuis 1804*, 2e éd., 2012, p. 65）。

（197） G. Sacriste, supra note（190）, p. 19. さらに、cf. D.R. Kelley, *supra note*（191）, p. 100.

（198） Ibid., pp. 15-16 et 21-22. さらに、cf. G. Sacriste, *supra note*（7）, pp. 98-103.

（199） Ibid., p. 18. 高等教育行政の多くの担い手は高等師範学校の出身者であり、彼らは自らの学生時代である第二帝制下において支配的であった科学主義を社会に適用しようとしたのである（*ibid.*, pp. 168-169, さらに、原田・前掲書註（10）、一五八–一六〇頁も参照）。

（200） Cf. ibid., p. 16.

（201） H.S. Jones, *supra note*（138）, pp. 32-33. ただし、行政官僚の養成をめぐる諸問題に一応の解決がもたらされるには、ドブレによる国立行政学院（École nationale d'administration）の設立（一九四五年）を待たなければならなかった。

（202） Émile Boutmy, "Observations sur l'enseignement des sciences politiques et administratives", Revue internationale de l'enseignement, 1881, p. 237.

（203） Ibid., p. 242.

（204） Ibid., pp. 243 et 245.

（205） H.S. Jones, *supra note*（138）, p. 32. この一連の法学教育の改革は、「国家学の観点から（sous l'angle d'un savoir d'État）」、法学部に社会科学の教育を根づかせ、その際、すでに述べた（四二頁）ように社会学を一定の範囲で法科大学（法学部）の内部に取り込もうとした（F. Audren et M. Milet, supra note（8）, pp. VI–VII）。さらに、cf. Fernand Faure, "La Sociologie dans les Facultés de Droit de France", Revue internationale de sociologie, 1893.

（206）G. Sacriste, supra note (190), p. 16.

（207）したがって、エスマンの「歴史と比較法」は彼に固有の方法論ではない。それどころか、彼の方法が演繹的であると批判されることは、註（229）で述べるとおりである。そもそも、「歴史と比較法」を憲法学の領域に最初に導入したのはロッシである（前掲拙稿註（4）、六四頁。さらに、cf. G. Sacriste, *supra note* (7), pp. 135-144）。ここで指摘したいのは、エスマンが「歴史と比較法」を憲法学において採用したことの目的が、「民法学［＝註釈学派］との関係で憲法学の学としての自律性を確保する」（六五頁）ことであったということが、いなる意義を有するかである。一九世紀後半のドイツにおいては、サヴィニー→ロマニステン→ゲルバー→ラーバントという流れの中で、ラーバントによって最終的に歴史が切り落とされることによって国法学が成立した。それに対して、すでに述べたように、一九世紀末のフランスにおいては、エスマンによって「歴史と比較法」が導入されることによって憲法学が成立した。このうち「歴史」は、形式的にみれば、サヴィニー→ロッシ（註（193）参照）→エスマンという流れを有し、ドイツにおいてはサヴィニーの歴史性を否定することによって国法学が成立したのに対して、フランスにおいては「歴史」を復活させることによって憲法学が成立したということができる（ただし、サヴィニーにとっての歴史とエスマンにとっての「歴史」とでは、フランス革命との関係がまったく異なるが、この点について論じるには別稿を要するであろう）。当然、法学の一分野である憲法学の中に「歴史」を持ち込むことは「混合的方法」であるとして、ドイツ語圏の論者から批判されるであろう（Ulrich Häfelin, *Die Rechtspersönlichkeit des Staates*, Bd. I, 1959, S. 250f.）。現に、すぐ後で取り上げるデランドルにおいては、一方で歴史が重視されつつ、他方で憲法学と政治学が明確に区別されていない（註（219）参照）。なお、サヴィニーにまでさかのぼることができる「歴史」と第二次世界大戦後のフランス憲法学における政治学的傾向（樋口陽一『近代立憲主義と現代国家』一九七三年五一－一三二頁参照）との間にもつながりがあるように思われるが、この点についてはここでは踏み込まない。

（208）J. Gatti-Montain, *supra note* (21), p. 85.

（209）M. Deslandres, *supra note* (41), pp. 232 et 256.

（210）*Ibid.*, p. 255.

（211）樋口・前掲書註（207）、四七頁。

（212）Cf. Guillaume Sacriste, "Droit, histoire et politique en 1900. Sur quelques implications politiques de la méthode du droit constitutionnel à la fin du XIXème siècle", Revue d'histoire des sciences humaines, 2001, pp. 70 et 73 : Pierre Bodineau, "Un académician juriste en lutte pour le progrès social : Maurice Deslandres" in M. Woronoff (dir.), *Le progrès social. Actes de la Conférence Nationale des Académies des Sciences, Lettres et Arts*, 2009, pp. 79-80 et 82-85. デランドルは「社会的カトリシズムに好意的な活動的法学者の典型」(F. Audren, supra note (55), p. 256) であるといわれるとともに、キリスト教民主主義の憲法理論の「創始者」であるともいわれる (Stéphane Pinon, *Maurice Deslandres et le droit constitutionnel : un itinéraire*, 2012, pp. 17-20)。そして、ディジョン大学にはサレイユ（一八八五－一八九五年）やジェニー（一八九〇－一九〇五年）が所属していた時期もあり、同大学は社会的カトリシズム運動の中心地（「ディジョン学派」(G. Sacriste, *supra note* (7), pp. 358-359. さらに、cf. p. 460)）として共和派政府から目をつけられていたようである。その「あまりに反動である」(G. Sacriste, supra note (212), p. 90) ことから当局は、ジェニーを、出身地へ戻すという名目で、ナンシー大学へ移動させたそうである (ibid., p. 90 note 96)。

(213) G. Sacriste, supra note (212), pp. 89-90. ただし、人間の意思を制約するものとして歴史・伝統・慣習が重視されるが、その場合、デランドルが「カトリシズムそれ自体は近代的自由と完全に両立する」(M. Deslandres, *supra note* (41), p. 34) というように、人間の自由意思それ自体が否定されるわけではなく、否定されるのはその全能性である。さらに、cf. Maurice Deslandres, "L'agent de la politique : L'État Le problème constitutionnel" in S. Pinon, *supra note* (212) (初出は1933), pp. 163-165.

(214) M. Deslandres, *supra note* (41), p. 28.

(215) *Ibid.*, pp. 43-44 et 31-32.

(216) Cf. G. Sacriste, supra note (212), pp. 79-84. 具体的には、cf. *ibid.*, p. 147 ; G. Sacriste, *supra note* (7), pp. 451-454 et 459-460 ; Stéphane Pinon, *Les réformistes constitutionnels des années trente. aux origines de la Ve République*, 2003, p. 480 note 144 ; S. Pinon, *supra note* (212), pp. 57-92. 晩年（一九四一年）の条文化された憲法改正案 (Projet de Constitution) が Jus Politicum, revue de droit politique, N° 5, 2010（電子版）に収録されている。なお、デランドルの立場を保守的と位置づけることに対する反論として、cf. *ibid.*, pp. 15-16, 55-56 et 93-95.

(217) 拙稿「フランス第五共和制憲法の源流（一）――右翼の憲法改革運動とミッシェル・ドブレを中心に――」法学論叢一二九巻二号一九九一年九七頁。ただし、デランドルの憲法改革案と第五共和制憲法との影響関係の有無について、前者を詳細に検討したピノンは慎重な判断を下している (S. Pinon, *supra note* (212), pp. 20-21)。

(218) *Ibid.*, p. 38.

(219) M. Deslandres, *supra note* (41), p. 1. デランドルは民主制を代表制と対立的に捉えたうえで、前者の下で普通選挙をとおして有権者団の意思が貫徹されることから、前者を「半直接制的民主制」という（pp. 40-43）。なお、樋口陽一が指摘するようにデランドルにおいては政治学と憲法学が区別されていない。デランドルにとって、政治学＝憲法学は、「現在あるところのものを評価し、将来あるべきところのものを追求する学」（樋口・前掲書註（207）、四六頁）であり、そのためには単なる「観察にもとづいた科学」（p. 10）であってはならず、「国家の目的」（p. 246）を必要とする（cf. François Gény, "L'Histoire et la Science politique, à propos d'un ouvrage récent", Revue de synthèse historique, 1902, pp. 196-197）。このような政治学＝憲法学理解は、オーリウが法に道徳性＝善と悪の問題＝正義を要求する（本書四七-四九頁）ことに通じるであろう。

(220) M. Deslandres, *supra note* (41), pp. 5-15.

(221) *Ibid.*, p. 232.

(222) *Ibid.*, pp. 227-230. デランドルは「革命期に対する本能的嫌悪感」（S. Pinon, *supra note* (212), p. 39）を抱いていたといわれる。

(223) F. Gény, supra note (219), p. 191.

(224) M. Deslandres, *supra note* (41), pp. 232-233.

(225) S. Pinon, *supra note* (212), p. 43.

(226) Raymond Saleilles, *Y a-t-il vraiment une crise de la science politique?*, 2012（初出は1903）, p. 25.

(227) M. Deslandres, *supra note* (41), pp. 217, 254 et 247-249.

(228) *Ibid.*, p. 209.

(229) 歴史的方法以外の、社会学的方法・法学的方法・教義学的方法・比較的方法・良識にもとづいた方法のそれぞれの問題点については、*ibid.* に簡潔な要約がある。ここでは、教義学的方法についてふれておかなければならない。というのは、デランドルは名指しはしないが、サクリストが、デランドルの教義学的方法に対する批判は一九「世紀末における法学界の中心人物」であるエスマンに向けられていると主張している（G. Sacriste, supra note (212), pp. 86-87）からである。デランドルによれば、教義学的方法（méthode dogmatique）とは、「支配的とみなされる原理から論理的演繹によって政治体制のあらゆる規範を導き出す」ものであり、思考方法という点では法学的方法に近いが、原理という点で両者は異なる。すなわち、前者の原理が「個人または社会の本性」であるのに対して、後者の原理は「法秩序」である（*ibid.*, p. 124）。そして、「個人または社会の本性」は理性によって認識される「絶対的真理」であるが、デランドルは、認識の内容が論者によって異なる、したがってそれが「絶対的」であるとはいえない、「絶対的真理」は大革命以降の政治体制の変転を説明できない、「絶対的真理」と演繹的方法は歴史の影響力を過小評価しているなどといったことを理由に、教義学的方法を批判する（*ibid.*, pp. 138-142）。このような教義学的方法における原理→演繹的方法→規範という思考方法が、サクリストによれば、理性と自然的正義によって近代的自由が憲法原理とされ、近代的自由＝憲法原理が大革命によって政治制度において実現されるという『フランス比較憲法原理（*Éléments de droit constitutionnel français et comparé*）』において展開される思考方法と基本的に同じである（ibid., pp. 87-88. さらに、前掲拙稿註（4）、六三-六四頁も参照）ことから、デランドルの教義学的方法に対する批判はエスマンに向けられているというわけである。となると、エスマンのいう「歴史と比較法」という方法をいかに位置づけるのかということが問題になる。この点サクリストによれば、「観察にもとづいた歴史的方法を厳格に適用することによって収集された歴史的所与」（ibid., p. 87 note 88）に「理性が働きかけることによって、実際の演繹を可能にする一般的効力を有する規範が形成される」（ibid., p. 88）。要するに、「歴史と比較法」によって収集された歴史的素材が演繹的方法によって処理されるということであり、教義学的方法が思考方法であるのに対して「歴史と比較法」は思考の素材を提供するにとどまるのである。したがって、エスマンにとって教義学的方法はいわば「指導理念」（Ferdinand Larnaude, "Préface", M. Deslandres, *supra note* (41), p. Ⅲ）であり、方法＝「指導理念」という点で歴史的方法を主張するデランドルと異なる、というよりも両者は対極に位置しているということになる。ただし、すでに述べたように、デランドルが教義学的方法と法学的方法の類似性を指摘していること、また「批判的」な歴史的方法には教義学的方法の構成要素が取り入れられていることから、方法＝「指導理念」という点で両者が決定的に対立しているとみるにはやや無理があるのではないか。両者の対立点は、おそらく大革命に対する評価であり、エスマンがそれを肯定してそこから出発するのに対して、デランドルはそれをまったく否定するわけではないが、さまざまな観点からそれに修正を加えるのであり、デランドルのこのような立場はオーリウ・サレイユ・ジェニーなどのカトリック系の論者によって共有されているとみるべきであろう（cf. G. Sacriste, supra note (212), pp. 84-86）。

(230) R. Saleilles, *supra note* (226), p. 44. ただし、cf. Carlos Miguel Herrera, "Méthode et politique du droit Remarques sur la conception de Raymond Saleilles" in R. Saleilles, *supra note* (226), pp. 18-20（さらに、cf. pp. 22-24）. なお、デランドルはディジョン大学で憲法を担当していたサレイユ（六五頁）の後任である（G. Sacriste, *supra note* (7), p. 366 note 44）。

(231) ある論者はサレイユの法学方法論における「立場の変化」（H.S. Jones, *supra note* (138), p. 40）を指摘する。すなわち、サレイユは、初期には、註釈学派的な、換言すれば演繹的な方法を歴史的方法（＝観察にもとづいた方法）によって補う必要性を主張していたが、その後、歴史的方法の限界を認識して法における原理的なものあるいは価値的なものの必要性を感じるようになり（cf. R. Saleilles, supra note（74）, p. 96）、シュタムラーの自然法論との関係で歴史法学派を、したがって歴史的方法を強く批判するようになった。しかし、この論者も認めているように、サレイユは「歴史的方法と演繹的方法を両立させようとした」（H.S. Jones, *supra note*（138）, p. 43. 具体的には、cf. Raymond Saleilles, "Quelques mots sur le rôle de la méthode historique dans l'enseignement du droit", Revue internationale de l'enseignement, 1890, pp. 495-502）のであり、初期には、ディジョン大学で憲法を担当することとの関係で註釈学派のあまりに演繹的な方法では対応できないことから歴史的方法の必要性を強調したのに対して、シュタムラーの自然法論との関係で「歴史法学派の過剰」（R. Saleilles, supra note（74）, p. 85）あるいは歴史的方法における正義の観念の欠如を批判したのではないか（cf. Fatiha Cherfouh, "Portrait d'un activiste : Raymond Saleilles au service de la science juridique" in Frédéric Audren, Christian Chêne, Nicolas Mathey et Arnaud Vergne (dir.), *Raymond Saleilles et au-delà*, 2013, p. 45）。したがって、サレイユの法学の方法は一貫して演繹的方法と歴史的方法によって二元的に構成されているのであり（cf. R. Saleilles, *supra note*（226）, pp. 29-44.「内的方法」と「外的方法」ともいわれる（Raymond Saleilles, "Préface", François Gény, *Méthode d'interprétation et sources en droit privé positif*, 2e éd., t. I, 1919（2e tirage, 1932）（同書は一九九五年に復刊されたが、本書は一九三二年のオリジナル版を用いた）, p. XIX）。さらに、cf. N. Foulquier et G. Sacriste, supra note（78）, pp. 20-21）、この点でデランドルの歴史を中心とした「複合的方法」との類似性を有する（ただし、サレイユが、ゲルバー-ラーバントにおける形式論理性の重視を安易に批判することなく、社会的目的を実現するうえで不可欠な法的形式の重要性を主張していた（前掲拙著註（23）、一五七頁註（19））ことを忘れてはならない）が、カント的な理性からの演繹的方法を主張するシュタムラーとは相容れないものを包含していることは否定できないであろう。要するに、サレイユにとって重要なことは両方法のバランスをいかにしてとるかであり、このことはすぐ後で言及する比較法学においても窺うことができる。

（232）　Cf. R. Saleilles, supra note（74）, p. 100.

（233）　野田・前掲書註（102）、九五-一〇八頁。さらに、cf. Mikhaïl Xifaras, "La veritas iuris selon Raymond Saleilles. Remarques sur un projet de restauration du juridisme", Droits, 2008, pp. 94-100.

（234）　Raymond Saleilles, "Conception et objet de la science du droit comparé", Bulletin de la Société de législation comparée, 1900, pp. 389-390. その際、「フランス旧法時代の法学者はフランスの諸地方の慣習法を比較し、この比較から一つの共通法を掖出することに成功した」（前掲書註（119）、二五一頁（石崎執筆））ということが、サレイユの念頭に置かれていたといわれる。

（235）　Ibid., p. 392.

(236) 前掲拙稿註（4）、六六頁註（60）参照。さらに、杉山・前掲書註（187）、三七一頁も参照。サレイユにとって、「進歩と変遷との概念は正義と理性へと向かう事実の不可避的動向と結びついている」といわれる（Marie-Claire Belleau, "Les jurists inquiets : classicisme juridique et critique du droit au début du XXe siècle en France", Les Cahiers de Droit, 1999, p. 529）が、このような概念の中にドイツ法学の強い影響下にある「神秘性」を認める論者（J. Bonnecase, *supra note*（119, *Science du Droit et Romantisme*）, pp. 601-610）も存在する。

(237) R. Saleilles, supra note（234）, p. 397.

(238) Ibid., p. 395.

(239) Ibid., pp. 393 et 394.

(240) Ibid., p. 404.

(241) 杉山・前掲書註（187）、三七五頁。

(242) 牧野英一『科学的自由探求と進化的解釈』一九三七年一七一頁。

(243) M.-C. Belleau, supra note（236）, p. 539.

(244) R. Saleilles, supra note（234）, p. 404. さらに、cf. Raymond Saleilles, *De la déclaration de volonté*, 1901（rééd.）, pp. Ⅷ-Ⅸ. なお、比較法学の大家であるランベールとサレイユの異同については、cf. F. Gény, *supra note*（69）, pp. 267-284, 前掲書註（119）、二五二-二五三頁（石崎執筆）参照。

(245) Raymond Saleilles, "La Fonction juridique du Droit comparé" in *Rechtswissenschaftliche Beiträge. Juristische Festgabe des Auslandes zu Josef Kohlers 60. Geburtstag 9. März 1909*, 1909（Nachdruck, 1981）, p. 172.

(246) C.M. Herrera, supra note（230）, p. 21.

(247) Henri Capitant, "Conception, méthode et function du droit comparé d'après R. Saleilles" in M.E. Thaller（dir.）, *L'Œuvre juridique de Raymond Saleilles*, 1914, pp. 94 et 93. さらに、cf. p. 75.

第二節　社会科学の方法

カトリック思想を基盤として法学と社会学を統合しようとした若きオーリウは、まず、『伝統的社会科学』において社会科学一般とカトリック思想の統合を試みることによって社会学的方法を確立し、ついで、同書においてヨーロッパ文明の歴史的変遷を対象としたマクロの均衡理論を構築したうえで、『社会運動論』において熱力学をモデルとして「閉じた壷」としての社会におけるミクロの均衡理論を分析した。そこで本節では、『伝統的社会科学』における社会科学の対象と方法とについて検討したうえで、同書から人間（の社会）における二元的対立の根源を原罪にまでさかのぼる理論（「行為の問題」）・社会組織・その歴史的変遷を取り上げ、『社会運動論』については同書の鍵概念である表象と表象作用の結果もたらされる自由とを中心に論じることにする。ところで、彼は両書に先行して行政法の体系書である『行政法精義』を著している。そこで、社会理論の検討に入る前に『行政法精義』を取り上げなければならない。

一　『行政法精義　初版』の意義

すでに述べた（六五頁）ように、法制史の研究に真剣に取り組んでいたオーリウは、法学教育改革のあおりを受けて、不本意ながら行政法を担当することになった。不本意ながらというのは、当時の行政法が雑多な寄せ集めにすぎないとみなされ（『行政法精義』一・Ⅰ参照）、それを対象とする行政法学も学問的に低く評価されていたからである。もっとも、一九世紀末の時点で、行政法学はすでに半世紀以上の伝統を有していた。すなわち、一八一九年にパリ法科大学に行政法講座が設置され、一八二二年にはいったん廃止されたが、一八二八年に再興され、さらに、一八三〇年代になると地方の法科大学にも行政法講座が設置されるようになり、最終的には、一八三七年にフランスのすべての法科大学に行政法講座が設置されることになったのである。[1] そして、「一八三〇年代から四〇年代にかけて［〕行政法講座担当者によるフランス行政法の体系書の出版競争が展開される」[2] が、このような行政法関係書の「急増」あるいは「開花」[3] を習作時代の彼は跡づけている。[4] ところで、行政法の講義では、当初から、公法と称して憲法も扱われることになっており、[5] また、そもそも地方の法科大学には憲法講座が設置されなかったことなどから、行政法の体系書（教科書）の中で、国家制度論や人権論、要するに現在のわれわれがいうところの憲法概論のようなものが扱われるという流れが形成された。[6] もちろん憲法の扱い方は論者によって様々であるが、彼もこの流れに沿って、『行政法精義　初版』の冒頭の約一五〇頁で法的国家論・法源論・公権論を取り上げており、同書のタイトルを正確に訳せば『行政法精義（公法と行政法を含む）』となる。同書のこのいわば広義の公法＝憲法に関する部分は同書の変遷の過程でやがて削られることになるが、この点については段落を改めて述べることにしよう。その前に、同書がこのような憲法概論を含むことの意義について二点指摘しておきたい。この意義は同書の一八九二年という出版年とかかわりを有する。第一に、繰り返し述べているように彼が法学における基本的な立場＝社会学的方法を確立するのは『伝統的社会科学』一八九六年においてであるが、ということは、『行政法精義　初版』の憲法に関する部分は社会学的方法にもとづかない、いわばナマの憲法概論ということができる。ただし、彼の社会学的方法は一朝一夕に形成されたものではなく、前節一の末尾で述べたように担当することになった法制史の講義との関係でその確立が目指されたが、「観察にもとづいた道徳」によって決定論と自由意思を両立させるという着想（＝伝統的社会科学）（四七-四九頁参照）を彼が得たのは一八九三年から翌年にかけてであるといわれることからも、[7]『行政法精義初版』の憲法に関する部分はナマの憲法概論、あるいはそれに近いものといっていいであろう（後ほど述べるように、第三版（一八九七年）になると『伝統的社会科学』の影響が強く出るようになる）。第二に、『伝統的社会科学』において、彼は同書と同年に出版されたエスマン『憲法原理（*Éléments de droit constitutionnel*）』の国民主権論をさっそく批判しているが、『行政法精義　初版』においては、当然であるが、良い意味でも悪い意味でも『憲法原理』の影響を受けていない。ただし、『行政法精義　初版』以前に憲法関係書は存在するが、それらは後世に対する影響力という点で『憲法原理』の比ではない。以上のことから、『行政法精義　初版』の憲法に関する部分は社会学的方法とエスマンとの影響を受けていない、その意味で当時の私法中心の法学教育（六三頁参照）を受けたオーリウ固有の法的国家論であり、公法学者オーリウの出発点として確認しておく価値を有するであろう。ところで、同書に関しては「不可解な事件」が存在した。そこで、同書の憲法に関する部分を検討する前に、『行政法精義』の変遷についてふれておかなければならない。

ここで「不可解な事件」とは、『行政法精義　初版』に対する一種の盗作疑惑である。もっとも、事の真相はよく分からない。すなわち、法令の引用をめぐって同書に盗作ありとの「言いがかり的な」クレームをつけた者がいたようであるが、そもそも法令の引用について盗作が成立するのか疑問であるし、さらに誰がクレームをつけたのか現在では分からない。いずれにしても、このようなことから出版社は早々にオーリウに同書の改訂を要請し、法学関係の体系書（教科書）は学部あるいは博士課程との関係で三年ないし四年ごとに改訂されるのが一般的であるにもかかわらず、『行政法精義』は初版出版の翌年に第二版が出版された。その結果、『行政法精義　初版』のオリジナル版は現在ではきわめて入手困難である。それはともかく、第二版以後はほぼ通常の間隔で改訂が繰り返され、彼の生前の最終改訂版は第一一版（一九二七年）であるが、その間の叙述は変転きわまりなく、読者を困惑させる。実は、以下で検討する『行政法精義　初版』の憲法に関する部分も、第二版がすでに述べたような特殊な事情による改訂版であるもかかわらず、第二版ではかなり書き換えられているのである。そこで、『行政法精義』の変遷と各版の重要性とについてはある程度の見通しをつけなければならない。しかも、そうすることによって、彼の主要な著作の関係を明らかにすることができるのである。

『行政法精義　第六版』一九〇七年の重要性はよく指摘されるが、その理由は、それまで徐々に形成されてきた制度体論が初めて法の一般理論としてまとまった形で同書の冒頭において提示されたからである。このような重要性は、第六版は「完全に改訂された」(『行政法精義』六・Ⅴ)ものであるとオーリウ自身が序文で主張していること[15]やタイトルの変化に表れている。『行政法精義』のタイトルの変遷は次のとおりである（各版の出版年については凡例六参照）。

Précis de droit administratif contenant le droit pubic et le droit administratif, 初版・第二版
Précis de droit administratif et de droit public général, 第三版–第五版
Précis de droit administratif et de droit public, 第六版以下

ここでは、『行政法精義』の憲法に関する部分のみに着目することにしよう。第三版におけるタイトルの変化は、同版の前年に出版された『伝統的社会科学』において展開された現実的社会・形而上学的または国家的社会・宗教的社会という社会組織（tissu）論（本節三で取り上げる）を取り込んだことに起因する。すなわち、現実的社会と宗教的社会によって形而上学的または国家的社会を外在的に制約するという同書の主張（『社会科学』三八五–三九七）に沿って（『行政法精義』三・ⅱ参照）、同版においては、公法が宗教的公法・団体的公法・個人的公法に分割され、第二版で公法として論じられていた公権＝人権が主として個人的公法の中に取り込まれたのである。その結果、同版まではやや雑然としていた行政法に至る導入部分が、社会組織論を前提とした法的国家論・法源論・これら三つの領域を含むという意味で『一般公法』という形で整然と体系化された[16]。それに対して、第六版では、冒頭に制度体論が取り入れられて公法に関するこのような叙述の大部分が削られたことから、タイトルの『一般』も削られたわけである。

同版における制度体論の導入は次のような波及効果をもたらした。すなわち第一に、制度体論のような「一般性を持った法理論を行政法教科書の中に位置づけ続けることにはやはり無理があったため[17]」、制度体論は憲法に関する部分の一部とともに『公法原理　初版』一九一〇年を生み出すことになる。と同時に同書は、すでに述べた（六四頁）一八九五年の博士課程改革とそれを学部教育に拡大した一九〇五年の改革とによって設置されることになった国家論を対象とする公法の講義に対応するものでもあった[18]。『公法原理』が「国法学[19]」といわれる所以であり、客観法的視点と主観法的視点の統合を目指して均衡理論を隅々にまで行渡らせた同書（『公法原理』一・VIII－X参照）に対する評価は一般に高い[20]。このように『公法原理』が彼の法理論の展開過程の中で必然的に生み出されたものであるという内発性を有するのに対して、『公法原理』との関係がしばしば議論になるとともに、「立憲民主制に対する彼のもっとも明確な立場[21]」が示されているといわれる『憲法精義』は、彼が一九二〇年に憲法の講義を担当することになったことから主として教科書として執筆されたものであり、成り立ちが異なるとはいえ対象が同じであることから、両者の間にある程度の重複があることはやむをえないであろう[22]。第二に、「憲法論ならびに公法の一般理論を独立……させた［第七版以降の］『行政法精義』は行政法の体系書として純化され[23]」、冒頭に「憲法論ならびに公法の一般理論」に代わって行政体制（régime administratif）[24]論が置かれるようになり、最終改訂版に至る。以上のことから、『行政法精義』の諸版のうち、初版・第六版・第七版・第一一版が重要であるといえるであろう[25]。もっとも、これはおよその目安であり、「叙述が、改版の度に微妙にあるいは大胆に変化する［という］オーリウ的な特徴[26]」からすれば、やはり論点ごとに必要に応じて各版にあたらなければならないであろう。そこで以下、初版の憲法に関する部分を検討するに際しても第二版との異動を確認しなければならない（すでに述べたように、第三版になると『伝統的社会科学』の影響が出ることから、同版以降はここでの検討の対象としない）。

オーリウは国家によって体現される公益によって国内公法（以下、単に公法という）を定義したうえで、それを狭義の公法（＝公権）・憲法・行政法に区別して、『行政法精義　初版』が対象とするのは狭義の公法と行政法であるとする。狭義の公法は個人が国家に対して有する権利を、行政法（の相当な部分）は国家が個人に対して有する権利を、それぞれ対象とする。そして、両者に先立つ序論的なものとして一般公法（＝法的国家論）と法源が論じられ、前者においては、「国家・個人・両者の関係に関する基本的な問題が検討される」（『行政法精義』一・一―二および二七）。ここで問題にするのは主として前者である。

オーリウによれば、国家は「自然的存在」の側面と「理性的存在」の側面とを有する。前者においては、国家は「生きた有機体」であり、「その変遷において……自然法則に従い、この法則は社会学的法則といわれる」。それに対して、後者の根拠は、国家の構成員である人間が合理的存在だということにある。「理性的存在」としての国家は、人間が「自然的関係」に抗して意思にもとづく関係、すなわち「法的関係」を形成し、それに服従するように、「法に従う自由な理性的存在」である（『行政法精義』一・三―四）。このような、「国家は、部分的には社会学的法則に服従し、部分的には法にもとづいて自由である」（同・四）という国家の捉え方は、イェリネクの国家に関する二側面説（Zwei-Seiten-Theorie）を髣髴させるが、ここでは、イェリネクの国家論が認識論の観点から構成されているのに対して、オーリウのそれは存在論的であるとうことを指摘するにとどめる。そこで問題になるのが、オーリウの国家の定義である。

オーリウによれば、「国家とは大きな法人であり、その任務は、政治的支配によって、社会生活を営む人々の一般利益を管理することである」。当然、これは国家の法的定義であるが、このように定義された法人（personnalité morale et juridique）[27]としての国家は、次のような精神的要素と物質的または団体的要素とによって補完される。すなわち、前者は「主権といわれる強制的意思」であり、後者は「一定の領域に結びつけられて政治的に組織された人々の永続的団体」である（『行政法精義』一・四）。このような国家の定義からすれば、ここで問題にすべきは、政治的支配・国家の人格・主権・物質的または団体的要素という四点である。第一に、政治的支配についてである。社会生活を営めば必然的に社会全体に関する一般利益が生じ、その管理をめぐって社会の構成員は統治者と被治者に分かれる。彼にいわせれば、これは「基本的な社会的事実」（同・五）であるが、統治者を統治者たらしめるのは知力・体力・財力などの事実上の力であり、統治者はこれらの事実上の力によって被治者を支配し、その結果、これらの事実上の力は被治者との関係で権力へと転換される。したがって統治者とは強者であるが、デュギーがこの強者と国家を同視するのに対して、オーリウは「生存競争という自然の法則」（同）あるいは「粗暴な法則」（同・四）を宗教とともに緩和するのが国家であるとして、その意味で国家は「もっともすばらしい創造物」（同・五）であるという。(28)このような、強者による現実の支配に対する矯正装置としての国家という捉え方は、本節三で述べるように『伝統的社会科学』における社会組織論で全面的に展開されることになるが、ここでは、この捉え方と国家の人格との関係が重要である。そこで第二に、国家の人格についてである。オーリウによれば、「国家は、一般利益を体現し、政治権力が存するとみなされる擬制的人格（personnalité fictive）である」（同）。彼は、国家が「擬制的人格」であるということを繰り返し主張するが、このことが意味するのは、国家が実体としての社会に対して人工的に造られた理性的な矯正装置であるということであり、彼が法人擬制説に立脚しているということではない。(29)後者の点については次節で分析するが、国家が一般利益を体現するということは、この一般利益と統治者の特殊利益とが区別され、統治者は国家という「媒介物」（同）をとおして権力を行使することによってその権力が一般利益に適合することが求められ、その結果として正当化される。このような国家における特殊利益から一般利益への転換から、換言すれば一般利益をめぐる議論から、被治者の合理的服従とその権利とが導き出される。(30)したがって、国家とは「理性と法との体制」（同・二七）であり、「組織された平和の体制」（同・二五）である。いずれにしても国家は「人間の意識的創造物」であるが、彼によれば、その実体は「集合した人々の共同意思」であり、「主権とは支配するという国家の意思である」(同・七)ので、第三に問題にすべきは主権である。彼によれば、個人の意思が個人の権利の源であるように、主権＝支配する国家の意思は国家の権利の源である。後者の意思は、国内的には、「国家の強制的意思が表明される行為の性質」(同・八)によって、活動＝執行権・決定＝立法権・判断＝司法権という形で現象するが、この時点では、それに対する制限としては「社会体(corps social)を正義の方向に導くという目的」のみが挙げられ、国家あるいは主権に対する外在的制約論や彼独特の多元的主権論の萌芽はみられない。ところで、ここでいう「社会体」は国家の物質的または団体的要素の一つである。そこで第四に問題にすべきはこの要素である。この要素は「国家の可視の体」(同)といわれ、団体・住民・領土・政治組織から成るが、ここでは政治組織のみを取り上げることにしよう。[31] 政治組織とは主権＝国家の意思を表明する機関であり、主権が存する機関とその行使が委任された機関に分けられる。前者、つまり主権の帰属という観点から、国家は君主制・貴族制・民主制に分けられ、民主制がすでに述べたような「国家の法的概念が導くべき必然的到達点」(同・一一)であるとされる。後者、つまり主権の行使については、民主制のみが取り上げられ、一定規模以上の民主制においては、主権の存する国民が自ら主権を行使することは不可能であるとして、「その行使が主権的機関から他の機関に委任される」(同・一二)ことは不可避であるとされる。その際、主権の行使のほとんどが委任され、「主権を有する個人」(同・一三)に残されているのは主権の行使が委任される人を選ぶことのみである。ここで確認すべきは、その後否定される委任理論が主張されるとともに、分有主権(souveraineté individuelle)が容認されているということである。その結果、当然、選挙権は権利である(同・七七–七八)。このような政治組織論との関係で、彼は続けて権力分立と分権について論じるが、ここではこれ以上彼の議論を追わないことにしよう。

以上のような国家との関係で問題になる、換言すれば国家と対峙するのは、オーリウによれば、「現実の個人(individu réel)」つまり自然人だけではなく、「擬制的個人(individu fictif)」つまり団体である(『行政法精義』一・二二)。

そして、彼は団体として教会と結社を取り上げたうえで、教会・結社・個人のそれぞれと国家との関係を論じるが[32]、これら三つの関係は、『行政法精義　第三版』において、宗教的公法・団体的公法・個人的公法から成る一般公法へと発展するのである。

最後に、『行政法精義』の初版と第二版との相違について、行政法に至る導入部分、つまり憲法に関する部分に限定して簡単にふれておこう。第一に、この部分の構成が、法的国家論・法源論・公権論から法的国家論・行政法学略史・法源論・公権論へと変更された。行政法学略史は第二版と同年に出版された小冊子の大部分を取り込んだものである（前節註（184）参照）。第二に、法的国家論の構成が、国家論・個人・個人と国家の関係から、法と社会科学・国家・国家と国内有機体・国家と国際有機体へと変更された。第三に、このうち法と社会科学は新しく加えられたものであり、わずか三頁弱で、「対立する二つの考え方を結合する必要性」と題されているが、オーリウの社会学的方法との関係で重要である。ここで「対立する二つの考え方」とは術としての法学と学としての社会科学とであり、術と学の区別はすでに初版で言及されている（前節註（58）参照）が、第二版ではこの区別が法学と社会科学の関係と結びつけられ、両者の統合が主張される。すなわち彼は、「存在すべきもの」である「正義という理想」の実現を求める法学と、「存在するもの」の法則を「観察という方法」によって導き出そうとする社会科学（『行政法精義』二・二）との「統合をきわめて短い国家論〔＝法的国家論〕の中で試みる」（同・三。さらに、Ｉも参照）という[33]。その際、両者は「補完しあうのではなく、相互に修正しなければならない」、そのためには、「法学者は同時に社会学者として」「二元的」でなければならず、「社会科学は法学部で教えられるべきである」と主張する（同）。ここで、「補完しあうのではなく、相互に修正しなければならない」が Un peu de sociologie éloigne du droit, beaucoup de sociologie y ramène（四七頁）に対応していると思われること、また、法学教育と社会科学の関係が取り上げられていることからすれば、同版の法と社会科学の部分は、断定はできないが、同版と同年に公表された「法学部と社会学（"Les facultés de droit et la sociologie")」を取り込んだものであろう。ただ、制度体論が第六版の冒頭部分に導入された場合と同様に、「決定論と自由意思」(同・二)の統合を行政法に至る導入部分で十全に論じ尽すことは不可能であり、第二版における法と社会科学の部分は『伝統的社会科学』のいわば予兆とでもいうべきであろう。(34)

二　社会的事実と社会学的方法

オーリウの法理論も含めた社会理論の出発点であると同時に到達点は主観主義と客観主義の統合である。彼は、晩年の有名な「制度体と創設の理論　社会生命論（"La théorie de l'institution et de la fondation. Essai de vitalisme social"）」一九二五年の冒頭で、イェリネクに代表される主観主義とデュギーに代表される客観主義とを批判して、自らが提示する制度体論は「法における主観・客観の二元を止揚せんとするものである」(35)と主張する。同様の主張はそれ以前から繰り返され、その結果、オーリウの法理論、とくにそれを凝縮した制度体論は中道あるいは中庸の理論であるといわれるが、(36)問題は主観主義と客観主義がそれぞれ何を意味するかである。オーリウは、『伝統的社会科学』において、後ほど述べるように、人間(の社会)における二元的対立の根源を原罪にまでさかのぼる高度に形而上学的かつ晦渋な理論を展開しているが、デュルケムを主流とする社会学の台頭への対抗というオーリウの社会理論の出発点からすれば、オーリウの中において二元的に対立しているのは、個人と集団、せいぜい自由意思と決定論であり、それより踏み込んだ議論は後付けの理論とまではいわないが、(37)そのような議論をあまり重視しすぎることはかえって彼の法理論も含めた社会理論の全体を見失わせることにつながるであろうというのが、本書の筆者の理解である。その結果、序章第三節(三一-三三頁)で彼とギールケの類似性として弁証法的な思考様式を挙げたが、両者の間にはそれに加えて個人と集団をいかにして両立させるかという出発点における類似性が存在する。(38)ただし、ギールケのゲノッセンシャフト論が意思理論に立脚していることから、主観主義という点でオーリウはギールケを繰り返し批判するのである。いずれにしても、宗教性はオーリウの「著作にはあまり表れない」[39]といわれるにもかかわらず濃厚な宗教的叙述を含んでいる『伝統的社会科学』は世俗化して（laïciser）読まれるべきである。そこで以下、同書の内容を検討することにしよう。

オーリウが法学における基本的な立場を確立した『伝統的社会科学』は、一方で、「社会科学とカトリック思想を両立させようとする壮大な試み」[40]であるといわれるが、他方で、「政治社会学の基本的な文献であるにもかかわらず、今日［のフランスでは］まったく忘れられている」[41]といわれる。幸い、わが国の法学界では「まったく忘れられている」わけではないが[42]、同書がこれまであまり注目されてこなかった（わが国の社会学者からも）ことは確かである。その原因としてはさまざまなことが考えられるが、一つは、同書がいわば狭間に位置していることである。つまり、同書は法学者からみれば社会学関係の書であり、社会学者からみれば法学者が書いたものである。さらに、同書が一見するとやや近寄りがたいように思われる内容を含んでいることである。彼は同書の序文で次のように主張する。すなわち、社会科学[43]は「人間の行為の責任」に関する限り「行為に関する伝統的所与」を必要とするが、「伝統的所与」は、「個人的明証」ではなく「社会的啓示」によって明らかにされるので、科学とは相容れない。そこで、同書の目的は「伝統的主張を科学にとって受け容れ可能な形で総合すること」であり、伝統と科学の矛盾の解決を、同書は「進化（évolution）をとおして理解された堕落（chute）」に求める（『社会科学』IX-XI）。このような主張はそれだけ読めば意味不明であるといわざるをえない。それを理解するには「伝統へと回帰するこの旅」（同・XI）を追跡しなければならない（同書には、本節三でその一端を示すように、制度体の概念も含めて彼の法理論における独自の諸概念がすでにちりばめられていることからも、そうしなければならない）が、ここでそのすべての旅程を対象とすることはできない。同書は「社会科学の対象と方法」・「進歩の理論」・「社会的事実」という三部から成り、「進歩の理論」においては社会的運動の原因、換言すれば人間と社会の矛盾・対立の原因が探求され、「社会的事実」においては静態的な社会組織論が展開される。

ここでは、彼の社会学的方法が示される「社会科学の対象と方法」を取り上げ、「進歩の理論」と「社会的事実」については本節三で一定の観点から一つにまとめて検討することにしよう。

第一に、社会科学の対象についてである。オーリウによれば、社会科学の対象は社会的事実（matière sociale）または社会的所与（donné social）（『社会科学』一および四三）である。対象を社会的現象とした場合、社会科学は人間（の意思）を見失うことになるし、対象は現象形態（説明の仕方）ではなく、存在態様（在り方）でなければならない（同・二–三）。また、社会的事実の対象は有機体（organisme）に限られるわけではない。確かに、社会的事実は生物のように組織されているが、しかし、常に「政治的有機体」の形態をとるわけではなく、「非政治的な諸制度によって構成された組織（tissu）」にとどまる場合もある（同・三–四。さらに、五三および三〇〇も参照）。したがって、社会科学の対象は有機体と組織の双方を含み、社会科学とはこのような意味における「社会的状態（état social）に関する学」である（同・四）。そこで問題になるのが社会的事実の構成要素であるが、この点彼によれば、連帯と協働を含んだ人間集団・社会的人間の個体性（individualité）・集団と個体性の調和および個人がこれら三つに関して抱く感情（sentiments）である（同・四–五）。その結果、社会とは、「人間が調和し、人間集団と人間の個体性とが調和していると感じられる存在態様」（同・五）である。

このように、オーリウは、社会科学の対象である社会的事実を存在論的に捉えたうえで、その範囲を政治的組織を含んだ社会組織一般にまで拡大し、集団と個人という客観的要素と、客観的要素に関する個人の感情という主観的要素とをもってその二元的な構成要素とする[44]。そして、社会的事実は模倣によって普及し、分業によって組織されるが、模倣も分業も、「それ自体では社会的事実の存在を構成するものではない」という（『社会科学』一三–一四）。その理由は、社会的事実はすでに述べたように社会を社会たらしめる存在態様であり、その実体は「自己と他者の調和を可能にするもの」（同・一五）であり、普及や組織化といった現象ではないからである。ここではタルドとデュルケムが念頭に置かれているが、オーリウはとくに、デュルケムが社会をその構成員から外在化して物（chose）として捉えることに強く反対する。オーリウによれば、確かに、社会は「否定しえない客観的存在」であるが、しかし、人間から切り離されて存在する「実体（entité）」ではない（同・一七）。「人間の社会は、人間が社会的目的を有する限り、人間をとおしてのみ説明される」（同・一八）のであり、その際、人間の「外側からだけではなく、内側からも」（同・五）捉えられなければならない。また、社会を内側から捉えるには、社会の構成員を社会という全体に還元することはできないのであり、全体と部分、客観的なものと主観的なものは不可分な関係において社会的事実の中に組み込まれている。「社会科学は二つの世界の分水嶺に位置している」（同・四四-四五）のである。ところで、人間は「その本性（nature）によって他の人間と類似し、その個体性によって他の人間と相違する」（同・九）。その結果、人間はその本性にもとづいた類同（similitudes）[45]＝「種としての類似性」（同・一〇七）によって社会を形成し、その個体性にもとづいた相違に由来する自由を保持する。[46]そして、特定事項の類似が一定の段階に達するとそれは社会的規範によって強制されるが、このように自由と強制・これらの前提である個体性と本性・主観的なものと客観的なもの・個人と集団などさまざまな二元的要素を含んだ社会的事実は「対立する諸要素間の動的均衡（équilibre mobile）を構成する」（同・二三）。その結果としてもたらされる社会的事実の増加が進歩であり、その減少が後退であるが、「社会科学の重要な目的は進歩の法則を探求すること」であり（同・二四）、次に問題にすべきはその方法である。

そこで第二に、社会科学の方法についてである。オーリウによれば、社会科学は、「社会的事実の中で生じる現象を観察する」という意味で、「観察の学（science d'observation）」である。その対象は、すでに述べたように社会的事実の中に個人の感情が含まれることから、「社会的現象の外的連鎖」のみではなく、「この事実の人間の意識への投影」をも含む（『社会科学』二五）。後者を、彼は「主観的幻示（hallucination）」（同）または「社会的幻示」（同・二六）という。[47]また、前者の実体は人間の行為に他ならず、その結果一方で、それを対象とする社会科学から道徳的要素を払拭することはできない。他方で、「行為の責任を引き受けるということは、あらゆる行為について規制することができなければならない」ことから、社会科学に「不知の領域」が存在することは許されない（同・二九）。ところが、社会生活の中には「通常の観察方法」によっては捉えられない事実が存在する。ここで「通常の観察方法」とは「合理的配慮」にもとづいた「個人的明証（évidence individuelle）」であり、例えば、無意識の感情はその一つである「省察（introspection de la conscience）」によっては認識しえない（同・二九-三〇）。ところが、このような事実は「社会生活において大きな役割を果たしている」。そこで、「無意識に光を当てる」ために彼が持ち出すのは「伝統であり、［彼によれば、］そこから社会的啓示（révélation sociale）が得られる」。その結果、社会科学は個人的明証に加えて「集団的明証（évidence collective）」という認識の源を有する。そして、伝統を支えているのは「信念（croyances）と行為規範との全体」であり（同・三一）、これは、誤解を恐れることなくいえば、特定の社会の特定の時点における常識であり、常識について議論を始めればそもそも社会は成立しない。[48] かくして、人々は一八世紀における「理性の絶対的勝利」（同・七三）によって破壊されたように思われている「伝統の中に含まれる社会的啓示の権威を受け容れる」（同・三三）のであり、「社会科学は、伝統が無意識を啓示する限り、その権威を受け容れなければならない」（同・四一）。では、伝統とそれに宿る社会的啓示とに依拠するということが現状の追認を意味するのかというと、決してそうではない。まず、社会科学における認識は集団的明証だけではなく個人的明証にも依拠する。次に、社会科学が集団的明証に訴えるのは個人的明証では不十分な場合に限られる。社会的啓示は社会科学にとってあくまで「補充的」なのである。そして何よりも、「社会的啓示は、……客観的認識［によってもたらされる「進歩の理論」］と明白に矛盾することはできない」（同・三三-三四）。そこで、彼の人間観と社会観が示される箇所であるという点で『伝統的社会科学』の中でもっとも重要な「進歩の理論」を検討しなければならないが、その前に次の三点指摘しておきたい。

まず、『伝統的社会科学』の『伝統』の意味を確認しておきたい。オーリウが社会科学の対象を「客観的現実と主観的現実」（『社会科学』二六）によって構成するという場合、「主観的現実」とは社会を構成する個人の内面であり、それに由来する行為によって「客観的現実」である社会的現象が惹起される。その結果、すでに述べたように社会的現象について論じるには行為の問題、すなわち道徳が不可欠であり、社会科学は「必然的に道徳的である」（同・二八）。それにもかかわらず、台頭しつつあった社会学が科学と称していわば「『科学』に逃げこむことによって」[49]社会の主観的側面＝道徳的側面を切り落とそうとしたのに対して、彼のいう社会科学はそれ以前に回帰するという意味で伝統的である。このことは習作時代（四六‐四九頁参照）から繰り返し主張されていた。『伝統』のもう一つの意味は、個人的明証によっては捉えることができないにもかかわらず大きな社会的役割を果たしているものに光を当てるために、伝統の中に含まれる社会的啓示に依拠するということである[50]。そこで次に、社会的啓示の意義についてである。水波朗によれば、オーリウが社会的啓示に依拠するということは、「かれのカトリック的信仰が、その社会科学方法論のうちに混入していると」いうことを意味するわけではない[51]。そうではなくて、「ここでいう社会的啓示[は]自然的理性の光によるもの、世俗的・自然的なものであ」り、「個々人によってはかならずしも意識され自覚されないが、集団生活のなかで各人の暗々に知る無自覚的認識（本性適合的認識）」である[52]。このような、自覚的な理性的認識でもなく本能による認識でもない認識形態は、これまで無意識的なものであるとか直観であるとか曖昧に表現されてきたが[53]、水波はそれを、「本性適合的認識」、さらに「非概念化的な『感知』による認識」あるいは「各個人の実存のうちでの感知による認識[54]」として明確に概念化した（概念化したというは水波に対する皮肉ではない）うえで、それはオーリウがトミスムに立脚しているまぎれもない証拠であるという。確かに、オーリウがトミスムの影響を受けていることは間違いないであろうが、ただ、その程度や時期については諸説あり[55]、ここでこれらの点について個別に確定することはできない。ここで確認しておきたいのは、わが国の法学界が第三の認識形態である「本性適合的認識」の重要性を認識してこなかったことから、水波がこの点を繰り返し主張したことの意義である。最後に、オーリウの社会理論における価値判断についてふれておこう。すでに述べたように社会的事実は主観的なものと客観的なものをはじめてとしてさまざまな二元的要素によって構成されている（同・二一七註（1）参照）が、オーリウによれば、このような社会的事実を動態的にみれば、それは二元的な対立が調和へと至る過程である。その際、問題にすべきは抽象的な「思想体系の真理」ではなく、「最終的な調和」との関係における「実際的価値」または「社会的効果」である。その結果、社会科学は、観察の学であることも含めれば、「二重の意味で（à la seconde puissance）実証的でなければならない」（同・二一六－二一七および二五六）。本節三で述べるように楽天的な功利主義者と根本的に異なる彼の社会理論は、意外にも、機能主義的なのである。(56)

三　贖罪と国家――「進歩の理論」

すでに示唆した（一一三頁）ように「進歩の理論」はそこにおいてオーリウの人間観と社会観が示されることから『伝統的社会科学』の中でもっとも重要な部分であり、「進歩の客観的構成要素」・「行為の問題」・「進歩における進化」から成る。このうち「行為の問題」において、これもすでに述べたことであるが、人間（の社会）における二元的対立の根源を原罪にまでさかのぼる高度に形而上学的かつ晦渋な理論が展開されている。そこで以下では、「行為の問題」を中心に、「社会的空間」・「社会組織」・「政治的統一体」から成る「社会的事実」のうち「行為の問題」と密接な関係にある「社会組織」と、その歴史（＝「進歩における進化」）とを取り上げることにするが、その際、すでに述べた（一一六頁）ように同書の社会組織論を取り込んだ『行政法精義　第三版』によって必要に応じて確認し、補うことにしよう。

第一に、「行為の問題」についてである。オーリウによれば、宗教の存在に象徴されるように人間は本質的に不幸であり、彼はこのような事態を「人間の根本的悲観主義」（『社会科学』一六五）という。ところが、客観的にみて、社会は進歩している。ということは、「社会の進歩は人間の不幸によって作られる」ことになる。このような不条理に対して彼は、「進歩の客観的現実と悲観主義に収斂される人間の主観的感情との根本的対立」(同・一六六)、あるいは社会の客観的所与と主観的所与との対立をいかにして解消するのかという問いを立てる。この問いに対する近代的な解決策は悪の源を社会に求めて社会の改革を主張し、社会主義に至るが、後ほど述べるように彼は社会主義に反対する。それに対して、伝統的な解決策によれば、「社会の悪の原因は人間の中に存在し、個々の人間を改良することのみが社会の改良をもたらすことができる」(同・一六七)。そこで彼は、後者の原罪(chute originelle)と贖罪(Ré-demption)とに解決策を求めて、宗教的であると同時に高度に形而上学的な議論を展開するのである。

まず、「原罪の仮説」についてである。オーリウによれば、「人間の根本的悲観主義」の根底にあるのは「堕落(déchéance)」であり、「堕落」は「原罪(faute originelle)」によって惹起された(『社会科学』一六八)。では、彼のいう「原罪」とは何か。すべての種(espèces)は進化(évolution)の過程で発生し、人類も同様であるが、人間は一方で、「意識と理性と意思を備えた存在」であることから「自我(moi)」の観念を有し、他方で、進化の法則から逃れることができないことからその存在の一部を「他者(non-moi)」に負っている。したがって、「自我」は人類の存続の基盤である進化の法則に本来従うべきであるにもかかわらず、その「意識と理性と意思」の表れである「傲慢さ」から「他者に対して反旗を翻した。自我は自らの行為の支配者となることを欲したのである。自らの観点から善悪を判断し、世界の中心となった。進化への反乱である」。彼によれば、「自我」が「他者という客観的現実」に背を向けてしまったことに「罪の意識(sentiment)」の源があり(同・一七〇)、「人間の傲慢さが創り出した自我と他者の根本的対立」は「現実の二元的に対立するもの、……したがって不幸の源を創り出した」(同・一七一)。そして、「人間の穢れた本性」から、晩年の彼の表現を用いれば「誤りやすい(faillible)個人主義」(『憲法精義』二・Ⅶ)から、あるいは水波朗のいう「人間本性の根元的傷[57]」から、「種としての人類」の「堕落」は継続し、それに対応する形で「持続的贖罪」が必要となるのである（『社会科学』一七二―一七三）。

このような宗教的であると同時に高度に形而上学的な「原罪の仮説」は、オーリウの意図においては、「世俗の科学の仮説であって、神学的教義の信仰的受容などではない」[58]であろう。もっとも、彼は読者の理解に不安を感じたのか、「原罪の仮説」に関する説明が「不十分であった」として、『伝統的社会科学』の巻末における「補論」で「反進化（contr'évolution）」＝原罪について改めて論じている。その冒頭で、生物の進化は人間で止まったが、その原因については「外的環境」による説明では不十分であり、とりわけ人間の不完全さからすれば、その「能動的要因」が存在するという（『社会科学』四一一）。この点彼は、まず、本論では必ずしも意識的に定義したとはいえない進化（évolution）と進歩（progrès）を明確に区別して、進化は種の交替であるのに対して、進歩は同一種の内部でその種をより完全なものとしようとする変化であるとする（同・四一二―四一三）。そして、進化を止めたことが原罪（＝「進化に反する罪」）であり、進化が止まらなければより優れた種になることができたであろうという思いが罪の意識の源であるという（同・四一四）。そこで問題になるのが、何が進化を止めたのかであるが、それは、「意識と理性と意思」を備えた「自我」という人間の「内的環境」である。このような「内的環境」を有しない人間以外の生物は「外的環境」に適合することしかできなかったが、それを有する人間には「外的環境」の支配が可能となり、人間は「外的環境」への適合の必要性から生じる進化を止めたのである。人間の「進化という決定論に対する……反乱」であり、以後、人間に残されたは人間という同一種の内部における進歩のみである（同・四一四―四一五）。しかし、このような事態は事物の本性に反するのであり、というのは、進化によって生じた種としての人間には本来「進化する力」（同・四一二）が備わっているからである。その結果、「あらゆる道徳的力は堕落の贖罪へと、換言すれば進化する状況への回帰へと向かう」（同・四一五）のである。これが「反進化をとおした原罪の進化的解釈」（同・四一七）であり、すでに述べた（一二三頁）「進化をとおして理解された堕落」に対する解決策なのである。

以上のような「補論」によって「原罪の仮説」がより明確になったのか心許ないが、そもそも本書の筆者は「原罪の仮説」を評価する神学上の知識も自然科学上の知識も持ち合わせていない。しかし、ここで「原罪の仮説」に拘泥するあまりオーリウの法理論も含めた社会理論の全体を見失ってはならないのであり、「原罪の仮説」はあくまで彼の社会理論の前提にとどまると理解すべきである。現に彼は、すでに述べたように悪の源を個人に求めるが、その解決策は社会に求めるのである。

そこで次に問題にすべきは、「贖罪の仮説」についてである。原「罪が他者に対する自我の反乱であり、進化する類同に対する相違する個体のそれであるので、逆に、他者に対する自我の服従が、類同に対する相違する個体のそれが、贖罪（rachat de la faute）のはずである」（『社会科学』一七五）。すでに述べたように、「原罪の仮説」における「他者」は人間以外の生物と外的環境であり、それらに適合しようとすることが進化の法則に沿うこと（＝贖罪）であった。このことを人間の内部に当てはめれば、人間が「他者」に適合するには、当然「他者」の集団、つまり社会の存在が必要である。この場合、「他者」とは「自我」以外の人間＝類同であり、「社会は個体と集団〔＝類同〕の調和の場である」（同・一〇七）。その結果、社会において、「個体の類同に対する意識的犠牲によって」（同・一八五）、換言すれば「贖罪という道徳的努力」（同・一八四）によって、類同＝「他者」に適合しようとすることが進化の法則に沿うことであると同時に種としての人間における進歩であり、「社会的環境は……自我の個人的意思を犠牲にすると同時に他者から行為……規範を受け取るための手段である」（同・一七六）。かくして、個体としての人間は社会の中に在ることによって「贖罪の途上にすでに在り、……社会状態は……救済（salut）の条件となっていた」（同）のである。そこで問題になるのが「贖罪へと向かう長い努力、救済の形態」（同・一八六）であり、それは「制度体の現象」（同・一八八）であるが、制度体については次章で詳細に分析するので、ここでは叙述を進めるために必要な範囲で述べるにとどめざるをえない。オーリウによれば、「社会生活におけるすべてのものは対立する諸要素の均衡の対象であり」（同・三八五）、社会的事実には堕落に属するものと犠牲に属するものとがある。そして、両者は「根本的対立」（同・一八七）関係にあるが、いずれも社会的事実にとって不可欠である。したがって、両者は相互に対立しつつ依存しているわけであり、「ここに二つの世界が均衡し社会の生活状態が維持される[59]」。そして、「犠牲の世界が生存競争の世界に働きかける行為が、実際には贖罪と考えられるべきである。……それに成功すれば進歩が存在する。この点からすれば、進歩は救済の形態である」（同・一八八）。具体的には、強者は弱者を支配し、組織を作るが、力によって作られた組織は平和をもたらし、やがて弱者＝被支配者によって受け容れられる。その際、弱者＝被支配者は何らかの犠牲を払わざるをえないが、同時に、支配者も一定の譲歩をするのが一般的である。その結果、組織は「類同の共同遺産となる。それは当初体（corps）しか有しなかったが、今や魂（âme）を得た。……それはもはや組織（organisation）ではなく制度体（institution）である。というのは、『制度』化するとは内的原理、すなわち魂を自らに付与することだからである」（同・一九三）。ここでは体と魂の関係については踏み込まないが、強者も弱者も、あるいは支配者も被支配者も、それぞれに含まれる類似性（＝人間の本性）への服従によって個体性（＝相違）を犠牲にし、その結果として組織が制度体へと転換される。したがって、「救済の形態」とは贖罪としての制度体である。彼はこのような制度体としてさまざまなものを挙げている（同・一九四参照）が、もっとも分かりやすいは家族であろう。ところで、家族は、一対の男女とその子などによって現に構成され、国家の法的規制を受け、さらに宗教的な規制も受けており、彼によれば、同時に「三つの基本的な社会組織（tissus）」（同・一九七）に属している。

そこで第二に、「社会組織」についてである。すでに述べた（一二四頁）ように、社会科学の対象である社会的事実は（政治的）有機体だけではなく、それも含めて広く社会組織に及ぶ。オーリウは前者を政治的統一体（unité politique）と呼んで、これと社会組織（tissu social）を区別する。すなわち、活動範囲と支配力の範囲とによって両者を区別して、政治的統一体は社会生活に必要なあらゆる活動を含み、人に対する排他的支配力を有するとする。したがってそうでないものが社会組織であるが、彼によれば、一方で、社会組織は政治的統一体に至る可能性を有し、他方で、社会的運動の原動力を有するのは社会組織であり、政治的統一体は既存の社会組織にその類似性を維持するために後から付加されたものである（『社会科学』二九七―三〇〇）。このように、社会組織は政治的統一体の上位概念であり、政治的統一体は社会組織の一形態である。そこで問題にすべきは社会組織の構成要素であり、この点彼によれば、社会的関係・権力・組織である。[60] それぞれについて若干敷衍すれば、まず、社会的関係についてであるが、これは物理的要素と心理的要素から成る。物理的要素は人や物との現実の接触であり、心理的要素は「概念を媒介として成立する接触」（同・三〇八）である。彼は前者を「社会の体」と、後者を「社会の魂」と、それぞれ呼んで（同・三〇二）、社会的事実と同様に、社会的関係をこのような客観的要素と主観的要素とによって二元的に構成する。[61] 次に、権力についてであるが、それは「潜在的状態にあるエネルギー」（同・三一四）であり、「物理的潜在力」と「知的または心理的潜在力」から、あるいは「物理的要素と心理的要素」から成る（同・三一五―三一六）。ここにも二元的構成がみられるが、本節四で取り上げる『社会運動論』の目的の一つは権力現象を表象という概念によって説明することであり、その意味で同書は『伝統的社会科学』の「社会組織のエネルギー――権力」（同・三一三―三二一）を敷衍したものであるといえなくもない。最後に組織（organisation）についてであるが、これは社会組織における「特定の職分（fonctions）を営む機構」（同・三二二）である（職分という訳語については、一三七―一三八頁参照）。組織はまず、類似したものを外界から仕切る城壁（muraille）として現象し、その結果、「閉じた壺（vase clos）」（同・一二二）、換言すれば「一種の個体」（同・三二三）が形成され、その中で分業によって「職分の分化（spécialisation）」（同・一二六）が生じる。形（forme）あるいは画定（limit）として始まった組織は、「組織の精神的要素」（同・三四〇）である「職分の自覚」（同・三四三）によって制度体へと変貌する。すでに述べたようにここでは制度体については踏み込まないが、いずれにしても社会組織は組織から制度体へと至り、さまざまな形態をとる。彼はこのような社会組織を、現実的社会・形而上学的または国家的社会・宗教的社会という三つの形態に分ける。現実的社会（tissu positif）とは、「すべての人が必然的に含まれる基本的社会」であり、そこには「生活の基本原理が存在する」。それは「現実的な思考と自然の感情とに立脚した社会」（同・三五二）であり、「対立と生存競争（lutte pour la vie）の場」（同・一九九）であることから、そこでは「すべては平和の中では作られないで、すべては闘争の中で、しかも力によって作られる」。その結果、それは「絶えず瓦解せんとして」[62]おり、救済を必要とする。このようないわば「自然的社会」を異なる方法によって救済するのが形而上学的または国家的社会と宗教的社会という二つの「超自然的社会」である（同・二〇四）。このうち、形而上学的または国家的社会（tissu métaphysique ou étatique）は「抽象的思想・理性・正義・理想に立脚した」（同・三五五）「合理的体制」（同・二〇〇）であり、その本質的要素は法（Droit）である。他の二つの社会組織もそれぞれ法（droit）を有するが、国家の法は、平和と「正義という理想」とを含んだ社会秩序をもたらすという点で、「国家的組織に固有のもの」である[63]（同・三五六）。このように形而上学的または国家的社会が平和と秩序をもたらすことによって現実的社会を救済するのに対して、宗教的社会（tissu religieux）はより高度な理想にもとづいた犠牲の必要性を説くことによって現実的社会を救済しようとする[64]（同・二〇一および三五七）。ここでは、現実的社会と形而上学的または国家的社会（以下、単に国家的社会という）の関係、および国家の性質と役割とについて検討することにしよう。

まず、現実的社会と国家的社会の関係についてである。オーリウが社会組織と政治的統一体を区別していることはすでに述べた。政治的統一体は社会組織の発展形態であり、社会組織にその類似性を維持するために後から付加されたものである。このような政治的統一体の構成要素は社会組織・分業・政府機関（『行政法精義』三・一）であり、その目的は「類似に立脚した統一性を創出すること」（『社会科学』三六二）である。その目的について若干敷衍すれば、内に対して分業による分裂から、外に対して他の個体から、集団を守り、存続させることである。そして、政治的統一体が社会組織に後から付加されたものであるということから、政治的統一体の「政府は個人よりも現実的社会の利益集団に目を向ける」（同・三六八）。その結果、政府の役割は、実体が「経済的社会」（同・三九四）である現実的社会の利害調整である。また、富や権力の実体が存在するのは現実的社会＝「経済的社会」であることから、個人は利益を、直接政府から得るのではなく、政府を媒介して現実的社会＝「経済的社会」から得る。[65]ややくどいが今一度繰り返せば、現実的社会という「社会組織は基本的要素である。政府がなくても社会は存立可能であるが、「現実的社会という」社会組織がなければ社会は存立しえない。政府は既存の状態に対して反応するものにすぎず、単独で行動することはできない」（同・三七一。さらに、『行政法精義』三・九－一〇も同旨）。国家的社会の政治的統一体が国家であることからすれば、これは、トミスムでいうところの国家の補完性原理である。[66]

次に、国家の性質と役割とについてである。国家は「集団の一般利益を体現するもの」であり、「異質な要素を伴わない集団の政治的統一体の人格化」である。したがって、その法人格（personnalité morale）は人とか神といった「現実的存在」を伴わず、その性質は本質に共和制的かつ世俗的であり、その存在は抽象的である（『社会科学』三七六－三七七。さらに、二二四、および『行政法精義』三・一二－一三も参照）。この意味でオーリウは、国家は「擬制的人格（personnalité fictive）」であると繰り返しいうのであり（『社会科学』四〇、八二および一四一。二三四も同旨）、それに伴う抽象性に国家の継続性を求めるのである。そして、このような国家の捉え方は、『伝統的社会科学』と同年に出版されたエスマンの『憲法原理』における「国家は国民の法人格化である」[67]という記述が意味するところと基本的に同じであるという。ただし、オーリウによれば、エスマンの記述には不明確な点が存在する。というのは、法人格化される以前の国民と国家とは別のものであり、前者には後者に吸収されない部分が存在するにもかかわらず、エスマンの記述ではこの部分が明らかではないからである。オーリウの社会理論においてこの部分にあたるのが現実的社会と宗教的社会であり、国家に吸収されないこれらの部分を含んだオーリウの社会理論の方がエスマンの法的国家論よりも優れいるというわけである（同・三七五註（1））。もっとも、エスマンが国民と国家を完全に同視しているわけではないが、それはともかく、オーリウによるこのような国民と国家の関係、さらには国民と現実的社会および宗教的社会との関係の説明の仕方は誤解を招くのではないか。というのは、このような説明の仕方では、国民の中に国家と現実的社会と宗教的社会という三つの部分が存在するようにも思えるが、そうではなくて、オーリウにおける国民とこれら三者との関係は、これら三者がそれぞれ異なる方法であるいは異なる視点から国民を規制あるいは組織するというものだからである（『行政法精義』三・一-三参照）。すでに挙げた例（一三二頁）を用いれば、家族は現実的社会においては生殖と経済によって支配され、国家によって一定の理念の下に法的に規制され、宗教的社会によって救済という観点から規制され、その結果として三つの形態を有する。その意味で、現実的社会・国家・宗教的社会は実体ではなく組織の仕方（＝形相）なのである。もちろん、組織の仕方（＝形相）はそれ自体では現実の世界に存在することはできず、そのためには家族の構成員（＝質料）と結びつかなければならない。その結果が、現実的社会における家族という制度体・国家における家族という制度体・宗教的社会における家族という制度体である。もっとも、現実的社会における組織化（＝「制度」化）はきわめて弱いことから、「自然的社会」としての現実的社会は限りなく実体に近いとみるべきであろう。エスマンとの関係で話がややそれたが、現実的社会＝「経済的社会」の中に存在する富や権力は一般利益を体現する国家を通過することによって、あるいは国家権力の実体として行使されることによって、一般利益へと変換される。これが国家の役割であり、「国家はそれらに強力な合理的な概念を通過させることによって［一般利益へと］変換しようとする」（『社会科学』三八二）。ここで「合理的な概念」とは、一般利益が万人にとって等しいものであることから、「合理的類似性」である。したがって、すでに述べたように政府（国家）は現実的社会＝「経済的社会」の中に存在する諸利益の調整者（arbitre）であり、その意味で、オーリウは経済的自由主義に与しないが、その際、調整にあって客観的基準が存在するということを看過してはならない。

ところで、現実的社会＝「経済的社会」の中に存在する富や権力が一般利益へと変換されるにはそれにふさわしい

「政治権力の合理的組織化」が必要であり、この点オーリウによれば、「民主制が合理的組織化を最大限に実現する。というのは、それは国家権力の源とその目的とを同視し、万人のために行使されるそれ〔国家権力〕は万人に由来するからである」(『社会科学』三八二―三八三。さらに、『行政法精義』三・一六も同旨)。もちろん、国家が民主制という「もっとも完全な国家形態」(『行政法精義』三・二六)をとる場合でも、個人の自由を保障する「個人主義のもっとも強固な砦」(『社会科学』四二)となるためには国家に対する制限が必要である。その際彼は、「おそらく、国家は自ら法の支配に服するであろう。しかし、国家は法とあまりにも密接に結びついているので、この服従は外在的権力によって課されるその主権に対する制限とはいえない」(同・三八六)という。ここで彼は主権を定義していないが、その排他性と絶対性にふれていることから、国家の意思であると理解しておこう(71)(『行政法精義』三・二五参照)。国家に対する外在的制約の主体として、彼は現実的社会と宗教的社会を挙げているが、となると、その前提として、これらと国家は分離されていなければならず、彼は政治権力と経済権力を融合させる集産主義とその政治的形態である社会主義とに反対する(『社会科学』三三一)とともに、政教分離を主張するのである(72)(同・二五九。『行政法精義』三・一八も同旨)。そして、「現在の社会問題の解決は、現実的社会の組織化と、それと国家の間でなされる権力の分有との中にある」(『社会科学』三九〇)としたうえで、そのためには結社の自由・分権化・利益代表(73)という三つの改革が必要であるという。彼によれば、これらは、「国家と現実的社会の調和のとれた分離を確保し、国家のみの権力を肥大化させることなく経済的競争への集団的介入を発展させることを可能にする」(同・三九三。さらに、『行政法精義』三・一九―二一も参照)のである。したがって、ここで留意すべきは、国家と現実的社会は(宗教的社会も)対抗関係ではなく協働関係にある(さらに、『社会科学』二五九も参照)ということ、そして、国家と宗教的社会が現実的社会を救済するという図式が現実的社会と宗教的社会が国家を外在的に制約するという図式へと変容しているということ(国家と現実的社会の関係に限定すれば、一方で国家は現実的社会を救済し、他方で現実的社会は国家を制限する)であり、これらの点については後ほど改めてふれることにしよう。

ではなぜ、オーリウは、この時点で、制度体論の中期以降における国家に対する内在的制約ではなく外在的制約を主張するのであろうか。まず確認すべきは、イェリネクに対する批判の書であるデュギーの『公法研究Ⅰ・国家、客観法および実定法（*Études de droit public I : L'État, le droit objectif et loi positive*）』一九〇一年が出版される以前に、オーリウがイェリネクの国家の自己制限論[74]を念頭に置いていたか否かは明ではないということである。そして考えられるのは、一八九一年のレオ一三世の回勅とそれに伴う社会的カトリシスム運動の活発化とである（六〇頁参照）。この回勅は、産業革命がもたらした労働者の悲惨な生活環境とその結果である階級対立の激化および社会不安とを前にして、社会主義とは異なる方法で社会を改良しようとするものであり、その「社会改革の方式は、労働者の結社（association）による自主的行動と国家の介入の二つで[75]」ある。前者のためには結社の自由が必要であり、後者の帰結の一つが社会立法である。オーリウは結社の自由の重要性と必要性とを繰り返し主張し（『社会科学』六八、七六、二五八および三九一－三九三）、また、社会立法とオーリウのいう国家に対する外在的制約とは必ずしも対立するものではない。すなわち彼によれば、「個人主義［＝資本主義］の濫用と不公正」（同・三八九）を緩和するために経済領域への集団的介入が必要であるが、国家単独による介入には個人の自由に対する侵害の危険性だけではなく官僚組織の肥大化や重税などといった弊害が伴うため、「現実的社会の集団的組織化」によって「国家と現実的社会による経済管理の協働」を実現しなければならない（同・三九〇）。その意味で国家は現実的社会によって外在的に制約され、その手段の一つが社会立法なのである。次に考えられるのは、大衆民主主義社会の到来への対応である。この点について、彼は、自らとエスマンは「袂を分かつ」という。オーリウの理解したところによれば、エスマンは『憲法原理』において利益代表を否定することによって「国家の主権に対する外在的制約」を認めず、「選挙の影響を限定する」ために選挙権の法的性質を公務として捉えた。というのは、エスマンにとって主権は一体不可分なものとして国民に帰属しているので、有権者が選挙をとおして自らの主権を委任することはありえないからである（同・三九六註（1））。本書の筆者の理解によれば、彼が選挙の影響を限定しようと腐心したのは選挙（権）の理論構成というよりも抽象的主権者と具体的主権者の区別によってであり、そのため彼の国民主権論は破綻し、この傾向は第二版（『フランス比較憲法原理（*Eléments de droit constitutionnel français et comparé*）』一八九九年）以降強まると思われるが、ここで彼の国民主権の理解の仕方について論じることはできない。いずれにしても、彼が主権内部の理論構成によって選挙の影響を限定しようとしたことは事実であるのに対して、オーリウは、「国家の主権の外在的制約と国家における個人の主権の……承認とを結びつけることが民主主義の願望と要求とにもっとも適合的であると思われる」（同）という。つまり、「危険は普通選挙の中ではなく、国家と社会を同視するジャコバン的理論の中に存在する」（『行政法精義』三・二七）ので、現実的社会および宗教的社会による国家の外在的制約と民主制論とを結びつけることによって、一方で選挙の影響を抑制しつつ、他方で「通常の民主制論」（『社会科学』三九五）を無理なく維持することができるというのである。[77]ここで「通常の民主制論」とは、分有主権と委任理論（主権の一部を有する個人が主権の行使を選挙をとおして委任する）であり、その結果として、「当然、選挙権は国家における市民の権利である」（同・三九六）。ここにおいても、『行政法精義　初版』におけると同様に、分有主権と委任理論が主張されているが、これらの出発点である社会契約論については、その力点がルソーには置かれていない（『社会科学』三九五註（1）。ただし、『行政法精義』三・二七―二九参照）。以上のことから、オーリウは、社会的カトリシスムと「通常の民主制論」との適合性とから、国家を現実的社会および宗教的社会との協働関係に置くことによって外在的に制約することを主張したと考えられる。その結果、「国家の権力は唯一の社会的権力ではない」（『社会科学』三九六）ということになり、国家に対する外在的制約論は、制度体論の中期に、多元的主権論への発展をとおして内在的制約論へと転化されるのである。[78]内在的制約論と多元的主権論については第三章第一節二で論じるが、ここでは国家の概念との関係における社会組織の歴史的変遷にふれておかなければならない。

そこで第三に、社会組織の歴史的変遷についてである。この問題を扱っているのは「進歩の理論」の中の「進歩における進化」であり（一二六頁参照）、「進歩における進化」は『伝統的社会科学』の前年に公表された「中世とルネッサンスの交替とその社会的帰結（"L'alternance des Moyen-Ages et des Renaissances et ses conséquences sociales"）」を取り込んだものである（註（30）参照）。オーリウにとって、進歩とは、一方で社会的事実の増大であり（一二五頁）、その結果として類似が増大し、個人が解放される（註（46））。他方で犠牲による他者への適合であり（一三一頁）、そのためには現実的社会を救済する社会組織が必要である。具体的には国家的組織と宗教的組織であり、彼は両組織の力関係によって社会組織の歴史的変遷を捉えようとするのである。したがって、その対象はキリスト教文化圏（キリスト教時代（ère））であるが、その延長としてキリスト教以前のギリシャ・ローマ（異教時代）も対象とする。歴史的変遷を区切る対立軸は二つであり、組織化の時期と批判の時期、および、中世とルネッサンスである。組織化の時期（époques ou périodes）においては、救済のための社会組織が形成され、批判の時期においては、形成された社会組織が批判にさらされる（『社会科学』二〇八–二〇九）。そして、救済のための社会組織として宗教的組織が優勢な時期が中世[79]（moyen âges）であり、国家的組織が優勢な時期がルネッサンスであり（同・二一〇。これらの着想の源については、二五二–二五四註（1）および二八二–二八三参照）[80]、両者を分けるのは批判の時期である（同・二一三）。したがって、異教時代は中世という組織化の時期↓批判の時期↓ルネッサンスという組織化の時期というように変遷し、キリスト教時代も同様であり（中世の現実的社会は封建社会であり、ルネッサンスのそれは資本主義社会）、両時代を分けるのは「民族移動と宗教の刷新」（同・二四二）である。そして、組織化の時期と批判の時期とが交互に到来することから、このような「進歩の歩みは直線的ではない。［それは］変遷の周期運動に従う」（同・二〇八）。ここでこれら六つの時期について具体的に述べることはできないが、キリスト教時代については法制史の研究が存分に生かされていることを指摘しておきたい。ところで、彼が生きた時代は、この区分に従えば、キリスト教時代のルネッサンスにあたり、より具体的には、彼によれば、フランス革命に始まる「国家体制の末期」（同・二一三）である。ということは、彼が新しい時代の到来を予測しているのかといえば、そうではない。彼が予測しているというよりも望んでいるのは、「第三の現象」としての半中世（semi-moyen âges）である。半中世とは、「中世の諸制度とルネッサンスのそれらとが調和のある形で結びついた混合的社会状態」（同・二四四。二五七も同旨）であり、現実的社会の救済をめぐって宗教的社会と国家が「均衡した時代」[81]である。もちろん、このような社会状態が彼の目の前に実現されているわけではない。すでに述べたように、そのためには政教分離・結社の自由・利益代表などの改革が必要である[82]（その他の改革については、同・二五七－二五九参照）。結局彼は、ヨーロッパ文明の歴史的変遷を、「異教時代・キリスト教時代・中世・ルネッサンスという歴史の枠組み」（同・二五三）を用いて均衡理論としてモデル化するとともに、その現実的な目標を提示したのである[83]。かくして、「原罪の仮説」において「自我と他者の根本的対立」（一一九頁）として始まった二元論[84]は、ヨーロッパ文明の歴史的変遷を対象としているという意味でマクロの均衡理論に到達したのである。そこで次に問題にすべきは、「閉じた壷」を対象とするミクロの均衡理論である。

四　表象とイデー

『社会運動論（*Leçons sur le mouvement social*）』一八九九年は、自然における運動エネルギーと熱エネルギーの互換性と、社会における運動と表象の互換性との「根本的アナロジー」[85]に着目して、前者を後者に適用したものである。その主たる目的は、「物理的運動・この運動の表象・この運動の指導が提示するアナロジー」を用いて、「機械論的な社会的運動と社会的運動の表象との間の社会的指導」によってもたらされるであろう「社会生活における機械論と自由の現実的調和」を探求することである（『社会運動』一一七）。その結果、「社会学に道徳学の性質」が付与され、しかも、「先験的な形而上学」にもづいてではなく「科学的に」、そうされるのである（同・一二八）。その際用いられるエントロピーという概念は、今では社会科学の領域で一般的な概念として広く用いられているが、オーリウはこの概念を社会科学の領域に導入した最初の一人であろう。それはともかく、機械論と自由の調和は彼が生涯追い求めたものであり、この点では『伝統的社会科学』と『社会運動論』の間に連続性があるが、後者では前者における宗教性が完全に払拭されている。後者における宗教性の欠如については後ほど簡単な考察を加えるが、後者における鍵概念の一つは表象である。すなわち、後ほど述べるように法則性が支配する組織あるいは有機体[86]の中に自由の契機を導入するのが表象という概念なのである。そして、「熱は、……人間の考察が社会において演じる表象の役割を、物理的世界において演じる」（同・五七）ことから、熱力学と社会科学のアナロジー（同・四）が注目されるわけである。したがって、同書は「社会科学を機械論または熱力学に還元しようとするものではない」（同・八）。以下では、二つの互換性のアナロジーについて簡単にみたうえで、表象と自由の関係、表象作用によってもたらされる観念、および個人のエネルギーによって規定された連帯について順次検討することにしよう。

第一に、自然における運動エネルギーと熱エネルギーの互換性と、社会における運動と表象の互換性とのアナロジーについてである。物理的運動はエネルギーの付与・エネルギーの伝達・原子の求心力から成るが、オーリウによれば、社会においてこれらにあたるのは社会的運動・社会的運動の伝達・個人の力である。このうち、社会的運動は場所の移動ではなく社会的状態（état social）の変化であり、人間「関係の量とその形態とにおける変化」である（『社会運動』一〇-一一。次章第二節註（22）参照）。したがって、社会的状態は「社会的運動の動体（mobile）である」（同・一二）。このような社会的運動を惹起するのが社会的表象であり、社会的表象は社会的運動の原動力であるとともに、「社会生活の真の源[87]」である。そして、両者の関係が物理的運動と熱の関係とのアナロジーで捉えられるわけであるが、その場合、熱に関する彼の理解の仕方は独特であるといわざるをえない。すなわち彼によれば、すでに述べたように熱は社会における人間の考察（réflexion）にあたり、人間の考察が社会的運動の形の表象（représentation）であるので、「熱は……物理的運動の形を表象するものであり」（同・五七）、端的にいえば「物理的表象（image）」（同・五九）である。ここでは熱が能動的に捉えられており、運動と対等なエネルギーの一形態とは思えない。そもそも、表象の対象が物理的現象であるという意味ではなく、表象の主体が熱であるという意味での「物理的表象」という概念が成立するのか疑問である。このことから、彼の思考においては、熱力学を社会科学に適用することによって社会的現象を説明する、あるいはその説明に説得力を持たせるというよりも、彼の社会理論それ自体に合わせて熱力学が理解されているのではないかという疑念が生じる。本書の筆者は熱力学に関する知識を持ち合わせていないが、常識的に判断して、彼が『社会運動論』において熱力学を用いて社会的現象を説明する際、陳腐な例が散見されることは否定できない。そのためもあってか、熱力学を社会科学に適用することは『社会運動論』の出版当時多くの読者を困惑させたといわれ、同書はとりわけ物理学者から厳しく批判された(88)。いずれにしても、熱力学とそれを用いたアナロジーとにはあまり深入りすべきではないであろう。

そこで第二に、表象と自由の関係についてである。表象は『伝統的社会科学』では取り上げられなかった概念であるが、『社会運動論』において突然表れたのではなく、同書の前年に公表された「社会的現実の構成要素としての人格（"De la personnalité comme élément de la réalité sociale"）」において法人論との関係で簡単にふれられたものである。ところで、同書の補論二（「精神人格の基盤（Du fondement de la personnalité morale）」）においても法人論が取り上げられており、その理由はオーリウがこの論文の内容に満足できなかったからのようであるが、両者は一応別のものである（『社会運動』一四四註（1）参照）。この論文およびこの論文と補論二の関係については次節二で取り上げることにして、ここでは同書における表象という概念について検討することにしよう。すでに述べたように表象は同書の鍵概念である。彼によれば、表象とは、「ものの流れを特定の形（forme）に区切る」精神作用であり、その結果として機械的運動（＝連続性）から脱し、「非連続性の要素」がもたらされる。「これは自由の要素と同じものである」（同・三七）。あるいは、形は表象をとおして運動から分離されることによって形成され、運動は連続であるので、形は非連続であり、非連続性は自由である（同・四三。七も同旨）。このように彼が非連続性に自由の源を求めるのは、おそらく、そこには機械的運動の法則性から脱した選択の余地が存在するからであろう。すでにふれたように有機体は法則性によって支配されていることから、非連続性＝自由の有無という点で彼の社会理論（制度体論）は有機体説と異なる[90]。また、『伝統的社会科学』における制度体論（一三二頁および一三三頁）においてと同様に、ここでも形が重要な役割を果たしているが、形が何を意味するかは段落を改めて述べることにして、ここでは形が保持している潜在的エネルギーに着目すれば、これは社会的運動のエネルギーが変換されたものである。したがって、表象作用によってもたらされた形はある社会的運動と他の社会的運動とを媒介するもの（intermédiaire）であり（同・二六参照）、人間との関係では権力として現象する。このように権力は「社会における潜在的なものの表象」（同・五一）であるが、それを社会的運動へと変換するのはあくまで個人である。個人が社会的運動の源であり、個人を離れて社会的現象は成り立たない。この点は、同書も含めて（一二五頁参照）、彼の一貫した立場であり、仲野武志によってやや強い表現で「個体主義[91]」といわれる。ところで、社会的運動の源である「個人のエネルギーは、機械的表象として『個体』……の観念を、自由という反応として『人格』……の観念を、それぞれもたらす」（同・四六）。個体と人格は同書の制度体論における体と魂（一三二頁参照）にあたるものであり、両者の区別は、多くの論者によって、彼がトミスムに立脚している根拠の一つとされる。そして、個体性と人格性という「対概念は……オーリューの全理論の理解のための鍵概念であ」り、「全学説体系の要」であるといわれる[92]が、両者の区別については次節でさまざまな観点から考察するので、ここでは次のことを指摘するにとどめる。まず、「機械的表象」についてであるが、これは「科学的表象」の一形態であり、「科学的表象」は「存在する事物の受動的表象[93]」であり、「機械論に非常に近い」（同・四五）。次に、このような「機械的表象」によって個体として捉えられた人間は、社会全体の一部として社会と連続した存在であるが、「より深い表象作用」、つまり「理念的（idéale）表象」によって人格として捉えられた人間は、「完全な統一体」として社会から切り離された独立した存在である（同・四六‐四七）。そして、前者の原動力は欲望（désir）であり、欲望は「それ自体本能的で機械的である」ので、それが生み出す社会的関係は「まったく有機的な連帯」である（同・三五）。それに対して、後者の原動力は信念であり、その対象は「表象的概念である。換言すれば、信念は……直接的対象として行為の表象、つまりイデー（idée）を有する」（同・三六）。ここに至って、中期以降の制度体論で決定的に重要な役割を果たすイデーが出現したわけである。実は、『伝統的社会科学』においてイデーの役割を果たしていたのは形であるが、この点については次節一で考察したい。このイデーを表象の対象とする「理念的表象」によって人格として捉えられた人間は、社会から独立した存在であることから社会における機械的運動の法則性から脱して、社会に働きかける自由な存在である。その結果もたらされる社会的関係が「表象的連帯」（同・三七）であり、これと「機械的連帯」を統合するのが「指導的連帯」（個人のレベルでは意思）であるが、この点については第四で述べることにしよう。ところで、興味深いのは、「機械的表象」と「理念的表象」を社会的運動に適用した場合である。オーリウによれば、「社会的運動は、決定論的表象において進化の観念をもたらし、自由という反応として進歩の観念をもたらす」（同・五三）。そして、「進化は事物の機械的表象であり、進歩は自由へと向かう表象である。……進化は霊長類に属するという意味における人類であり、進歩は文明の……意味における人類である。進化は良い社会的運動でも悪い社会的運動でもないが、進歩は良いと判断される社会的運動である」（同・五六）。同書においては、原罪とは理性と意思を備えた人間がその傲慢さから進化の法則に反したことであるので、人間が意識的犠牲によって他者＝類同に服従することが進化の法則に沿うことであり、そうすることが救済・贖罪であるとされていた（一二八‐一三二頁）が、『社会運動論』においては、進化について、機械的運動の法則性に支配されているとして、否定的に評価されている。このような相違は、すでに指摘した（一四二頁）同書における宗教性の欠如と相まって、両書の間の断絶を意味するのかといえば、そうではないというが本書の筆者の理解である。このような相違が生じる原因は、おそらく、これもすでに指摘した（一四〇－一四一頁）ことであるが、『伝統的社会科学』がヨーロッパ文明の歴史的変遷を対象としてマクロの均衡理論（変遷の秩序）の構築を目指したのに対して、『社会運動論』は熱力学をモデルとして「閉じた壷」＝系としての社会におけるミクロの均衡（閉じた社会内部の秩序）を分析しようとしたことにあるのではないか。つまり、均衡理論の「視点を変えた」[94]のであり、その結果として後者においては（キリスト教文化圏の）宗教性が不要となり、進化は自然法則によって捉え直されたのである。

第三に、表象作用によってもたらされる観念についてである。すでに述べたように形は表象作用によって運動から切り取られたものであるが、その実体は概念（concepts）であり、イデーであり、理念（idéals）である。オーリウは『社会運動論』においてはこれらを区別することなく同義で用いている[95]（例えば、『社会運動』四二参照）が、ここでは観念またはイデーということにしよう。観念またはイデーは「画定された形」であるが、一方で、「意識された事実から分離され、客観的に思念された」ものであり、他方で、「人間の精神に無意識の状態で存在する」ようなものである。したがってそれは、確かに表象作用によってもたらされるものであるが、しかし人間の精神がいわば捏造したものでは決してない。その意味で、それは客観的なものであり、事実あるいは現実からも人間の精神からも独立した存在である。彼によれば、このような観念またはイデーの存在を前提とする社会科学は「哲学的主観主義と袂を分かって、客観的観念論に立脚する」ものであり、「プラトン的な観念論にまでさかのぼらなければならない」（同・四三。さらに、一三三－一三六も参照）。彼が「現代版の実念論」者あるいは「現代版の概念実在論」者であるといわれる[96]所以であり、「イデーの実在性はオーリウの哲学的確信である」[97]。ところで、すでに述べたように形は非連続であり、機械的運動の法則性から脱して自由を有し、観念またはイデーも同様である。その結果、観念またはイデーは「運動の現実に働きかける」のであり、彼によれば、「表象的エネルギー」または「イデーの力（idées-forces）」を有する（同・四四）。そして、現実からも人間の精神からも独立した観念またはイデーは、このような潜在的エネルギーを包蔵しつつ、流体が波動の中を移動するように（同・四三）、あるいは「模倣という波動」（同・五八）によって伝播する。(98) かくして、観念またはイデーは、熱が「閉じた壷」＝系の中で伝播するように、社会的集団の内部に行き渡るのである。

そこで第四に、個人のエネルギーによって規定された連帯についてである。オーリウによれば、連帯（solidarité）とは「社会的な結びつき」、要するに人間の集団であり、その構成員である個人のエネルギーの種類によって三つの形態をとる。すなわち、欲望に立脚した有機的連帯、信念に立脚した表象的連帯、意思に立脚した指導的（倫理的）連帯である（『社会運動』八二）。そして、有機的連帯と表象的連帯は「相互補完的」（同・九一）関係にあり、両者の「連結器（trait d'union）」（同・一〇一）となるのが、あるいは両者を統合するのが指導的連帯である。ここでは、有機的連帯と表象的連帯のそれぞれの性質・両者の関係・両者と指導的連帯の関係について順次検討することにしよう。まず、有機的連帯と表象的連帯のそれぞれの性質についてである。このうち、有機的連帯は「集団主義的であると同時に個人主義的である」（同・八四）。したがって彼によれば、集団の集団主義的側面を説明しようとする限りにおいて「有機体説（organicisme）」は一定の真理を含んでおり」（同・八三）、それは有機体としての集団がその構成員に対して有する強制力である。有機体説がこの点を強調する、あるいはこの点のみによって集団を説明しようとするのに対して、彼は「個人の潜在的な力」（同）にも着目して、すでに述べたようにそれが本能的で機械的な欲望であることから、有機的連帯は「まったく機械的」であり、集団主義的側面の「強制力と同時に物質性によって特徴づけられる」（同・八四）という。このように有機的連帯が物質的なものに依拠しているのに対して、表象的連帯は「社会的運動の表象という精神的なもの」に依拠している（同・八五）。そして、この「精神的なもの」が種としての類似性を前提とした「社会的な事柄に関する典型的概念」（同・八六）または「一般的な型」であることから、「表象的連帯は画一化傾向（*conformatrice*）を有する」（同・八七）。その結果、表象的連帯は「精神的表象における全員一致によって構成される」（同・八五）。もちろん、ここでいう「全員一致」は表象的連帯それ自体を形成することとその基盤としての社会的啓示によって明らかにされる「信念と行為規範との全体」（一二六頁）とに限定され、それらの具体的な内容は物質的で機械的な有機的連帯との関係で変わってくると考えるべきであろう。

次に、有機的連帯と表象的連帯の関係についてである。両者の関係が相互補完的であることはすでに述べたが、問題はこのことが何を意味するかである。オーリウによれば、「有機的連帯は社会……の個体的存在を構成し、表象的連帯についていては、それは、集団の魂とまではいえないが、……少なくとも法人の実在的基盤（fondement réel）を構成する」（『社会運動』九二）。ということは、有機的連帯は法人の個体性の側面を、表象的連帯はその人格性の側面を、それぞれ意味し、自然人における個体と人格が一体不可分であるように、有機的連帯＝個体性と表象的連帯＝人格性も一体不可分である。そして、有機的連帯と表象的連帯を統合するのが指導的連帯であることから、彼によれば、「個体性は有機的概念であり、精神人格（personnalité morale）は表象的概念であり、法人格（personnalité juridique）は倫理的概念である」（同・一四四）。ここに至って精神人格と法人格が明確に区別されたわけであるが、この区別は、とくにギュルヴィッチがオーリウの制度体論において重視するもの(99)であり、次節での検討課題としたい。有機的連帯と表象的連帯の関係でもう一つ注目すべきは、前者における強制の要素と後者における自由の要素との関係で、主権論に変化がみられるということである。彼によれば、集団としての国民に帰属する「有機的主権」と、一体を形成する類同としての人々に帰属する「表象的（représentative）主権」とは別のものである。このうち、表象的主権は「実定法上は（législativement）」代表（représentatif）制として現象し、その下で人々は代表者（représentants）をとおして行動する。その際、人々、すなわち有権者と代表者とは委任関係にあるので、表象的主権は分有主権である（したがって、選挙権は権利[100]が、表象的主権＝分有主権が「すべての主権」を意味するわけではない（同・九六―九七）。表象的主権＝分有主権は「主権的集団」としての国民とは別の存在である有権者団に帰属するが、「強制ではなく自由である。その主たる行使は組織的圧政に対する障碍として機能する」。それに対して、「集団のあらゆる強制力は……集団としての有機体を体現する政府」にある（同・九七―九八）。ここで有機体とは「主権的集団」としての国民であり、その結果、その集団としての強制力を伴う主権＝有機的主権とそれに対抗する有権者団の表象的主権＝分有主権とによって、主権あるいは「政治権力」（同・九七）は複合的に構成される。とりわけ、表象的主権＝分有主権が「自由」であり、その行使が「組織的圧政に対する障碍」であるというのはその後の服従の主権を髣髴させ、委任理論と分有主権は維持されているが、ここにはすでにその後の彼独特の多元的主権論の萌芽がみられる（さらに、同・一四一、および『行政法精義』三・二七も参照）。

最後に、有機的連帯および表象的連帯と指導的連帯との関係についてである。有機的連帯と表象的連帯を統合するのが指導的連帯である旨すでに述べたが、ここで指導（conduite）とは、「社会的運動を運動の表象に適合させることである」。このことを個人に当てはめれば、「行為する（se conduire）とは、行動を行為規範に適合させることである」（『社会運動』一〇五）。そして、「有機的連帯はそれ自体本質的に動態的であり」（同・八五）、現実からの抽出作用である表象とその帰結である観念またはイデーとは「より静態的」（同・一一〇）であるので、両者の統合によってもたらされるのは、「静態的組織とこの組織の不断の更新」、あるいは「社会的静態」である。ここで「静態（statique）とは、単なる静止ではなく、まったくの均衡であり」、「持続的均衡（équilibre durable）」である[101]。これはいわば、表象によって枠をはめられた機械的運動であり、一定の方向に導かれた社会的運動であるが、明らかにハイエク的な「自生的秩序」とは異質なものである[102]。そしてオーリウは、運動＝動態・表象＝静態・両者を統合する指導＝行為というような分類を一般化して、物理的世界にもこの分類を当てはめ[103]、その結果、「物理的世界の行為」（同・五―六）というような概念を持ち出して、それを対象とするのが熱力学であるという。すでに指摘した（一四三頁）ように、そこにおいては物理的現象が能動的に捉えられているわけであるが、それはともかく、ここで確認しておくべきは彼にとって自由とは何かである。彼によれば、表象が現実を切り取ることによって非連続性が社会的運動に導入され、その結果として社会的運動という機械的運動から脱した「非連続な行為」＝選択の余地、すなわち自由が可能となる（同・一一二参照）。確かに、彼にとって運動それ自体は機械的法則性に支配されているので自由ではない。彼にとっての自由とは表象作用がもたらす非連続性＝選択の余地であり、その選択に運動（個人のレベルでは行為）を適合させる、あるいは「表象エネルギーによって運動エネルギーを規制する」（同・一一七）のが指導である。したがって、指導は本来倫理的・道徳的であり、それによって一方で、運動の機械論と表象の自由とが統合されるとともに、すでに述べた（一四一頁）ように「社会学に道徳学の性質」が付与されるわけである。彼にとって、「社会科学は道徳的科学なのである」[104]。他方で、これもすでに述べたように「社会的静態」がもたらされるが、これは動態と静態の「均衡の組織化」（同・一一五）である。このように指導によって「社会的静態」へと導かれることを、彼は熱力学の第二法則の一表現を用いてエントロピーの増大であるとかエントロピーの拡散というが、本来物質やエネルギーの拡散の程度を示す指標であるエントロピーで彼が意味しているのは、平等を前提とした自由という意味での正義である[105]（同・一二五。さらに、一一三も参照）。その結果、彼は「エントロピーの拡散の中に自由の原理をみている」（同・一一六）のである。かくして、動きを含んだ（mobile）均衡状態としての「自由を目的とする静態」（同・一一九）が「閉じた壷」において実現されることになるが、これは制度体に他ならない。

　章を改めて制度体論を分析する前に、『伝統的社会科学』および『社会運動論』とオーリウの法理論との関係、換言すれば前者において確立された社会学的方法と法理論との関係についてふれておきたい[106]。

オーリウは、一九〇〇年以降、社会学関係の著作を残さなかった。その意味で、社会学の側からみれば、彼が社会学的方法を確立した『伝統的社会科学』は「死産」[107]といえなくもない。しかしながら、同書と『社会運動論』は台頭しつつあった社会学との関係で才能あふれる彼が「若気の至り」で著したものは決してなく、両書が著された一八八〇年代から一九〇〇年前後にかけての時期は彼にとって「暇つぶし」の時期では決してない[108]。とりわけ、『伝統的社会科学』では批判的に検討されたタルドとデュルケムを中心とする社会学理論をとおして社会的現象が隅々まで考え抜かれており、その過程でオーリウの法理論における独自の諸概念の多くが導き出されている。その代表が贖罪としての制度体であり、その後、制度体論は行政法理論の中で宗教性を払拭して法の一般理論へと発展するのである。このような制度体論の例からいえることは、第一に、多くの偉大な理論家・思想家がそうであるように、オーリウにおいても、理論全体の理解にとって初期に書かれたものが決定的に重要だということである。第二に、理論の表面に表れていると否とにかかわりなく、彼の社会理論・法理論に対するカトリック思想の影響を過小評価してはならないということである。制度体論についていえば、確かに、その「発生基盤はあくまでも行政法であり[109]」、すでに述べたようにそのことを否定するつもりはない。しかし、制度体論は同書において「その原型が示された」ことからすれば、「オーリウにおいて、行政法学の研究と『制度』理論の構築とは、完全に一体のものとして展開したわけではない[110]」ことも否定することはできない。ここで制度体論の源についてこれ以上踏み込むべきではなく、この点については次節一で考察する。ここで確認すべきは「その原型」におけるカトリック思想という宗教性である。すなわち、社会学に関する初期の著作の主たる目的は、「社会的均衡という理念の下でキリスト教道徳によって示される方向性の優位を改めて主張すること」であり、前期の制度体論に表れているように法学の領域でもこのような目的を追求した彼は、「第三共和制の偉大なカトリック思想家として位置づけられる」わけである[111]。ところが、このことが彼の世俗的栄達を阻む要因の一つとなるのである。すなわち、彼には何度かパリ大学法学部へ移る話が[112]

あったようであるが、いずれも実現しなかった。[113] その主たる理由は、「あまり賛同を得ていたとはいえない[114]」彼の法理論における社会学的側面[115]だけではなく、それに加えて、というよりもそれ以上に、反教権主義政策を推進する急進派政府の下で彼のカトリック思想が敬遠されたからであろう。[116] 要するに、さまざまな意味における彼の「異端の理論[117]」がパリへの途を閉ざしたのである。

いずれにしても、『伝統的社会科学』と『社会運動論』における社会学的側面を切り落とした結果として、法学者としてのオーリウが成立したのではない。一九世紀の実証主義と伝統的カトリック思想という「本質的二元論」に「悩まされた[118]」という側面があることは否定しないが、『伝統的社会科学』において確立され、『社会運動論』において掘り下げられた社会的現象を分析する枠組みとしての社会学的方法（それを「精神主義的社会学[119]」というか否かはともかく）に、彼は「生涯をとおして忠実であった[120]」。換言すれば、彼は両書をとおして「当時社会学と法学を隔てていた溝をあえて越えた[121]」のである。その意味で、両書には「オーリウの思想の基本的方向性[122]」が表れているといえる。このような社会学的方法の継続性からすれば、それを確立した一八八〇年代から一九〇〇年前後にかけての時期は彼の法理論の形成にとって「本質的な段階[123]」だったのである。

（1）兼子仁・磯部力・村上順『フランス行政法学史』一九九〇年一二-一三頁および八九-九四頁（兼子執筆）。さらに、cf. Pascale Gonod, "L'enseignement du droit administratif" in Pascale Gonod, Anne Rousselet-Pimont et Loïc Cadiet (dir.), *L'Ecole de droit de la Sorbonne dans la Cité*, 2012, pp. 108-110.
（2）同右・九二頁（兼子執筆）。さらに、一三頁（兼子執筆）も参照。
（3）François Burdeau, *Histoire du droit administratif*, 1995, p. 109.
（4）Maurice Hauriou, *De la formation du droit administratif français depuis l'an Ⅷ*, 1893（初出は1892であり、Mathieu Touzeil-Divina (dir.), *Miscellannées Maurice Hauriou*, 2013 に収録されているが、本書は一八九三年版を用いた）, pp. 14-20,『行政法精

義』二・四〇-四五、および三・二五四-二五九。なお、同論文の問題点については、cf. Mathieu Touzeil-Divina, "Maurice Hauriou, mystificateur ou héros mythifié" in *ibid.*, pp. 88-102.

（5） Cf. Alphonse de Beauchamps, *Recueil des lois et règlements sur l'enseignement supérieur*, t. I, 1880, pp. 426-427. さらに、cf. pp. 137 et 143.

（6） 拙稿「黎明期のフランス憲法学――ペッレグリーノ・ロッシを中心に――」龍谷紀要二九巻一号二〇〇七年一九頁、および兼子他・前掲書註（1）、一三一頁（兼子執筆）。

（7） Frédéric Audren et Marc Milet, "Préface Maurice Hauriou sociologue Entre sociologie catholique et physique sociale", Maurice Hauriou, *Écrits sociologiques*, 2008, p. XⅢ.「法学と両立する……社会学」を見出したオーリウは一八九四年から翌年にかけて「きわめて独創的な社会科学の自由講義［おそらく公開講義］」を行ったといわれ（pp. XXV-XXⅥ）、それを単行本にまとめたのが『伝統的社会科学』であり、同書の正確なタイトルは『社会科学講義　伝統的社会科学』である。

（8） Cf. Maurice Hauriou, *La science sociale traditionnelle*, 1896（同書は二〇〇八年に復刊された（Le même, *supra note*（7）に所収）が、本書はオリジナル版を用いた）, pp. 396-397 note 1. 以下、同書からの引用は『社会科学』頁という形で示した。

（9） 第三共和制の成立から一八九一年（『行政法精義　初版』に対する影響の可能性という点で一八九二年は含めない）までに出版された憲法関係書としては、Charles Lefebvre, *Étude sur les lois constitutionnelles de 1875*, 1882 : A. Saint-Girons, *Manuel de droit constitutionnel*, 2e éd., 1885 : Victor Molinier, *Cours élémentaire de droit constitutionnel*, 1885 : Théophile Aumaître, *Manuel de droit constitutionnel*, 1890 がある。さらに、純粋にアカデミックなものとはいえないが、Émile Boutmy, *Études de droit constitutionnel*, 1885 がある。これらを含めたエスマン以前の第三共和制下の憲法学は、わが国の憲法学界がこれまでほとんど論じてこなかった領域であり、序章第二節註（13）でふれたように、この点については、改めて論じる機会をもちたい。

（10） Lucien Sfez, *Essai sur la contribution du doyen Hauriou au droit administratif français*, 1966（rééd., 2011）, p. 68.

（11） 磯部力「モーリス・オーリウの行政法学」兼子他・前掲書註（1）、二五八頁註（28）。

（12） *Ibid.*, p. 69.

（13） したがって、「フランスの大学であってもすべての版が揃っていることは稀な」（磯部力）『行政法精義』は他の版も入手困難であることから、二〇一〇年にその初版から第一二版までが一括して復刊されたことの学問的意義はきわめて大きい。

（14） Cf. François Fournié, *Recherches sur la décentralisation dans l'œuvre de Maurice Hauriou*, 2005, p. 2.

（15）さらに、cf. Maurice Hauriou, “A propos des droits réels administratifs”, Revue générale du droit, de la législation et de la jurisprudence, 1914, p. 336.

（16）『行政法精義』の第四版になると、社会組織論と法源論が削られ、法的国家論が一般公法の中に取り込まれた（初版では法的国家論＝一般公法）結果、行政法に至る導入部分は大きく変更された。それに対して、第五版における行政法に至る導入部分は、基本的には第四版のそれと同じである。行政法に至る導入部分＝憲法概論に限っていえば、第三版の叙述がもっとも整っているように思われる。そのためもあってか、「第三版においてオーリウは、公法の基礎理論［＝国家の理論］を実質的に初めて詳述した」といわれる（木村琢麿『財政法理論の展開とその環境』二〇〇四年九〇頁）。

（17）磯部・前掲論文註（11）、三三七頁註（10）。

（18）小島慎司『制度と自由』二〇一三年二－四頁。さらに、『公法原理』一・Ⅶ－Ⅷも参照。

（19）水波朗『トマス主義の憲法学』一九八七年三七頁。ただし、制度体論が法の一般理論であることからすれば、それをベースに『公法原理　初版』で展開されたのは、公法の諸原理というよりも「全法秩序の基本理論」（Roman Schnur, “Einführung”, Ders. (Hrsg.), *Die Theorie der Institution und zwei andere Aufsätze von Maurice Hauriou*, 1965, S. 17）であり、同書を一読すれば明らかなように、同書はオーリウにとって「国法学」であると同時に法学概論でもある。なお、彼が同書を執筆するに際して、すぐ後で概観する『行政法精義』の初版から第五版までの導入部分である広義の公法を論じた部分＝憲法概論が存在したことを忘れてはならない。

（20）例えば、『公法原理』の初版は、おそらく『行政法精義』を除いて、「もっとも独創的でもっとも省察された著作」（Roland Maspétiol, “L'idée d'Etat chez Maurice Hauriou”, Archives de philosophie du droit, 1968, p. 255）であるといわれる。さらに、cf. Olivier Beaud, “Préface”, Maurice Hauriou, *Principes de droit public*, 1910 (rééd., 2010), pp. 7-11（この序文には頁数が付されておらず、数字は本書の筆者が前から付したものである）. 初版に対するこのような高い評価に対して、第二版（一九一六年）は「多くの点で新しい著作」（R. Maspétiol, supra note（20）, p. 258）であり、一部に、凡庸な著作にすぎないという評価（L. Sfez, *supra note*（10）, p. 53 ; Gabriel Marty, “La théorie de l'Institution” in *La pensée du doyen Maurice Hauriou et son influence*, 1969, p. 37）がある。また、第一次世界大戦をはさんだ初版と第二版の相違については多くの論者が指摘する（オーリウ自身の言い分については、cf. Maurice Hauriou, “An Interpretation of the Principles of Public Law”, Harvard Law Review, 1918, p. 813,『公法原理』二・Ⅵ参照）が、本書では精神人格と法人格の区別の有無という点から次章第二節四で考察する。

（21）　R. Schnur, supra note (19), S. 17.

（22）　『憲法精義』の初版は一九二三年に、第二版は一九二九年に、それぞれ出版され、両版における相違についても議論がある（cf. Lucien Siorat, "La sociologie du Doyen Maurice Hauriou" in *supra note* (20), p. 56）が、この相違は『公法原理』の両版における相違と比べれば本質的ではないであろう。また、『憲法精義』の両版における重複については、水波・前掲書註（19）、四七–五三頁参照。なお、行政法講座から憲法講座への変更はオーリウ自身の希望によってなされたとのことである（Julia Schmitz, *La théorie de l'institution du doyen Maurice Hauriou*, 2013, p. 350 ; Jacky Hummel, "Présentation De la fondation de la liberté politique par les institutions constitutionnelles", Maurice Hauriou, *Précis de droit costitutionnel*, 2e éd., 1929 (rééd., 2015), p. 1 note 2（この序文には頁数が付されておらず、数字は本書の筆者が前から付したものである））。

（23）　磯部・前掲論文註（11）、二七二頁註（1）。

（24）　régime administratif について、制度体の「概念との混同を避け、また、国家の統治システムの類型化という趣旨を明確にするという趣旨で」（橋本博之『行政法学と行政判例』一九九八年一八頁註（1））、訳語として、これまで多く用いられてきた行政制度ではなく行政体制を採用した。行政体制とは、国家にとって本質的な集権運動として歴史の一定の時期に現れる「歴史的な概念」（磯部・前掲論文註（11）、二六二頁）であり、「行政作用が強力に集権化された執行権によって遂行される［結果、］自力執行の特権（裁判の介入ないしに執行する特権）の下に行政作用が遂行される［とともに、］行政作用に適用される『行政法』と『行政裁判制度』が存在するという、権力とその法的統制の均衡が成り立つ国家システム……である」（橋本・前掲書註（24）、一四頁）。さらに、木村・前掲書註（16）、一三一頁および二二一–二二五頁も参照。

（25）　磯部力は、『行政法精義』の第八版から第一〇版は、「『公法原理』の二つの版にほぼ対応する時期に書かれているためか、彼の行政法理論の細部にわたり、……その根拠となる行政法思想的レベルの説明を相対的に多く含んでいるという特徴を持っている」（磯部・前掲論文註（11）、二三七頁）として、第八版と第一〇版も重視する。

（26）　同右・二五八頁註（29）。このような改訂ごとの叙述の変遷からすれば、オーリウは改訂ごとに新しい著作を執筆するつもりでいたのではないかと思わざるをえない。前節四の冒頭で、「オーリウは、『行政法精義』の一一の版……を含めれば、膨大な業績を残したといえる」と述べた所以である。この点で、『行政法精義』は第一二版（一九三三年）まで改訂されたベルテルミーの『行政法要論（*Traité élémentaire de droit administratif*）』（初版は一九〇一年）と対照的である。また、業績の多さと、叙述、さらには主張内容の変遷とからすれば、取り上げようとするオーリウのテキストについては、業績全体におけるその位置づけを常に考えなければならないのであり、このような考察を経ていないオーリウのテキストの引用は恣意的であるとの誇りを免れないであろう。その典型が選挙権の法的性質をめぐる議論であることは第三章第一節註（119）で示すとおりである。

（27）personnalité morale et juridique（さらに、『行政法精義』一・六も参照）によって次章第二節四で取り上げる精神人と法人が区別されているか否かは判断できないが、同時期に書かれた判例評釈によれば、「精神人格（personnalité morale）は法人格（personnalité civile）と異なる。精神人格は社会的存在であるのに対して、法人格は法的観点からみた存在である」（Maurice Hauriou, *Notes d'arrêts sur décisions du Conseil d'État et du Tribunal des conflits*, t. I, 1929 (rééd., 2000), pp. 302-303)。

（28）拙著『国民主権と法人理論――カレ・ド・マルベールと国家法人説のかかわり――』二〇一一年一九〇–一九一頁参照。

（29）さしあたり、『行政法精義　初版』（二二）から、次のようなオーリウの団体論を引用しておこう。すなわち、結社とは「永続的に共同で活動する人間集団」であり、契約によって設立される「擬制的存在（être fictif）」であるが、この存在は「実在する事実」であり、国家はこの存在に法人格を付与するにとどまる。

（30）オーリウは、この時点で、矯正装置としての「国家の概念が弱まる時期と強まる時期とがある」（『行政法精義』一・六）と主張するが、このような主張は、Maurice Hauriou, “L'alternance des Moyen-Âges et des Renaissances et ses conséquences sociales” Revue de métaphysique et de morale, 1895（註（7）で言及した「社会科学の自由講義」の一部を活字にしたもの（p. 527 note 1））を経て、『伝統的社会科学』において、前者を中世（moyen-âges）、後者をルネッサンス（renaissances）として、両者の交替によって歴史的変遷を説明する政治体制の周期理論（序章第三節註（10）参照）の原型へと発展するが、この点については、本節三で取り上げる。

（31）団体（association）と住民（population）は、オーリウは言明しないが、前者が人的集団の全体に着目するのに対して、後者がその構成員に着目する点で、異なるのであろう。団体の形態である人民と国民については、この時点では、人民が同一政府に服従する被治者の全体であるのに対して、国民は同一国家に属する民族共同体である（したがって、その構成員には国籍が必要）とされている（『行政法精義』一・八-九）。その後の別の観点からの区別については、第三章第一節註（10）参照。なお、この時点では、社会契約論は、「理念の次元」（同・九）においては、すなわち法的観点から団体の創設を説明する限りで、容認されている。

（32）オーリウは、『行政法精義　初版』（三〇-三一参照）の時点では、国家と教会の関係について、積極的に政教分離に反対していないように思われる。その理由は、おそらく、「生存競争という自然の法則」に対する矯正装置としての国家と教会とではそれぞれの原理が異なるからであろう。それに対して、本節三で述べるように、『伝統的社会科学』では、政教分離は一定の条件の下で明確に主張される。

（33）　したがって、オーリウの方法が否定的な意味での方法的混合主義であるというよくある批判（Georges Gurvitch, “Les idées = maîtresses de Maurice Hauriou”, Archives de philosophie du droit et de sociologie juridique, 1931, p. 158（ギュルヴィッチ自身がこのような批判を行っているわけではない（さらに、米谷隆三「オーリュー法学方法論への理解」『米谷隆三選集（第一巻）』一九六〇年一五九頁も参照））：Ulrich Häfelin, *Die Rechtspersönlichkeit des Staates*, Bd. I, 1959, S. 262 Anm. 262：Frederick Hallis, *Corporate Personality*, 1930（reprinted, 1978）, pp. 227-228）は、必ずしも正鵠を得たものであるとはいえない（さらに、前節註（61）も参照）。

（34）　なお、法的国家論の内容については、『行政法精義』の初版と第二版との間に大きな相違はないように思われるが、いくつかの点を指摘しておきたい。第一に、初版の結社に関する叙述が第二版では削られている。第二に、第二版では、「国家の背後に隠されている自然の有機体を忘れてはならない」（『行政法精義』二・四）と主張されていることから、国家の社会的実体の側面が若干強調されているように思われるとともに、国家と国際社会（オーリウは「国内有機体（organisme national）」に対して「国際有機体（organisme international）」という）の関係（二七–二八）が追加されている。なお、第二版の序文で初版の盗作疑惑はふれられていない。

（35）　宮沢俊義『公法の原理』一九六七年九七頁。さらに、「紹介及批評」国家学会雑誌四一巻二号一九二七年一五〇–一五三頁（宮沢俊義執筆）も参照。

（36）　Roger Bonnard, “L'Origine de l'Ordonnancement juridique” in *supra note*（20）, pp. 50-51：André Desqueyrat, *L'institution, le Droit objectif et la Technique positive*, 1933, pp. 35-36：Louis Le Fur, *Les grands problèmes du droit*, 1937, p. 248：L. Sfez, *supra note*（10）, pp. 34, 90 et 388：U. Häfelin, *supra note*（33）, S. 225：Hansjügen Friedrich, *Die Institutionenlehre Maurice Haurious*, 1963, S. 8：Miriam Theresa Rooney, “Introduction”, Albert Broderick（ed.）, *The French Institutionalists*, 1970, p. 2：Wolfgang Fikentscher, “Maurice Hauriou und die institutionelle Rechtslehre” in *Funktionswandel der Privatrechtsinstitutionen. Festschrift für Ludwig Raiser zum 70. Geburtstag*, 1974, S. 563, 三代川潤四郎「二つの社会生命論（一）――制度理論の一研究――」法学一五巻一号一九五一年一一五頁。

（37）　オーリウが立脚しているのは二元論か多元論かという問いを立てる論者がいる（L. Sfez, *supra note*（10）, p. 46 note 121）が、対立軸が複数存在する場合には必然的に多元論となるので、このような問いは無意味である（『公法原理』一・X参照）。その意味で二元論と多元論は互換的であるが、この点について、ここでは、Marcel Waline, "Les idées maîtresses de duex grands publicistes français : Léon Duguit et Maurice Hauriou", L'Année politique française et étrangère, 1930, pp. 39-44 et 54-55 ; E.A. Poulopol, "L'idée de libéralisme dans l'œuvre juridique de Maurice Hauriou" in *Mélanges Paul Negulesco*, 1935, pp. 589-593 のみを挙げておく。

（38）　ギールケについては、前掲拙著註（28）、六六-六七頁および七一-七三頁参照。

（39）　L. Sfez, *supra note* (10), p. 8. 同様の指摘として、Jacques Fournier, "Maurice Hauriou arrêtiste", Études et documents Conseil d'État, 1957, p. 162, 木村・前掲書註（16）、六一頁註（9）。さらに、小島・前掲書註（18）、五八頁も参照。

（40）　H. Stuart Jones, *The French state in question*, 1993, p. 185. また、オーリウにおいて、「社会学は、カトリックの教義に適合する限り、集団と個人を両立させる社会的・政治的組織に関する学の可能な条件として提示される」ともいわれる（F. Audren et M. Milet, supra note（7）, p. Ⅷ. p. XLⅡも同旨）。

（41）　L. Sfez, *supra note* (10), p. 69. ただし、オーリウの初期の社会学関係の著作を集めたM. Hauriou, *supra note* (7) の出版とその序文（F. Audren et M. Milet, supra note（7））とによって、フランスにおける状況は大きく変わった。この序文の重要性については、cf. O. Beaud, supra note（20）, p. 2 note 1 ; Guillaume Sacriste, "L'ontologie politique de Maurice Hauriou", Droit et société, 2011, pp. 475-476.

（42）　米谷隆三「オーリューの制度理論への理解――制度の社会学的概念から法学的概念へ――」前掲書註（33）、二〇七-二一二頁、水波・前掲書註（19）、一二一-一二八頁、仲野武志『公権力の行使概念の研究』二〇〇七年一二三-一二六頁、および小島・前掲書註（18）、一六〇-一六二頁参照。

（43）　ここで社会科学（単数形）とは法学や社会学を含んだ現在のわれわれがいうところの社会科学である。また、社会科学が複数形で用いられる場合には、その一つが社会学であり、une science sociale＝sociologie となる。オーリウにおける広義の社会科学の内容については、cf. L. Sfez, *supra note* (10), pp. 181-182 ; Jean-Arnaud Mazères, "Hauriou ou le regard oblique" in *Politique, communication et technologies. Mélanges en hommage à Lucien Sfez*, 2006, pp. 49-50. なお、一九世紀末のフランスにおいては、社会科学という用語は社会学という用語よりも「カトリック系の論者に受け容れられやすかった」という指摘（H.S. Jones, *supra note* (40), p. 180 note 2）がある。

（44）　オーリウは「社会的なものの存在論」（J. Schmitz, *supra note* (22), p. 115）の立場に立っているわけであるが、水波朗は、「オーリユウの考え方は、基底的には常にスコラ哲学的であ」るとしたうえで、オーリウにおける社会的事実は質料的対象であり、形相的対象は人間の行為であるという（水波・前掲書註（19）、一二一‐一二三頁）。確かに、質料形相論は「彼の社会科学研究の導きの糸」（M. Waline, supra note (37), p. 54）であるといわれるように、彼の社会理論全体からすれば水波のいうとおりであろうが、しかし、社会的事実には主観的要素が含まれることから、社会的事実と人間の行為との関係に質料形相論を持ち込むことにはやや無理があるのではないか。

（45）　類同という訳語については、同右・一六頁に拠る。

（46）　興味深いのは、集団が類似を引き受ける（＝「類似を外化する」（『社会科学』一三二））ことによって、その構成員は相違を発展させる自由を獲得するというオーリウの主張である。つまり、社会の組織化によってもたらされる分業が発達すればするほど、個人は特定の仕事に専念できるのであり、社会とは、「自らと、自らと類似しているものとを認識し、後者を引き受けることによってそれから個人を解放する場」（一二二）であり、「社会の主要な存在理由は、それが個体性を解放することである」（一一）。その結果、人間が「その理性を解放し、進歩への第一歩を踏み出したのは、社会状態によってであり」（一一三）、ルソーの主張に反して、人間は自然状態におけるよりも社会状態における方が自由である。

（47）　幻示という訳語については、水波・前掲書註（19）、一九頁に拠る。

（48）　オーリウによれば、「タルド氏はこの［信念と行為規範との］全体を社会の定言的基盤（fond catégorique des sociétés）と呼ぶ」（『社会科学』三三）。タルドの「社会の定言的基盤」については、ガブリエル・タルド（池田祥英・村澤真保呂訳）『模倣の法則』二〇〇七年二四一頁参照。

（49）　佐藤幸治『現代国家と司法権』一九八八年一〇一頁。

（50）　伝統という言葉は「カトリック神学の用語」（Michel Halbecq, *L'état son autorité, son pouvoir* (*1880–1962*), 1964, p. 507）であるといわれるが、ここでいう第二の意味はそれに近いであろう（ジョン・A・ハードン（浜寛五郎訳）『現代カトリック事典』一九八二年四九五‐四九六頁参照）。

（51）　水波・前掲書註（19）、一二四頁。オーリウ自身もそのように主張している（『公法原理』二・XXIII）。

（52）　水波・前掲書註（19）、一二五頁および一二〇頁。

（53）　Cf. Julien Bonnecase, "Une nouvelle mystique : la notion de l'institution", Revue générale du droit, de la législation et de la jurisprudence, 1932, p. 83 ; Hans Julius Wolff, *Organschaft und juristische Person*, Bd. I, 1933 (Nachdruck, 1968), S. 374f. ; Georges Vedel, "Le Doyen Maurice Hauriou et la Science politique" in André de Laubadère, André Mathiot, Jean Rivero et Georges Vedel, *Pages de doctrine*, t. I, 1980, p. 53 ; Albert Broderick, "Preface", A. Broderick (ed.), *supra note* (36), p. XⅦ ; H. S. Jones, *supra note* (40), p. 185 ; F. Fournié, *supra note* (14), p. 46.

(54) 同右・一三頁および一九頁。

(55) 米谷隆三「制度法学の展開」前掲書註(33)、一一頁参照。多くの論者がオーリウに対するトミスムの影響を指摘する(とくに、cf. J. Schmitz, *supra note* (22), pp. 257-260)中にあって、この点について慎重に評価する論者として、cf. Julius Stone, "Two Theories of "The Institution"," in *Essays in Jurisprudence in Honor of Roscoe Pound*, 1962, pp. 332-333 ; H. Friedrich, *supra note* (36), S. 10 ; M. Halbecq, *supra note* (50), pp. 499-500 ; Julien Barroche, "Maurice Hauriou, juriste catholique ou libéral?", Revue française d'histoire des idées politiques, 2008, pp. 324-325 ; Christopher Berry Gray, *The Methodology of Maurice Hauriou*, 2010, pp. 27-28. 浜田純一「制度概念における主観性と客観性——制度と基本権の構造分析序説——」現代憲法学研究会編(小林直樹先生還暦記念)『現代国家と憲法の原理』一九八三年五二〇頁註(7)参照。とりわけ、仲野武志は、「主観法と客観法の均衡を探るオーリウ学説の基調は、狭義のトマス主義……というよりは、自由と必然の二律背反を解こうとしたカント的理性批判の流れを汲むものと思われる」(仲野・前掲書註(42)、四一頁註(97))とまでいう。

(56) スフェズは、オーリウには「機能的説明に対する……選好」があるとしたうえで、「機能的説明というこの主旋律は［オーリウの］全著作を貫通している」という(L. Sfez, *supra note* (10), p. 31 note 84. p. 243 も同旨)。このことは、彼の社会理論が源や解決よりも過程を重視することに通じるであろうし(cf. Ch. B. Gray, *supra note* (55), pp. 71 and 145)、また、すでに述べた(三一頁)、変遷する事実に密着して自らの理論をそれに適合させるという彼の法理論の特徴のためにも必要である。

(57) 水波・前掲書註(19)、二一六頁。

(58) 同右・二五頁。たとえそうであるとしても、すでに述べた(一一三頁)ように『伝統的社会科学』に宗教的叙述が散見されることは否定できず、とくに一八五や三五九の叙述における宗教性は濃厚であるといわざるをえない。なお、オーリウのプロテスタント批判については、三七三―三七四参照。

(59) 米谷・前掲論文註(42)、二〇七―二〇八頁。

(60) 仲野・前掲書註(42)、一二五頁。

(61) したがってオーリウは、当然、社会的事実を物（chose）として捉えるデュルケム（四五頁）に反対するが、社会的関係を心理的要素のみに還元してしまう「心理主義学派と呼びうる社会学者の一派」、つまりタルドにも反対する（『社会科学』三〇一-三〇二）。その結果、オーリウは、社会理論の枠組みについて、デュルケムを批判してタルドに依拠したというよりも、客観主義的なデュルケムと主観主義的なタルドとを統合しようとしたと理解すべきである（さらに、一二四-一二五頁も参照）。

(62) 米谷・前掲論文註（42）、二一〇頁。

(63) 国家の法は、政治的に統一された全体の利益に関する規制法（Droit réglementaire）と、国家の存在を前提とすることなく個人の平等に関する個人法（droit individualiste）とから成る（『社会科学』三五六-三五七）。この区別は制度体論における規制法と規約法の区別（二一四頁）の原型であろう。なお、オーリウのいう平和は、戦争状態の欠如という消極的概念ではなく、同意のある状態であり、平和と正義は密接不可分である（Olivier Beaud, "Hauriou et le droit naturel", Revue d'histoire des facultés de droit et de la science juridique, 1988, p. 137. さらに、二一一頁も参照）。

(64) この三分法それ自体はコントの強い影響を受けたものであり（cf. M. Hauriou, supra note (30), pp. 528-529）、その意味で ibid. はコントの影響下にあるが、ibid. には形而上学的または国家的社会と宗教的社会による現実的社会の救済という考え方は存在しない。また、オーリウの三分法が共時的であるのに対して、コントのそれは通時的である。なお、形而上学的または国家的社会と宗教的社会による現実的社会の救済という点については、『行政法精義』三・三一-五も参照。

(65) 現実的社会に存在するのは富（richesses）であり、それが国家の法制度の中に取り込まれることによって財（biens）となる（『社会科学』三一九）。オーリウにおける富と財の区別については、木村・前掲書註（16）、一二八-一二九頁および一五九-一八〇頁参照。

(66) 水波・前掲書註（19）、三七五頁参照。オーリウによれば、国家が政治的統一体であるのは、現実的社会のみがそれである場合と宗教的社会のみがそれである場合との「中間的状況」であり、国家は「贖罪組織（tissu rédempteur）」でありつつ独自の権力源を有しないので両社会を圧殺することはなく（『社会科学』三八四-三八五。さらに、『行政法精義』三・一六-一七も同旨）、それどころか、「宗教的抑圧と現実的社会の抑圧とに対する共通の防衛のための人々の合理的集団」（『社会科学』三九五）であり、その意味で個人の解放者である。

(67) Adhémar Esmein, *Éléments de droit constitutionnel*, 1896, p. 1.

(68) 前掲拙著註（28）、二三七-二三八頁参照。

（69）現実的社会→国家的社会→宗教的社会という順で組織化（=「制度」化）は進展する（仲野・前掲書註（42）、一二五頁。さらに、『行政法精義』三・三も参照）。

（70）Cf. E.A. Poulopol, "L'idée de libéralisme dans l'œuvre juridique de Maurice Hauriou" in *Mélanges Paul Negulesco*, 1935, pp. 594-595. それに対して、cf. M. Halbecq, *supra note*（50）, p. 534.

（71）オーリウのいう国家はドイツ国法学でいうところのアンシュタルト（Anstalt）ではない。アンシュタルト国家論においては、国家は所有物として他の主体から外在的に支配される（前掲拙著註（28）、三二一-三三頁参照）が、オーリウの社会理論においては、すでに述べたように国家と現実的社会との実体は同じであり、両者で異なるのは組織の仕方であるので、国家を現実的社会によって外在的に制約するとは、国家の組織の仕方を現実的社会のそれによって制限するということである。

（72）したがって、一九〇五年に制定された政教分離法（同法の翻訳として、小泉洋一『政教分離と宗教的自由』一九九八年三七一-三七九頁参照）に対して、オーリウは基本的に肯定的な評価を下している（『行政法精義』六・八四三-八八六、および『公法原理』一・三九五-四一四参照）。

（73）オーリウは現実的社会の組織化のための利益代表の一つとして職業組合の必要性を主張する（『社会科学』三九〇）が、政治権力と経済権力の分離の必要性から、公務員の組合活動に対しては微妙な立場をとらざるをえず（三七二-三七三、および『行政法精義』三・一〇-一一参照。さらに、cf. G. Gurvitch, supra note (33), pp. 190-191 ; Le même, *L'Idée du Droit Social*, 1932 (rééd., 1972), pp. 705-706）、後年、公役務におけるストライキに反対している（Maurice Hauriou, *Notes d'arrêts sur décisions du Conseil d'État et du Tribunal des conflits*, t. II, 1929（rééd., 2000）, pp. 89-90. さらに、cf. t. III, 1929（rééd., 2000）, pp. 167-174,『公法原理』一・三四五および四八八-四八九も参照）。さらに、cf. H.S. Jones, *supra note*（40）, pp. 196-197 ; F. Fournié, *supra note*（14）, pp. 21-22. もっとも、サクリストによれば、オーリウは『行政法精義　第六版』によって「デュギーが［当初］躊躇したルビコン川を渡」った、すなわち、共和派政府に公然と反対して公務員組合を支持する立場に立った（公務員に団結権が認められるようになるのは一九四六年）。ただし、サクリストも認めているように、オーリウが容認するのは国家の枠内における組合活動である（Guillaume Sacriste, *La République des constitutionnalistes*, 2011, pp. 435-438）。なお、オーリウによれば、産業界（私的生産分門）における「ストライキは……私闘（guerre privée）への回帰である」（『公法原理』二・四三-四四註（2））。

（74）Georg Jellinek, *Die rechtliche Natur der Staatenverträge*, 1880, S. 9ff. ; Ders., *Gesetz und Verordnung*, 1887（Nacdruck, 2005）, S. 198f. ; Ders., *System der subjektiven öffentlichen Rechte*, 1892, S. 184f.

（75）中村睦男『社会権法理の形成』一九七三年一六七頁。

（76）拙稿「第三共和制の成立とアデマール・エスマンの国民主権論」大石眞・土井真一・毛利透編（初宿正典先生還暦記念論文集）『各国憲法の差異と接点』二〇一〇年六七-八二頁参照。

（77）Cf. F. Audren et M. Milet, supra note (7), pp. XXXVII-XXXVIII.

（78）飯野賢一「モーリス・オーリウの公法学説研究（三・完）――制度理論・ナシオン主権論の構造解明に向けての試論――」早稲田大学大学院法研論集九〇号一九九九年五〇頁註（72）参照。さらに、cf. G. Gurvitch, supra note (33), pp. 188-190 ; Le même, *supra note* (73), pp. 701-705. 多元的主権論は、主権内部の理論構成によって選挙の影響を限定しようとするという点で、理論構成の内容は異なるが、結局、エスマンへの回帰といえなくもない（cf. F. Audren et M. Milet, supra note (7), p. XXXVIII）。

（79）中世は、換言すれば、国家の政治・行政組織に対して非政治的な中間団体（institutions）の優勢な時期である（M. Hauriou, supra note (30), pp. 534-535）。

（80）さらに、cf. ibid., pp. 527-528.

（81）Ibid., p. 541. ただし、すでに述べた（註（64））ように ibid. には国家と宗教的社会による現実的社会の救済という考え方が存在しないだけではなく、半中世という概念も存在しない。しかし、すでに指摘した（一三七頁）現実的社会と国家と宗教的社会の関係の変容にもかかわらず、オーリウが三者の間の均衡状態を理想としていることは間違いない。その際、救済あるいは贖罪というカトリック的な概念を導入したことが『伝統的社会科学』の特徴であるとともに、既存の社会学に対する彼の独自性であるといえるであろう。このことは、次章で詳細に検討する制度体論との関係で過小評価されてはならない。

（82）したがって、オーリウによれば、これらの改革が目指したのは「半中世を平和的に組織化すること」（『社会科学』三九三）である。

（83）水波朗によれば、「ここにあるのは、ヘーゲル的な観念論的歴史観でもなければ［『社会科学』一一二-一一四参照］、またマルクス主義的な史的唯物論でもない、独創の歴史観であり、おそらく『自然法史観』とでも言うべきものであろう」（水波・前掲書註（19）、一一八頁）。それに対して、cf. F. Fournié, *supra note* (14), p. 45. なお、オーリウはマルクス主義を一部容認している。すなわち、現実的社会＝経済的社会が歴史の原動力であり（『社会科学』一八九）、社会的事実において客観的要素が主観的要素に反映される（本書一二四-一二五頁）。そのためもあってか、オーリウはマルクス主義者から一定の評価を受けているとのことである（Bjarne Melkevik, "Pasukanis : une lecture marxiste de Maurice Hauriou", Revue d'histoire des facultés de droit et de la science politique, 1989, pp. 295-296）が、下部構造による上部構造の支配と史的唯物論とには自由意思の必要性という点から（同右・三九-四一頁）、また、集産主義には政治権力と経済権力の分離という点から（同右・一二七頁）、それぞれ反対する。さらに、cf. G. Platon, *Pour le Droit Naturel*, 1911（同書は『公法原理　初版』の一種の書評である）, pp. 20-21.『社会科学』二八六-二八八も参照。

（84）オーリウによれば、「社会科学は一元的であってはならず、世界の明白な二元性を実際に承認しなければならない」（『社会科学』二七註（1））。

（85）Maurice Hauriou, *Leçons sur le mouvement social*, 1899（同書は二〇〇八年に復刊された（Le même, *supra note*（7）に所収））, p. 62. 以下、同書からの引用は『社会運動』頁という形で示した。

（86）『社会運動論』における注意すべき用語法の一つとして、organique と mécanique が同義で用いられているということがある。ドイツ国法学では、内在的生命原理の有無という点で Organismus と Mechanismus は反対概念である（Ernst-Wolfgang Böckenförde, "Organ, Organismus, Organisation, politischer Körper" in *Geschichtliche Grundbegriffe*, Bd.Ⅳ, 1978, S. 588f.）が、同書における organique と mécanique は、有機体の内部にしろ運動の過程にしろ法則性によって支配されている、その結果として自由意思が排除されているという点で同義である。その結果、後ほど述べるように有機体に自由は存在しない。

（87）Victor Leontowitsch, "Die Theorie der Institution bei Maurice Hauriou", Archiv für Rechts-und Sozialphilosophie, 1937, S. 203.

（88）F. Audren et M. Milet, supra note（7）, pp. LⅡ-LⅢ. さらに、cf. Pierre Hébraud, "La notion de temps dans l'œuvre du Doyen Maurice Hauriou" in *supra note*（20）, p. 188.

（89）Jean-Arnaud Mazères, "La théorie de l'institution de Maurice Hauriou ou l'oscillation entre l'instituant et l'institué" in *Pouvoir et liberté : études offertes à Jacques Mourgeon*, 1998, pp. 253-254.

（90）Cf. F. Hallis, *supra note*（33）, p. 222.

（91）仲野・前掲書註（42）、一二四頁。ある論者によれば、「オーリウはキリスト教的個人主義に立脚している。[彼にとって、] 最終的な実在は個々の人間である。その意識と意思が社会的素材におけるあらゆる運動の最終的な源である」（V. Leontowitsch, supra note（87）, S. 220）。

（92）水波・前掲書註（19）、一四頁。それに対して、オーリウは、「個体と人格の区別はフランスの公法関係の文献ではあまり注目されていない」と不満をもらしている（『社会運動』四七註（1））。

(93) 水波・前掲書註（19）、一五頁。

(94) F. Audren et M. Milet, supra note (7), p. XLⅦ.

(95) 概念とイデーの相違については、cf. Jacques Chevalier, "Le Concept et L'Idée" in *supra note* (20) : J. Schmitz, *supra note* (22), p. 264.

(96) 石川健治『自由と特権の距離［増補版］』二〇〇七年一九〇頁註（436）。

(97) V. Leontowitsch, supra note (87), S. 211. Ders. "Die Theorie der Institution bei Maurice Hauriou", Archiv für Rechts-und Sozialphilosophie, 1936, S. 365も同旨。「オーリウにとって、イデーは存在それ自体であり、すぐれて存在である」ともいわれる（Ch. B. Gray, *supra note* (55), p. 168）。さらに、cf. G. Gurvitch, supra note (33), p. 158.

(98) オーリウは、模倣という概念あるいは模倣の理論について、「タルド氏に帰せられる、現在のフランス社会学の主要な業績である」（『社会運動』五八）と賞賛しているが、「オーリウは［必ずしもそれに］満足しない」（同右・一八五頁）、あるいは「オーリウは［タルドを］超えている」（Ch. B. Gray, *supra note* (55), p. 14）といわれるように、オーリウはタルドに全面的に賛成し、依拠しているわけではない（とくに、『社会科学』二八〇註（2）および八六参照。さらに、本書一二四頁および註（61）も参照）。

(99) Cf. G. Gurvitch, supra note (33), pp. 175-176 : Le même, *supra note* (73), pp. 690-693.

(100) ただし、同時期に書かれたものの中に、二元説的な記述がみられる（cf. Maurice Hauriou, "Philosophie du droit et science sociale" in Le même, *supra note* (7)（初出は1899), p. 467）。

(101) オーリウは、「社会的静態」は制度体であり、situations d'état juridiques であるというが、situation d'état は訳しにくい表現である。彼によれば、situation d'état には私的なものと公的なものとがあり、後者は公権力としての国家（Etat puissance publique）とは別のものである。後者は公権力としての国家の中に存在する法源であり、公権力としての国家は後者をいわば枠づけ、組織化する（『社会運動』一〇七-一〇八、一一一および一四〇）。彼は後年、situation d'état を法的状態（situation juridique）と言い換えている（『公法原理』一・九八註（1））が、法的状態については、次章第二節一で取り上げる。デュギーのいう situation juridique との相違も含めて、cf. J. Schmitz, *supra note* (22), pp. 153-157.

(102) J. Barroche, supra note (55), p. 330.

(103) オーリウは、運動（帰納的方法）・その表象（演繹的方法）・その指導（帰納的かつ演繹的方法）という点から学問を分類して、例えば、物理学を観察物理学・数的物理学・熱物理学によって構成する（『社会運動』一六三-一六五。さらに、八二-八三も参照）。

(104) Ch. B. Gray, *supra note* (55), p. 117.

(105) オーリウは、平等を自由に先行させて、平等が存在しなければ自由も存在しないという立場に立っている（『社会科学』八一）。

(106) なお、オーリウは『社会運動論』と同年に公表された論文で同書と『伝統的社会科学』を要約している（cf. M. Hauriou, supra note (100), pp. 471-473）が、この要約は必ずしも要領を得たものとはいえない。

(107) *Ibid.*, p. 2. ただし、この論者も、当然、『伝統的社会科学』において確立された方法が法理論において維持されていることを認めている（cf. p. 76）。

(108) F. Audren et M. Milet, supra note (7), p. Ⅷ.

(109) 磯部・前掲論文註（11）、三二七-三二八頁註（10）。したがって、「行政制度［＝本書のいう行政体制（註（24）参照）］こそは、オーリウにとって、『制度』理論構成の母体となったものである」（三二四頁）。さらに、cf. J. Stone, supra note (55), p. 298 ; O. Beaud, supra note (63), p. 130, 米谷隆三「制度理論の構造」同『約款法の理論』一九五四年六五三頁も参照。

(110) 橋本・前掲書註（24）、五〇頁。さらに、cf. F. Audren et M. Milet, supra note (7), pp. XXIX-XXX.

(111) Ibid., p. LⅦ. さらに、cf. Norbert Foulquier, "Maurice Hauriou, costitutionnaliste 1856-1929" in Nader Hakim et Fabrice Melleray (dir.), *Le renouveau de la doctrine française*, 2009, pp. 285-286, 註（91）も参照。

(112) Vgl. R. Schnur, supra note (19), S. 12.

(113) L. Sfez, *supra note* (10), p. 73 ; H.S. Jones, *supra note* (40), p. 183 note 9. その他のパリへの転出の試みについては、cf. F. Audren et M. Milet, supra note (7), pp. XLV-XLⅥ, 磯部・前掲論文註（11）、二五〇頁註（8）参照。とりわけ、オーリウも候補者の一人となったデュクロックの後任人事（一八九九年）については、cf. G. Sacriste, *supra note* (73), pp. 195-197（さらに、cf. pp. 396-398）; Jean-Michel Blanquer et Marc Milet, *L'Invention de l'État*, 2015, pp. 123-128.

(114) François Gény, *Science et technique en droit privé positif*, 2ᵉ tirage, t. II, 1927 (rééd., 2003), p. 93. ジェニーは、オーリウの中に法学に対する社会学の最良の影響をみることができるが、その結果は必ずしも満足のいくものではない（前節註（59）参照）という（pp. 108-110）。オーリウの方法論に対してきわめて否定的な評価を下すものとして、cf. L. Siorat, supra note (22), pp.

53-54. それに対して、cf. G. Sacriste, *supra note* (73), pp. 109-112.

(115) とりわけ、保守的な民法学者は法学が社会学的な要素を取り込むことに対して批判的であり、この点について、オーリウではないが、デュギーを揶揄するものとして、cf. Charles Beudant, *Le Droit individuel et l'État*, 1891 (rééd.), p. 224 note 2. しかし、社会学の法学への導入は科学主義の社会への適用を促す高等教育行政（第一章第一節註（199）参照）に沿うものであり、とくに歴史的観察にもとづいて帰納的に法則を抽出するという点では、『伝統的社会科学』で示された政治体制の周期理論の原型（註（30））はそのモデルとさえいえるであろう。

(116) オーリウ自身の回想によれば、「学問［の世界］にまで反教権主義が持ち込まれた当時」、『伝統的社会科学』は「黙殺」された（『公法原理』二・XII-XIII）そうであるが、「黙殺」、さらには「スキャンダル」（G. Sacriste, *supra note* (73), p. 197 note 48）とまではいえないまでも、「共和制精神と政教分離が同視される」状況の下で、同書に対する評価は二分されたといわれる（F. Audren et M. Milet, supra note (7), p. XLII）。また、『行政法精義』が宗教的組織による救済の必要性を主張すること（『行政法精義』三・四-五）は、行政法の体系書（教科書）としては、確かに異例であろう。さらに、cf. G. Sacriste, supra note (41), pp. 479-480. 小島・前掲書註（18）、二八一-二八六頁も参照。

(117) Marc Milet, "L. Duguit et M. Hauriou, quarante ans de controverse juridico-politique (1889-1929) essai d'analyse socio-rhétorique" in Carlos-Miguel Herrera (dir.), *Les jurists face au politique*, t. I, 2003, p. 109.

(118) Alfred Dufour, "La conception de la personnalité morale dans la pensée de Maurice Hauriou et ses fondements philosophiques", Quaderni Fiorentini, 1982-1983, p. 718.

(119) P. Hébraud, supra note (88), p. 189.

(120) L. Siorat, supra note (22), p. 60. オーリウ自身も同じ趣旨のことを述べている（『公法原理』一・一四註（1）、および二・一五註（1））。

(121) J. Schmitz, *supra note* (22), p. 127.

(122) G. Marty, supra note (20), p. 31.

(123) F. Audren et M. Milet, supra note (7), p. VIII.

第二章　法人論と制度体論

オーリウにおける制度体論の形成過程は次のような三つの時期に分けられるのが一般的である。[1] すなわち、制度体論が、社会学的方法の確立過程の中で萌芽的な形態で示される前期、法の一般理論としてまとまった形で提示される中期、「制度体と創設の理論　社会生命論」一九二五年において完成される後期である。このうち、中期は制度体論の「綱領論文」[2]といわれる「制度体と規約法（"L'institution et le droit statutaire"）」一九〇六年に始まるが、制度体論を分析・検討するにあたって常に念頭に置かなければならないのは、序章第三節（三三頁）で指摘したように、制度体論は法人論から導き出された理論、あるいは法人論を発展させた理論だということである。制度体論とは、オーリウ的な法人論なのである。このことは、彼自身が法人論と制度体論とを一体不可分なものとして両者の変遷過程を回想している（『行政法精義』九・一二二–一二五註（1）、一〇・八六–八九註（1）および（2）、ならびに一一・二九〇–二九一註（1））ことからも明らかであり、制度体の概念の変遷過程を追跡するに際してはその背後に存在する法人論の変化に必ず目を向けなければならない。と同時に、制度体論は彼の法思想・法理論を凝縮したもの、あるいはそれらの基盤であることから、[3] 制度体論における変化は法理論に、さらには法的国家論に反映される。とりわけ、法的国家論に一定以上の変化が現れたときには、制度体論にさかのぼって検討しなければならない。

ところで一方で、他の概念や理論の場合と同様に制度体に関するオーリウの叙述は変転きわまりなく、他方で、制度体について「オーリウは一個の確立した定義というものを与えていない。それどころかさまざまの場所で実に多様な定義を行っている」[4]。そこで、制度体に関する特定の叙述をもってその定義とするのではなく、複数の叙述を列挙することによってそれらから最大公約数的な定義を抽出しようと試みられることがある。[5]その際、まったく恣意的に叙述が選択されているとはいわないが、しかしながら、制度体に関する叙述が彼の全体としての「著作という大洋における一種の諸島[6]」であることからすれば、やはり、代表的な定義をすでに示した前期・中期・後期という時間軸に沿って丹念に分析・検討するという単純な方法の方が有意味な結果をもたらすのではないか。現に、従来の方法では、少なくともわが国の法学界においては、中期から後期にかけての、本書の筆者の理解によれば制度体論の内容の変化というよりも、制度体論の位置づけあるいはそれが果たすべき機能の変化（しかも決定的な変化）を捉えきることができない、あるいはその重要性を十全に認識することができないのである。その結果、この変化との関係で法的国家論（の変化）も積極的に考察されることはない。[7]そこで、本章では制度体に関する代表的な定義を公表順に分析するが、その際、制度体論の変遷に関する彼自身の回想に勝る道案内はないであろうから、『行政法精義』の最終改訂版である第一一版（二九〇–二九一註（1））における回想（初出は『行政法精義』九・一二三–一二五註（1））の内容をここで要約しておこう。

オーリウは、やや謙遜して、『公法原理　初版』が出版された一九一〇年以前は、前節四（一四三頁）で言及した「社会的現実の構成要素としての人格」という論文を除いて、「人格に関する問題について正面から」論じることはなかったとしたうえで、「制度体と規約法」以来の考察をとおして、法人（personne morale）は「客観的な素材」とによって構成されるべきであるというように考えるに至ったという。このような考え方においては、制度体は、まず「客観的個体」を形成し、そこに機関と意思が備わることによって「精神主体（sujet moral）」へと転換される。これが、同書における法人論＝制度体論の「第一の形態」である。ところが彼によれば、「第一の形態」は「精神主体」の「実体（*substratum*）」という点で「不完全」であり、その原因はミシュウのいう「利益の中心（*centre d'intérêt*）」をもって「客観的個体」としたことにある。そこで、この「不完全」さを克服するための「第二の努力」として、

「利益の中心」が担うべき役割を「全体としての集団が追求する起業または営為のイデー（idée de l'entreprise ou de l'œuvre）」に移転しなければならない。このより包括的でより精神的な要素によって、「精神主体」をイデーと集団の構成員（の精神作用）という「複合的概念」によって構成することができる。これが、『公法原理　第二版』一九一六年以降の法人論＝制度体論のいわば第二の形態である。さらにオーリウによれば、第二の形態においては、「精神主体」と機関（organes de gouvernement）の関係が「いまだうまく確立されないままである」。とくに、前者が後者に積極的に働きかける関係がそうである。そこで、オーリウはサレイユの人格と所有の関係（主体の指標としての物を所持すること（appropriation））から示唆を得て、「精神主体」と機関の間に「機関の権限の所有として理解された集団の構成員の支配権（souveraineté）」を設定することによって、両者の相互関係を説明しようとする。これが、法人論＝制度体論のいわば第三の形態であり、オーリウによれば、同書・『憲法精義　初版』一九二三年および「制度体と創設の理論　社会生命論」における法人論＝制度体論である。

　以上が制度体論の変遷に関するオーリウの回想であるが、ここではその内容について検討しない。それは本章の全体をとおしてなされるべきであり、ここでは次の三点を指摘しておきたい。第一に、本章第一節で述べるように、彼は、一九〇六年以前から、法人は「客観的な素材と主観的な素材」とによって構成されるべきであると考えており、その結果、「『客観的個体性』『主観的人格性』という視点は、「制度体論の変遷の」全体を通じて一貫している」[8]。このことが何を意味するのかについては本章第一節一で考察するが、この「視点」が確立されたのが本書のいう制度体論の前期であり、したがって、それを除いた彼のいう制度体論の第一の形態と第二の形態とを合わせたものが本書のいう中期にあたることになる。第二に、彼とミシュウ・サレイユとの関係についてである。三者の関係については所説[9]あるが、捉え方に相違が生じるのは、制度体論の内容のどの点に着目するか、またその変遷のどの時点を問題にするかに拠るのであり、特定の捉え方が誤っているのではないと考えるべきであろう。この点については、本章で必要に応じて検討する。第三に、オーリウは制度体論の変遷をとおして、当然、制度体論の完成を目指したわけであるが、すでに述べたようにオーリウにとって制度体論とは法人論そのものであるということからすれば、「人格をめぐる問題は〔研究生活全体をとおして〕何によりも……オーリウにつきまとった問題である[10]」ということができるであろう。

第一節　前期（萌芽期）――制度体論と「普通の法人論」

すでに述べた、一九一〇年以前は、「社会的現実の構成要素としての人格」を除いて、「人格に関する問題について正面から」論じることはなかったというオーリウの主張を額面通り受け取ることはできない。本節では、まず『伝統的社会科学』における制度体論について、次に『社会運動論』における制度体論とその背後に存在する法人論についいて、それぞれ検討したうえで、『伝統的社会科学』において結社の自由の重要性と必要性とが繰り返し主張されていた（一三八頁）ことから結社法に対する彼の評価について言及するが、その前に『行政法精義　初版』における法人論をみておくことにしよう。

一　贖罪としての制度体

オーリウの行政法学の特徴は、すでに述べた（前章第一節註（158））ように、行政を「人格化された公権力」による「権利の行使」として捉えることによって、「行政法を私法と同様の強固な法論理体系として確立」しようとしたことである。そして、行政法の定義は行政主体・権利・権利の行使という三つの要素によって構成され、これらの要素に対応する形で『行政法精義』のすべての版は編成されている。磯部力は、このような定義は、「すくなくとも一九世紀末の段階においては、きわめて新鮮なものであった」という。[11] 本書の筆者はオーリウの行政法学に精通している磯部の評価に異議を唱えるつもりはないが、ただいえることは、オーリウは一九世紀の行政法（学）の歴史を、「行政組織や公役務の表層的な分類学から、意思表示たる行政行為をもってする行政人格の権利行使という体系原理への発展過程として捉えている」[12] ということである。その結果、オーリウは行政法（学）の歴史をいわば私法原理の浸透過程と捉えたうえで、自らの行政法学をその延長線上に位置づけるべく、行政を「人格化された公権力」による「権利の行使」として捉えるのである。その主たる目的は、公権力の行使における国家無答責の原則を否定して、公権力関係を可能な限り「人格化された公権力」との権利義務関係として理論構成したうえで、公権力の行使によって発生した損害の責任を国家に負わせることであり、[13] その手段が公権力の人格なのである。彼の行政法学において人格が「中心概念」といわれる所以であるが、すでに述べた（一二二頁および一三三頁）ように制度体論がカトリック思想の中から生まれたものであることからすれば、人格と制度体では出所が異なるといえなくもない。しかし一方で、これもすでに述べた（一五一頁）ことであるが、制度体論が行政法理論の中で宗教性を払拭して法の一般理論へと発展し、他方で、法人論が制度体論の基盤を成すことから、人格が制度体論の中に取り込まれることによって制度体論と法人論は一体不可分のものとなるのである。それに対して、『行政法精義　初版』における法人論は制度体論と結びついていない段階のものであり、確かに彼のいうように「人格に関する問題について正面から」論じたものとはいえず、そこに彼の独自性を見出すことはできない。彼によれば、広義の国家は、狭義の国家・県・市町村・植民地・公施設（établissements publics）という行政主体（personnes administratives）によって構成され、各行政主体は公法上の法人格と私法上の法人格という「二重の人格」を有する。この「二重の人格」によって、行政主体は公権力と私法上の権利とを享有する[14]（『行政法精義』一・一四七－一四九）。このように、同書における法人論は行政主体に限定された簡単なものであり、第二版においても同様である（『行政法精義』二・一七二－一七四）が、それが『伝統的社会科学』における制度体と出遭うことによって「社会的現実の構成要素としての人格」へと発展するのである。

『伝統的社会科学』における制度体論については、前節三で叙述を進めるために必要な範囲で言及しており（一三二頁および一三三頁）、それとの重複は不可避である。同書における制度体論の特徴はその宗教性である。すなわち、個々の人間は生存競争において自らの個体（＝相違）を最大化しようし、そのために力によって組織（organisation）を作るが、組織とその下での「平和」（『社会科学』一九三）とが維持されるには、その構成員は個体性を犠牲にして類似性（＝人間の本性）に服従しなければならない。その結果、形（forme）によって他の存在から分離されて個体＝体（corps）を備えた組織は、さらに魂（âme）という内的原理を得て制度体（institution）へと転換される。オーリウはこのような「社会的組織による贖罪を制度体の現象と呼ぶ」（同・一八八）が、仲野武志によれば、「贖罪組織」（同・二三九および三八四など）としての制度体は、「人的秩序としての内的結合よりは、むしろ均衡手段としての外的機能を主眼とする」[15]。仲野のこの評価は、制度体が贖罪あるいは救済のための手段であるという側面（＝宗教性）に着目したものといえるであろう。以下では、形の重要性・体と魂の関係・制度体論の源について検討することにしよう。

第一に、形の重要性についてである。形に関する議論は、いわば、贖罪あるいは救済という実体を捨象した制度体に関する形式的議論である。オーリウによれば、「形は形成力を有する（formatrice）だけではなく、先行する要素である」（『社会科学』三三九）。すなわち、形は空間を占有することによってものに個体（＝体）という実体を確保し、その意味で、逆説的であるが、形は「社会的組織の実体的［＝物質的］要素」であり、「物ハ形ニヨッテ存在スル（*Forma da esse rei*）」。それに対して、社会的「組織の精神的要素は分化した職分（fonction）である」（同・三四〇）。ここで職分とは社会的組織の「全体としての目的に仕える特定の活動」（同・三四一）であり、「社会的組織それ自体において職分の自覚が生じたとき」（同・三四三）、換言すれば統一的精神作用（＝魂）が生じたとき、制度体が成立する。「制度化とは、職分の自覚なのである」（同・三四二）。その際、職分が分化し、全体としての制度体によって自覚されるに至る過程は、『伝統的社会科学』においては分業という以外は明らかにされていない。物質的要素としての形については、制度体はそれを「精神化し、内化し（intériorise）」、その結果として内部に法をもたらすが、形に関する議論で重要なのは次の点である。すなわち、「当初、……形は外側に存在した。……次の段階〔＝制度化された段階〕……には、内側に移動した。職分を支える役割を付与されたそれ〔形〕は〔制度体〕の骨格（squelette）を形成する」（同・三四四）。ここでは、いわば外壁として始まった形が、制度体のさまざまな職分が結びつけられる骨組みへと転換されており、その結果、成立した制度体においては、形が中期以降の制度体論において決定的に重要な役割を果たすイデーの役割を担っていると考えられる。本書が制度体論の前期を萌芽期と呼ぶ所以である。しかも、前期を萌芽期と呼ぶこの理由から、そうする第二の理由が直ちに導き出される。つまり、形は当然形式的なものであるから、そこに制度体を支える実体的なものを求めることはできない、換言すれば、制度体は自らの内部に自らを正統化する原理を求めることはできない。その結果、同書においては、「後に制度理論との対立が明確化される社会契約が『公的権威の根拠』として援用され⑯」るわけである。いずれにしても、形によって付与された個体（＝体）に統一的精神作用（＝魂）が付与されることによって、制度体は成立する。

そこで第二に、体と魂の関係についてである。集団現象を体（個体）と魂（人格）という客観的要素と主観的要素によって二元的に説明することは、すでに述べた（一四四頁）ように、オーリウの法理論におけるもっとも重要な点の一つであるとともに、多くの論者によって、彼がトミスムに立脚している根拠の一つとされる。前者については、これもすでに述べた（一二四-一二五頁）ことであるが、彼が社会科学の対象を客観的要素と主観的要素によって二元的に構成することの表れ、あるいはそれを集団現象に適用したものであり、その結果、このような集団の捉え方に一貫性があるのは当然である。もちろん、客観的要素と主観的要素のどちらに力点を置くかは時期によって異なるが、すでに述べた「『体が先行する』という原理⑰」は不動であり、彼は集団現象も含めた社会的現象を客観的なものに主観的なものが浸透する過程、あるいは客観的なものの主観化として捉える。ここに、彼が熱の拡散や伝導を対象とする熱力学に対して関心を抱く原因の一つがあるのではないか。後者については、トミスムの影響を否定するつもりはないが、彼のテキストを客観的に読まなければならない。彼は、体と魂の関係について、「魂は、体の形それ自体であるというアリストテレス・トマスの考え方」ではなく、心理的現象をすでに有する「体に原動力として付与されるというプラトンの考え方」に依拠すべきであるという。オーリウの理解した「プラトンの考え方」においては、「魂は体の心理的要素に結びつけられる」が、オーリウが魂と心理を分ける目的は、そうすることによって個体における心理の発達を説明することができるからのようである[18]（『社会科学』一六九註（1）。三五九－三六〇註（1）も同旨）。オーリウは後年プラトンの洞窟の比喩にも言及しているが、体と魂の関係についてオーリウは「プラトンの考え方」によって「アリストテレス・トマスの考え方」を否定したというよりも、おそらく当時の心理学の知見にもとづいて後者に修正を加えたと考えるべきであろう。オーリウは「実定心理学」の方法と「人格に関するスコラ哲学の定義」とを融合させようとしたといわれる[19]所以である。いずれにしてもオーリウのいう「心理的要素」は道徳的判断を含まないものであり、カントのいう感覚[20]に近いもののように思われるが、この点も含めてここでは哲学的考察には踏み込むことなく、次のことを確認しておきたい。すなわち、確かにオーリウの哲学的基盤の一つはトミスムであるが、しかしトミスムの影響は論点ごとに慎重に見きわめなければならないということである（一一七頁参照）。

第三に、制度体論の源についてである。本書の筆者は制度体論におけるカトリック思想という宗教性を強調してきた（とくに、一五一頁参照）が、このことは、当然、制度体論の源の一つがカトリック思想であるということを意味する[21]。もちろん、制度体論の源については諸説あり、それが複数存在することを否定するつもりはない。それどころかむしろ、制度体論の源を一元的に理解することは不可能であろう。本書の趣旨は、これまであまり注目されてこなかった制度体論の「原型」における宗教性を強調することにあり、それのみが制度体論の源であると主張することではない。いずれにしても、制度体論の源について検討するに際して注意すべきは、制度体論の中身を指し示す制度体という用語とを区別しなければならないということである。また、制度体論の萌芽期のみを論じた段階での検討には一定の限界があるということも否定できないであろう。そこで、制度体論の具体的な源についてであるが、まず、デュルケムの社会学が挙げられる。ある論者は、「制度の概念は、デュルケムの業績に代表されるフランス社会学学派の諸研究の成果である」[22]というが、その際、デュルケムの具体的な業績が示されているわけではない。彼によれば、制度とは、「集合体によって確立されたあらゆる信念や行動様式」であり、個人の外に客観的な「もの」として存在する（四五頁参照）既成物あるいは形成されたものである。[23]それに対して、オーリウが制度体論においてもっとも重視するのは制度体の形成過程であり（前節註（56）参照）、制度体論は「本質的に機能的である。制度体はものではなく、プロセスなのである」[24]。したがって、オーリウが制度体論においてデュルケムからまったく影響を受けていないとはいわないが、オーリウの動態的な制度体はデュルケムの静態的な制度とは異質なものであるといわざるをえない[25]。次に、オーリウは「イギリス的制度から〔制度体論の〕着想を得た」[26]といわれる。ここで「イギリス的制度」とは、法律が「その起源の正当性を問われることなく司法権の優位の下に裁判官によって適用される……国家システム」[27]であり、そこにおいては行政作用は司法権の統制の下で行われる（司法的行政国家）。このような、かつてヨーロッパに広く存在し、現在ではイギリスのみに残されている一元的な（＝行政裁判制度によらない）法の支配を基礎的な法概念として公法理論の中に復活させようとしたのがオーリウの制度体論であるというわけである。ただし、制度体論において、「司法権に重きを置くイギリス流の思考方法」[28]が鮮明になるのは制度体論の中期以降である。最後に、サヴィニーの法制度が挙げられる。石川健治によれば、「法領域の外に基礎を置く所与の存在としての Institution〔＝有機体〕と、あくまで法領域に存する Rechtsinstitut とを、サヴィニーは厳密に区別してい〔たが、その後」『現代ローマ法の体系』では Institution 論は排除されて、狭義の Rechtsinstitut の体系化が図られた」[29]。ところが、「サヴィニーの名で語られる法人擬制説を批判・克服する努力として、とりわけフランスにおいて、サヴィニーが退けた Institution の意味での〈制度〉論が、縦横に繰り広げられることにな」り、その創始者がオーリウなのである[30]。また、用語という点で法学提要（Institutiones）との類似性を示唆する論者[31]も存在するが、いずれにしても、オーリウ自身が制度体論の源を明示してない以上、制度体論の源はデュルケムの社会学を除いた複合的なものと考えざるをえないであろう。

ところで、前期、とりわけ『伝統的社会科学』における制度体論においては、法的考察が欠如しているという指摘[32]がある。確かに、中期以降の制度体論と比較した場合、このような指摘を否定することはできないであろう。しかし一方で、同書において目指されたのは社会学的方法の確立であり、他方で、同書における制度体は「贖罪組織」としてのそれである。したがって、そこにより踏み込んだ法的考察を求めることは、いわば無い物ねだりであり、この段階では、中期以降における制度体論と法人論の一体不可分の関係はいまだ成立していない。その成立の契機となったのが「社会的現実の構成要素としての人格」であり、同論文において制度体論と法人論は結びつくことによって相互に深め合うことになるのである。

二　法人実在説と制度体論

『社会運動論』における制度体論の特徴は、前節四（一四四‐一四六頁）で述べたように、中期以降の制度体論で決定的に重要な役割を果たすイデーとそれと密接な関係にある表象という概念との出現、および宗教性の欠如である。以下では、同書における制度体論について簡単に述べたうえで、その背後に存在する法人論について、同書の前年の公表された「社会的現実の構成要素としての人格」と同書の補論である「精神人格の基盤」との関係という点から考察することにしよう。

第一に、『社会運動論』における制度体論についてである。オーリウによれば、社会的な必要から機械的連帯＝組織（organisation）が形成され、それに対する表象的連帯の浸透によって組織は制度体となる。したがって、制度体とは、「補正する精神的表象が浸透し、それによって囲まれた組織」であり、機械的連帯と表象的連帯の調和よってもたらされる「生きた統一体」である（『社会運動』九九）。そして、両連帯を調和させる、換言すれば組織を「社会的イデーの全体」（同・一〇〇）に適合させるのは、すでに述べた（一四五頁）ように指導的連帯である。その結果、制度体においては機械論と自由の調和がもたらされ、その実体は、動きを含んだ均衡状態としての「社会的静態」である（一一八頁）。かくして、連帯、つまり集団が、道徳的なもの（行為の要素）による機械的なもの（強制の要素）と精神的なもの（自由の要素）との統合として捉えられるわけである。その際、重要な役割を果たしているのは表象という概念であり、客観的存在であるイデーを対象とする表象作用がもたらす非連続性は機械的運動の法則性から脱した選択の余地としての自由である（一四三―一四四頁）。また、このような制度体論は同書においては法人論と平行関係にある。すなわち、機械的連帯は法人の個体性の側面を、表象的連帯はその人格性（＝精神人格）の側面を、それぞれ意味し、両者を統合する指導的連帯は法人格として現象することから、精神人格と法人格が区別される（一四八頁）。ここに至って、法人論と制度体論は結合し、両者の主要な構成要素が出揃ったことになる。

そこで第二に、このような帰結を『社会運動論』においてもたらすことになる「社会的現実の構成要素としての人格」における法人論についてである。ル・フュールは、一九三〇年代に、法人擬制説が放棄されて実在説が主流となった結果、制度体論は、法人格を付与する国家の権限を枠づける理論として、法人理論において大きな意義を有するとはいえないと述べている。(33) しかし、制度体論の前期にあたる一九世紀末においては状況が異なるのであり、法人論争の真っ只中にあって、オーリウの認識によれば、当時は擬制説が圧倒的に優勢であった。(34) このような状況の下で、『伝統的社会科学』において結社の自由の重要性を繰り返し主張していたオーリウが、国家による法人格の恣意的な付与と剝奪とを制約するという目的で、実在説を支持するのは当然である。その際、法人論においてミシュウとサレイユがオーリウに先行していたが[35]、オーリウは法人論の内容でこの二人に追従するわけではない。同論文におけるオーリウの議論の進め方は次のようなものである。すなわち、人格の役割を確認したうえで、人格の歴史的発展過程を複合人（personne juridique cmplexe）→自然人（personne juridique individuelle）→法人（personne morale ou collective）というように捉えて、個体性と代表という点から法人の実在性を論証しようとする。以下では、人格の役割・複合人との関係におけるギールケ批判・自然人との関係における法人格の擬制性・法人の実在性について検討することにしよう。

まず、人格の役割についてである。オーリウは、客観的な概念である個体（individu）と主観的な概念である人格（personne）とを混同してはならないとしたうえで、「人格とは、理性的な主観的生を備えたものとして想定された個体である」（五）という。このような人格が果たす役割は「個体的なものと社会的なものとの融合」であり、その結果として「客観的なものから主観的なものへの移行」がもたらされる（六-七）。彼が挙げている例によれば、ある文学作品（個体的なもの）は多くの個人（人格）によって読まれることによって古典（社会的なもの）となる。

次に、すでに述べたように、オーリウは複合人から、一方で自然人の人格が分離され、他方で法人が再構成されたと考えているが、便宜上、自然人との関係における法人格の擬制性についてである。彼によれば、「個人の法人格は顔につける仮面のようなものである。ここで顔とは固有の意味における主観的人格であり、個人の中に存在する人間の自我（moi）である」（一八）。ここで重要な点は「主観的人格」と法人格＝「仮面」とが区別されているということであり、この区別は、すでに述べたように、『社会運動論』において精神人格と法人格の区別として受け継がれることになる[36]。そして、法人格と精神人格の区別はその後の彼の法人論＝制度体論において維持されることになるが、この区別の意義を明らかにするには制度体論がある程度進展する必要があるので、この区別については次節で検討することにしよう。とことで、「主観的人格」あるいは「人間の自我」のような「主観的な人間の実在（réalité）」（同）のうち、法がかかわるのは意思のみであり、その理由は意思が行為という形で人間の外に現れるからである。そもそも法が規制しうるのは人間の外的行為にとどまり、その規制は「実体的自我」（同）には及びえない。法は意思の現れである行為の背後に「統一体」（同）としての「主観的人格」あるいは「人間の自我」の存在を想定するのみである。しかも、「個人の主観的意思」（二〇）あるいは現実の意思（volition）と法の世界に取り込まれた意思（volonté）とは異なり、彼によれば、後者は法的に加工されたものである。すなわち、後者においては、前者には必ずしも存在しない「統一性と継続性」（一九）が法的に付与される。例えば、法的意思は睡眠や一時的な精神障害の間も継続し、成長しても同一であり、死後も一定の範囲で存続する。「このような人間の意思の変動する現実から離れて法律関係の継続性と同一性を確保する」（同）のが法人格である。したがって、法人格は「一部人為的に作られたもの」（同）であり、「主観的現実から乖離している以上、擬制的である」といわざるをえない（二〇）。その目的は、変動する個体的なものと安定性を求める社会的なものとを両立させることであり、法人格はそのための「手段」（二一）あるいは「不動の仮面」（一九）なのである。このように彼は自然人の法人格の擬制性を強調するわけであるが、その目的は、法人の実在性を主張するにあたって法人のある程度の擬制性は障碍にはならないということを論証することでは決してない。

さらに次に、複合人との関係におけるギールケ批判についてである。ここで複合人とは、「半個体的で半集団的な（semi-individuelle et semi-collective）」（一三九）な団体あるいは「集団的であると同時に個体的な」団体であり、団体のこの形態においては団体の人格とその支配者の人格とが区別されず、団体は支配者をとおしてのみ活動することができる（一〇-一一）。複合人は本来団体の原始的形態であり、歴史的には家父長制がこれにあたるが、絶対君主制は団体のこの形態が近代において復活したものである。それ故、エスマンによって、絶対君主制は国家とその支配者を分離するというヨーロッパ「文明の長期にわたる営みの帰結」を否定するものであると評されることになる。[37] それはともかく、複合人においては「個体的なものと社会的なものとの融合」が支配者の実在する意思において実現される。ということはこの意思を団体の意思へと転換する「内部構造」が問題になるが、この問題に対するアプローチの仕方としては、オーリウによれば、「集団主義的な視点」と「個人主義的な視点」とがある（一三一四）。ここで「集団主義的な視点」とは「ギールケの理論」（一四）であるが、オーリウは「その……ゲルマン的な性質の故に理解するのが……困難な」（一三八註（1））ギールケの有機体説を理解するに際してミシュウに依拠していることを認め[38]つつ、次のようにその内容を把握したうえで批判する。すなわち、団体の支配者は団体の機関（organe）であり、「自然の有機体における器官（organes）の活動が全体としての有機体の活動であるように、この機関［＝支配者］の活動は団体の活動である。機関の主観的意思は、有機体の一体性（unité de l'organisme）という基本的事実によって、全体としての団体の意思となり、その人格の基盤となる」（一二五註（1））。「ギールケの理論」が「機関説」[39]といわれる所以である。しかし、「有機体の一体性」が器官（機関）の活動を全体の活動へと転換することについては、自然人においては論証を要しない事実であるが、「社会的有機体においては経験的基盤がまったく欠如している」。後者においては、オーリウは言明しないが機関としての自然人が固有の意思を有する以上、「主観的一体性［＝全体の意思］」を説明するために客観的一体性を援用することはできないのであり、その結果、「客観的個体」から「主観的人格」を導き出すことはできない。それ故、擬制説においては、全体の意思とそれに立脚した人格とは法によって作られたもの（fictum）とされるのであり、ギールケは擬制説と同じ「思考（état d'esprit）」に陥っているといわざるをえない（一二七註（1）。さらに、[40]『行政法精義』四・一〇八―一〇九註（1）も参照）。ギールケの有機体説と擬制説との類似性の指摘はミシュウのギールケ批判を先取りしたものであるが、オーリウのギールケ批判の中心は、多くのフランスの法学者と同様に、個人主義的な「われわれの気質からすれば、社会的現象の源については、個人の意思にまでさかのぼらなければ、十分であるとはいえない」（一四）という点にある。[41] そこで、個人の意思にまでさかのぼりつつ団体の実在性を論証するには、個人の意思を全体の意思へと転換する「代表のメカニズム」（一三八註（1））を再構成しなければならず、そのためにはもう一つの「個人主義的な視点」が必要となるのである。

最後に、法人の実在性についてである。オーリウによれば、「法は、「私法の領域においても公法の領域においても、」社会的集団を等しく意思と法人格を備えた個体へと徐々に還元してきた」（一四）。その結果、代理・代表（representation）は「法的発展の論理に属する」のである。それにもかかわらず、代理・代表理論の弱点であるとともに、ドイツ的な有機体説を成立させた原因は、「法的代理・代表が常に擬制とみなされてきたことである」。したがって、「代理・代表理論のあらゆる説明力を回復するには、代理・代表は擬制ではなく、完全に実在する社会的事実を法的に表現したものにすぎないということを示さなければならない」（一五）。要するに彼は、代理・代表あるいは代理・代表関係の実在性をもって団体の実在性としようとするのである。[42] その際、「重要な点は、「すでに述べた自然人の場合と同様に、」集団の自我の実体的存在を論証することではない」。そうではなくて、論証すべきは、集団的営為の「社会的個体性」と、この営為に「主観的生」を付与する構成員である諸個人の意思の活動とである（一一六）。まず、「社会的個体性」についてである。団体の個体は、その団体が場所・備品・予算・構成員などを伴うという意味で、「抽象的または擬制的な存在」ではなく「具体的な実在」である。と同時に、構成員の精神の中に共有されているという意味で、「擬制的でもなければ、物理的でもなく、社会的である」（一一七）。このような個体は団体の創設によって成立し、あるいは創設者から分離されることによって成立し、存続するための「形」であり（一一八）、ギールケの有機体にあたる。そして、この「形」に一体性を付与するのは「目的（but ou finalité）」であり、「目的」の担い手は団体の管理・運営にはかかわらない一般の構成員である。すなわち、このような構成員の「意思力」が必要な人と物を伴って特定の「目的」に向かうとき、団体の個体が成立する。この「意思力」は、団体の人格を支えるという意味では主観的であるが、「目的」との関係では客観的である（一三〇）。というのは、「目的それ自体が客観的で、……外的である」（一三一）からである。実は、「社会的現実の構成要素としての人格」においてはイデーという概念は用いられておらず、その役割を担っているのは「目的」であり、オーリウによれば、「精神的なもの（êtres moraux）に関する個体の存在においては」「目的の果たす役割」を否定することはできない（一三〇）。ただし、「目的」とそれに向かう「意思力」とのみでは団体の人格は生じないのであり、そこで次に、人間の活動についてである。人間の意思は「人格の構成要素」であり、団体の「主観的生」の創設に向かう。その際、生じるのが「代表的組織（organisation représentative）」である（一三一）が、そこにおいては内部の権力をめぐって代表者（représentants）と被代表者（représentés）が分離し、代表者の役割が「権利の行使（exercice des droits）」であるのに対して、被代表者の役割は「権利の享有（jouissance des droits）」である。[43] そして、被代表者の意思は「初源的（rudimentaires）」なものにとどまり、「代表者を媒介することによって」実現される。したがって、被代表者は代表者を選ぶが、代表者による権利の行使は拘束しないし、両者の間に「命令委任」は存在しない（一三二）。このような「代表的組織」の存在理由は、「内的生（vie interne）を創出すること」と内部の力を「表象的連帯の形で表出すること」とである（一三三）。このうち、後者の原動力は、団体の各構成員が「全体としての組織の外的実在」（＝団体の個体）を代表（表象）をとおして総合し、この総合が構成員の類似性にもとづいて構成員の間で共有されることにある（一三三ー一三四）。「代表とは……全体としての連帯の形であり、……集団の抽象的な像と集団の目的に関する抽象的な感情とから成る表象的連帯である」（一三七）。このような「表象的連帯」によって「代表的組織」においていったん分離された代表者と被代表者の間に一体性が確立されるが、より重要なのは両者の間においていかにして「意思の一体性」が実現されるかである。というのは、団体の「人格は一つであるので、意思は一体性を創出するような仕方で束ねられなければならない」

からである。そのためには、「支配的意思（volition maîtresse）」の形成とその代表、換言すれば「決定と執行」が必要である（一三四）。すなわち、「支配的意思」は個別意思を一般意思へと転換することによって形成され、「現実に代表される（représentée）」ことによって一体性をもって執行される[44]（一三五）。その結果、団体の全体としての意思が一体化され、「その個体の内部において一種の魂が自発的に形成される」（『行政法精義』四・一〇九註（1））。意思が一体化されるということはそこに人格が存在するということである。そして、意思の一体化を支えているのは「事実としての社会的連帯」であるので、この人格は「社会的現実を伴った実在する人格である」（一三五―一三六）。かくして、オーリウは、「表象的連帯にもとづいた代表の実在論によって、法人の社会的実在性をギールケ学派よりも受容可能な基盤に立脚させることができるであろう」（一三七註（1））と主張するのである[45]。もちろん、表象＝代表に立脚した団体が、さらにその個体が、自然人のように存在するわけではない。団体は社会的に、すなわち、その構成員とその存在を知っている第三者との、事実によって支えられた意識によって実在するのである[46]。

では、代表関係において何が代表されるのか、換言すれば代表の実在性の根拠は何か。「代表的組織」においては代表者と被代表者が分離されるが、ここで被代表者は、すでに述べたように団体の管理・運営にはかかわらない一般の構成員（国家の場合には一般国民）であるが、代表者によって代表されるわけではない。というのは、被代表者は代表者による権利の行使を拘束しないからであり、したがって、伝統的用法からすれば、被代表者という用語は適切ではないといわざるをえない[47]。そうではなくて、代表されるのは団体の個体＝形であり、客観的な存在である個体＝形が団体の構成員の表象作用をとおして共有されることによって代表者と被代表者が、さらには両者の意思が統合され、統合された意思が団体の人格を支えるのである[48]。オーリウにとって、「代表的組織」は意思を代表するのではなく、意思を統合するのである。その結果、すでに述べたように「代理・代表は擬制ではなく、完全に実在する社会的事実を法的に表現したものにすぎない」ということになるわけであるが、ここで「社会的事実」とは、構成員の精神において共有された個体＝形である。そして注目すべきは、個体↓表象＝代表↓人格という関係において出発点である個体に一体性を付与するのが目的だということである。ということは、個体＝形が代表の対象であることから、それに一体性を付与する目的はいわば間接的に代表されることになり、団体は目的共有体となる。結局、代表関係の実在性を、さらには団体の実在性を支えているのは目的なのである。このような目的が、すでに述べたようにイデーの役割を果たしているのであるが、ここで想起すべきは、『伝統的社会科学』においてイデーの役割を果たしていたのは形だということである（一七三―一七四頁参照）[49]。その結果、「社会的現実の構成要素としての人格」においては、イデーの役割が個体＝形から目的へと団体からいわば外化されたことになり、さらに『社会運動論』において目的から主観的要素が払拭されることによってイデーが成立するのである。確かに、客観的な存在としてのイデーについて、オーリウはカトリック系の哲学者であるデュメニルから強い影響を受けたことを自ら認めている（『社会科学』一八七、二五三註（1）および三六〇註（1）、ならびに『社会運動』七註（1）および四三―四四など参照）[50]が、しかし、オーリウ自身のこのような内在的発展過程も無視することはできないであろう。いずれにしても、目的がイデーへと純化され、イデーと密接な関係にある表象がさらに踏み込んで検討されるには『社会運動論』を待たなければならなかったのである。

第三に、「社会的現実の構成要素としての人格」と『社会運動論』の補論である「精神人格の基盤」との関係についてである。オーリウは、前者において法人の「主観的基盤」を追求したのに対して、後者においてその客観的な側面を重視したという（『社会運動』一四四註（1））。ここで「主観的基盤」とは「代表的組織」における一体的意思の形成過程であろうが、後者における重要な点は、前者と対を成す形で法人の客観的な側面が分析されたことというよりも、前者において示唆された精神人格と法人格の区別（一七九―一八〇頁）を前提として法人の構成要素である個体性・精神人格・法人格が同書の本論で論じられた連帯の三つの形態に対応させられていることであろう。その結果、彼の法人論（＝実在説）が完成されたというのが本書の筆者の理解であり、先走っていえば、これら三つの構成要素それぞれの形成過程を一つのプロセスに統合したのが中期の制度体論に他ならない[51]。この点については次節で検討するが、ここではこれら三つの構成要素と連帯の三つの形態との対応関係を確認しておくことにしよう。前節四（一四八頁）で述べたように、「個体性は有機的概念であり、精神人格（personnalité morale）は表象的概念であり、法人格（personnalité juridique）は倫理的概念である」。そして、法人はこれら三つの要素によって構成されることから、団体の性質という点からみれば有機的連帯・表象的連帯・指導的連帯を併せ持っている。要するに、「精神人格の基盤」は法人論＝前期の制度体論の総決算なのである。ただ、次の点は同論文以前には必ずしも明らかにされていたとはいえないであろう。すなわち、「法人格は、唯一自由の源である精神人格に直接立脚している。……自由が存在するのは、有機的な個体の中ではなく、表象的な人格の中である」（『社会運動』一四八。ただし、「社会的現実の構成要素としての人格」一五〇-一五一参照）。つまり、法人格は法人の対外的関係において現象し、対外的関係とは活動であり、法人が対外的に活動するには一定の自由（な判断）が必要である、というよりも、一定の自由（な判断）の存在が前提であるが、この自由は、法人を不可分な関係によって構成する固体性と精神人格のうち、自由を生み出す表象作用に立脚した精神人格によってもたらされる（一五〇頁参照）。かくして、個体性と精神人格によって構成される法人は対外的に自由な主体として存立することができるのである[52]。では、このようないわば表象的実在説とでもいうべき立場を確立したオーリウの目には、一九〇一年に制定された待望の結社法はいかに映るであろうか。

三　オーリウと結社法

一九〇一年に制定された非営利社団契約に関する法律（結社法）は、それまで「社会変革の尖兵（fer de lance）[53]」の役割を担ってきた結社（association）を刑罰による禁圧から解放する（同法二一条）とともに、いくつかの条件の下で結社に法人格を付与することを認めた。[54] ところが、このような結社法の制定は、大革命期にル・シャプリエ法によって人々の団結が禁じられて以来の国家・集団・個人の関係を転換したとは必ずしもいえない。そこで以下では、同法の基本的性質についてその制定に至る経緯も含めてふれたうえで、同法に対するオーリウの評価ついて述べることによう。

第一に、結社法の基本的性質についてである。共和派の支配が確立された後の議会は当初から結社の自由の実現を目指したが、[55] 同法の制定前後は、前章第一節二の冒頭で取り上げた教育界に表れているように、共和派政府によって反教権主義政策が強力に推進された時期であり、同法の制定「過程における討論時間の大半は、修道会［congrégation］の扱いに割かれ」、成立した同法は「反修道会的な性格を色濃く帯びるものとな」った。[56] その結果、同法は結社一般の自由の承認と修道会の規制という異質な要素によって構成されることになったが、ここでは修道会とそれをめぐるさまざまな問題[57]とについては取り上げない（同法に対するオーリウの評価においても同様である）。それに対して、結社一般について、同法一条によれば、「非営利社団とは、二人以上の者が、利益分配以外の目的で、知識または活動を恒常的に共有しようとする合意（convention）[58]である」。この定義は、契約性・非営利性（これによって営利社団（société）から区別される）・知識または活動の共有性・恒常性から成り、判例理論とヴァルデック＝ルソー案をベースにしたものであるが、ここでは契約性に注目することにしよう。[59] 結社が民法上の契約の一類型であるということは、一方で、内部組織および構成員の権利義務について、結社法に規定が存在しないことから、同法三条の制限（違法な結社の禁止）を除いて、契約自由の原則によって当事者が自由に決定することができ、その結果として結社の自律性が確保される。他方で、結社は個人間の契約によって成立する以上、構成員を超える独自の存在ではなく、あくまで一時的な存在にとどまる。したがって、結社の定義の構成要素の一つである恒常性は、結社を一時的な集会（réunion）から区別するが、永続性ではなく、一定期間の持続性を意味するにとどまる。いずれにしても、結社の自由の承認は、対等な自立した個人を前提とした「民法典……の諸原則の変更ではなく、その諸原則のさらなる一般化として理解され……たのであ」[60]り、結社法は、一九世紀半ば以来の産業革命の進展に伴う集団現象を前にして、前章第一節三で取り上げた新自然法論とは異なり、一世紀前に制定された民法典が立脚する個人主義を修正しようとするものではなかったのである。このことは、法人理論という点からみれば、同法が擬制説に立脚していことを意味するが、同法の擬制説的な性質は同法が規定する結社の三つの類型からすれば明らかである。すなわち、無届非営利社団(association non déclarée)には法人格が付与されず、届出非営利社団(association déclarée)には制限された法人格が付与され(同法六条)、公益非営利社団(association reconnue d'utilité publique)には完全な法人格が付与される(同法一一条)。このうち、無届非営利社団は、当初の案ではすべての結社に届出が義務づけられていたところ、そもそも契約には届出は不要であり結社についても同様であるとして、結社を結成するに際して届出が不要となったため(同法二条)、認められたものである。その結果一方で、結社は国家による敵視から解放され、同法は、「修道会を除けば、〔結社の結成については〕きわめてリベラルである」[61]。他方で、「届出を行うアソシアシオンに何らかのメリットを与える必要が生じ」たことから、制限された法人格が付与される届出非営利社団という類型が設けられた[62]。ということは、届出非営利社団とその法人格とは「偶然もたらされた」[63]妥協の産物であり、また、無届非営利社団によって「法人格取得が『公益性』の判断と切り離されたこと」[64]についても同様である。もっとも、権利能力＝法人格は、行為能力とは異なり、完結した一つの全体あるいはラーバントのいう「基本単位」[65]であり、制限されたという意味でより小さな権利能力＝法人格とか、そうではないという意味でより大きな権力能力＝法人格とかいった概念は成立しないはずである[66]。さらに、公益非営利社団はその公益性が一定の手続の下で認定されなければならないが、「公益性を承認するかどうかは、全く政府の自由裁量とされ、……承認の拒否は、〔手続上の瑕疵を除いて、〕訴訟の対象となら」[67]ない。このように、「無届出、届出、公益性承認という三つの段階に応じて、それぞれ異なった能力をアソシアシオンに付与［する］ような段階的構成に基づく権利能力の制約という仕組は、アソシアシオンの法人格が、アソシアシオンの団体としての実在性に起因するものではないという立法者の考え方を投影したものであ」るといわざるをえない。[68] 同法における結社の法人格は人為的（artificielle）なのであり、この点が学説によって批判されることになる。[69] それに対して、オーリウは同法を実在説の方に引きつけて理解したうえで、一定の範囲で積極的に評価するのである。

そこで第二に、オーリウの結社法に対する評価についてである。彼が『伝統的社会科学』において結社の自由の必要性を繰り返し主張していた旨すでに述べたが、同様の主張はそれ以前からなされており（『行政法精義』一・一二八-一三〇、および二・一五八-一六〇）、しかも彼はヴァルデック＝ルソーによる結社法案の提出（一八九九年）に敏感に反応していた（『行政法精義』四・一〇七註（3）、一一七-一一八註（1）および一一九-一二〇註（2）参照）。このように「中間団体の復権をめざした人物であ」るオーリウにとって、同法は待望の法律だったわけである。[70] このような同法の特徴をオーリウは次の四点に求めている。すなわち、結社一般と結社の自由の「障碍（pierre d'achoppement）」となってきた修道会との分離、解散の決定権が行政機関ではなく司法裁判所に帰属していること（同法七条）、個人主義的であると同時に集団主義的な現象としての結社、契約と債権債務とに関する法の一般原則の適用である（『行政法精義』五・一〇六-一〇七）。ここでは、第三の点を取り上げることにしよう。彼によれば、「個人主義的現象」としての結社とは結社が「契約の形態」において捉えられていることであり、これは「ある個人主義者」（同・一〇七註（1））、つまり法案を起草するとともに法律の制定に深くかかわったヴァルデック＝ルソーの基本的な立場の表れ、あるいは個人主義的な法案の名残である（同・一〇八）。それに対して、「集団主義的現象」としての結社とは、同法が「集団的なもの（être collectif）の存在」を認めていることであり、その帰結が届出による法人格の取得（同法五条）と結社に固有の財産（patrimoine）の承認（同法四条および九条）とである。そして後者、換言すれば「結社の財産とその構成員の財産との分離」は、結社の存続期間を限定する必要がない（同法四条）こと、したがって結社がその構成員の生存期間を超えて存続する可能性とともに、結社をその構成員に還元することができないという「結社の重大な（profond）性質」を示している（同・一一一）。確かに、結社は契約という個人主義的な手続によって結成されるが、ひとたび結成された結社は、共時的にも（結社に固有の財産）、通時的にも（その構成員の生存期間を超えた存続期間）、その構成員を超えた存在となるのである。その結果、結社の権利能力（capacité juridique）は、オーリウによれば、立法者の意思に反して、「立法府による人為的創設」（同・一一八）ではなく、結社の「事実としての存在」（同・一〇七）に伴う固有の能力の承認であるといわなければならない。実は、かつてオーリウはヴァルデック＝ルソーの結社法案における擬制説的性質を批判していた（『行政法精義』四・一一九–一二〇註（2）。さらに、五・一〇七註（1）も参照）が、成立した同法についてはいたずらに擬制説的要素をあげつらうことなく、このように実在説の方に引きつけて理解しようとするのである(71)。その理由は、おそらく、同法に対する期待であろうが、少なくとも短期的には、同法の成立によって結社が増加したとはいえない(72)。オーリウの期待とは裏腹に、結社に対する法人格の付与を除けば、同法は「これまで現に存在してきたものを公認したにすぎない(73)」ものだったのである。

（1）Julien Bonnecase, "Une nouvelle mystique : la notion de l'institution", Revue générale du droit, de la législation et de la jurisprudence, 1932, p. 241, カール・シュミット（加藤新平・田中成明訳）「法学的思惟の三種類」カール・シュミット『危機の政治理論』一九七三年二八六頁註（32）、米谷隆三「オーリューの制度理論への理解——制度の社会学的概念から法学的概念へ——」『米谷隆三選集（第一巻）』一九六〇年二〇七頁、Hansjügen Friedrich, *Die Institutionenlehre Maurice Haurious*, 1963, S. 6f. ; Julien Barroche, "Maurice Hauriou, juriste catholique ou libéral?", Revue française d'histoire des idées politiques, 2008, pp. 312-313, 仲野武志『公権力の行使概念の研究』二〇〇七年一一三頁。これらとは異なる三つの時期の分け方については、cf. Albert Broderick, "Preface", Albert Broderick (ed.), *The French Institutionalists*, 1970, p. xiv, 飯野賢一「モーリス・オーリウの公法学説研究（三・完）——制度理論・ナシオン主権論の構造解明に向けての試論——」早稲田大学大学院法研論集九〇号一九

九九年四九-五〇頁註（70）参照。

（2）小島慎司『制度と自由』二〇一三年八三頁。

（3）「制度体論は[オーリウの]著作全体にその意義とそれが有する真の影響力とを付与する不可欠の鍵である」といわれる（Jean-Arnaud Mazères, "Préface", Julia Schmitz, *La théorie de l'institution du doyen Maurice Hauriou*, 2013, p. 6）。

（4）磯部力「モーリス・オーリウの行政法学」兼子仁・磯部力・村上順『フランス行政法学史』一九九〇年二四〇頁註（13）。さらに、cf. Delphine Espagno, "Une rencontre entre Léon Duguit et Maurice Hauriou : l'analyse institutionnelle du service public" in *Études en l'honneur du professeur Jean-Arnaud Mazères*, 2009, p. 335. もちろん、「制度体と創設の理論　社会生命論」における定義が「もっとも完成された形態」（Yann Tanguy, "L'institution dans l'oeuvre de Maurice Hauriou Actualité d'une doctrine", Revue du droit public, 1991, p. 67 note 17）であることは否定できないであろう（さらに、三代川潤四郎「二つの社会生命論（一）——制度理論の一研究——」法学一五巻一号一九五一年一一三頁も参照）。

（5）今関源成「レオン・デュギ、モリス・オーリウにおける『法による国家制限』の問題（2・完）」早稲田法学五八巻一号一九八三年一〇七-一〇九頁。

（6）Jean-Arnaud Mazères, "Hauriou ou le regard oblique" in *Politique, communication et technologies. Mélanges en hommage à Lucien Sfez*, 2006, p. 55.

（7）飯野賢一は、制度体論の内容について、本書のいう中期に力点が制度体の客観的個体からイデーへと移動しており（この指摘はすぐ後で取り上げる制度体論の変遷に関するオーリウの回想と符合する（『行政法精義』九・一二四-一二五註（1）、一〇・八七-八八註（2）、および一一・二九一註（1））、その結果として、「『公法原理初版』と『公法原理二版』との間に前期オーリウと後期オーリウの分水嶺を見ることが可能」であるとしたうえで、この変化は「ナシオン主権論における規約主権の導入」という形で法的国家論に反映されているという（飯野・前掲論文註（1）、三五-三八頁）。そして、本書のいう後期には、制度体論は「すべての団体に適用されるような理論モデル」として提示され、その結果、そこにおいては「他の団体に対する国家の特殊性が失われることになる」として、この時期に「国家の分析から制度一般の分析へという」変化が存在することを指摘している（同右・五〇頁註（70））。この変化こそ、第一次世界大戦後の法的国家論に権威主義的傾向（Georges Gurvitch, "Les idées=maitresses de Maurice Hauriou", Archives de philosophie du droit et de sociologie juridique, 1931, p. 189 : Le même, *L'Idée du Droit Social*, 1932（rééd. 1972）, p. 704）があるとすれば、その原因となる可能性があるというのが本書の筆者の理解であるが、飯野はこの変化についてはこれ以上言及しない。また、本書のいう中期に行政法の領域において力点が公役務から公権力へと移動しているといわれている（磯部・前掲論文註（4）、三一六-三一八頁。さらに、cf. Roland Maspétiol, “L'idée d'Etat chez Maurice Hauriou”, Archives de philosophie du droit, 1968, pp. 264-265, 神谷昭『フランス行政法の研究』一九六五年一六一-一六五頁も参照）が、この変化も制度体論の位置づけあるいはそれが果たすべき機能の変化と無関係とはいえないであろう。これらの点については、本章第二節（とくに、四）で検討する。

（8）飯野・前掲論文註（1）、三八頁。

（9）例えば、cf. *ibid.*, p. 684 ; Ulrich Häfelin, *Die Rechtspersönlichkeit des Staates*, Bd. I, 1959, S. 264f. ; Frederick Hallis, *Corporate Personality*, 1930 (reprinted, 1978), pp. 232-233, 石川健治『自由と特権の距離［増補版］』二〇〇七年九一頁および九六頁、仲野・前掲書註（1）、一三六頁など参照。

（10）Alfred Dufour, “La conception de la personnalité morale dans la pensée de Maurice Hauriou et ses fondements philosophiques”, Quaderni Fiorentini, 1982-1983, p. 696. さらに、『公法原理』二・二八四-二八五も参照。

（11）磯部・前掲論文註（4）、三五一頁。

（12）仲野・前掲書註（1）、一二六-一二七頁。

（13）J・リヴェロ（兼子仁・磯部力・小早川光郎編訳）『フランス行政法』一九八二年二九〇-二九一頁参照。

（14）この「二重の人格」という概念が国庫理論批判を意味することについては、木村琢麿『財政法理論の展開とその環境』二〇〇四年一〇五-一〇八頁および二二五頁参照。

（15）仲野・前掲書註（1）、一二五頁。「このため制度の例は極めて雑多なものとな」（同）るが、具体的には、一七九頁註（11）参照。

（16）飯野・前掲論文註（1）、四九頁註（64）。その後の社会契約論批判については、例えば、『公法原理』一・二二一-二二五参照。

（17）Christopher Berry Gray, *The Methodology of Maurice Hauriou*, 2010, p. 129.

（18）Maurice Hauriou, *La souveraineté nationale*, 1912, p. 118.

（19）A. Dufour, supra note (10), pp. 712-713. cf. Maurice Hauriou, “De la personnalité comme élément de la réalité sociale”, Revue générale du droit, de la législation et de la jurisprudence, 1898, p. 5 note 1 et 9 note 1.

(20) カント（高峯一愚訳）『純粋理性批判』一九八九年（新装版）六三頁参照。

(21) カトリック思想の中にはカノン法（学）も含まれるであろう（cf. Raymond Saleilles, "Étude sur l'histoire des sociétés en commandite", Annales de droit commercial et industriel, 1895, pp. 67–68 ; Victor Leontowitsch, "Die Theorie der Institution bei Maurice Hauriou", Archiv für Rechts-und Sozialphilosophie, 1937, S. 233)。

(22) Barbara Lepineux, *Approche institutionnelle de l'ordre public*, 2007, p. 9. さらに、cf. J. Schmitz, *supra note* (3), pp. 57–58 et 167–168.

(23) デュルケム（宮島喬訳）『社会学的方法の規準』一九七八年（岩波文庫）四三頁。さらに、大野道邦「『構造化されたもの』と『構造化するもの』――デュルケムとタルドの論争」碓井崧・丸山哲央・大野道邦・橋本和幸編『社会学の焦点を求めて』一九八六年二九四‐二九六頁も参照。

(24) Georges Vedel, "Le doyen Maurice Hauriou et la science politique" in André de Laubadère, André Mathiot, Jean Rivero et Georges Vedel, *Pages de doctrine*, t. I, 1980, p. 56. さらに、cf. p. 45.「『制度』とは、段階を追って進行する現象であり、『制度』化の過程と言うべきものなのである」ともいわれる（橋本博之『行政法学と行政判例』一九九八年五二頁）。オーリウ自身、「制度体を定義する最良の方法は、その機能によってそうすることである」と述べている（Maurice Hauriou, *Notes d'arrêts sur décisions du Conseil d'État et du Tribunal des conflits*, t. II, 1929（rééd., 2000）, p. 241）。

(25) ある論者は、デュルケムの社会学理論は「オーリウの制度体論にとって重要ではない」といい（H. Friedrich, *supra note* (1), S. 8. さらに、小島・前掲書註（2）、一八四‐一八五頁も参照）、他の論者はさらに踏み込んで、オーリウの制度体論はデュルケムの社会学（客観主義）に対する「反動」であるという（Johann August Schülein, *Theorie der Institution*, 1987, S. 81f. さらに、cf. Y. Tanguy, supra note (4), p. 71)。

(26) 磯部・前掲論文註（4）、二八〇頁註（9）。

(27) 橋本・前掲書註（24）、五四頁。

(28) 同右・五五頁。

(29) 石川・前掲書註（9）、五一頁。さらに、一六九‐一七〇頁も参照。ゲルバーも『公権論（*Über öffentliche Rechte*）』一八五二年において有機体を同様に扱っていた（拙著『国民主権と法人理論――カレ・ド・マルベールと国家法人説のかかわり――』二〇一一年三七頁）。

（30）石川・前掲書註（9）、五一-五二頁および八七頁（ただし、石川もイギリスにおける多元的な身分的団体の重要性を指摘している（九八頁および一〇八-一〇九頁））。このような理解を敷衍するものとして、鵜澤剛「制度複合体としての憲法」立教法学八〇号二〇一〇年。それに対して、オーリウの制度体論とサヴィニーおよびパンデクテン法学との結びつきを否定するものとして、Wolfgang Fikentscher, "Maurice Hauriou und die institutionelle Rechtslehre" in *Funktionswandel der Privatrechtsinstitutionen. Festschrift für Ludwig Raiser zum 70. Geburtstag*, 1974, S. 575.

（31）Julius Stone, *Social Dimensions of Law and Justice*, 1966, p. 517 note 2. 例えば、ガイウス（船田享二訳）『法学提要［新版］』一九六七年三一-三三頁（船田執筆）参照。さらに、vgl. H. Friedrich, *supra note* (1), S. 5.

（32）H. Friedrich, *supra note* (1), S. 6. さらに、米谷・前掲論文註（1）、二二二頁も参照。

（33）米谷隆三「制度法学の展開」前掲書註（1）、二二二頁。

（34）前掲拙著註（29）、第二章第一節一参照。M. Hauriou, supra note (19), p. 125. 以下、本節の（　）内は同論文からの引用頁であり、同論文以外からの引用についてはこれまで同様その旨を略称で示した。

（35）Cf. Léon Michoud, "De la responsabilité de l'État à raison des fautes de ses agents", Revue du droit public, 1895, pp. 409–419 : R. Saleilles, supra note (21), pp. 67–79 : Raymond Saleilles, "Étude sur l'histoire des sociétés en commandite", Annales de droit commercial et industriel, 1897, pp. 29–45.

（36）なお、オーリウによれば（二二七註（1））、『行政法精義　第三版』（二二四）における「事実上の人格（personnalité de fait）」は個体を意味するが、彼も認めているようにあまり適切な表現ではない。もっとも、この用語はその後も維持されている（『行政法精義』四・一〇四、および五・八八）。

（37）Adhémar Esmein, *Éléments de droit constitutionnel*, 1896, p. 2 ; Le même, *Éléments de droit constitutionnel français et comparé*, 5e éd., 1909, p. 2. さらに、cf. 3e éd., 1903, pp. 3-4 note 2.

（38）Cf. L. Michoud, supra note (35), pp. 414-416.

（39）石川・前掲書註（9）、一八九頁註（433）。さらに、拙稿「選挙権の法的性質——二元説批判と権限説への回帰——」曽我部真裕・赤坂幸一編（大石眞先生還暦記念）『憲法改革の理念と展開（下巻）』二〇一二年二九八頁も参照。

（40）前掲拙著註(29)、七二頁。オーリウは複合人についてギールケ『ドイツ団体法論　第三巻』の参照を求めており(一一註(1))、複合人はギールケの有機体に他ならない（一二五註（2））。したがって、複合人は団体の原始的形態であるというオーリウの主張には、「フランス精神に反する」（一三八註（1））ギールケの有機体説に対する強い否定的評価が含まれているが、ギールケは参照を求められた箇所（オーリウは四七六頁以下を指定しているが、四七七頁以下の誤りであろう）で、団体とその支配者の関係を未成年者とその後見人の関係として説明しており、支配者＝後見人は団体にとって第三者(alii)である(Otto Gierke, *Das deutsche Genossenschaftsrecht*, Bd.Ⅲ, 1881, S. 480ff. さらに、cf. François Olivier-Martin, *L'organisation corporative de la France d'ancien régime*, 1938, pp. 473-509)。いずれにしても、一方で、「社会的現実の構成要素としての人格」以後もオーリウはギールケを繰り返し批判するが、オーリウによるギールケの有機体説の理解は「批判対象を不当に単純化している」という指摘（小島慎司「代表説の挑戦」長谷部恭男・安西文雄・宍戸常寿・林知更編（高橋和之先生古稀記念）『現代立憲主義の諸相上』二〇一三年四四頁）がある。他方で、ギールケの有機体説がフランス「公法の新しい研究にとって優れた出発点」であり、その後の「フランスの［法人］理論を誘発するであろう」ことをオーリウは認めている（一三八註（1））。

(41)　さらに、山口俊夫「フランス法における意思自治理論とその現代的変容」法学協会編『法学協会百周年記念論文集　第三巻』一九八三年二四三頁も参照。ここでは、これ以上オーリウによるギールケの有機体説の理解と批判とには踏み込まないが、次の点は指摘しておきたい。すなわち、オーリウはギールケが「客観的個体」から「主観的人格」を導き出していると批判しているが、ギールケは団体の法人格はあくまで国家の実定法によって付与されると考えている（前掲拙著註（29）、七三頁）ので、「主観的人格」は法人格ではなく精神人格と理解されなければならないであろう。

(42)　高村学人は、「オーリウやその他のフランスの公法学者が、なにゆえに［ギールケの］集団意思説［＝有機体説］を拒絶したのか」という問いを立て、ギールケは立憲君主制を前提とした強力な国家の統一を目指したのに対して、当時のフランスの公法学界の課題が国民主権を前提とした国家権力（とくに、議会主権）の統制であったからであると答えている（高村学人『アソシアシオンへの自由』二〇〇七年二二七―二二九頁）。それに対して、橋本基弘は、サヴィニーと対比して、「ギールケは、一九世紀中葉のドイツ統一の時代にあって、……強大な統一国家に対して、分権による自由の擁護を唱えた」（橋本基弘『近代憲法における団体と個人』二〇〇四年六四頁）という。ここでは、ギールケの有機体説に対する評価には踏み込むことなく、「ギールケが目指したのは、……ヘルシャフト的な要素（統合）である君主とゲノッセンシャフト的な要素（自由）である市民およびそれを代表する議会との調和的統合であり、彼はそれが第二帝政における立憲君主制によって実現されたとみた」（前掲拙著註（29）、七六―七七頁）ことからすれば、どこに力点を置くかによってギールケの有機体説に対する評価は変わってくるということを指摘するにとどめる。いずれにしても、オーリウがギールケを批判する根本的な理由はギールケが立脚している意思理論であり、集団論・団体論以前の問題として、人間の意思を制約する客観的なものの存在を認めないことである（この点デランドルについては、本書六九頁参照）。したがって、カレ・ド・マルベールのように議会主権をレファレンダムその他の有権者団の介入によって抑制しようとする（前掲拙著註（29）、二二〇―二二二頁註（54））こと（有権者団の意思による議会の意思の抑制）は、オーリウにとって好ましくない。なお、小島慎司は、オーリウの意思理論批判の背後に、「オーリウがどこまで自覚的であったかはともかく結果的には」、直感＝意思の優位を主張する「ベルクソンのような発想」（＝新哲学）に対する批判が存在することを指摘する（小島・前掲書註（2）、一七六頁）が、はたしてそこまで深読みする必要があるであろうか（オーリウとベルクソンの関係については、次節註（21）参照）。

（43）　オーリウによれば、「権利の行使」と「権利の享有」はドイツ法学における Handlungsfähigkeit（行為能力）と Rechtsfähigkeit（権利能力）にあたる（一三六―一三七）。したがって、前者にとって後者の存在が前提であり、当然、代表者も後者を有する。

（44）　エスマンが革命期の議論を前提として国民のために自由に意思する者に代表者を限定する（A. Esmein, *supra note* (37, 1ère éd.), pp. 227-228 : Le même, *supra note* (37, 5e éd.), pp. 340-341）のに対して、オーリウは決定を下す者もそれを執行する者も「等しく代表者である。少なくとも、これがフランス公法の考え方である」という（一三七）。

（45）　それに対して、カピタンは、おそらくオーリウが団体にとって全体としての意思の一体性が必要である旨主張することから、「フランスにおいてこの理論［＝ギールケの有機体説］はオーリウによって支持されてきた」（Henri Capitant, *Introduction à l'étude du droit civil*, 5e éd., 1929, p. 207 note 1）というが、団体の意思が客観的なその個体と表象作用とに支えられていることを主張するオーリウにとって、自説のこのような理解は心外であろう（もっとも、オーリウは後年、ギールケの有機体説の中に制度体をみて、「この理論は精神化されなければならない」という（『行政法精義』一〇・一五註（1）。さらに、cf. Norbert Foulquier, *Les droits publics subjectifs des administrés*, 2003, p. 136)）。なお、オーリウはカピタンの法人論（cf. H. Capitant, *supra note* (45), pp. 207-211）を実在説と理解している（一二五註（1））ようであるが、この実在説はミシュウのそれ（前掲拙著註（29）、第二章第二節および第三節参照）に近いであろう。

（46）　小島・前掲書註（2）、一五五頁参照。

（47）　前掲拙著註（29）、二五八―二五九頁参照。

（48）　オーリウは代表関係の実在性をもって団体の実在性としようとする旨述べたが、代表関係が実在するには、そもそも代表されるものが実在しなければならない。

（49）それ故、オーリウはすでに述べたように目的の客観性を主張するわけであるが、目的はイデー（一四六-一四七頁参照）と同様に力を有する。すなわち、「協同で追求される目的の支配力」（一三五）は権力として現象し、「権力は社会の凝集的要素」（一五）である。したがって、代表→一体的意思を支えている目的は権力と一体不可分であり、「事実としての社会連帯」と権力とによって支えられた一体的意思は法的擬制によって創出されたものではなく社会的実在である。

（50）Cf. Ch. B. Gray, *supra note* (17), p. 31. 石川・前掲書註（9）、一九〇頁註（436）、小島・前掲書註（2）、一五二頁註（37）参照。制度体論の後期における目的とイデーの相違については、米谷・前掲論文註（1）、二二四-二二五頁、および水波朗『トマス主義の憲法学』一九八七年三三-三四頁参照。

（51）Eric Millard, "Hauriou et la théorie de l'institution", Droit et société, 1995, pp. 389-390. したがって、制度体論における中期は前期「の発展ではなく、寧ろ［前期］の解消的発展とも理解される。即ち［オーリウが前期］で価値づけた概念想定はすべて消え失せて行ったのである」（米谷・前掲論文註（1）、二二二-二二三頁）とはいえないであろう（本書一九九-二〇〇頁参照）。

（52）オーリウは「精神人格の基盤」においてもギールケの有機体説を批判しているが、オーリウによれば、意思理論を前提とする有機体説は、一方で、「権利の行使を意思行為に還元するが、このことは法律行為の物質的要素を無視することになる」し、他方で、「団体の機関を物理的な機関とする」が、このような物理的な部分によって物理的なもののみに還元することができない全体の存在を推論することは矛盾である（『社会運動』一五九）。

（53）Jacques Chevalier, "L'association entre public et privé", Revue du droit public, 1981, p. 887.

（54）結社法の翻訳として、井上武史『結社の自由の法理』二〇一四年三五三-三五六頁参照。association は非営利社団と訳されることが多いが、本書はその問題点（高村・前掲書註（42）、二八六頁註（569）参照。さらに、山本桂一『フランス企業法序説』一九六九年一八七-一九一頁も参照）を自覚しつつ、とりあえず従来の訳語を用いた。

（55）高村・前掲書註（42）、二六八-二六九頁参照。

（56）同右・二六七頁および二七三頁。「結社に関する法律は、何よりも、修道会に関する法律かそれに反対する法律かである」といわれる（Jean Morange, *La liberté d'association en droit public français*, 1977, p. 74）。

（57）これらについては、山本桂一編『フランス第三共和政の研究』一九六六年六三-七一頁（石原司執筆）、大石眞『憲法と宗教制度』一九九六年八五-九一頁、小泉洋一『政教分離と宗教的自由』一九九八年三二七-三三三頁、徳永千加子「修道会規制法の発展と結社の自由――ライシテ成立をめぐる問題　その四――」早稲田政治公法研究三六号一九九一年二〇三－二一八頁、および高村・前掲書註（42）、二九八－三〇〇頁など参照。また、結社法における修道会の規制に対するオーリウの評価については、『行政法精義』五・一二二－一二八参照。

（58）convention は契約（contrat）の上位概念であり、合意一般を意味する（Charles Aubry et Charles Rau, *Cours de droit civil français*, 4ᵉ éd., t.IV, 1871, pp. 283-284）のに対して、契約は「そのうちその［債務関係の］発生を目的とするもの」である（山口俊夫『フランス債権法』一九八六年一一頁）。

（59）結社に関する判例については、山本・前掲書註（54）、七七－九一頁を、結社法のヴァルデック＝ルソー案については、井上・前掲書註（54）、二三－三二頁、および高村・前掲書註（42）、二七三－二八五頁を、それぞれ参照。

（60）高村・前掲書註（42）、二八一頁。これはヴァルデック＝ルソーに対する評価であるが、そのまま結社法に当てはまるであろう。これとの関係で次の指摘は興味深い。すなわち、「ワルデック・ルソーの『社会像』は、『国家』を『部分的社会』からの『個人』の解放者として位置づけ、『社会』の中心に『国家』を置く革命期の『社会像』を大きく変更するものではなかった」（同。さらに、二八四頁も参照）。

（61）J. Morange, *supra note* (56), p. 75.

（62）同右・二八九－二九一頁。

（63）井上・前掲書註（54）、一四四頁。

（64）同右・一四二頁。法人格の取得と公益性の認定との分離との関係で日本国憲法の下における次のような結社の自由と法人法制との関係に関する理解は興味深い。すなわち、大石眞は、「法人格の付与という問題は、憲法上の原理と密接に関係して」おり、「日本国憲法の採用する自由主義原理は、必ず許可主義から認可主義又は準則主義へと法人設立の要件を緩和する方向に導くはずである」としたうえで、公益社団法人及び公益財団法人の認定等に関する法律（二〇〇六年）が「法人の設立・法人格の付与の問題と公益性の認定の問題とを切り離」したことを、「憲法上の結社の自由を実質化する」という観点から高く評価している（大石眞『憲法講義Ⅱ　第2版』二〇一二年二〇八－二〇九頁。さらに、大隈義和「『公益性』概念と結社の自由（二・完）――『公益法人』制度改革を素材として――」京女法学五号二〇一三年二－一二頁、および井上・前掲書註（54）、三一八－三二七頁も参照）。いずれにしても、法人格の取得と公益性の認定との分離という点で、フランスには偶然の要素があったとはいえ、わが国はフランスより約一世紀遅れていたわけである。

(65) Paul Laband, "Beiträge zur Dogmatik der Handelsgesellschaften" in Ders., *Abhandlungen und Rezensionen*, Bd.IV, 1983, S. 389.

(66) Cf. Paul Nourrisson, *Histoire de la liberté d'association en France depuis 1789*, t. II, 1920, pp. 298-299. オーリウは、このような概念が生じる原因は法人格とそれを支える客観的個体とのズレにあるとみている（『公法原理』一・一一一-一一四）が、「法人格は本質的に財を取得する能力である」として「財を取得する能力」の相違（結社法六条および一一条参照）に応じたこのような概念を容認している（六六八）。さらに、高木多喜男「法人の権利能力・行為能力」林良平・前田達明編『新版注釈民法(2)』一九九一年（復刊版（二〇一〇年））二二三-二二六頁も参照。

(67) 高村・前掲書註（42）、二九四-二九五頁。

(68) 同右・二九五-二九六頁。

(69) 同右・三〇八-三〇九頁、および前掲拙著註（29）、一六三-一六四頁参照。

(70) 石川・前掲書註（9）、一九六頁註（450）。

(71) その結果、オーリウはフランスでは結社法の制定によって法人論争に決着がついたとみている（『公法原理』一・六四四）。

(72) 高村・前掲書註（42）、三〇五-三〇八頁。なお、オーリウは、『行政法精義　第六版』と『公法原理　初版』において、これまで述べてきた結社法に対する評価とほぼ同じ内容を繰り返しつつ（『行政法精義』六・二五四-二七一、および『公法原理』一・五〇〇-五一七参照）、結社の「制度体としての性質」（『行政法精義』六・二五七註（2）、および『公法原理』一・五〇三註（2））を指摘している（さらに、『公法原理』一・一三二も参照）。

(73) Pierre Caillé, *Les associations laïques devant la loi nouvelle*, 1902, p. 57. さらに、高村・前掲書註（42）、三〇一頁も参照。

第二節　中期（形成期）——法の一般理論としての制度体論

オーリウにおいて、制度体の概念と人格の概念とは、もともと、異なる源を有した。すなわち前者は、制度体は「贖罪組織」であることから、カトリック思想の強い影響下にあり、後者は、行政法の領域で公権力関係を権利義務関係として理論構成するための「中心概念」だったのである。ところが一方で、制度体論と法人論が結びつくとともに、その過程で法人実在説が確立され、以後、法人論は制度体論の基盤を成し、両者は一体不可分のものとなった。他方で、制度体論は行政法理論の中で宗教性を払拭して法の一般理論へと発展することになり、ここに制度体論の中期が始まるのである。

　制度体論が初めて法の一般理論として提示されたのは、「制度体と規約法」一九〇六年と『行政法精義　第六版』一九〇七年とにおいてである[1]。オーリウが、後者において前者の公表を予定している旨述べ（『行政法精義』六・IX）、前者において後者における制度体論の不完全さを規約法の観点から補う旨述べていることから[2]、本来両者における制度体論は一体不可分である。そして数年後、制度体論は、彼によれば両者におけるそれに加筆・修正を施したものとして（『公法原理』一・一二三註（1））、『公法原理　初版』一九一〇年において改めて提示された。もっとも、同書における制度体論には、内容的には、前二者におけるそれと比較してほとんど変化はない。ここで三者における制度体の定義を示しておこう。制度体とは、

　事物の一般秩序との関係で確立された社会的組織であり、その恒常性は諸力の均衡または権力分立によって確保される。この社会的組織はそれ自体で法治状態を構成する（「規約法」一三五–一三六。『行政法精義　第六版』（八）における定義はこの定義と同じである）。

　事物の一般秩序と関係を有し、その個体としての恒常性が権力分立の内的均衡によって確保された社会的組織であり、その内部には法的状態が実現されている（『公法原理』一・一二九）。

多くの論者はこれまで、このように制度体の特定の定義を示したうえで、それを構成要素に分解し、各構成要素を分析的に検討するという手法を用いてきた。彼自身もこのような手法を用いており（『行政法精義』六・九―一五、および『公法原理』一・一二九―一三五）、このような手法によって制度体とは何かが明らかにされることは当然である。その意味で、もちろんこのような手法は有効なものであるが、しかしその有効性はそこまで、つまり、制度体の内容を明らかにするにとどまる。それに対して、同書は独自の存在理由を有する。すなわち、「制度体と規約法」と『行政法精義　第六版』において法の一般理論として提示された制度体論が、『公法原理　初版』において、初めて彼の法理論全体の中に位置づけられた、あるいは、初めて法の一般理論としての制度体論をベースに彼の法理論全体が組み立てられたのである。本書の筆者が、同書は「国法学」であると同時に法学概論であるという（第一章第二節註（19））所以である。そのこともあって、すでに示唆した（一一七頁）ように同書に対する評価は一般に高い。そこで、本節では主として同書を用いて中期の制度体論を彼の法理論全体の中に位置づけることによってその特徴と意義とを明らかにしたい。

ところで、制度体は動態的に捉えれば一連の手続作用として、静態的に捉えれば地位の複合体として、それぞれ現象する。したがって、制度体論の中核は手続作用論と地位理論によって構成されるが、これらは制度体の内側における議論である。それに対して、中期の制度体論をオーリウの法理論全体の中に位置づければ次のようなつながりが浮かび上がる。すなわち、社会的現象における主観的要素と客観的要素↓主観法と客観法↓秩序としての法的取引（社会的関係）と制度体（社会的組織）↓法人の人格と個体というつながりである。ここには二元的な社会理論に支えられた二元的な法理論が見て取れるが、問題なのは制度体が客観的な側のみに位置づけられていることである。このことは、『社会運動論』、とくにその補論である「精神人格の基礎」において区別されていた精神人格と法人格（一八五―一八六頁）が『公法原理　初版』においては区別されていないということに表れている。その結果、同書における制度体は純粋な個体として主観的要素を含まないことになるが、制度体のこのような構成の仕方には無理がある。現に一方で、精神人格と法人格の区別が欠如しているが故に同書における法人格をめるぐ議論には曖昧さがつきまとうとともに、他方で、この区別を前提としているといわざるをえない箇所も散見される（例えば、『公法原理』一・一〇〇、六四四-六四五、六五三-六五四および六六三、ならびに『行政法精義』六・XIV-XVおよび三〇など参照）。そこで本節では、二元的な法理論との関係で制度体論について論じたうえで、制度体論それ自体については手続作用論と地位理論に分けて検討し、精神人格と法人格の区別については『公法原理』の初版と第二版との相違という点から分析することにしよう。この分析によって、中期から後期にかけての制度体論に存在するように見える変化が外見的なものにとどまることが明らかにされるであろう。

一　二元的方法と制度体論

オーリウが法人を人格と個体によって二元的に構成することと、彼の法理論における主観法と客観法の区別とは、ともに、社会的現象を主観的要素と客観的要素によって二元的に構成する手法を法学に持ち込んだものである。このうち、法人の二元的構成と主観法と客観法の区別との関係は、彼の主観においてはともかく、客観的にみれば後者を法人に適用したのが前者であるということになる。彼の法人論は法学の方法を体現したものなのである。そして、二元的な法学の方法は、二〇世紀初頭まで主流であった人格を中心とした主観的な一元的方法に対抗するものである。しかし、彼の二元的方法は、人格を含むことから、当然であるが、デュギーのように主観的な一元的方法を完全に否定して客観的要素のみ依拠するものではない。

オーリウによれば、従来の法学の方法は「法人格という事実を措提することから始める」。すなわち、法人格からその権利へ、そして法主体が集団の場合には、さらにその機関へというように議論が進められる。その結果、機関は本来客観的なものであるにもかかわらず、議論が法人格という主観的なものから出発するため、法人格との関係のみで捉えられ、その客観性が明らかにされることはない。議論は「魔法の輪のようなまったく主観的な所与の中に閉じ込められている」のである（『公法原理』一・六四二）。このような「主観的方法」が主流になった原因は、法人格を中心に構成された私法理論の支配力、法人格間で成立する法的取引が現実のさまざまな法的関係の中で占める重要さ、および法人論争において実在説が法人の実在性を論証しようとしたときその根拠が（法）人格の中に求められたことにある（同・六四三－六四四）。このような状況の下で、「一元的精神に支配された理論家」[3]であるゲルバーが、『ドイツ国法体系要綱（*Grundzüge eines Systems des deutschen Staatsrechts*）』一八六五年において、私法上の法人格を公法に導入することによって、公法学を「近代的に（à la moderne）再編成することを提示した」。その結果、国家は自由人に対する支配権を行使する主体とされるとともに、両者の支配服従関係は法人格間で成立する法律関係（rapport juridique）として構成された（同・四）。主観的な「ゲルバーの一元的方法」（『行政法精義』六・四）の成立である[4]。その問題点の一つは、法的現象が法人格との関係のみで捉えられる結果、「主観的意思に基づく権利の行使にかかわらないすべての事項……が公法学の外に追いやられること[5]」であり、要するに公法学の視野が狭められることである。それに対して、本来、「法学には二つの視点が存在する。制度体における秩序のそれと、人と人の間における法律関係のそれとである」（『公法原理』一・二）。したがって、彼に始まる「専制的で偏狭な」（『規約法』一三五）「ドイツのヘルシャフト理論」（『公法原理』一・六）を克服するには、事物の秩序を反映した客観法と法人格を中心概念とした主観法との「二つの観点の現実的な組合わせ（combinaison pratique）という方法を意識的に採用[6]」しなければならない。このようにして得られた方法を、オーリウは「本質的に多元的な方法」（同・X）であるというが、従来の「主観的方法」に付加された客観法が反映している秩序はドマのようなアンシャン・レジーム下で活躍した法律家の法秩序観に根ざしている[7]ことから、前章第一節一の末尾で引用した、「新しいもの〔＝デュギーの社会連帯のようなもの〕が必要なのではない。新しくされた古きもの〔＝アンシャン・レジーム下の法秩序観を現代的に刷新したもの〕が必要なのである。……法秩序に関する古き論者達の議論を、再調整した上で採用するべきである」ということになるわけである。「オーリウはむしろ前近代以来の伝統的法学方法論に忠実に、主観と客観の双方のカテゴリーの必要性を説くとともに、可能なかぎり両者を有機的に連関させることに立論の重点をおいていたと評[8]」される所以である。以下、主観法-法律関係-人格という関係と客観法-制度体-個体という関係とについて検討することにしよう。

第一に、主観法-法律関係-人格という関係についてである。オーリウによれば、法律関係の「直接的な対象は生活の必要を満たすための普通の取引である」（『公法原理』一・二）。ここで「普通の取引」とは法的取引（commerce juridique）であり、法的取引は制度体と対を成すという意味で彼の法理論において重要な概念であるにもかかわらず、磯部力によって主として法の二つの層との関係で論じられるまでは詳しく取り上げられることがほとんどなかった[9]。その意味するところは、「経済的取引によってもたらされる法的形態の全体」（同・一七七）、あるいは「財産取引ないし交換経済関係から生じる法的規範の総体[10]」であり、「『制度』と対置されるもうひとつの法の源泉[11]」である。このような法的取引という概念は、オーリウが認めている（同・一八〇）ように、イェーリングに依拠したものである。イェーリングによれば、社会、換言すれば「各人は世界のために存在し、世界は各人のために存在する」という環境において、「取引は人間の必要を報酬という梃にもとづいて満足させる組織である。この概念規定には、動機としての必要、手段としての報酬、取引形態としての両者の相互関係的な組織という三つの要素が含まれる[12]」。このうち、オーリウは手段としての報酬（Lohn）という概念はやや狭すぎるとしてそれを交換（échange）に換えるべきであると主張する（同）が、このことから、磯部は commerce juridique を交換（の）法理と訳すのであろう[13]。いずれにしても、法的取引は「個人的利益」を「原動力」とする「社会的装置（appareil collectif）」である（同・一八八）ことから、一方で、「人間の需要の充足のために自動的に働く社会的メカニズムにほかならない[14]」といわれ、一定の範囲で機械性によって支配される客観的な仕組みという点では制度体と同じであり、そこから生じる「客観的規範〔＝取引のルール〕」は個人の自由な活動によって創設された法律関係を条件づけることになる」（同・一八八―一八九）。しかし他方で、交換の前提として法人格と所有が必要であり、これらによって個人の自立性が支えられることから、法的取引は個人の権利・自由が発展するための「大きな歴史的要因」（同・一九九）であり、「文明時代の絶対的出発点」（同・二七二）である。その際、法的取引と個人の自由とが「絶対的な因果関係」にあるとまではいえないが、法的取引は「社会的発展の特定の時点で自由を支えるものとなり」、法的取引が存在しなければ個人の自由も存在しない（同・一九三―一九四）。要するに法的取引は自由の前提であるが、制度体が政治権力に立脚し、配分的正義によって支配される支配服従関係であるのに対して、法的取引は経済的価値に立脚し、交換的正義によって支配される協働関係であり、両者は「異質なのである」（同・一八一および一九五―一九六）。ということは、法的取引は『伝統的社会科学』における「現実的な思考と自然の感情とに支配された社会」である現実的社会から経済的側面を取り出したもの、逆にいえばそれから自然的側面を削ぎ落としたものであり（一三三―一三五頁参照）、そこで政治権力と経済権力の分離が主張されていたように、制度体と混同されてはならない。ただし、現実的社会・国家・宗教的社会の関係がそうであったように、法的取引と制度体の関係も実体としての分離ではなく構成原理の相違であり、両者が協働関係あるいは均衡関係を形成するように構成されたとき、オーリウによれば「完全社会（société complète）」（同・一八〇）が実現されるのである。法的取引と国家の関係については次章第一節でふれることにして、ここでは、法的取引において交換が成立するために必要な法人格から検討することにしよう。

　オーリウによれば、法人格（personne juridique）とは、「各個人に固有のものを総合することによって、他者とかかわりのある生活を容易にすることを目的とする法技術の一つの手法である」。ただし、法人格は「法技術の一つの手法」であるからといって、「人為的に作られたものでも、擬制でもない」（『公法原理』一・一〇一）。そこで問題になるのが「各個人に固有のもの」、換言すれば法人格の構成要素であるが、それは、「財または所有、法律関係、そして、財を取得し、法律関係を維持する能力（capacité）である」（同・六六五）。法人格のこのような定義の仕方はごく一般的であるが、ここで注意すべきは、彼にとって、これらはあくまで法人格の構成要素であり、法人格それ自体ではないということである。それに対して、法人格とは「一種の名義（*titre*）」なのである。つまり、「現実の出来事から分離されて実体へと還元された個体」、その意味で「名義の上に確立された個体」、より端的にいえば「名義上の個体」である（同・六七四）。このように法人格は現実の世界における個体の変動を捨象した抽象的存在であり、その意味ではその擬制的性質を否定することはできないであろう（一八〇頁参照）が、いずれにしても先の三つの構成要素である「各主体に固有のものの結節点」（同・一〇二）である。[16] 実体の意味については段落を改めて検討することにして、ここでは能力を取り上げることにしよう。能力とは、「法的取引関係において財を取得する能力」（同・六七二）であり、法人格による「主観的総合」（同・六六五）の中心的要素である。また、能力は「実体（substance）」（同・六七二）であり、それを構成要素の一つとする法人格は「人為的に作られたものでも、擬制でもない」ということになるわけである。ところが、法人格は「実体」であるという命題の理解は容易ではない。その原因の一つは、すでにふれた『公法原理　初版』における精神人格と法人格の意識的区別の欠如である。その結果、法人格は「実体」であるという命題が意味するところは、一方で、法的擬制としての法人格は社会的実在としての精神人格に支えられている、あるいはその反映であるというように理解できないこともない。現に彼は、法人格の「構成要素は社会的現実から取り出されたものである」（同・一〇二）と述べている。しかし他方で、彼は「実体」を持続的な潜在性の意味で用いている。この意味における「実体」は、彼の法理論の重要な要素である時間の概念とも関係していると思われることから、さらなる検討を必要とする。

オーリウによれば、実体とは、「偶有的で可変的な外観の背後に隠された同質の実在（réalité）」（『公法原理』一・六七三）である。このような意味で彼は「法人格は客観的個体の実体である」（同・六七六）というのであるが、ということは、法人格は、すでに述べたように現実の世界における個体の変動を捨象した抽象的存在であるという意味で名義であることからすれば、法人格＝実体＝名義ということになる。そして彼は、「社会的事実において集団の人格化を論じるにあたっては、集合意識という視点を回避しなければならない。……意識は内側からしか捉えられえないが、……人格［という］実体は所有をとおして外側から認識されうる」（同・六七二―六七三）と主張する。このような主張と、「自我の意識の領域」（同・六七二）に踏み込むべきではないと述べていることとから、すでに述べたように精神人格と法人格が区別されていることは明らかである。両者が区別されていることは、前節二（一八〇頁）で取り上げた「社会的現実の構成要素としての人格」において展開された議論、すなわち、変動する現実の意思と法の世界に取り込まれて法的に加工された意思とを区別して法人格は前者を覆う「不動の仮面」であるという議論が繰り返されている（同・六七四）ことからも、明らかである。[17] その結果、ここで問題にされている法人格は精神人格から区別された文字どおりの法人格、あるいは実定法上の「法技術の一つの手法」としての法人格である。では、文字どおりの法人格がすでに述べた意味で実体であるという命題は何を意味するのか。まず、法人格の構成要素の一つである能力はすでに述べたように財を取得する能力であり、ということは、現に財を取得することではなく、その可能性であり、潜在性である。彼によれば、「潜在性は［変遷する現象にすぎない］現に実現されたものよりも実体的であり」、「行使されていない権力のように、持続性を有する」とともに、「同質で不可分である」（同・六七六―六七七。さらに、七一四も参照）。ここで権力が例として挙げられていることに示されているように、持続的な潜在性は『社会運動論』における潜在力としての権力（一三三頁）を法理論に導入したものであろう。[18] 概念実在論者らしい発想であるということができるが、注目すべきはそこに含まれている時間性である。つまり、財を取得する能力＝可能性を有する者が一定の時間的経過の下で現に財を取得する、一般化すれば、可能性が一定の時間的経過の下で実現される。彼の法理論にはこのような可能性-実現という組合せのさまざまなヴァリエーションがあり、権利の享有とその行使、執行的決定と執行された決定、行為と事実などがそうである[19]（行為と事実については本節二で検討する）。その結果、時間性あるいは持続性は彼の法理論において重要な役割を果たしていると推測することができ、その旨指摘されるとともに[20]、彼の法理論における時間性あるいは持続性の源はベルクソンに求められることがある[21]。もちろんベルクソンの影響を否定しないが、より直接的な源はアリストテレスの可能態と現実態[22]ではないか。例えば、可能態としての執行的決定は、それが現に執行されることによって、現実態としての執行された決定へと移行するとともに、前者から後者への移行は時間的連続性の下で捉えられる。この時間的連続性が瞬間的合意によって構成される契約では十全に捉えることができない法人現象の理論的構成において重要な役割を果たすことは本節二で述べるとおりである。次に、「『名目的な実体』という観念から生きた人（personnage）のそれへと移行するには、能力という概念に立ち戻らなければならない」。すなわち、実体＝名義としての法人格と財を「取得する潜在性」としての能力とが結びつくことによって「動く実体」＝「生きた人」が現象する（同・六七八）。以上の二点から、文字どおりの法人格は実体であるという命題が意味するのは、可能態としての能力が名義としての法人格（一種の場）において財と法律関係を結びつけるということである。その際、財の交換が法律関係を構成する法主体（personne juridique）の自主的な判断によって行われるには法主体間に対等性が存在しなければならない。そもそも、すでに述べたように法人格が個人に固有のものを総合するということは、それを画定し、その個人を他者から分離するということであり、その結果として各人に「同じ法的価値」が認められなければならない（同・一〇四）。また、「法的取引においては、……当事者間の給付が……平等であるように配慮されなければならない」（同・一九〇-一九一）のであり、これらの対等性と平等性によってすでに述べたように法的取引は自由の前提となることができるのである。したがって、「『法律関係』という概念はあらゆるところに持ち込まれるべきものではなく、ドイツの法理論が公法の技術においてそれに重要な役割を担わせたのは誤りであった」（同・六六九）。つまり、本来対等で平等な法主体間で成立する法律関係を、ゲルバー以降のドイツ法実証主義国法学はそれとは異質な公法上の支配服従関係に導入することによって、一方で、すでに述べた（二〇三頁）ように公法学の視野を狭めるとともに、他方で、政治的な支配服従関係を法的に正当化したのである。[24]それに対して、公法上の支配服従関係においては交換の法理とは異なる権力の法理が妥当する。

そこで第二に、客観法-制度体-個体という関係についてである。ところで、本節の冒頭で述べたように制度体とは社会的組織であるが、オーリウによれば、社会的組織としての制度体には「体」あるいは「社会的個体」を有するものとそうでないものとがある。後者には、例えば越権訴訟制度のような「法技術の手段」が含まれる。前者には「内的自立性」あるいは「社会的職務を行うための自立性」を有するものとそうでないもとがあり、そうでないものとは自力で「動かないもの」である。そして、「社会的個体」を備えた自力で「動かないもの」は「外的諸力の均衡によって維持される」「物の範疇に属する制度体」、それを備えた自力で動くものは「内的諸力の均衡によって維持される」「体の範疇に属する制度体」とされ、彼が制度体について論じるとき主として念頭に置いているのは「体の範疇に属する制度体」である[25]（『公法原理』一・一二六-一二七、および『行政法精義』六・八）。したがって、これら三種類の制度体は並列関係にあるのではなく、広義・狭義・最狭義という関係にあり、制度体のこのような分類において基準として機能しているのは、制度体は贖罪あるいは救済のための手段であるという宗教的側面（一七三頁参照）ではなく、事物の一般的な結合原理という側面である。その結果一方で、萌芽期における制度体論の宗教性は払拭され、「雑多な」制度体は広義・狭義・最狭義のそれへと類型化されるとともに、他方で、事物の結合において重要な役割を果たしているのは均衡という概念である。均衡という概念は初期の社会理論以来一貫して重視されてきたものであるが、制度体の実体は確立された状態またはその複合体であり、確立された状態を支えているのが事物の均衡なのである。このうちまず、事物の均衡から検討することにしよう。ある論者はやや誇張して「オーリウにおけるなかば強迫的な均衡の探求[26]」といった言い方をするが、「社会的均衡は近代的政治社会において無数に存在する」（『公法原理』一・一二）とされ、すでに示唆した（一一七頁）ようにとりわけ『公法原理　初版』においてはさまざまな分野・領域で均衡が追求されている。そもそも均衡が成立するには人的集団が存在しなければならないが、彼によれば、一体性を有する組織は「職分の分化と結びついた活動主体（agents）の分離」によって実現される。このように組織化には「職分の分化」の段階と「活動主体の分離」のそれとが存在するが、労力を軽減するための分業が当てはまるのは主として前者であり、後者は主として活動主体間、換言すれば機関間の対抗関係による均衡を実現するためのものである（同・一六）。したがって、社会的組織の成り立ちを分業のみによって説明することはできないのであり、とりわけ競争は労力を軽減するための分業とは異質であり、実効的な競争が成立するには均衡という概念の導入が必要である（同・二五-二六）。では、均衡によって競争以外に何がもたらされるのか、あるいは均衡の目的は何かが問題になるが、その前に均衡とは何か、あるいは均衡の内実が示されなければならない。この点彼によれば、「均衡とは、運動において秩序を実現するためのものである」。若干敷衍すれば、変転する社会的事実の中にあって、進行を規制し、運動に一体性を付与し、変化の速度を緩和し、エネルギーを軽減するのが均衡である（同・五一）。そして、このような均衡によって、「権力の穏和さと自由の保障」とがもたらされ、さらに持続性の付与をとおして集団は存続する（同・一三）。要するに均衡は、全体としての集団にとっては急激な変化を抑止して漸進的な変化を実現し、集団の内部においては全体とその構成員を両立させるのである。その結果彼は、均衡理論は単なる「混合主義」ではなく、「生活という視点から整序された諸力の実際的総合」という「生活の理論」であるという（同・五〇-五一。さらに、『行政法精義』六・一四も参照）。このように、均衡理論は「彼の方法の真髄（ame）、というよりも彼の方法それ自体[27]」であり、均衡という概念は彼の「著作の導きの糸（fil rouge）[28]」であるということができる。もっとも、ここでいう「実際的総合」が、序章第三節（三一頁）で指摘したように「論理的明快さを犠牲にすることも」あり、この点で彼の法理論はギールケのゲノッセンシャフト論に通じるものを内包している。良い意味でも悪い意味でも彼が「中道の資質（*vocation médiane*）を有する論者」[29]とされる所以であり、オーリウ自身、均衡理論が「抽象的原理の一体性」を要求する「一元論的精神に支配された理論家」に不評であろうことを自覚している（『公法原理』一・六〇）。そして、すでにふれた（前章第一節註（61））オーリウにおける法と事実の混同という批判に対して機先を制する形で、「均衡は……法的概念ではない」のではないかという問いを立て、この問いに対しては『公法原理　初版』全体が答えているはずであると述べている（同・四六八）。この問いについては、ここで同書全体を検討するわけにはいかないので、均衡によってもたらされるとされる平和から暫定的な答えを導き出しておこう。これもすでに指摘した（前章第二節註（63））ことであるが、彼にとって平和は戦争状態の欠如という消極的な概念あるいは「純粋に物理的な平和」ではなく、確かに安全を含むがそれにとどまることなく、正義と密接な関係を有するものである（具体的には、同・四一-四四参照）。すなわち、平和は「正義が実現される兆候」（同・五〇）であり、その存続は単なる「既成事実の賛美」ではなく、「事物の秩序によって確立された均衡をとおした事実の改善」・改良をもたらし（同・八四）、その結果として確立された状態が生じるのである。

そこで次に、確立された状態について検討しなければならないが、あらかじめ結論を示しておこう。確立された状態（situation établie）とは制度体であり、確立された状態＝制度体を静態的に捉えれば法的状態（situation juridique）または法治状態（état de droit）として、動態的に捉えれば均衡状態として、それぞれ現象する。あるいは、前者を確立された状態＝制度体の形式、後者をその実質というべきかもしれない。オーリウによれば、確立された状態とは、支配「『権力が物、領域、人間集団に行使され、一定の事物の状態を維持する』ことから生み出される状態である」。そして、確立された状態は他の社会的事実と同様に常に変動するものであり、支配権力は平和を維持するために「古い確立された状態を保護し［つつ、その受益者の抵抗を克服して］新しい確立された状態を創造」しなければならない。

その結果、支配権力と確立された状態との「作用・反作用」から動態的な均衡が生じ[30]、事実状態として始まった確立された状態は「前法的状態（état préjuridique ou situation préjuridique）」または「前法的現象（phénomènes préjuridiques）」（『公法原理』一・八八および八九）を経て法的状態へと至る。要するに確立された状態は、支配権力によって創出され、両者の均衡の下で平和が継続されれば、法的状態となるわけであるが、その際留意すべきは、支配権力は確立された状態を保護することによって正当化され、その限りで単なる実力ではないということ（同・七九）、そして、すでに述べたように平和の継続は単なる現状維持ではなく、事実の改善・改良を伴うということ、さらに、彼が「法、換言すれば真の事物の秩序（ordre des choses）」（同・七七）と述べているように、ここで法とは客観法だということである。その結果、支配権力は誰かの主観的意思によって正当化されるのではなく、確立された状態によって客観的に正当化されるのである。また、内容という点からみれば、確立された状態は「事物の秩序」に適合することによって法的状態となるのであるが、問題はこのような法的状態の法的性質である。均衡状態の下でその中に位置する者は何らかの利益を保持するようになるが、この利益は「主観的権利ではなく、客観的な利益状態である[31]」。換言すれば、構成員はこの利益に対する権利を有しないが、「瑕疵ある行為……によってその状態が変更されないことへの『正当な利益』［を］持っている[32]」、あるいは「確立された状態を不当に変更する決定を取り消す」（同・九〇）ことを求めることができる（客観訴訟としての越権訴訟）。このような法的性質を有する確立された状態＝法治状態は支配・服従という権力関係における均衡状態であり、そこで形成される法がすでに述べたように客観法であるのに対して、対等で平等な法主体間で成立する法的取引の下で形成されるのは主観法（＝権利）である。これら二つの法の関係について、彼は、「法体系は徐々に二つの層へと組織され、一方は『法の基体（fond）』といわれ、他方は……法の表層である。……『法の基体』は所有の観点から構成され、……表層は力（pouvoir）の観点から構成される」（同・三一一。さらに、四九も参照）という。そして続けて、主観法は「法の基体」であるが、歴史的にはより新しくその意味で法の「上部構造」であり、「前景」を占めるようになったのに対して、客観法は「法の表層」であるが、歴史的にはより古く、その意味で法の「基礎的な層」として「後景」へと退いたという（同・三一二）。主観法と客観法の位置づけが、おそらく資本主義経済との関係で、歴史的に逆転することになり、やや紛らわしいが、ここで確認すべきは、確立された状態の下で形成される法は「確定した法の状態（états de Droit définitifs）」だということである。となると、彼の法理論には、「確定した法の状態」と「仮の法の状態（états de Droit provisoires）」というもう一つの法の二つの層が存在することになる。(33) 後者の法の二つの層は、彼が、『公法原理　初版』における「法的状態に関するわれわれの考察は完全であるとはいえない」（同・九八註（1））ということと関係するのではないか。つまり、そこには曖昧さが存在し、具体的には、すでに述べた、事実状態として始まった確立された状態が「前法的状態」または「前法的現象」を経て法的状態へと至るという点である。したがって、確立された状態は純粋な法的状態ではなく幅のある概念であるといわざるをえないが、いずれにしても、「前法的状態」または「前法的現象」は「法的現象の孵化（éclosion）」（同・八九）ともいわれ、そこにおいては、利益・目的・職分・他の諸権力といった「すべての要素が法的に総合されようとする」（同・八八）とされるが、事実状態および法的状態との関係におけるその独自の意味内容は必ずしも明らかではない。このような曖昧さ、換言すれば、確立された状態の内部における法の形成過程を明らかにしようとしたのが、同書の翌年に公表された「デュギー氏の思想（"Les idées de M. Duguit"）」一九一一年のおける「確定した法の状態」と「仮の法の状態」ではないかというのが本書の筆者の理解である。(34) この場合、仮の法は社会の物理的平和を維持するための政治権力の命令であり、「権力者の命令が客観法に適合しているかいないかがまさに不明の段階で、とりあえずその命令に従わなければならないという……『権力の法理』」にもとづいて制定されるのに対して、確立した法は「平和裡の持続という事実そのものおよび推定される国民の同意……の事実に支えられ」、「正義により近い」ものである。(35) そして、仮の法は時間的経過とともに確立した法へと移行するが、支配権力と確立された状態との「作用・反作用」から生じる動態的な均衡において当然新しい仮の法が供給されるであろうから、「『仮の法』が完全に『確立した法』に吸収され消滅してしまうことはありえない[36]」。確立された状態＝制度体においてこのようにして形成される確立した法は「『制度』法」（『行政法精義』六・六）または「社会法」（『公法原理』一・四〇）といわれ[37]、「『制度』法」は、その内容によって、制度体の秩序を維持しその存続を図る規律法（droit disciplinaire）と、制度体の組織とその構成員の地位とを規律する規約法（droit statutaire）とに分けられる。以上によって、すでに立てた問い、つまり「均衡は……法的概念ではない」のではないかという問いに対する答えは明らかであろう（同・四七〇参照）。確立された状態＝制度体は「法的なもの（figure juridique）」（同・一三五）であり、そこで形成される法は「一種の平和条約[38]」なのである。

ところで、法的存在としての確立された状態＝制度体は他の存在あるいは他者との関係では個体として現象することから、最後に、制度体は個体であるということの意味について検討しなければならない。

政治的制度体の客観的個体と主観的人格を区別しなければならない。個体は、利益・決定権［＝意思］・職分・組織［＝機関］という一連の客観的要素によって、人格は、能力・所有・法律関係という主観的要素のみによって、それぞれ構成される。［そして、両者は］法的取引関係に参与する行為において結びつけられる。（『公法原理』一・六八六―六八七）。

この引用部分は『公法原理　初版』の内容を凝集したものであり、制度体論の中期以降の法理論の、ということは制度体論それ自体の精髄（esprit）である。したがってここでは、この引用部分を完全に敷衍することはできないのであり、制度体は個体であるということと関係する限りで敷衍することにしよう。このうち、人格の構成要素については すでに検討したが、個体の構成である職分については本節三で、個体と人格の結合については「人格化の戯曲」[39]として本節四で、それぞれ検討する。ところで、多くの論者は決定権（＝意思）が個体の「客観的要素」とされていることに違和感を覚えるであろうが、ここでは、このことは、人格が能力・所有・法律関係のみ（uniquement）によって構成されること、換言すれば、人格の構成要素をこれらに限定することの帰結であるとのみ述べておこう。このような限定の背後にはミシュウの法人論に対する批判が存在する。すでに述べた（一七九頁）ようにミシュウは法人論という点でオーリウに先行しており、オーリウは法人・制度体を論じるにあたって常にミシュウの法人論を念頭に置いていた。もっとも、オーリウはミシュウの法人論に追従するのではなくそれを批判することをとおして自らの法人論＝制度体論を形成することになるのであるが、オーリウのミシュウ批判には、終章で取り上げるデュギー批判とは違って、常に敬意が感じられる。[40]この敬意の根底にカトリック思想が存在するか否か明らかではないが、それはともかく、同書において「客観法と主観法の結合」（同・X）を目指すオーリウは、ミシュウの法理論には「客観法に対する躊躇（timidité）」がみられるという（同・六四二―六四三）。その原因は、ミシュウの法人論が、法人の実在的構成要素のうち利益に重点を置くため、法人と利益の主観的権利関係を中心に構成されており、その結果として、意思を表明する法人の組織という客観的側面が軽視されていることにある。[41]その際、彼の法人論においては、オーリウの指摘[42]（『行政法精義』六・XV―XVI）をまつまでもなくイェーリングの影響によって利益が漠然と法人の中心的な構成要素とされ、主観法的に構成された法人論と本来客観的な利益とが有機的に結びついていない。換言すれば、主観法的な観点から「客観的個体に属するもののみを……論じることになり、真の主観的要素を見落としている」（『公法原理』一・六四四註（1））のである。ミシュウの法人論におけるこのような欠陥を補うためには、利益が意思を媒介として権利へと変換される組織（＝機関）という客観的要素が重視されなければならず、その結果、法「人格の獲得にとって重要な要素は、……利益の中心ではなく、決定権［＝意思］である」（『行政法精義』六・三〇。さらに、三一註（1）も参照）ということになる。このようにミシュウの法人論との対抗関係において組織と意思との重要性が導き出されるのであるが、その際、全体の意思を形成するための組織というように、いずれか一方の重要性は必然的に他方の重要性を伴い、両者は一体不可分の関係にある。このうち組織が個体の「客観的要素」に属するのは当然であるが、意思もそうであるのは、ここで問題になっているのが全体の意思の形成という対内的関係であり、他の法主体との対外的関係（＝法律関係）ではないからである（同・三三二）。そして、組織と意思との重要性は、当然、これらによって構成される個体の重要性を意味するのであり、「人格の土台としての客観的個体」と「個体の実体としての主観的人格」とによる「実際的均衡」において、どちらが優位するかは、オーリウはあえて言明しない（『公法原理』一・六九〇）が、明らかであろう。確かに、このような制度体論の中期のオーリウにおける客観的個体を重視する立場を指摘する論者が存在し、これらの論者の一部は結果として中期に第一次世界大戦をはさんで力点が客観的個体から主観的人格へと移転していると主張する。[43] しかし、中期の彼が客観的個体の重要性を強調するのは、あくまで法人を主観法的に構成するミシュウも含めた論者に対抗するため、あるいは従来の主観法的に構成された法人理論との関係で自説の独自性を強調するためであり、しかも、客観的個体には本来主観的な決定権（＝意思）が含まれていることを看過してはならない。[44] 中期に決定的な変化が存在するか否かについては本節四でさらに踏み込んだ検討を行うことにして、ここでは、従来の主観法的に構成された法人理論との関係で、組織（＝機関）が個体の構成要素とされていることの意味にふれておかなければならない。

従来の主観法的に構成された法人理論においては、利益と同様に、機関は漠然と法人の構成要素とされてきた。ギールケの有機体説においても、機関は全体としての法人の部分であり、法人は機関をとおして活動するので、全体としての法人の存在は部分としての機関の活動をとおして推論される。[45] このようなギールケの有機体説を、オーリウは、すでに制度体論の前期に、部分としての機関の活動を全体としての法人に結びつける「有機体の一体性」が論証されていないし（一八一頁）、本来客観的なものである機関から法人の全体性という人格を導き出すことはできない（前節註（52））として、批判していた。そして、前期以来の個体と人格の区別を前提として、中期には、機関が帰属するのは法人それ自体ではなくその個体であるとして機関を明確に個体の構成要素としたうえで、法人は機関ではなく個体をとおして活動するという。より正確にいえば、組織化されるのは個体であり、法人は個々の機関ではなく「機関の総合」である個体をとおして活動する（『公法原理』一・六五三−六五四、および『行政法精義』六・XIV−XV）。さらに、おそらくギールケを念頭に置いて、「法人と制度体の客観的個体との結合は魂と体の結合と同類のものである［ここで法人とは精神人でなければならないであろう］。……精神的総合は腕や手……といった特定の機関ではなく、体の総合や脳の総合といった別の［種類の］総合に直接作用する。腕や手……が動くのは、まさしく有機体の全体的均衡をとおしてなのである」（『公法原理』一・六五四）という。要するに、機関を漠然と法人の構成要素として機関と法人を直結させるのではなく、機関と人格の間に個体を介在させ（精確には、人格と個体の間に機関を介在させ）、個体における機関の位置づけ（＝「有機的総合」（同・六五八）＝「有機体の一体性」）をとおして機関の行為を個体と人格の結合である法人に帰属させるのである。ただ、ここで問題なのは、「機関の総合」である個体が魂と対を成す体、「一種の物理的体」（同・六五七）であることは当然であるが、制度体がこのような個体とされることによって主観的要素を含まないことであり、オーリウが、制度体は個体であると言明していることは否定できない。しかし、個体としての制度体は「社会的自動機械（automate）」とされ、ここで「自動機械」とは、「機関と完全な均衡を有する内的組織とを備えているが、いまだ主観的炎（flamme subjective）を欠いている」（同・六四五）ものである。このうち、「主観的炎」とは法人格であり、「自動機械」が「完全な均衡を有する内的組織を備えている」ことからすれば、「自動機械」は純粋な個体として主観的要素を含まない「物理的体」であるといえるであろうか。しかも、「完全な均衡を有する内的組織」は「法的取引関係においてなされる執行的決定を可能にする」「合理的組織」であるとされ（同。さらに、六六二も参照）、「自動機械」は内部の規律（を司る機関）と精神（esprit de corps）（を司る機関）を備えているとされているのである（同・六五三）。「完全な均衡」によって支えられた「合理的組織」によってもたらされるもの、あるいは、精神を司る機関という場合の精神とは、「主観的炎」が法人格である以上、それを実体として支える精神人格であるといわざるをえないのではないか。確かに、『公法原理　初版』における「自動機械」は『伝統的社会科学』における道徳的判断を含まない心理的現象を備えた体（一三八頁）にあたるといえなくもない。(46) しかし、同書における魂と体の結合としての制度体（一三三頁、一三三頁および一七三頁）、『社会運動論』、とくにその補論である「精神人格の基礎」における精神人格と法人格の区別（一八五–一八六頁）との連続性、さらに『公法原理　初版』において、一方で精神人格と法人格は意識的に区別されていないが、他方でこの区別を前提としているといわざるをえない箇所が存在することに伴う整合性からすれば、同書における制度体も純粋な個体と魂との結合であり、魂とは精神人格であると考えるべきであろう。(47) そして、このような制度体に法人格が実定法によって外在的に付与されたとき、制度体は法人となるのである。その際、同書において個体における精神人格の形成過程は十分論じられているとはいえず（同・一二八–一二九参照）、この点は本節四で述べるように『公法原理　第二版』における課題の一つである。いずれにしても、すでに述べたように従来の主観法的に構成された法人理論に対抗するために制度体における個体の側面を強調する必要があったのであり、その効果として精神人格と法人格の区別が曖昧にならざるをえなかったというのが本書の筆者の理解であるが、このような理解の妥当性については本節四において『公法原理』の初版と第二版の相違という点から検証しないければならない。

以上が機関を個体の構成要素とすることの意味であるが、このことは、個体が機関の「有機的総合」、換言すれば機関の複合体であることから、人格の一元性と個体の複合性との両立を可能にする。人格の一元性と個体の複合性との関係は、個体にとって重要なのは他者からの区別（独立した存在）でありその内実ではない（一三三頁および一七三頁参照）、あるいは、「人格は同質的であるが、個体は異質的である」（『社会運動』一四七）という制度体論の前期の主張を発展させたものであろうが、オーリウによれば、「法人〔格〕はそれ自体不可分である。……逆に、客観的個体は可分である。……個体と『共存する』法人〔格〕は行為においてのみ個体と結合する以上、個体の断片に副次的な法人〔格〕が局在する余地を残す」（『公法原理』一・六八八。さらに、一二一-一二二も参照）。つまり、全体の法人格と部分のそれとが共存しつつ、全体と部分のうち法人格と個体が法律行為において結合した方が法人として現象する、逆にいえば、法人格と個体が結合しない限り全体の法人格と部分のそれとは相互に排斥しない、というよりもあえていえば、法人格は潜在的状態にとどまり現象しないので、全体の法人格と部分のそれとは相互に排斥しない。その結果、ギュルヴィッチは、法人（格）を「単一的統一体（unité simple）」と、個体を「複合的統一体（unité composite）」と、それぞれして、両者の結合によって「組織の概念において多数性と単一性を両立させる」ことが可能になるという[48]。このような一つの人格がその内部に複数の人格を含んでいる構造はギールケの、さらにはベーゼラーのゲノッセンシャフトと同じである[49]。ギールケのゲノッセンシャフト論においては、法人である全体としての人格の中に部分としての複数の人格（機関人（Organpersonen））の存在を認めるわけであるが、素直にみれば、そこにおける人格の一元性と多元性は、少なくとも理論としては、明らかに矛盾であり[50]、この点については本節四で改めて取り上げたい。また、ギールケのゲノッセンシャフト論の目的の一つは、北ドイツ連邦の成立以降のドイツの連邦制を説明し、正当化することであったが、ゲノッセンシャフト論がこの目的を達したとはいいがたい。それに対して、オーリウが制度体論をどこまで連邦制論と結びつけようとしていたのか明らかではないが[51]、連邦の人格の一元性と支邦の人格の多元性との両立という点で、制度体論の方がゲノッセンシャフト論よりも優れていることは間違いないであろう。いずれにしても、法の一般理論としての制度体論を対象とする本節で法的国家論に属する連邦制論に踏み込むことはできないのであり、このあたりで制度体に関する中核的議論に入ることにしよう。

二　法律行為と手続作用

すでに述べた（二一三－二一四頁）ように、確立された状態＝制度体は法的存在であり、そこにおいては規律法と規約法が形成される。このうち、規律法は、制度体の秩序を維持しその存続を図るものであることから、常に意識的に形成されるとは限らない。それに対して、規約法は、制度体の組織とその構成員の地位とにかかるものであることから、構成員による何らかの関与の下で形成される。[52]その結果、規約法の形成過程を検討することは、制度体の形成とそれに対する構成員の関与とを検討することを意味する。オーリウによれば、規約法の形成過程において重要な役割を果たすのは「集団的手続に対する構成員の個別的同調（adhésion）」（『公法原理』一・一三六）であり、[53]しかも、このような「規約手続は……契約ではないが合意（consentement）の様相にもとづく行為の法的有効性を説明する」（同・一四四－一四五）。ここで契約ではないが合意にもとづく行為とは、一九世紀後半の独仏の法学者を悩ませた複合行為（acte complexe）、ドイツ的にいえば合同行為（Gesam(m)takt）または協約（Vereinbarung）である。したがって、彼の複合行為論は規約法の形成過程を説明しようとするものであるとともに、ドイツの法理論の影響下にあることが予測される。このうち、前者の点については、これまで繰り返し紹介され、[54]後者の点については、宮沢俊義が、すでに戦前に、「ドイツの学者の Vereinbarung の概念ないし法人論はもっとも多く［オーリウ］に影響を与えた」[55]旨指摘している。オーリウもこのような影響を認めており（同・一五八－一六一註（1）、および「規約法」一五五－一五八註（1）参照）、小島慎司はこの点を詳細に検討している。[56]ところが意外にも、複合行為論の前提である法律行為論についてはこれまで必ずしも十分検討されてきたとはいえない。しかも法律行為論は、すでに示唆した（序章第三節註（14）参照）ように、ドイツの法理論のオーリウの法理論に対する影響の与え方[57]（見方を変えればオーリウの法理論の形成のされ方）を知るうえで格好の素材である。そこで以下では、複合行為論については先行業績に依拠しつつ、法律行為論を中心に検討することにしよう。

フランスにおける法律行為（acte juridique）の概念は、わが国におけるそれと同様に、ドイツ法学から継受したものである。ところで、法律行為（Rechtsgeschäft）の概念はもっともドイツ法学的な概念の一つであるといわれる。すなわち、それは「高度に一般的・抽象的概念であ〔り、〕『意思表示』という概念を媒介と〔することによって、〕すべての法律関係の発生・変更・消滅を論理的・演繹的・統一的に説明する[58]」ものである。若干敷衍すれば、啓蒙期の自然法論は世界（もちろんヨーロッパ世界）を、理性的人間の作為（契約）によって自然権を保障するために形成されたものとして提示しようとするものであり、本来体系性を指向する（四二頁参照）が、このような自然法論が、中世的法秩序に代わって自らの絶対的権力を正当化しようとしていた各ラントの領主と結びつくことによって、容易に実定法化された。さらに、ローマ法の継受も手伝って大学の講義をとおした法的知識の効率的な伝達が要請されたことも、法理論の体系化と法概念の一般化とをもたらした[59]。このような状況の下で、法律行為論については、「サヴィニーによって一応の完成を見た[60]」といわれる。彼は、法律事実とは法律関係を発生または消滅させる出来事であり、その構成要素は当事者の自由な行為であるとしたうえで、自由な行為における行為者の意思が直接法律関係に向けられるとき、この法律事実を意思表示または法律行為とする。そして、「これらの一般的な法的概念は、法律制度のすべての種類において、……異なった姿で現われる[61]」として、『現代ローマ法体系（*System des heutigen römischen Rechts*）』の第三巻（一八四〇年）の大部分を意思表示の体系的説明にあてるのである。ただ、彼においては意思表示と法律行為が区別されていなかったが、「ドイツ民法制定に伴って法律行為に関する規定……の適用領域を画そうという実践的要求と、民法の内の意思表示に関連する諸規定を体系的に説明しようとする理論的要求とが相まって、……意思表示概念の精密な分析が行われ[62]」た結果、両者は区別されるようになり、制度体論の中期の当時においては、「意思表示を法律行為の下位概念とし、法律行為をさらに高次の適法行為に包摂させて不法行為に対比させ、さらに法律事実に包摂させて権利の発生・変動・消滅を統一的に説明する[63]」に至った（法律事実∨適法行為∨法律行為∨意思表示）。

もっとも、オーリウが意思表示と法律行為のドイツ的な相違を認識していたか否か明らかではないが[64]、それよりも重要な点は、「意思が［法律］行為において支配的な役割を果たす[65]」ことに、あるいは「『意思』にもとづいて法律関係を統一的に説明しようとする[66]」意思理論にオーリウが反旗を翻したことである。

オーリウによれば、法律事実（faits juridiques）とは権利を発生・移転・消滅させる出来事（événements）であり、法律行為はその一つである[67]。そして、「一般に承認された分類によれば、法律行為は意思的法律事実（faits juridiques volontaires）であり、ということは、固有の法律事実としては非意思的事実（faits involontaires）のみである」（『公法原理』一・一四六、および「規約法」一四〇）。その結果、法律事実は、意思的法律事実である法律行為と非意思的事実である固有の法律事実とに分けられる。このような従来の分類について、彼は二重の意味で不正確であるという。というのは、一方で、「いわば凍結された意思」（『公法原理』一・一四六、および「規約法」一四一）というものもありうるので固有の法律事実がすべて非意思的であるとは限らないからであり、他方で、主体に帰属させることのできない法律行為（社会的源を有する法律行為）もありうるので法律行為がすべて意思表示であるとは限らないからである。そこで、従来の分類は「主観的な意思の要素に依拠しすぎてきた」（同）として、法律行為論に行政行為における「執行的決定と執行された決定」（『公法原理』一・一四九、および「規約法」一四四）との区別（＝可能態から現実態への移行という時間の概念（二〇七-二〇八頁参照））を導入して[68]、法律行為を再定義する。

法律行為を、「法律効果［の発生］を目的とするが、［その］発生途上にある行為」と定義することにしよう。……そして、［固有の］法律事実のカテゴリーの中に、非意思的事実だけではなく、達成され執行されたものである以上もはや達成途上にはない意思的行為をも含める。［そこで］持続の観点から次のようにいうべきである。すなわち、［固有の］法律事実とは、意思的であるか非意思的であるかとはかかわりなく、達成されたものであり、法律行為とは、達成されるものであるがいまだ達成されていないもの、いまだ活動途上にあるものである（『公法原理』一・一四七、および「規約法」一四一－一四二）。

要するに、法律行為＝意思表示の中から、法律効果を発生して事実となったものを取り出して、それを固有の法律事実に含めるということであり[69]、その限りで意思表示としての法律行為の範囲は縮小される。ということは、固有の法律事実は、いわば純粋な非意思的事実と、かつて意思的法律事実であったが法律効果が発生したために事実となったものとによって構成される。後者について若干敷衍すれば、「現在同意（consentement）によって同調しようとする事実は、かつてそれ自体意思的行為であったが、法律効果を発生［した］結果、事実のカテゴリーに［属するようになった。］同意の行為は同意の事実となりうる」（『公法原理』一・一四七、および「規約法」一四二）。ここで重要な点は、後者には過去の意思表示が「いわば凍結された意思」として含まれ、この過去の意思に対する同意は事実に対する同意だということである。このことには、実体的にみれば同意の連鎖が、形式的にみれば事実と行為の結合が、それぞれ含まれている。すなわち一方で、同意の行為はその法律効果を発生することによって同意の事実となり、この同意の事実に新たな意思表示によって同意し、その結果として「同意の行為の連鎖」が形成される。「執行された法律行為はなお同意の事実の性質を保持している［のであり、］この同調の連鎖は法律効果を生じさせることができるものである」（『公法原理』一・一五二、および「規約法」一四七－一四八）。他方で、過去の意思表示＝事実に対して現在の意思表示によって同意するということは、事実と意思表示という（法律）行為とが結合するということであり、おおまかにいえばこれが彼のいう複合行為であるが、この点については後ほどさらに踏み込んで検討することにしよう。

このように、複合行為は契約のような意思と意思の一致ではなく、事実と行為（＝意思）の結合であり、いわば「主観的な意思の要素」に対する事実よる限定であることから、彼は複合行為を一種の「客観的法律行為」（『公法原理』

一・一五八）というのであろうが、この点についてもさらなる検討が必要である。いずれにしても、すでに述べたように意思表示としての法律行為の範囲は縮小されるが、この「行為と事実の凝集」（『公法原理』一・一四七―一四八、および「規約法」一四二）＝複合行為によって法律行為の範囲は拡大され、拡大された法律行為は、従来の分類における「主観的な意思表示とはまったく異なる種類の包括的な法律行為」（『公法原理』一・一四八、および「規約法」一四二）となるのである（契約・単独行為・合同行為から契約・単独行為・複合行為へ（『公法原理』一・一六一註（1）、および「規約法」一五八註（1）参照））。では、すでに述べた理由以外でなぜ事実と行為を結合させることによって法律行為を再定義する必要があるのか。その理由は、契約によっては集団現象を十全に法的に説明できないこと、および集団現象における意思の「融合」（『公法原理』一・一五七、および「規約法」一五四）を認めないことである。

第一に、契約によっては集団現象を十全に法的に説明できないという場合、そこには二つの問題点があるが、これらの問題点を検討する前にオーリウによる契約の位置づけを確認しておこう。彼によれば、「あらゆる社会的構成物」は契約か制度体のいずれかに還元され（『行政法精義』六・一二三）、契約は制度体と対を成す法的取引の手段の一つである。契約が法的取引の手段の一つであるということは、契約は法的取引それ自体ではない「独自の法形式」（『公法原理』一・二〇〇）を有するということである。そこですでに指摘した二つの問題点についてであるが、それは契約の脆弱性と対等・平等性とである。まず、契約の脆弱性についてであるが、彼はこの点を浮彫りにするために契約と制度体を対比する。彼によれば、「契約は……『法律行為』、換言すれば『現時的・一時的・過渡的』作用であるのに対して、制度体は無限に継続しうる法律事実である。契約の同意の基盤は執行的決定の、換言すれば活動状態にある同意の交換であるのに対して、制度体の同意の基盤は事実に対する同調である」（同・二〇四―二〇五）。ここで「法律行為」とは、当然、意思表示としての法律行為であり、その追求する法律効果は「予測」（同・二〇五）の中にある。つまり、契約とは「事実をあらかじめ予測の中に取り込むことによって事実に対する人間の意思の支配を確立［しようとする］もっとも大胆な試み」（同・二〇六、および「規約法」一五八。さらに、「規約法」一七三も参照）であり、いわば「時の流れを止める」[70]ものである。その結果、契約が履行されるには、予測の期間が比較的短く、契約内容が単純でなければならない。そうでない場合は、「人間の意思力に対する過信（haute idée）」（『公法原理』一・二〇六、および「規約法」一五九）にもとづいているといわざるをえない。いずれにしても、契約の「強みと弱み」（『公法原理』一・二〇五）は現在性と予測性にある。「強み」とは、当事者である個人の自由な合意のみで短期間に成果を獲得しうることであり、その限りで、契約は「未来［ただし、近未来］を支配する」（同）。それに対して「弱み」とは、予測しえなかった事情の変更に伴う合意内容の変更や当事者の変更が契約の解除に至るということであり、それ故、契約は「あまりも脆弱」（同・二〇七）なのである。柔軟性の欠如に伴うこのような脆弱性は非持続性と言い換えることができ、この逆が制度体の強みということになる（さらに、『行政法精義』六・二四-二七も参照）。とりわけ、事情や構成員の変更を定款の変更によって既存の制度体の中に取り込むことによって、すでに述べたように「制度体は無限に継続しうる」のである。その結果、「契約と制度体の関係の本質的所与は、制度体が持続のために形成されるのに対して、契約はそうではないという点にある」（『公法原理』一・二〇四）。

次に、契約の対等・平等性についてである。フランス民法一一〇一条によれば、「契約は、一人または数人が、他の一人または数人に対して、何らかのものを付与し、または何らかのことをなしもしくはなさない義務を負う合意（convention）[71]である」。契約の定義に関するこの規定は民法典の制定（一八〇四年）以来改正されることなく現在に至っているが、そこには自主的な判断の前提である契約当事者間の対等・平等性は含まれておらず、契約の本質的要素は意思の一致である[72]。それ故、講学上の契約の類型の一つに附合契約が含まれるわけである。もちろん契約当事者は権利能力において平等であるが、このような法的平等によって契約当事者の自由な判断が確保されるとは限らない。それ故、オーリウにとって、「向い合う意思が平等な立場にあり、条件が協議されうることが真の契約」であり、何らかの支配服従関係を含む「附合契約……は、真の契約ではない」[73]。すでに述べた（二〇八頁）ように、財の交換が自主的に行われるには当事者間の対等・平等性が必要であり、このことによって契約を手段の一つとする法的取引は自由の前提となるのである。そして彼は、このような対等で平等な関係を前提とする契約と、支配・服従の要素を含む制度体とを二項対立的に捉えたうえで、すでに述べたようにあらゆる社会的な関係を両者に還元する[74]。もちろん、現実には契約当事者のいずれか一方が優位する場合が多く（『行政法精義』六・二三参照）、彼はこのような現状を目の前にして、契約の「形態は純粋な外観になってしまい」（『公法原理』一・二一一）、そこには「隠された（sous roche）制度体が存在する」（同・二一二）という。そして、いわば「契約の外皮をまとった」（同・二一三）制度体の典型が社会契約であるとして、社会契約論を、「社会における制度体的な要素と契約的な要素との均衡を無視して、後者を偏重し、本質的に一時的なものによって持続的なものを説明しようとする」（同・二二二）ものであるとして批判する。もっとも、このような彼の立場、つまり対等で平等な関係を前提とする契約と、支配・服従の要素を含む制度体とを二項対立的に捉える立場については、「オーリウは契約概念を極めて限定的に用いて」[75]いるという指摘がある。契約において当事者の一方が優位し、あるいは契約に支配・服従的な要素が存在することが顕在化し、二〇世紀の初頭にこのような事態が指摘されて以来[76]、確かにそのようにいえるであろうが、しかしむしろ彼は個人主義的なナポレン法典の契約観（前章第一節註（77）参照）に忠実なだけではないのか。そうであるとするならば、一方で社会契約という概念は同法典以前から存在し、他方で附合契約という現象は同法典成立後約一世紀を経て生じたことからすれば、同法典の契約観の方が特殊であると考えられられなくもない。同法典の契約観はわずか一世紀しか妥当すると考えられなかったのであり、場合によっては当初からブルジョワジーの支配を隠蔽するためのイデオロギーにすぎなかったのかもしれない[77]。いずれにしても、ここで契約概念の変遷について論じることはできない[78]。ここでは、契約と制度体は当事者の関係に着目すれば二項対立関係にあるが、実効性という点に着目すれば契約は制度体に依拠している（同・二〇九、および『行政法精義』六・二八）ということを指摘しておきたい。つまり、契約の履行は制度体という集団の権力によって担保されているのであり、このような権力によって支えられていない契約は単なる約束にすぎない。というのは、契約によって発生するのは債権債務（obligations）であり、債権の実現あるいは債務の履行は最終的には集団の権力によって確保されるからである。(79)

第二に、集団現象における意思の「融合」を認めないということについてである。オーリウは、社会が個人に還元できない、個人から独立した存在であることを認める。しかしその際、社会に固有のものを、個人に還元できない、個人から独立した社会の意思という主観的要素には求めない。その理由の一つは、社会的運動に駆動力を付与し、社会的現象を惹起するのは個人（の意思）だからであり、社会的現象は個人（の意思）から切り離されて存在するものではないと考えるからである（二二五頁参照）。それ故、個人に還元できない、個人から独立したデュルケムのいう集合意識の「存在を常に否定してきた」(80)（『社会科学』一八参照）のである。もう一つの理由は、集団に固有の意思の存在を主張してやまない「ゲルマン的な性質」（二八一頁）に対する嫌悪である。

集団に固有の意思の存在を主張するドイツの団体論には二つの系統が存在する。一つの系統はベーゼラーｰギールケｰフーゴー・プロイスと連なるゲルマン固有の団体論であり、他の系統は北ドイツ連邦から第二帝政の成立というドイツ統一への流れの中で形成されつつあった連邦国家を理論化しようとする動きである。とりわけ、後者の私法理論に対する影響は団体論にとどまらない重要性を有するが、わが国の憲法学界はこの動きに戦前・戦後を通じてほとんど関心を示してこなかった。(81) それはともかく、これら二つの系統（前者についてはギールケ）の関係についてはどちらが先かという問題、あるいは、わが国の法学界において広く承認されている第三の法律行為としての合同行為という概念がいかなるプロセスを経て形成されたのかという問題がある。わが国の法学界における一般的な理解によれば、合同行為という概念はクンツェによって提唱され、ギールケなどの有力な論者が承認することによって普及した[82]。このような理解に対して、クンツェよりギールケの方が先であるという異論があるが[83]、クンツェに先行して連邦制に関する一定の理論的蓄積が存在したことは間違いないようである[84]。連邦国家に適合的な「新しい法概念」を形成することが焦眉の急であると主張するクンツェ[85]によれば、合同行為とは、「数人の協力によってのみ成立するある法律行為を、第三者に対して、もしくは第三者と共に実現するために、第三者に対する関係において、統一的法律効果を得るために、数人が共同で、すなわち相並んで行為することである」。つまり、契約が、利害が対立し、相対峙する当事者の意思の一致によって成立し、当事者のみを拘束するのに対して、合同行為においては、参加者は共同の目的に向かって平行関係にあり、結合された意思の法律効果は第三者にも及ぶ。彼のこのような合同行為論においては、合同行為の主たる目的が第三者の拘束であるということが強調されているが、その根拠あるいはその仕組みは必ずしも明確に示されているとはいえない。この後者の点を重視するのが、国際法と国内法の二元論を樹立したトリーペルであり、しかも、「トリーペルの概念構成の厳密さは、……協約と、当時の法律学者の誰もが混同していた合同行為……との相違を、あぶり出してしまうほど徹底したものだった[86]」。北ドイツ連邦の成立を目の当たりにして、彼も含めて多くのドイツの法学者が抱いた関心は、国際社会におけるあるいは国際法の領域における法主体の形成である。例えば、国家間で条約を締結する場合、当事国は何によってあるいはいかなるプロセスを経て法主体となるのかという問題であり、さらにいえば、条約上の権利義務を成り立たせている仕組みである。これらは条約が法的に成立する前提であり、国際法の領域における客観法の形成と構造とにかかわるものである。「当時において、国際法を法と観た者は［慣習法以外の］国際法秩序の成立原因を探求したのである[87]」。このような状況の下で、「最初からVereinbarungにおいて、国際法の法源を発見することに重きを置いていた」彼は、「意思の合致によって諸意思の統一にまで結合せしめられた数個または多数の国家の共同意思のみが国際法の淵源たり得る」と考えた。そして、「契約と合意とにおける意思表示の非常に込み入った分析に達したのであ[88]」り、その帰結の一つがすでに述べた「協約と……合同行為……との相違」を明らかにしたことである。つまり、当事者「間で共通意思が形成され〔るの〕がVereinbarungである。しかし、Vereinbarungの当事者が共同で対外的に行動する場合には、この行為はGesammtaktと把握される[89]」。このうち、「Vereinbarungは客観法の生成過程を、既存の客観法に訴えることなしに説明するための概念であ[90]」り、そこにおいては、すでに述べたように「意思の合致によって諸意思の統一にまで結合せしめられ」、その結果として「共通意思への諸意思の混和〔Verschmeltung〕が[91]」生じる。そして、共通意思は「個々の国家意思から独立した生命をもち、これに対して優位にあるものである。したがって、同一の効果に向けられた複数国家意思の合致すなわちVereinbarungのみが国際法の淵源である[92]」。ところで、オーリウの制度体論は制度体という「閉じた壷」の形成過程を分析し論じるもの（一三三頁および一四六頁参照）であり、制度体はすでに述べた（二一三―二一四頁）ように規律法と規約法が形成される「法的な場」である（『行政法精義』六・一七）。したがって、制度体論は何よりも法理論であるが、このような制度体論を生涯をかけて構築したオーリウが「客観法の生成過程を説明することへの関心〔を〕トリーペル[93]」と共有するのは当然であろう。しかしながら、意思理論を前提として、意思のみに法源を求める、あるいは意思のみによって客観法を基礎づける発想に彼が賛成できない[94]ことはすでに述べたとおりである。彼は、「意思の融合の中に平行関係にある意思の法的結びつきを求めることは誤った方向である」としたうえで、「自説はグライツマンに近い」と主張する（『公法原理』一・一六〇―一六一、および「規約法」一五七―一五八）。そこでグライツマンによれば、複数当事者の一方向的な意思表示は法律効果を発生させるための法律要件（juristischer Thatbestand）であり、これらの意思表示の間に「混和」が存在しなくても法律効果は発生する[95]。ということは、意思表示の基本は単独行為ということになり、契約は複数の単独行為＝法律要件の相互に不可欠で相互に拘束する一致、あるいはそれらの相互依存関係である[96]。もっとも、このように「法命題を先行させてすべてをその法律要件として説明[97]」しようとする彼には、そもそも「客観法の生成過程を説明することへの関心」がないといわざるをえない。その意味で「グライツマンとオーリウは同床異夢の関係にあった」[98]といわれるにもかかわらず、オーリウが「グライツマンに近い」と主張するのは、トリーペルが当然のように立脚している意思理論に対する反発・反感がそれだけ強いということであろう。その結果、オーリウは客観法の根拠を意思の「融合」または「混和」に求めない、より正確にいえばそれらのみに求めないのであり、そのために意思理論を前提とした法律行為の再定義が必要となるのである。

すでに述べた（二二三頁）ように、オーリウのいう複合行為とは、おおまかにいえば同意の事実に対する同意の行為による同調である。その結果として、実体的にみれば同意の連鎖が、形式的にみれば事実と行為の結合が、それぞれ生じる。ここでおおまかにというのは、これまでは行為→事実という過程についてのみ検討したが、彼のいう複合行為を正確に理解するには事実→行為という過程についても検討しなければならないからであり、その結果として行為→事実→行為……という一連の「手続的複合作用（*opération complexe à procédure*）」（『公法原理』一・一六一註（1）、および「規約法」一五八註（1））の理解が可能になるのである。事実→行為という過程について検討するということは、行為の構成要素について検討するということである。この点彼によれば、「執行的形式（forme exécutoire）は実体（fond）から区別され、それが実体の決定に行為の性質を付与する」（『公法原理』一・一五三、および「規約法」一四八）。ということは、行為は実体の決定と執行的形式によって構成されるということになり、実体の決定とは意思表示に他ならない。その結果、意思表示と執行的形式が結びつくことによって執行力を有する行為（acte exécutoire）が「特定時点の手続を前進させ、その効果［＝法律効果］が生じた後［＝執行された後］、それ［執行力を有する行為］はその後の行為にとって事実となり、その後の行為は……それに同調する」（『公法原理』一・一五五、および「規約法」一五二）。その間、意思表示の同意は事実の中にいわば閉じ込められて次の行為へと伝達され、同意の連鎖が形成されることはすでに述べたとおりである。では、執行的形式とは何か。それは、訴訟手続に代表されるような社会的に形成されてきた「手続

（procédure）」である。[99] このような手続と意思表示が結びつくことによって手続上「一つの法律効果」（＝手続を前進させること＝執行力）が生じ、意思表示という行為は事実となり、この事実に対して新たな意思が表示される。その結果、「この手続を……法的作用（opération juridique）と、［しかも］一種の行為とみなす必要がある」（『公法原理』一・一五四、および「規約法」一五〇）。そして、旧行為と新行為を結びつけるのは旧行為に法律効果を発生させてそれを事実へと転換する手続＝執行的形式であることから、この作用は「手続作用（opération à procédure ou opération procédurale）」（『公法原理』一・一五六、「規約法」一五二、および『行政法精義』六・XI）である。この「法的作用」＝「手続作用」は静態的にみれば同意の連鎖であるが、動態的にみれば執行力の連鎖である。その結果、すでに述べたように「法的作用」を「一種の行為とみなす必要がある」が、それは「手続作用」であることから「客観的法律行為」（『公法原理』一・一五七）ということができる。ここに至って、複合行為の全貌が明らかにされたというべきであろう。すなわち、意思表示（同意の行為）という主観的法律行為は、手続という客観的法律行為と結びつくことによって法律効果を発生し、事実（同意の事実）へと転換される。[100] そして、この事実に対して新たな同意の行為が同調することによって同様のことが繰り返され、「作用は手続を閉じる最終的な行為によって完了する。そのとき、それ［手続］によって［最終的な］法律効果が執行される」（『公法原理』一・一五五、「規約法」一五一）のである。彼にとって「時間は客観化の場」[101] であるとともに、「『複合行為の理論』は、一つの作用（opération）を構成する各要素が手続によって結びつけられることによって、作用全体（複合行為）が法的効力を有するようになる過程を説明するモデル［なの］である」。[102] その際、主観的法律行為は静態的には事実と、動態的には客観的法律行為と、それぞれ結びつき、複合行為は二重の意味で複合的である（行為と事実の結合に加えて行為と手続の結合）ということができる。ただし、看過してはならないのは、彼は決して意思の要素を軽視していないということである。すなわち、確かに意思表示という行為は事実と手続という客観的要素によって枠づけられ、その限りでドイツ的な意思理論は否定されるが、しかしそもそも意思が表示されなければ法律効果は発生しないのであり、意思は法律行為の駆動力なのである。すでに述べた（二一五-二一六頁）ように意思の要素を軽視しないというこのような彼の立場は法人論＝制度体論にも表れているが、結局、複合行為論は法律行為論において主観的要素と客観的要素を均衡させせようとするものであり、その意味で、「純粋な主観主義の克服」[103]の試みの一つであるということができるであろう。

かくして、執行上の要式（formule exécutoire）と行為の内容を区別したために、さらに、procédure になりうるほどに執行上の形式（forme exécutoire）を柔軟にしうるために、気づかないうちに……、我々は法律行為のある種類［＝単独行為］から別の種類［＝複合行為］に移行している。……前者は執行上の決定……を典型とし、そこにおいては意思力にすべてが結びつけられて、行為の単一性がそれを創造する意思の単一性それ自体によって内面的に獲得される。……後者においては、執行上の形式……の単一性が、……procédure によって純粋に外面的に実現されるが、しかし、内部には合意を構成する異質な諸要素……が含まれている。[104]

これは彼の複合行為論の核心的部分である。複合行為においては手続によって意思の単一性が実現されるが、この単一性はあくまで外側からみたものであり、そこに意思の「融合」は存在しない。というのは、「各決定が同調するために先行する決定と向き合うのは、後者がもはや行為の状態ではなく、事実の状態にあるときだからである」（『公法原理』一・一五七、および「規約法」一五四）。それに対して、外側からみた単一性の内側においては「異質な諸要素」の存在が許容される。というのは、同意には「事実の同意に対する同調と客観的法律行為［＝手続］に対する同調」（『公法原理』一・一五七）とが含まれるからであり、このうち「手続を受け容れることは、同意が常に自由であるとは限らないきわめて特殊な同意現象である」。ここには、すでに述べた二重の複合性が、しかもドイツ的な合同行為とは異質な複合性が存在する。そして「手続を受け容れることは」、最終的には、「制度体の存在という事実、その存在の必要性という事実に対する同調」である（『公法原理』一・一五八、および「規約法」一五四）ことからすれば、とりわけ制度体が国家である場合には、同意はかなり擬制的であるといわざるをえないであろう。[105] 国家という制度体については次章で検討するが、ここでは次の箇所を引用しておきたい。

客観的法律行為とみなされ、外的手続の一体性によって説明される複合行為は、それ自体、社会的制度体と結びついている。その理由は、組織されたあらゆる手続がそれ自体社会的制度体であるからだけではなく、とりわけ、……集団の範疇に属する社会的制度体が一定の手続によらなければ有機的に存続することができないからであり、したがって、制度体の生のリズムであるこの手続が、その大部分が規約行為である複合行為を継続的に生み出すからである。そして指摘すべきは、複合行為または規約を外化するのは制度体の内部に存在すると想定される集合的な人（personne morale collective）ではなく、現に制度体の名においてそれらを実現するのは客観的手続だということである（『公法原理』一・一一五八）。[106]

ここでは、一方で、個人から分離された、あるいは個人に還元できない集合意識（＝集合的な人）の存在が否定され、他方で、複合行為の構成要素である手続の重要性が強調されている。手続は制度体の存続にとって不可欠であり、その意味で手続それ自体が制度体であるが、このような手続が法律行為の再定義から導き出された複合行為の構成要素、しかも重要な構成要素であることからすれば、制度体論は「意思分析の洗練を前提としている」[107]といえる。そして、手続が制度体にとって重要であるのは、手続が制度体を組織する規約法を生み出すからであるが、制度体の組織はそれ自体が目的ではない。制度体の組織はその個々の構成員にふさわしい地位を形成・分配するためのものなのである。そこで、制度体において個々の構成員が占める地位について検討しなければならない。

三　地位と物権

制度体論における地位理論の位置づけを今一度確認しておこう。本節の冒頭で述べたように、制度体は動態的に捉えれば一連の手続作用として、静態的に捉えれば地位の複合体として、それぞれ現象する。そして、オーリウは地位から、その地位を占める個人の権利を導き出すわけであるが、制度体におけるその構成員の権利をいかにして理論的に構成するのかというこの問題は、いわばミシュウが残した宿題である。つまり、「残念ながらミシュウは［法人に対するその構成員の］権利についてあまり詳しく論じ[108]」ていなかった。もっともオーリウは、法人とその構成員の間に成立する権利という捉え方では、より一般的にいえば法人の内部における法律関係という視点では、「解決不可能な困難に陥ってしまう」（『公法原理』一・一七二）という。とりわけ、このような視点を公法の領域に持ち込んだ「ドイツの理論［二〇三頁参照］においては、機関の地位の説明に窮する。機関はその固有の権限に対する権利を有さず、権限に対するあらゆる権利は機関が代表する法人に存するとされるが、その理由は、機関が自ら意思を形成すべき人（*personne*）に対して権利を主張しうることは認められないと、正当にも判断されるからである」（同・一七二）。法人の内部に法律関係を持ち込めば、法人とその機関との関係は法主体間の関係として理論構成しなければならないが、部分である機関は全体である法人の意思を形成する存在であり、形成された意思の帰属主体は法人である以上、機関は自らの法主体性を主張することはできず、したがって自らの権利も主張することはできないというわけである[109]。ここでオーリウが主として念頭に置いているのはイェリネクの地位理論（Status-Lehre）であるが、実は、両者の間には地位をめぐって類似性が存在する旨指摘されている[110]。後ほど述べるようにオーリウは地位とその保持者との関係を物権関係として理論構成するが、「イエリネックにおいては、……『自由権』が『消極的地位』として構成され、いわば『物権』類似の構成で、違法な行政行為に対する防禦請求権が導き出されている」といわれる。[111]両者の間に類似性が存在することは否定しないが、この類似性はあくまでそういう結果なるというレベルにとどまるものであり、[112]そもそも両者では発想が異なる。また、オーリウによれば、イェリネクの地位理論は地位をもって「積極的または能動的な権利」（同・一七三）の根拠とすることに成功しているとはいえない。というのは、国家によって特定の地位を承認される権利（地位に対する請求権）といったものは、権利としての内実（＝地位の権利＝「積極的または能動的な権利」）を備えているとはいえないからである。これはラーバントによる地位理論批判を継承するものである[113]が、「重要なのは、〔法律関係を前提として、〕法人に対する権利を機関に帰属させることではない」。このような発想においては、そもそも「問いの立て方が悪い」（同・一七二、および「規約法」一七〇）のである。

ゲルバー以降のドイツ法実証主義国法学は公法学に私法上の法人格を導入して公法上の支配服従関係を法人格間において成立する法律関係に還元した。その目的はパンデクテン法学に依拠して公法学を体系化することであったが、オーリウによれば、「多くの法的な事柄は、『法律関係』という要因によってよりも、『確立された状態』・物・物権という諸要因の結合によってより良く説明される」（『公法原理』一・一七〇）。とりわけ、「公法においては、……制度体と『確立された状態』は重要であり、あらゆる法を物と物権との概念に導く」（同・一六八－一六九）。もちろん、すでに述べた（二二五－二二六頁）ように、オーリウにおいては、何らかの支配服従関係を含む人的関係が制度体として捉えられるので、制度体という概念は公法の領域だけではなく私法の領域にも当てはまる。となると、ギールケにおけるように、[114]伝統的な公法と私法の区別が「制度」法（ギールケにおいては社会法）と個人法の区別（二一四頁）に置き換えられることになるのかというと、そうではない。オーリウにとって、初期以来一貫して（一一九頁参照）、国家は私的なものを公的なものへと転換し、公的なもの（res publica）を体現する存在である（国家（république）＝res publica）ことからすれば（ただし、国家が公的なものを独占するわけではない）、公法と私法の区別は利益の観点からも維持されなければならず、その重要性は次章第一節一で改めて取り上げたい。それはともかく、オーリウが「『確立された状態』・物・物権」の重要性を強調するのは、それが法律関係よりも重要であるからではない。そうではなくて、本来、両者は法体系において均衡すべきであり、あるいは法体系は両者の均衡によって存続しうるものであるにもかかわらず、法律を媒介とすることによって物権関係を債権関係という人と人の関係に還元しようとする、あるいはその限りで債権関係の優位を主張する民法学者の動きがあるからである。彼の理解したところによれば、一般の人々は法律によって所有者の立場を尊重するように義務づけられる結果、「一般の人々の債務と所有者の債権とが存在する。したがって、所有権は債権にすぎない」（同・一六九）。このような主張を行う論者としてプラニオル[115]などが挙げられているが、オーリウによれば、このような主張は、「所有権について、その内容と法的効果（sanction）を区別しないという点で誤っている」（同）。わが国の民法学界においても同様の応酬がみられるのであり、我妻栄は、「絶対性（対世的性質）は、すべての権利に共通の性質であって、物権の特有性となすべきではない。〔とりわけ、〕現代法の下においては、絶対性の有無をもって債権と物権との差異とすることはできない[116]」というが、それはあくまで「権利の客体に対する権利者の法律的な力」という点からであり、「債権との対比において、物権の特質〔＝内容〕を示すためには、目的物を直接に支配する権利」としなければならない[117]。もちろんオーリウも債権の対世効を認めるが、それは「法律によって義務づけられたもの（obligation légale）」にすぎない。それに対して、物権の対世効は「物との関係によって確立された状態の忠実な反映」であり、「物との関係」、つまり「所有者と物の間に確立された状態」によって支えられている。そして、「所有者と物の間に確立された状態」を支えているのは「制度体の規律」であり、法律はその反映にすぎない。したがって、人と物の関係は制度体によって支えられた客観的状態、あるいは制度体における確立された状態の一つであり、この関係＝状態は制度体の構成員に対して「対抗しうるもの（opposable）」である。それに対して、債権は当事者間の意思と法律とによって「義務づけられたもの（obligatoire）」である（同・一七〇）。そこでオーリウは、法人の内部に「『確立された状態』・物・物権」という視点を導入して、機関と機関に就任する自然人との関係を物権関係として理論構成する。機関は物なのであり、[118]「オーリウに固有の《制度》理論［は］物権の復権を志向する」[119]といわれる所以である。

ギールケが法人の内部において機関に人格を認めるのに対して、[120]そうしなければ、機関は人ではないので物ということになるが、オーリウにとって機関が物であるというのはこのような消極的意味においてではない。そもそも、アンシャン・レジーム下で売官制（vênalité des offices）[121]が発達したフランスにおいて、官職を物として捉えることに違和感を覚えることは少ないであろうが、オーリウはいかなる意味において機関を物として捉えるのであろうか。彼によれば、制度体における「『確立された状態』・物・物権という所与」から出発すれば、

制度体の機関は特定の官職（postes）または職分（fonctions）を保持する人として現象する。これら地位または職分は制度体における「確立された状態」であり、この「確立された状態」は物となる。しかも、それは一定の活動性を備えた物である。このことには何ら矛盾は存在しない。これら物・職分・行使は、一方で、保持しうることによって利益をもたらす状態であり、他方で、権限（attributions）の全体である。かくして、もっとも重要な点は、官吏ではなく官職に権限を帰属させることである。……確かに、官吏は官職を保持する一定の権利を有するであろうが、しかし、この権利は物に対する物権の性質を有し、官吏の地位を構成する（『公法原理』一・一七一）。

これは、機関と機関に就任する自然人との関係を物権関係として理論構成するに際しての核心的部分であるが、さらに敷衍されなければならない。第一に、fonction についてである。これまで、fonction を職分と訳してきた（一三三頁参照）が、彼における fonction という用語は多義的である。[122]そこには、職務であるとか、作用といった意味も含

まれており、職務や作用は一定の社会的効果を伴うことから効果という意味も含まれることになる。となると、一定の社会性を伴う職務ということから公務とうい意味も出てくるであろう。このような多義性からすれば、fonction を一律に職分と訳すことは問題であろうが、制度体について論じる限りで許されるであろう。第二に、職分は「確立された状態」であり、しかも「活動性を備えた物」であるということについてである。「確立された状態」とは、すでに述べた（二一二頁）ように、支配権力がさまざまな物を伴う人的集団に対して行使された結果形成される一定の事物の状態である。この事物の状態は支配権力と「確立された状態」との動態的な均衡状態であり、この均衡状態の下でその中に位置する者は何らかの利益を保持するようになるが、この利益は「主観的権利ではなく、客観的な利益状態」であり、その意味で一つの「確立された状態」である。そして、この「客観的な利益状態」の一つがその保持者から分離されて「客観的個体」（『規約法』一六八）を備えたものとして観念されるようになったのが機関である、あるいは、職分が権限の集合体であることからすれば、集合体としての権限がその保持者から分離されたものが機関であるというべきかもしれない。したがって第三に、職分と機関の関係についてであるが、「客観的な利益状態」を権限の行使という点から動態的に捉えたものが職分であり、静態的に捉えたものが機関である。このような職分＝機関はその保持者から分離されて個体性を有することから物であり、しかもこの物は「活動性を備えた物」ということになる。この「職分と機関と二重性のうち、一方で、職分は能動的な物であり、他方で、機関の地位は職分に対する物権となる」（『公法原理』一・一七一、および『規約法』一六九）。つまり、職分＝機関は物であり、機関に就任する自然人＝官吏は職分＝機関に対する物権を「規約上の［＝地位にもとづく］権利」（同・一七二）として有し、[123]この物権は当然機関の権限にも及ぶので、この物権によって構成される「地位は消極的なものではなく、積極的なものであろう」（同・一六九）。株式の所有権は、当然、株主の権利にも及ぶのである。かくして、確立された「状態が創り出され、職分が組織され、その結果として個人に地位がもたらされる」（『規約法』一七二）。しかも、この物権の対世効は制度体の構成員だけではなく、これまた当然、制度体が対外的に人格化された法人（格）それ自体にも及ぶのである[124]。

そこで最後に、法人とその機関との関係についてである。すでに述べたように、法人に対する機関の権利を云々することは「問いの立て方が悪い」。それに対して、オーリウは機関と職分の関係について「機関の地位と職分の行使」とを区別する。そして、機関の地位は「職分の行使に対する物権」であるが、この物権の対象は職分の行使までであり、法人それ自体には及ばない。ここに、機関に就任する自然人・機関・法人という三者の関係を物権関係として理論構成する核心的部分の核心、いわば Hart of Darkness が存在する。すなわち、

> 物権の行使形態として、万人……に対抗しうる物に対する権利としての行使と、支配権（droit de *domination*）としての行使との間には、決定的な相違がある。……活動性を備えた物としての職分という概念と、職分に対する物権としての官吏または機関の地位という概念と［の区別］は、機関と法人の間に置かれた、そして現実にはさまざまな機関間に置かれた緩衝器（tampon）である（『公法原理』一・一七二、および「規約法」一七〇）。

要するに、機関と法人の間に「活動性を備えた物としての職分」を観念上置くことによって、「法人への影響は職分の行使を媒介とする」（「規約法」一七〇）ことになり、「職分の行使は法人に反作用を及ぼす（réagit）」（『公法原理』一・一七二）が、機関に就任する自然人の権利はこの「反作用」にまでは及ばない。「反作用」とは曖昧な表現であるが、それは法律効果であり、この法律効果は個体レベルの「有機体の一体性」をとおして法人に帰属する（二一六-二一七頁参照）。そして、機関に就任する自然人の権利がこの「反作用」にまでは及ばないようにするために、「万人……に対抗しうる物に対する権利としての行使と、支配権（droit de *domination*）としての行使と」が、換言すれば、使用・

収益権と所有権それ自体とが区別されるわけである。[125] それに対して、イェリネクの地位理論の核心は機関の地位に対する請求権と機関の権限とを分離することであり、その結果前者は後者に及ばない。その目的の一つは機関に就任する自然人の私的な利益が法人全体に及ばないようにするためであるが、それ以前の問題として法人に対する機関の権利を認めることはできないので、「当時の私法学の基本枠組［である］『権利』と『請求権』の区別[126]」を地位と請求権の区別に置き換えることによって、機関に就任する自然人による権利（＝請求権）行使の法律効果が機関まででとどまり、法人にまでは及ばないことになるのである。この点オーリウにおいては、機関と職分を同じ実体の静態的側面と動態的側面としたうえで、物としての職分に対する使用・収益権をもって機関の地位とする。その結果、機関に就任する自然人の権利は機関の権限（その集合体が職分）にまで及ぶが、法人にまでは及ばない。「社会的な物」である「社会的な職分」（「規約法」一六九）は「制度体の利益において設定された」（『公法原理』一・一七二）ものであり、本来私物化の対象にはならないのである。「一般的にいえば、社会的制度体は……能動的な物となる職分を創設し、個人はこの物に対する規約上の物権を獲得し、この物権は積極的な個人の地位を構成する」（同・一七三―一七四）。その際、看過してはならないのは、すでに述べたように、法律効果の帰属関係が処理されるのは法人格のレベルではなく個体のレベルだということである。そこで問題にしなければならないのは個体・精神人格・法人格という三者の関係、とりわけ、精神人格と法人格の区別と、法人格から区別された精神人格と個体との関係とであり、これらの点については『公法原理　第二版』一九一六年をも視野に入れて検討しなければならない。

四　精神人格と法人格の区別――『公法原理』の初版から第二版へ

すでにふれた（一一七頁）ように、『公法原理』の初版に対する評価はその独創性の故に一般に高い。それに対して、第一次世界大戦中に出版された第二版に対する評価は必ずしもそうとはいえない。あるいは、その評価は論者によって分かれるというべきかもしれない。同大戦の勃発がオーリウの法理論にいかなる影響を与えたのかという問題はにわかに答えることができるものではないが[127]、同版は凡庸な著作にすぎないとか、両版の間に断絶があるといった評価（前章第二節註（20））には賛成できない。このうち、同版は凡庸な著作にすぎないとう評価については、その理由が独創性の欠如にあるとすれば、そもそも、改定版である同版に独創性を求めること自体無意味である。確かに初版は独創的であるが、それだけに荒削りな部分が散見され、全体として難解であるといわざるをえない。それに対して、第二版に対して低い評価を下している論者も、同版は「国家と法との一般理論に対する指向性をより強めている[128]」というように、叙述の角がとれ、全体として整序されている。要するに、より体系化されて、著作としての完成度が高く、美しいのであり、それだけ（前章第二節註（19）参照）彼の法理論も完成に近づいたということができる。ということは、両版の間に断絶があるという評価には賛成できないことになるが、この点については以下の検討をとおして答えることにしよう。ところで、両版の大きな相違の一つは、それぞれの版におけるイデー(idée)という概念の位置づけであろう。イデーという用語はすでに述べた（一四五頁）ように『社会運動論』において出現したものであり、イデーは人間の精神から独立した客観的存在であるとともに固有の力を内包しており、自由をもたらす表象作用の対象として社会的統合力を有する。このようなイデーについて、『公法原理』の初版はほとんどふれることがなかった[129]。それ対して、第二版ではイデーは鍵概念の地位を占めており、しかも精神人格と法人格の区別と密接な関係を有するのである。

精神人格（personnalité morale）と法人格（personnalité juridique）の区別[130]は、すでに述べた（一七九頁および一八五―一八六頁）ように、「社会的現実の構成要素としての人格」において萌芽的に現れ、精神人格と法人格は、『社会運動論』において、法人の構成要素として個体性とともに、表象的連帯・指導的連帯・有機的連帯という三つの連帯の形態に対応するものであった。そしてこの区別は、『公法原理』の初版においては、おそらく従来の主観法的に構成された法人理論に対抗して法人における客観的個体の重要性を強調するために（二一五―二一六頁参照）、意識的に取り上げられることはなかった。その結果一方で、法人格をめぐる議論に曖昧さがつきまとうとともに、とりわけ制度体における主観的要素の位置づけに不明確な点が残されることになったが、他方で、この区別を前提としているといわざるをえない箇所も散見された（二〇七頁および二一七―二一八頁参照）。そこでオーリウは、とくに精神人（格）の内実を明らかにするためには、第二版において、「法人格の視点と精神人格のそれとを区別しなければならなかった」という（『公法原理』二・二六六―二六七）。もっとも、残念ながら、その結果として法人格をめぐる議論から曖昧さが完全に払拭されたとはいえない。その原因は後ほど述べるが、初版と第二版のこのような相違、あるいは初版から第二版へのこのような変遷について、スフェズは、財を取得する能力という法人格の役割に変化がない以上、このような相違あるいは変遷は「言葉の変化」にとどまり、そこには「（言葉の変化を除けば）変化はない」と主張する。[131]確かに、オーリウの法理論における一貫性を有するもの、あるいは連続性を有する側面に着目する本書は、後ほど詳論するように、両版の間に、法理論においても、制度体論においても、断絶という意味での変化を見出さない。しかしながら、このような意味での変化が存在しないということが、それ以外に存在する変化は重要ではないということを意味するとは限らないであろう。すでに述べたように、イデーが第二版において鍵概念の地位を占めることからすれば、イデーと密接な関係にある精神人格と法人格の区別は重要、しかも決定的に重要であるといわざるをえないのである。

オーリウにおける精神人格と法人格の区別に早くから着目していたのはギュルヴィッチである。ロシア生まれのギュルヴィッチは共産党政権に追われてフランスへ、さらにヴィシー政権に追われてアメリカへ亡命し（その間、一九二八年にフランス国籍を取得）、第二次世界大戦後はフランスに帰国して、それまでフランス社会学の主流であったデュルケム学派に対抗して実証主義的な一九世紀社会学の刷新を主張した。そして、もともと哲学者として出発した彼は、法社会学を経て（主として一九三〇年代）、現象学的方法を用いて社会的現実を多元的な層位において考察する「深さの社会学（sociologie en profondeur）」へと至るのである。彼の社会学については、その歴史性の欠如や観念性に対する厳しい批判があるようであるが、社会学の門外漢である本書の筆者は彼の社会学やそれに対する批判を評価する知識を持ち合わせていないし、またそのようなことに関心もない。ただいえることは、社会的現実を多元的な層位において考察する手法は法理論においては法的多元主義として現象し、この多元性は垂直的なものである[132]ことから、この多層的法概念はオーリウの法の二つの層（二一二－二一三頁参照）の影響下にある[133]ということである。実は、若きギュルヴィッチはギールケのゲノッセンシャフト論とオーリウの制度体論とを統合しようとしたのであり、その帰結が『社会法の理念（*L'Idée du Droit Social*）』一九三二年である。したがって、多層性に着目する限り、法理論から社会学理論へということになるが、それはともかく、ギュルヴィッチのいう社会法は集団の内部関係を規律する法として個人法と対を成すものであり、その意味で、ギュルヴィッチのいう社会法と個人法の関係はギールケの社会法と個人法の関係、[134]およびオーリウの社会法（＝「制度」法）と個人法の関係（二一四頁参照）と同じである。問題はギュルヴィッチのいう社会法の内容であり、この点、複雑かつ難解であるといわざるをえないが、筆者のみるところ、それは、集団の枠組みとしてギールケのゲノッセンシャフトを、集団の内部における法の形成過程としてオーリウの制度体を、それぞれ用い、すでに述べたように両者を結合したものといえる。前者についていえば、社会法の名宛人であるとともに主体は「複合的な集合人（*personnes collectives complexes*）」である。ここで「複合的な集合人」とは、「その構成員の多数性を単一の意思に吸収してしまう［ローマ法的な］単一的統一体（*unités simples*）としての法人」[135]ではない。そうではなくて、そこにおいては、構成員が全体としての人格の内部において部分としての人格を保持するので、「部分はもはや部分ではなく［全体の］機能的で動態的な構成要素であり、単一性と多数性が相互機能的関係においてそれぞれ生み出される」[136]。その結果、「複合的な集合人は、多数性を体現する部分人（personnes partielles）と一体性を体現する中央人（personne centrale）との間で法的に調製された均衡を構成する」[137]ことになるが、均衡を実現するためには「部分人と中央人の合意と協働」が必要である。[138] そこで後者、すなわち（社会）法の形成過程についてである。ギュルヴィッチによれば、集団というものは、「非組織的な客観的共同体という下部構造と［それに］重畳された組織という上部構造」とによって構成される。したがって両者は通時的ではなく共時的な関係にあり、このような関係の下でときに調和しときに対立しつつ、「社会的統合に関するそれぞれの固有の法を生み出す」。つまり、「非組織的な社会法」と「組織的な社会法」である。[139] そして、「重畳された組織は非組織的な社会法と一致することによって自らを正当化する」。このような「非組織的な社会法の必然的優位」の理由は、「非組織的な社会法が組織されうるのは協働的で協調的な集団によってのみ［だからである。］換言すれば、社会法というものは明らかに平等の傾向を有し、社会のあらゆる階層的構造に反する」からである。[140] ここで「協働的で協調的な集団」とはすでに述べた「非組織的な客観的共同体」であり、したがって、「共同体」→「非組織的な社会法」→「重畳された組織」ということになり、最終的に「組織的な社会法」の内容が確定されるが、その内容を底辺で規定しているのは「平等で反階層的な秩序」[141]である。「共同体」のこのような秩序は「非組織的な社会法」の非組織性に表れており、ギュルヴィッチのいう非組織的とは自生的（spontané）という意味であろう。そこで問題になるのが「共同体」において法を生み出す基盤、つまり法源であり、それは「規範的事実（fait(s) normatif(s)）」である。「規範的事実」という表現は、法と法理論とに対する彼の立場を端的に示しており、彼は、法と事実・自然法論と法実証主義・規範的方法と社会学的方法などといった二元的対立に対して、「中間的領域」[142]に位置しようとする。要するに折衷主義であり、このような彼のいう「規範的事実」とは、法の構成要素のうち「より具体的でより客観的な構成要素」であり、「法によって作られると同時に法を生み出す共同体」[143]、その意味で「法の……自然発生的源泉」[144]である。そこにおいては、「理念的なものと現実的なものとが、価値と事実が、それぞれ相互浸透する」[145]が、このような「規範的事実」はオーリウの客観的個体を髣髴させ、現にギュルヴィッチは、オーリウは「われわれの時代におけるもっとも注目すべき法哲学者の一人」としてオーリウに、そして彼の制度体論に言及している。[146] ただ、ギュルヴィッチは法の動態的な形成過程については踏み込んで論じることなく、「非組織的な社会法」を規律法に、「組織的な社会法」を規約法に、それぞれ対応させているが、[147]「非組織的な社会法」と「組織的な社会法」は集団の「共同体」と「組織」という二層構造に由来するのに対して、制度体それ自体は二層構造ではない。[148] また、すでに述べたように非組織性が自生性を意味するとすれば、オーリウは制度体も含めた社会的組織が形成されるに際してその初期の段階における力による組織化を容認している（一三二頁および二一一頁参照）以上、「規範的事実」を含んだ「共同体」は制度体というよりもオーリウのいう公衆（le public）[149] に近いように思える。いずれにしても、ギュルヴィッチはオーリウの制度体の中に含まれる未組織な部分を重視しているのであり、未組織な部分の自生性によって政治的な支配服従関係における民主性を基礎づけようとしたといえる。すなわち、「協働的で協調的な集団」あるいは「平等で反階層的な秩序」である「共同体」の構成員＝「部分人」による「中央人」への「全体的な直接参加」[150] によって、「非組織的な社会法」が「組織的な社会法」に反映されるのである。その結果、集団の内部関係を規律する社会法は、ギュルヴィッチによれば、「中央人」と「部分人」の均衡の下で、全体を統合する「交感（*communion*）の自立的法」[151] として現象することになるのである。

このように、ギュルヴィッチはギールケのゲノッセンシャフトとオーリウの制度体とを結合することによって独自の社会法という概念を形成したのであるが、残念ながら、この概念は「忘れられたフランスの伝統」[152] に属するといわれる。その原因は内容の難解さに加えて、カルボニエによれば、ギュルヴィッチの法理論が公法を中心に組み立てられており、その結果として私法の要素と司法過程とが軽視されていることにある。[153] ただ、ギュルヴィッチがギールケとオーリウの双方の法理論に精通していることは間違いなく、このようなギュルヴィッチが、オーリウにおける精神人格と法人格の「区別はギールケの全体人（*Gesammtperson*）の理論との関係において本質的進歩を遂げている」[154]という。ではいかなる点で、この区別がギールケのゲノッセンシャフト論との関係において進歩しているといえるのであろうか。

前節二（一八一頁）で述べたように、オーリウは、部分としての機関の活動を全体としての法人に結びつける「有機体の一体性」が論証されていないとして複合人という概念を否定し、このことをとおしてギールケの有機体説を批判したが、ギュルヴィッチは、『公法原理』の初版における客観的個体は複合人とあまり違わないという。すなわち、同書においては、「制度体の客観的個体は、……非組織的な共同体の側面というよりも、……複合的な集合人のそれにおいて提示された」[155]。これはどういうことかといえば、人格が不可分であるのに対して、オーリウにとって個体は不可分な単一体の場合もあれば可分な複合体の場合もあり、後者の場合、本節一の末尾で述べたように人格の一元性と個体の複合性との両立が可能になり、個体の構成部分に人格を認めれば一つの人格が複数の人格を含むことになる、その限りで制度体は全体人が構成人（Gliedpersonen）＝機関人（Organpersonen）を含むギールケのゲノッセンシャフトと同じである、ということである。そうであるとするならば、集団における未組織な部分を重視するギュルヴィッチにとって個体の個体たる所以が曖昧となり、さらには制度体が人格に還元されてしまう可能性から、ギュルヴィッチはこのような事態を「危険な袋小路（impasse）」あるいは「悪循環（cercle vicieux）」という[156]。それに対して、オーリウは第二版において、「固有の意味の『精神人』の存在を発見し、［その結果、］状況は……制度体の客観的個体の概念にとって好ましいものとなる」[157]というわけである。しかし、ギュルヴィッチのこのような理解はさまざまな問題を孕んでいるといわざるをえない。第一に、このような理解において精神人格が担っている役割は、個体のレベルにおける人格の要素を明確化することによって社会法論における「共同体」[158]にあたる未組織な部分を確保することであり、となると、客観的個体それ自体の中に二つの層を認めることになるのではないか。またその結果として、精神人格は全体としての個体の一部のみの人格化ということとなり、精神人格と法人格は異なる実体を有することになるが、このことは、「法人格と精神人格は〔同じ〕主体の二つの異なる側面である」（『公法原理』二・二五二）というオーリウの主張に反するであろう。第二に、ギュルヴィッチは、オーリウは同版において、「固有の意味の『精神人』の存在を発見し」たというが、精神人格と法人格の区別は、すでに述べたように、「社会的現実の構成要素としての人格」において萌芽的に現れ、『社会運動論』において三つの連帯の形態との関係で明確化されたものであり、[159] 以後、オーリウの「生涯を通じて変わらなかった[160]」といわざるをえない。第三に、この区別がギールケのゲノッセンシャフト論との関係において進歩しているといえるか否かという点についてである。この点についてはオーリウの主張を検討した後でなければ答えられないであろうが[161]、ここでは出発点、つまり、人格の一元性と個体の複合性との両立が可能になるという点で初版における制度体とゲノッセンシャフトとが構造において同じであるという理解に含まれる問題を指摘しておきたい。確かに、人格の一元性と個体の複合性との両立が可能になるという結論は制度体とゲノッセンシャフトにおいて同じであるが、このような結論をもたらす要因、つまり集団を統合するものという点で両者は異なる。すなわち、ゲノッセンシャフトにおいて構成人＝機関人を統合するのは全体人の人格であるのに対して、制度体において個体を統合するのは個体それ自体の「有機的総合」＝「有機体の一体性」なのである（二一六-二一七頁）。

以上、前置きがあまりにも長くなったが、以下、『公法原理』の第二版における精神人格と法人格の区別について検討することにしよう。すでに述べた（二四〇-二四一頁）ように、本書の筆者は初版と第二版に間に断絶があるという評価には与しないし、このような本書の立場は以下で論証するが、オーリウ自身は第二版における一定の「変化」を認めたうえで、同版は「大きく改定された」と述べている（『公法原理』二・Ⅵ）。しかしながら、両版の基本的な構造は変わらないのであり、それは団体を、主観的人格による統合としてではなく、客観的個体の総合として捉える方法であり（同・XIVおよび六二一―六二三註（1）参照）、換言すれば、両版においては、人格によって垂直下降的にあるいは演繹的にではなく、個体の構成要素を積み上げることによって帰納的に理論が構成されいるのである。そして、その結果として主観的人格が現象するというように、客観的なものから主観的なものへと議論が展開される（同・四一―四五参照）。彼が主張するほど両版に相違はないといわれる所以であるが[162]、ただ、このような方法において、彼によれば、「指導理念（idées directrices）がなければ諸要素を……総合することはできない」（同・V―VI）。そこで、客観的個体あるいはその諸要素を総合する理念を導入する必要があり、その結果、第二版は彼の主観においては「大きく改定された」わけである。

『公法原理』の第二版において客観的個体を論じるためにイデーを導入するという「変化」は、繰り返し述べているように初版において精神人格と法人格の区別を前提としているといわざるをえない箇所が散見されることからすれば、十分予測される。そもそも、法人からみれば対外的関係である法律関係において主体として現象する法人格を支えるものが必要であり、それが客観的個体であるというのでは不十分なのである。このことは自然人の場合を考えれば明らかであろう。実定法は精神的統一体の存在を前提としてそれに法人格（＝権利能力）を付与する（わが国の場合、民法三条一項）が、精神的統一性は現実には意思の統一性として現象するので、法人格の付与は統一的意思の主体を前提とする。この統一的意思の主体が法人格を支えるものであり、その意味で実体的人格ということができ[163]、第二版では「意識を有する自由な主体」という意味で「精神主体（sujet moral）」（『公法原理』二・二六六）ともいわれる。これがオーリウのいう精神人格であり、精神人格について論じるためには、当然、すでに述べた（二四二頁）ように「法人格の視点と精神人格のそれと」が区別されなければならない（同・二六六―二六七）。そして、精神人格と個体を総合するイデーとは一体不可分であることから、とりあえずここで確認すべきは、両者の区別は客観的個体について踏み込んで論じる、あるいはその「精神主体」を明らかにするための前提あるいは手段だということである。もちろん、両者の区別によってより緻密な制度体論の展開が可能になるであろうし、その結果として客観的個体＋精神人格＝制度体という理解がより明確になるであろう。

オーリウによれば、「『法人格』と『精神人格』という表現はしばしば互換的に用いられるが、厳密にいえば区別されなければならない」（『公法原理』二・二五二）。つまり、法人格は「法的取引関係において財を取得する能力として想定された主体」であるのに対して、精神人格は「意識的主体として、集団構成員の共通意思（volonté commune）において実現されることを欲する社会的営為（œuvre sociale）のイデー」である（同・二六七）。このように、法人格と精神人格を区別すること、換言すれば精神人格について論じることはイデーについて論じることを意味するが、その際、彼は「集合意識（conscience collective）という視点を回避しなければならない」（同・二六六）という。社会的現象を惹起するのは個人の意思であると考える彼は、初期以来一貫して、個人に還元できない、個人から独立した集合意識の存在を否定してきた（二二五頁参照）が、実は、後ほど述べるようにイデーとの関係で集合意識の存在を否定することは困難なのである。いずれにしても、法人格と精神人格を区別すること＝精神人格について論じることは『公法原理』の第二版において新しくつけ加えられた部分（第一部第二章第四節）である。法人格は初版においては第一四章（「法人格」）という最後から二番目の章で扱われていたが、その理由はおそらく、同版全体が制度体の形成過程という観点から構成されており、その到達点として法人格が位置づけられるからであろう。それに対して、第二版は国家における統治システムの類型（国家体制（第二部）→行政体制（第三部）→憲法体制（第四部））という観点から構成されており、そこでは、統治システムの諸類型に先立ってそれらの共通項である制度体が「人格化の問題」（第一部第二章）において論じられ、その第四節で主観的人格が、法人格と精神人格という二つの側面から、そして両者を統合するものとして、論じられている。この「人格化の問題」は初版の、主として第三章（「制度体」）・第四章（「法的取引」）・第五章（「契約」）を併せたうえで、すでに述べたように新しく第四節を加えたものである（ただし、法人格に関する部分は主として初版の第一四章の再録）。このように両版はそれぞれ異なる観点から構成されており、それぞれ固有の体系を有するが、[164]初版においては制度体の構成要素と形成過程が分割されて全体の中に位置づけられている[165]（分散しているという意味ではない）のに対して、第二版においてはそれらが第一部第二章にまとめられ、第二部以下の国家論のいわば総論を形成している。本書が、同版は初版よりも体系化されていると評する（二四一頁）所以であり、このような変化は、『公法原理』が国家論を対象とする公法の講義に対応するものとても執筆された（一一七頁）という事実により適合的であろう。

そこで、精神人格＝精神主体についてである。すでに述べたように、精神人格と法人格を区別するのは精神人格について論じるためであり、精神人格はイデーそれ自体であることから、精神人格について論じることはイデーについて論じることである。オーリウは、「社会的制度体の主観的人格（personnalité subjective）に関する完璧な定義」として次のような定式を提示する。すなわち、「それは社会的営為のイデーであり、精神主体として、また財を取得する能力として、集団構成員の共通意思において実現されることを欲する」（『公法原理』二・二八五。さらに、一〇七註（1）も参照）。ここには、精神人格と法人格の区別に関する用語法が凝縮されている。すなわち、主観的人格は精神人格＝精神主体と法人格の上位概念であり、対内的関係において精神人格として、対外的関係において法人格として、それぞれ現象し、すでに述べた（二四六頁）ように「法人格と精神人格は〔同じ〕主体の二つの異なる側面である」。実は、このような用語法はある種の曖昧さをもたらさざるをえず、このことはこの定式にも現れている。つまり、確かに主観的人格はイデーであるが、しかしそれは対内的関係においてであるにもかかわらず、そこには対外的関係における法人格が常に含まれているのである。その結果、このような用語法との関係で、『公法原理』の第二版においても、法人格をめぐる議論から曖昧さが完全に払拭されることはない。[166]それはともかく、ここで問題にすべきは、「社会的営為のイデー〔は、〕精神主体として、……集団構成員の共通意思において実現されることを欲する」という対内的関係である。この「定義」はイデー・精神主体・共通意思によって構成されており、これら三者の関係は制度体の構造そのものといっても過言ではなく、あらじめ次のような結論を示しておこう。すなわち、制度体は客観的個体と主観的人格の結合体であり、主観的人格は対外的関係において法人格として、対内的関係において精神人格＝精神主体として、それぞれ現象し、精神人格＝精神主体の客観的要素がイデーであり、その主観的要素が共通意思である。[167] このような結論に到達するために問題にすべきは共通意思の性質と役割とであり、共通意思の役割は共通意思とイデーの関係と言い換えることができる。

第一に、共通意思の性質についてである。オーリウによれば、共通意思はともに生きるという本能的な意思でもなければ、ルソー的な支配する一般意思でもない。共通意思の主体は集団における被治者としての構成員（sujets）であり（一般意思の場合、統治者としての構成員＝集団それ自体）、その内容は服従であり、その形式は全員一致である。「共通意思は願望と同調のためにのみある。精神的な全員一致は行動においてではなく、願望または同調が前提とする受動的なあるいは半受動的な意識状態においてのみ実現されるので、それ［共通意思］は活動的な力（force d'action）ではない」（『公法原理』二・二七四）。このように共通意思は受動的な服従の意思であるが、その対象はイデーである。そして、「イデーはまさしく共通意思によって意識的となり、イデーは意識的主体となるものであり、したがって『主体』である」[168]。確かに、イデーは主体あるいは「明確な目的と使命を備えた画定された人格」という意味では精神人格の「主要な主観的要素」であるが、しかし、変動する共通意思との関係で「枠組み」あるいは「骨格」として機能するものであり、そのためには共通意思によって主観化されなければならない（同・二七六）。その結果、「『イデー』は……主観的要素と客観的要素の関係に解決をもたらすことができるであろう」[169]といえなくもないが、すでに述べたように、本書はイデーを精神人格＝精神主体の客観的要素とし、共通意思をその主観的要素と理解するのである。では、「社会的イデーが共通意思の中で自ら思考する」（同）とはどういうことであろうか。

そこで第二に、共通意思の役割、換言すれば共通意思とイデーの関係についてである。イデーが共通意思の中で「固有の主観的生」を得て意識的主体として自ら思考するようになるには、オーリウによれば、二つの段階、すなわち、意識状態（états de conscience）が共通意思の中で生じてイデーの枠内で能動的役割を果たすようになる段階と、意識状態がイデーに結びつけられる段階とを経なければならない。第一段階についてであるが、確認すべきは、「イデーが意識的存在となりうるのは、それに従うことになる人々から自らの意識の要素を取り入れることによってのみである。精神的存在（être moral）の意識を形成することになるのは人間の意識なのである」（『公法原理』二・二七八）ということである。そして、イデーに従う人々の意識あるいはイデーの中に取り入れられた意識によって意識状態が形成されるが、意識状態はイデーの側からみれば個々の人々の意識と完全に分離されていないが、個々の人々の側からみれば十分分離されている。このように意識状態と個々の人々の意識との関係は微妙であり、一方で、両者が完全に分離されてはならないのは、完全に分離されてしまえば意識状態が「個人を超越した集合意識」（同・二七九）に近づくからである。すでに述べたように、このことは精神人格＝精神主体＝「意識を有する自由な主体」を論じるに際して回避しなければならないことであるとともに、初期以来のデュルケムとの対抗関係において、さらにはギールケ的な有機体説との対抗関係において、オーリウにとって越えてはならない一線なのである[170]（さらに、同・二八一―二八二も参照）。しかし他方で、意識状態と個々の人々の意識との分離が「ある程度」にとどまらなければならないのは、イデーの中に取り入れられた意識が「共通で、すべての者において同一」でなければならないからであり（同・二七九）、その結果として「営為のイデーに関する共通のヴィジョン」[171]が形成される。意識状態と個々の人々の意識とのこのような微妙な関係を、オーリウは、「個人の意識に対する集合意識の重畳（superposition）現象」ではなく、「イデーに従う個人の意識の解釈現象」であるとして、タルドを援用して後者によって意識の相互所有が可能となるという（同・二八〇）が、はたしてこのような説明の仕方が実証的であるといえるであろうか。しかも、第二段階に関する説明、つまり意識状態がイデーに結びつけられる段階に関する説明は形而上学の世界に足を踏み入れているといわざるをえない。共通の意識状態が「イデーである精神主体の固有の意識に現象し」、「イデーが自ら思考するように思える（impression）」（同）根拠は、オーリウによれば、イデーが「優れて存在するもの（êtres par excellence）」（同・二八二）であるからとしかいいようがない。そしてオーリウは、「法人実在説はイデーの固有の生と存在の本質的に理念的な性質とに対するある信念を伴う。それは一種のプラトンのイデア論である」（同）という。つまり、現に法人としての制度体が存在する以上、その背後にそれを支えるイデーが存在しているし、また存在していなければならないというのである。[172] ここに至って、オーリウは法人としての制度体の実在性を実証的に論証することを放棄したといわざるをえない。制度体の実在性に関するこのような議論は、前章第二節三で扱った原罪と贖罪との仮説と同様に、論理的矛盾が存在しな限り、真偽を判断しうる性質のものではないであろう。したがって、ここで問題にすべきは、制度体の実在性は『公法原理』の初版において複合行為論によって論証され（本節二）、この複合行為論は第二版においても維持されている（同・一三六―一五五参照）にもかかわらず、なぜ、改めて制度体の実在性を論証しなければならないのかということである。この問いは制度体論の形成過程におけるイデーの位置づけ、したがって両版の関係にかかわるものであり、最後に考察することにして、その前にイデーの存在を前提とした主観的人格と客観的個体の結合について確認しておくことにしよう。

『公法原理』の初版において、人格と個体は執行的決定において結合し、この結合は法的取引において法律行為として現象するとされていた（『公法原理』一・六七九―六八〇）。このような描写は「いまだ荒削りで、かなり神秘的である」[173]といわれるが、それに対して、第二版においては、この結合過程は精神人格と法人格の区別とイデーの存在とを前提としてより精緻に展開される。すなわち、制度体は実現されるべきイデー・共通意思である「願望意思（volonté d'aspiration）」・客観的個体に属する「権力または実現意思（volonté de puissance ou de réalisation）」から成る「統一的複合体（composé unique）」（『公法原理』二・二九七）である。これら三者の関係を敷衍すれば、「願望意思」と「権力または実現意思」はともにイデーに仕えるが、「願望意思」はすでに述べたようにイデーに主観的生を付与してイデーを意識的主体にするのに対して、「権力または実現意思」はイデーを「表象させるにすぎない」。そして、イデーと「願望意思」は主観的人格を構成するので、「制度体の魂」（同）であり、「権力または実現意思」は体である。かくして、魂と体が合体して制度体は「魂を備えた体（corps à l'âme）」となり、主観的人格は「不可欠な羅針盤」として目標を示し、客観的個体は「物理的組織」によってそれを実現するのである（同・二九八）。そして、すでに述べたように主観的人格は法的取引において法人格として現象するが、法人格は「主観的人格の観念を汲み尽くすことはできない」[174]。というのは、法人格は「『精神……人格』の上に被せられた『仮面』……に過ぎない」[175]からである。では、すでに述べた「権力または実現意思」はイデーを「表象させるにすぎない」とはどういうことであろうか。この問いに対する答えはオーリウのいう「表象作用の戯曲（drame de l'opération représentative）」あるいは「魔法の受肉（incarnation magique）」（同・三〇二）であるが、その意味するところは難解であり、共通意思の性質と役割とに関してすでに述べたことも含めて総合的に考えれば、次のようになるであろう。すなわち、法人としての制度体の機関（＝「権力または実現意思」の担い手）が、ある事を、法人の名においてかつ法人の利益のために提案した場合（さらに、同・一一七−一一八も参照）、この事はイデーを表象（＝代表）するものであり（この事にイデーを表象させる）、この事に願望意思の担い手である一般の構成員が同調すれば[176]、願望意思はイデーを表象（＝代表）するこの事をとおしてイデーの内部に取り込まれて共通意思となり、その結果、イデーの内部でこの事を実現したい意思とこの事を実現しようとする意思とが結合し、イデーは機関と構成員のどちらからみてもあたかも意識的主体のように現象する。かくして、「意識的主体が出現し、主観的人格と客観的個体の総合が実現され、表象作用が完成の域に達する」（同・三〇二）というわけである。これは、制度体の存在を前提として、主観的人格と客観的個体が執行的決定において結合する場合を描写したものであるが、ということは、この描写が彼の真意をある程度反映したものであるとしても、それに加えて、イデーを中心とした制度体の成立過程を描写することが必要となる。そのためには「制度体と創設の理論　社会生命論」を待たなければならず、それについては次節一で取り上げたい。[177]いずれにしても、制度体論は『公法原理』の第二版においてほぼ完成されたとみて間違いなく、彼も次のように述べている。すなわち、『伝統的社会科学』以来二〇年にわたって法人論の構築に携わり、「そのつど多くの断片的な考えを提示してきたが、改良に改良を重ね、より完全な真理に到達したと思われる」[178]（同・二八四−二八五）。

最後に、先ほどの問い、つまり、なぜ、『公法原理』の第二版において改めて制度体の実在性を論証しなければならないのかという問いに答えておかなければならない。すでに述べたように、この問いは制度体論の形成過程におけるイデーの位置づけ、したがって初版と第二版の関係にかかわるものである。初版における複合行為論の目的はドイツの団体論における意思の融合を否定することであった。すなわち、制度体も含めた集団の実在性を論証するには、集団の構成員に還元できない、構成員から独立した集団に固有の構成要素を示さなければならないが、その際オーリウは、集団も含めた社会的現象を惹起するのは個人（の意思）であり、社会的現象は個人（の意思）から切り離されて存在するものではないと初期以来一貫して考えるので、集団に固有の構成要素を構成員の意思の融合に求めるドイツの団体論に与することはできないわけである。そこで彼は、同意の行為が手続と結びつくことによって生じる行為↓事実↓行為……という連鎖に集団に固有の構成要素を求める。この場合、同意の対象は事実であることから意思の融合は生じず、行為↓事実↓行為……という連鎖は手続によって一貫性を有するものへと束ねられる（二三〇−二三一頁参照）。このように複合行為論は動態的であると同時に形式的であり、そこにおいて構成員（＝行為の主体）に還元できない単一性をもたらすのは手続である。となると、第二版はこの手続をイデーに置き換えたのかというと、すでに述べたように同版においても複合行為論が維持されていることから、そうではない。そもそもイデーの役割は、本章の冒頭で取り上げた制度体論の変遷に関する彼の回想においても述べられているように、ミシュウのいう「利益の中心」に代わって精神主体の実体を形成することである。このことは同版においても確認されており、イデーにしろ、「集合利益の中心」にしろ、社会的目的の実在性を反映したものであり、意思理論とは異なり意思以外の要素によって法人を基礎づけるが、オーリウによれば、物質的なものではなく精神的なものであるイデーの方が精神主体と代表制により適合的である（『公法原理』二・二八三-二八四）。このように、イデーは形成された制度体を前提としてその精神人格＝精神主体の実在性を構成するものであり、その意味で静態的であると同時に実体的である。それに対して、すでに述べたように複合行為は動態的であると同時に形式的であり、制度体の形成過程に適合的である。したがって、同版におけるイデーと複合行為の関係は、複合行為が制度体の形成過程における実在性を、イデーが形成された制度体の実在性を、それぞれ担うというように理解することができるであろう。その際、看過してはならないのはイデーの客観性とその帰結であるイデーの位置づけとである。これもすでに述べたことであるが、確かに、イデーは精神人格＝精神主体の構成要素という点では主観的なものであるが、しかし、精神人格＝精神主体の中にあって共通意思との関係で「枠組み」あるいは「骨格」として機能するという点では精神人格＝精神主体の客観的構成要素である。このようなイデーの客観性は、イデーがミシュウのいう「集合利益の中心」の代替物であるということとも適合的であるが、問題はその意味するところである。飯野賢一は、初版と第二版の間で「客観的個体性を重視する分析から……『イデー』という要素の方に重点が移行し[179]」ているとして、両版の間に「前期オーリウと後期オーリウの分水嶺を見ることが可能[180]」であるという。このよう分水嶺が存在するということは否定しないが、問題はこのことが何を意味するかである。このような「分水嶺」が両版の断絶を意味するとすれば、飯野の両版の捉え方には賛成できないが、彼も認めているように、「『客観的個体性』『主観的人格性』という視点は、全体を通じて一貫して［おり、客観的個体における諸力の］『均衡』という原理が［第二版においても］制度の基底に置かれていることに変わりはない」[181]。要するに、すでに述べた（二四七頁）ように、団体を客観的個体と主観的人格によって二元的に構成したうえで、主観的人格を客観的個体の形成・総合の帰結とする基本的な構造は両版において同じなのである。ただ、これもすでに述べた（二四一頁）ことであるが、初版においては、従来の主観法的に構成された法人理論に対抗するために法人における客観的個体の重要性が強調されたのに対して、第二版においては、その結果として意識的に取り上げられなかったイデーが客観的個体の諸要素を総合するものとして鍵概念の地位を占めている。形成された客観的個体から客観的個体を形成するものへの変化であり、もちろん客観的個体の形成は精神人格＝精神主体の発生を意味する。しかし、このような変化は同じ基本的な構造の内部における説明される側面の相違、その意味で力点の置き方の相違にとどまり、しかも、イデーの客観性からすればイデーの重要性を強調することは制度体における主観的なものを強調することを意味しない。客観的なものの重要性は、同版においても、具体的に引用する必要がないほど、至るところで強調されているのである（ただし、客観的なものの重要性は意思の重要性を随伴することを忘れてはならない（二二五―二二六頁参照））。結局、制度体の枠組みも、そして客観的存在としてのイデーという概念も、制度体論の前期以来正常に進化・発展してきたものであり、両版の間には、法理論においても、制度体論においても、断絶という意味での変化は存在しないといえる。さらに、「制度理論に関しては、……中期と後期の間に本質的変更はなかった」[182]といわれる。すでに述べたように、後期には、「制度体と創設の理論　社会生命論」において、イデーを中心とした制度体の形成過程が描写されることによって制度体論が完成されるが、となると、この描写と複合行為論の関係が問題になるであろう。

（1）「制度体と規約法」の前年に公表された判例評釈の中に制度体論の「いくつかの構成要素」がすでに見出されるといわれる (Lucien Sfez, *Essai sur la contribution du doyen Hauriou au droit administratif français*, 1966 (rééd. 2011), p. 95 note 40) が、市

町村議会議員が市町村議会の議決の無効を主張することができるか否かが争われた事件の判決（C.E. 1er mai 1903, Bergeon, S. 1905.3.1）について、オーリウは集団の管理・運営に対する集団の構成員の個人的利益を根拠の一つとしてこのような主張を認めている（Maurice Hauriou, *Notes d'arrêts sur décisions du Conseil d'État et du Tribunal des conflits*, t. II, 1929（rééd., 2000）, p. 272）。市町村議会の議決と市町村議会議員との関係については、小島慎司『制度と自由』二〇一三年一〇七－一一一頁参照。

（2）Maurice Hauriou, "L'institution et le droit statutaire", Recueil de législation de Toulouse, 1906, p. 134. 以下、本節における同論文からの引用は「規約法」頁という形で示した。

（3）Maurice Hauriou, "Le point de vue de l'ordre et de l'équilibre", Recueil de législation de Toulouse, 1909, p. 75. 同論文は第一章（「秩序と均衡との観点（Le point de vue de l'ordre et de l'équilibre）」）として『公法原理　初版』に再録されており、以下、同書を引用の対象とする。

（4）その際ゲルバーは、「公法学と私法学の観点の根本的な相違を無視して」（磯部力「モーリス・オーリウの行政法学」兼子仁・磯部力・村上順『フランス行政法学史』一九九〇年三三九頁註（12））、「主観的法カテゴリー［が］公法学においても無反省に妥当すると考えた」（三六五頁註（2））とまではいえないであろう（拙著『国民主権と法人理論──カレ・ド・マルベールと国家法人説のかかわり──』二〇一一年三九頁参照）。

（5）磯部・前掲論文註（4）、三六五頁註（2）。さらに、飯野賢一「モーリス・オーリウの公法学説研究（三・完）──制度理論・ナシオン主権論の構造解明に向けての試論──」早稲田大学大学院法研論集九〇号一九九九年二〇頁も参照。オーリウは、「ゲルバーの一元的方法」について、「服従関係の領域における主観的構成の技巧（subtilité）はまったく困難な性質を有する」（「規約法」一七二）とも批判する。

（6）磯部・前掲論文註（4）、三四五頁。

（7）Cf. Jean Domat, *Le droit pubic* in Joseph Remy（dir.）, *Œuvres complètes de J. Domat*, nouvelle éd., t. III, 1829（rééd.）, p. 3. 小川浩三「ジャン・ドマの lois de la religion と lois de la police（一）」北大法学論集三八巻三号一九八九年三三頁註（16）参照。

（8）磯部・前掲論文註（4）、三三一頁。

（9）法の二つの層についても同様であり、本書の筆者が知る限り、ヴァリーヌによってごく簡単に取り上げられているにとどまる（cf. Marcel Waline, "Les idées maîtresses de duex grands publicistes français : Léon Duguit et Maurice Hauriou", L'Année politique française et étrangère, 1930, pp. 52-53. さらにごく簡単にふれるものとして、cf. Georges Gurvitch, *L'Idée du Droit*

Social, 1932（rééd., 1972）, p. 677）。

（10）磯部力「公権力の行使と『法の二つの層』――オーリウのデュギー批判によせて――」山口俊夫編集代表（野田良之先生古稀記念）『東西法文化の比較と交流』一九八三年四一七頁註（1）。さらに、浜川清「M・オーリウにおける取消訴訟と通常訴訟」成田頼明他編（雄川一郎先生献呈論集）『行政法の諸問題　下』一九九〇年四三五‐四三六頁も参照。

（11）橋本博之『行政法学と行政判例』一九九八年六八頁。法源としての法的取引は制度体としての国家とは別の法人格を支える実体ということになり、その限りで国家による法人格付与の自由は制限されるが、この点については、小島慎司「取引と法人格」ジュリスト一三七八号二〇〇九年、および次章第一節註（6）参照。

（12）Rudolph von Jhering, *Der Zweck im Recht*, 3. Aufl., Bd. I, 1893（Nachdruck, 1997）, S. 92 und 97. イェーリングによれば、社会の自然の力に「進路と運動を指示する」「社会力学」として、報酬以外に、強制・責任感・愛がある（S. 94ff.）。オーリウは、報酬という個人的利益が社会的目的を達成するための主たる手段であることを認めつつ、それだけでは不十分であり、社会的目的を達成するには法的取引と対を成す制度体的な要素が必要であるとして、イェーリングの法理論におけるこの要素の欠如を批判する（『公法原理』一・一八九註（1））が、このような批判が正鵠を得たものであるかは疑問である（笹倉秀夫『近代ドイツの国家と法学』一九七九年六二‐八三頁参照）。さらに、石川健治『自由と特権の距離［増補版］』二〇〇七年八六‐八七頁も参照。

（13）磯部・前掲論文註（4）、三二七頁。以前には「法的通商」と訳されていた（同・前掲論文註（10）、四一七頁註（1））。さらに、橋本博之「フランス行政法における全面審判訴訟の位置づけ（二）」国家学会雑誌一〇二巻一一・一二号一九八九年六四頁註（55）、および木村琢麿『財政法理論の展開とその環境』二〇〇四年一七七頁註（26）も参照。

（14）磯部・前掲論文註（4）、三八八頁。さらに、飯野・前掲論文註（5）、四七‐四八頁註（62）も参照。その際、「個人的利益」が主たるもの（「原動力」）であるのに対して、法的取引＝「社会的装置」は従たるものにとどまるのであり、その結果、個人の活動が社会的現象の原動力であるという点でオーリウの立場（本書一二五頁参照）は一貫している。さらに、vgl. R.v. Jhering, *supra note*（12）, S. 33ff.

（15）Charles Aubry et Charles Rau, *Cours de droit civil français*, 4e éd., t. I, 1869, pp. 178-179 : Marcel Planiol, *Traité élémentaire de droit civil*, 9e éd., t. I, 1922, p. 139 : Henri Capitant, *Introduction à l'étude du droit civil*, 5e éd., 1929, pp. 125-126.

（16）これらのうち、財については前章第二節註（65）を、所有（propriété）と占有（possession）の相違については『公法原理』

一・六六六を、それぞれ参照。

（17）　精神人格と法人格の区別に関して決定的な箇所を引用しておこう。「法人格によって明らかにされる個体の実体の性質は、……客観的組織によって前もって実現されるべきその［個体の］合理的性質から導き出される」（『公法原理』一・六七六）。ここで「客観的組織によって前もって実現されるべきその［個体の］合理的性質」とは、精神人格に他ならない。また、同時期に書かれた判例評釈によれば、「精神人は複合的実在（réalité complexe）であり、それに付与された法人格はそれを完全に吸収してしまうわけではない。あるいは少なくとも、それを法人格の側面から捉えるだけでは不十分である。実際、法人格は本質的に考えられたもの（entité raisonnable）である」（Maurice Hauriou, *Notes d'arrêts sur décisions du Conseil d'État et du Tribunal des conflits*, t. I, 1929（rééd. 2000）, p. 634）。

（18）　水波朗『トマス主義の憲法学』一九八七年四三–四四頁参照。

（19）　ただし、前者と後二者では結果が逆になる。つまり、前者においては権利の対象は権利の行使において権利の主体と結びつくことによって主観化される（『公法原理』一・六五〇）のに対して、後二者においては決定および行為は主体から分離されることによって客観化される。

（20）　Cf. Pierre Hébraud, "La notion de temps dans l'œuvre du Doyen Maurice Hauriou" in *La pensée du doyen Maurice Hauriou et son influence*, 1969, pp. 179–182 et 193–206 ; Jean-Arnaud Mazères, "La théorie de l'institution de Maurice Hauriou ou l'oscillation entre l'instituant et l'institué" in *Pouvoir et liberté : études offertes à Jacques Mourgeon*, 1998, pp. 290–292 ; François Fournié, *Recherches sur la décentralisation dans l'œuvre de Maurice Hauriou*, 2005, pp. 325–326. 磯部・前掲論文註（10）、四一五–四一六頁、および同・前掲論文註（4）、三三四頁参照。

（21）　cf. G. Gurvitch, *supra note*（9）, pp. 655–656 ; L. Sfez, *supra note*（1）, p. 34 note 93 ; F. Fournié, *supra note*（20）, pp. 40–41 et 84. 小西美典「制度理論における法人格論」法学雑誌四巻三・四号一九五八年三一–三三頁参照。とくに、Julia Schmitz, *La théorie de l'institution du doyen Maurice Hauriou*, 2013, pp. 267–276 はオーリウに対するベルクソンの影響を詳細に跡づける。それに対して、オーリウに対するベルクソンの影響を限定的に捉えるものとして、cf. Christopher Berry Gray, *The Methodology of Maurice Hauriou*, 2010, p. 30. オーリウ自身は、不可逆的な時間と持続との中で新しいものが創造されるという点ではベルクソンに賛成であるが、その過程には諸力の均衡による相対的安定が必要であるという（『公法原理』一・一四–一五註（1）。さらに、『憲法精義』二・七註（2）も参照）。オーリウとベルクソンの関係については、さらに、小島・前掲書註（1）、一七一–

一七二頁も参照。

(22)『アリストテレス全集12　形而上学』一九六八年一六一―一六五頁、二八九―二九二頁および三〇一―三一四頁（出隆訳）。さらに、ジョルジュ・プーレ（井上究一郎他訳）『人間的時間の研究』一九六九年三―九頁も参照。なお、アリストテレスの影響は、前章第二節四（一四二―一四六頁）において、熱および表象と互換性を有するものとして検討の対象とした運動の概念にもみられる（『アリストテレス全集3　自然学』一九六八年八二―八八頁（出隆訳）および一九六―二〇二頁（岩崎允胤訳）参照）。

(23) 行政行為の特質を示す概念である執行的決定（décision exécutoire）については、ここではとりあえず、「法律効果を生じさせる目的で、執行的形式において行政機関によってなされる決定」（『公法原理』一・六八〇）と定義しておく。まったく同じ定義が『行政法精義』六・四一四にみられるが、執行的決定については、兼子仁『行政行為の公定力の理論〔第三版〕』一九七一年二〇九―二五四頁、亘理格「行政による契約と行政決定（décision exécutoire）（二）――フランス的行政行為観の形成過程に関する一考察――」法学四七巻三号一九八三年一二一―一四四頁、および（三・完）法学四八巻二号一九八四年七〇―九四頁、磯部・前掲論文註（4）、三七三―三九六頁、ならびに木村・前掲書註（13）、一八六―一八七頁など参照。

(24) ただし、ゲルバーが依拠したパンデクテン法学の意思理論（Willenstheorie）においては、法律関係を構成する法主体は自然的意思を有する自然人に限定される（前掲拙著註（4）、三五―三六頁参照）ことから、意思理論を前提とした法理論は本来個人主義的であるが、それを公法上の支配服従関係に適用すれば、国家が支配する意思の主体として現象することから、個人が国家に併呑されてしまう可能性が生じるというパラドックスに至るわけである（cf. Julius Stone, "Two Theories of "The Institution"," in *Essays in Jurisprudence in Honor of Roscoe Pound*, 1962, pp. 306-307 ; Olivier Jouanjan, "La volonté dans la science juridique allemande du XIXe siècle : itinéraires d'un concept, entre droit romain et droit politique", Droits, 1998）。

(25)「体」あるいは「社会的個体」を有しない「自由ないしは基本権……を制度としてとらえようとする」ものとして、浜田純一「制度概念における主観性と客観性――制度と基本権の構造分析序説――」現代憲法学研究会編（小林直樹先生還暦記念）『現代国家と憲法の原理』一九八三年五〇九―五二〇頁（ただし、同論文が対象とする制度は「物的制度」である）参照。興味深いのは、「物の範疇に属する制度体」を「制度」化されたものと、「体の範疇に属する制度体」を「制度」化するものと、それぞれしたうえで、前者はデュルケムなどの社会学の制度（一七六頁参照）を継受したものであるという理解（J. Schmitz, *supra note* (21), p. 168）である。

(26) Eric Millard, "Hauriou et la théorie de l'institution", Droit et société, 1995, p. 387. カール・シュミットによれば、「対立する諸

力の均衡、『バランス』の観念は一六世紀以来のヨーロッパ思想を支配している」（カール・シュミット（阿部照哉・村上義弘訳）『憲法論』一九七四年二一六頁）。

（27）G. Platon, *Pour le Droit Naturel*, 1911（同書は『公法原理　初版』の一種の書評である）, p. 57. さらに、cf. p. 83.

（28）F. Fournié, *supra note* (20), p. 11. さらに、cf. pp. 17–18 ; Ulrich Häfelin, *Die Rechtspersönlichkeit des Staates*, Bd. I, 1959, S. 223f.

（29）L. Sfez, *supra note* (1), p. 34. オーリウ自身、中庸（juste milieu）を保持することの困難さを指摘しつつ（Maurice Hauriou, "Les deux réalismes", Recueil de législation de Toulouse, 1912, p. 409）、「均衡による安定性の探求はそれ自体中庸の中に含まれている」と述べている（『公法原理』一・一四）。さらに、vgl. Hansjügen Friedrich, *Die Institutionenlehre Maurice Haurious*, 1963, S. 8. 米谷隆三「オーリュー法学方法論への理解」『米谷隆三選集（第一巻）』一九六〇年一六〇頁も参照。

（30）飯野・前掲論文註（5）、三三二-三三四頁。

（31）磯部・前掲論文註（10）、四一三頁。

（32）磯部・前掲論文註（4）、四一八頁。

（33）Cf. Maurice Hauriou, "Les idées de M. Duguit", Recueil de législation de Toulouse, 1911, p. 25 note 1.

（34）もっとも、このように理解したとしても、オーリウにおいては、確立された状態の下で形成される法と仮の法との関係が明確に認識されていないのではないか、別の観点からいえば、主観法と確立した法とが混同されているのではないか。このことは磯部力のオーリウ理解に表れている。磯部は『行政法精義　第八版』を引用したうえで、オーリウにおいては、「主観法と客観法の問題は［実体的な層と表面的な層から成る］『法の二つの層』の問題に帰する」という（磯部・前掲論文註（4）、三四九頁）。そしてこのことをふまえて、『公法原理　第二版』の補論（ibid. の一部に加筆・修正を施したもの）を引用したうで、仮の法と確立した法・権力の法理と交換の法理・客観法と主観法を対応させている（三九八-四〇一頁。さらに、四二六-四二七註（10）も参照）。このような理解からすれば、権力の法理-客観法-仮の法-表面的な層（A系列）と交換の法理-主観法-確立した法-実体的な層（B系列）となるが、すでに述べた法的に保護された「客観的な利益状態」は確立された状態（＝確立した法）であることからB系列に属することになり、このようなことは客観法としての「客観的な利益状態」に反する。このようなことになる原因は仮の法と確立した法とを対応させることにあり、このようなことを回避するには、本来対応関係にあるのは制度体（確立された状態）と法律関係（法的取引）であるので、制度体（確立された状態）の内部は仮の法と確立した法という法の二つの層によって構成されていると理解しなければならない。「『制度』は『法的取引』とともに『法の二つの層』

を形成するが、『制度』内部にも『法の二つの層』が存在している」（飯野・前掲論文註（5）、四七頁註（61））のである。その際、確立した法は、仮の法との関係では、実体的な層ということになり（『公法原理』二・四八註（1））、表面的な層と実体的な層との区別は相対的なものであろう。オーリウにおけるこのような曖昧さまたは混同は、彼が民事法における仮処分（ordonnances de référé（山口俊夫編『フランス法辞典』二〇〇二年四九三-四九四頁参照））を法の表面的な層に位置づけている（『公法原理』一・四九）ことや、「『規約法』は……『規律法』とも『交換の法理』とも異なる特別の法であるといわなければならない」（磯部・前掲論文註（4）、三二七頁）という磯部の理解にも表れており、実は、おそらくこの点との関連で、磯部は「オーリウの二元的法学方法論の最深層部における表われ」としての法の二つの層に関する理解について留保を付している（同右・四二三-四二四頁註（4）。さらに、磯部・前掲論文註（10）、四一三-四一五頁も参照）。また磯部は、オーリウが仮の法と確立した法とを区別する明確な規準を示していないともいう（同右・四一〇頁）。いずれにしても、客観法と主観法の関係は「観点の違い」（磯部・前掲論文註（4）、三六六頁註（4）。橋本・前掲書註（11）、三三頁も同旨）であるのに対して、仮の法と確立した法との関係は法の形成過程における段階の違いであるので、二つの区別を連動させることには慎重でなければならないであろう（同右・七〇頁参照）。それに対して、磯部のオーリウ理解に依拠する他の論者（浜川・前掲論文註（10）、四二六-四二八頁、齊藤芳浩「国家・法・同意（二・完）——モーリス・オーリウの制度理論とその検討——」法学論叢一三三巻四号一九九三年七五-七九頁、橋本・前掲書註（11）、七〇-七一頁）には、このような曖昧さまたは混同に関する疑念はみられない。

（35）　磯部・前掲論文註（10）、四〇六-四一〇頁。

（36）　磯部・前掲論文註（4）、四〇六頁。「仮の法」と「確立した法」とは、法の「表面的な層」と「実体的な層」として空間的な次元において重層的に重なり合っているだけではなく、そこに時間的要素（執行されていないものから執行されたものへ）が導入されることによって時間的な次元において前者から後者へと均衡を維持しつつ漸進的に移行する関係にあり、両者の関係は「非常に複雑かつ動態的な法イメージ」である（三四九頁、四〇六頁および四二三頁註（4）、ならびに同・前掲論文註（10）、四一五頁）。

（37）　それに対して、法律関係（法的取引）の中で形成される法は個人法といわれ、法体系は「制度」法または社会法と個人法との均衡によって構成されるとされる（『公法原理』一・三〇。さらに、cf. F. Fournié, *supra note* (20), pp. 331-334, 五五四も参照）が、「制度」法または社会法と個人法との区別に対するギールケやミシュウの影響（前掲拙著註（4）、一七七頁参照）は明らかではない。この点、オーリウの制度体論の後継者であるとともに、ナンシー大学時代のカレ・ド・マルベールの同僚（ジェニーの同僚でもある）であるルナールは、法体系を「集団法（*droit collectif*）」と個人法に分け、前者は公法と私法双方の有機体の機関間関係を規律する憲法であるとして、私法の「集団法」を「私法憲法（*droit constitutionnel privé*）」と呼ぶ（Georges Renard, “Qu'est-ce que le Droit constitutionnel? Le Droit constitutionnel et la Théorie de l'institution” in *Mélanges R. Carré de Malberg*, 1933（rééd. 1977））。また、法的取引が成立するのは物（正確には価値）を対象とする経済的諸力によって構成される経済的社会であり、制度体が形成されるのは人を対象とする政治的諸力によって構成される政治的社会である（一七七–一八二）が、この二つの社会を分離すべきであるというのがオーリウの一貫した立場である（本書一三七頁参照）。

（38）Jean-Marie Denquin, “Quelques observations sur les Principes de droit public de Maurice Hauriou”, Jus Politicum, revue de droit politique, N° 6, 2011（電子版）, §19（電子版には頁数が付されておらず、引用箇所は段落（§§）で示した）. したがって、制度体は「法学上の個体であり［、］イェリネクが国法理論から斥けた純然たる社会学上の概念ではない」（仲野武志『公権力の行使概念の研究』二〇〇七年一八五頁註（98））。それに対して、vgl. U. Häfelin, *supra note*（28）, S. 255 Anm. 221. また、ここで本書の筆者が理解した制度体の内部における法について確認しておけば、それは仮の法と確立した法とによって構成され、後者は「制度」法として規律法と規約法に分けられる。その際注意すべきは、註（34）で指摘したように、仮の法と規律法とを混同しないことである。

（39）飯野賢一「モーリス・オーリウの公法学説研究（一）——制度理論・ナシオン主権論の構造解明に向けての試論——」早稲田大学大学院法研論集八七号一九九八年一八頁。

（40）オーリウとミシュウはフランスにおける実在説の二つの流れの「先導者（figures de proue）」（Norbert Foulquier, *Les droits publics subjectifs des administrés*, 2003, p. 132）であったといわれるが、前者の後者に対する敬意については、cf. Maurice Hauriou, “Notice sur les œuvres de Léon Michoud”, Revue du droit public, 1916, p. 483（同論文については、石川・前掲書註（12）、九九頁註（216）参照）. さらに、cf. L. Sfez, *supra note*（1）, pp. 367 et 371. ただし、本書の筆者の理解によれば、ミシュウの法理論は限りなく法実証主義に近いし（前掲拙著註（4）、一八七–一八八頁参照）、このような理解は、彼のいう「法的構築（construction juridique）」（井上武史『結社の自由の法理』二〇一四年一一一–一一六頁参照）がゲルバーのいう「法学的構成（juristische Construction）」（前掲拙著註（4）、四一頁参照）に近いこととも一致する。「法的構築」については、さらに、cf. Christophe Jamin, “La construction de la pensée juridique française : interrogations sur un modèle original à l'aune de son antimodèle" in *L'architecture du droit. Mélanges en l'honneur de Michel Troper*, 2006, pp. 504-506.

（41）前掲拙著註（4）、一七九頁。

（42）オーリウは、ミシュウも用いている、権利の定義からその主体の本質を導き出す手法（同右・一七四頁）を「循環論法」（『公法原理』一・六六五）であると批判する。なお、権利の定義について、ミシュウも依拠する通説である折衷説に対して、オーリウは独自の説を提示しており、それによれば、権利は利益・決定権・社会的職分によって構成される（飯野・前掲論文註（5）、四六頁註（58））。このような権利の定義（とくに、その中に含まれている社会的職分）が選挙権の法的性質に関するオーリウの立場の理解に影響を与えることは必定であるが、選挙権については次章第一節三で取り上げる。

（43）Georges Gurvitch, "Les idées=maîtresses de Maurice Hauriou", Archives de philosophie du droit et de sociologie juridique, 1931, pp. 164 et 179-181 ; Le même, *supra note* (9), pp. 694-697 et 704-708 ; Albert Broderick, "La notion d'《institution》 de Maurice Hauriou dans ses rapports avec le contrat en droit positif français", Archives de philosophie du droit, 1968, p. 146. さらに、前節註（7）も参照。ただし、このような変化が生じた時期という点で、次節一で指摘するように、とくにギュルヴィッチの主張には曖昧さが含まれいるといわざるをえない。

（44）ある論者は、オーリウは意思主義から出発して、制度体論の進展とともに客観主義の傾向を強めていったという（René Clémens, *Personnalité morale et Personnalité juridique*, 1935, p. 130）が、はたして彼の出発点が意思主義であるといえるであろうか。

（45）前掲拙著註（4）、七一頁および七四-七五頁。

（46）前期には、石と動物を区別するのは「主観的生」であり、動物と人を区別するのは「理性」であるとされていた（Maurice Hauriou, "De la personnalité comme élément de la réalité sociale", Revue générale du droit, de la législation et de la jurisprudence, 1898, p. 5）。それに対して、「自動機械」は『行政法精義　第六版』（三五-三六）における「自立的個体」にあたる。ここで自立性とは外的諸力からの「相対的独立性」であり、それが存在するには、「組織が実際的総合に従う内的諸力の均衡に立脚している」ことと、「外的世界との関係において一定の手段を選択する」こととが必要である。このうち、後者の要件によって石と動物が区別されるが、ここで動物とは「高等動物」であり、制度体が後者の要件を満たすためには合理的意思を形成し表明することができる「審議機関」が必要である。

（47）Cf. Alfred Dufour, "La conception de la personnalité morale dans la pensée de Maurice Hauriou et ses fondements philosophiques", Quaderni Fiorentini, 1982-1983, pp. 692 et 704.

（48）G. Gurvitch, supra note（43), pp. 170-171 ; Le même, *supra note*（9), pp. 687-689. グロティウスによれば、「自然体（naturale corpus）においては一つの頭が複数の体に属するということはありえないが、精神体（morale corpus）においてならありうる。確かに、後者においては、さまざまな観点からみて同一の人（eadem persona）が複数で異なる体の頭になりうる」（Hugo Grotius（P.C. Molhuysen（ed.)), *De jure belli ac pacis*, 1919（reprinted, 2005), lib. I, cap. iii, §7, 2（グローチウス（一又正雄訳）『戦争と平和の法　第一巻』一九四九年（復刻版（一九九六年））一四四頁を参照したが、訳は本書の筆者がつけた））。

（49）前掲拙著註（4）、六九-七三頁参照。

（50）同右・一〇五頁註（58）参照。「ギールケのいう全体人格における全体人格・分肢人格間の権利関係……は、オーリウにとって［制度体］の単一性を破壊するものであ」（仲野・前掲書註（38）、一四〇頁）るといわざるをえない。

（51）オーリウは、制度体論と連邦制論の関連性をまったく意識してないわけではない（『公法原理』一・二四五参照）が、連邦制との関係では分権化に関心を示している（二四〇-二四三および四五四-四六一参照）。さらに、cf. F. Fournié, *supra note*（20), pp. 296-297. その際、彼がエスマンの標準的な連邦制論（Adhémar Esmein, *Éléments de droit constitutionnel français et comparé*, 5e éd., 1909, pp. 4-13）やル・フュールの連邦制に関する重要な業績（Louis Le Fur, *État fédéral et confédération d'États*, 1896）をどの程度踏まえているのか明らかではない（ル・フュールの連邦制論については、門輪祐介「憲法学と国家・連邦——オリヴィエ・ボーの連邦論から——」一橋法学一三巻二号二〇一四年六五二-六五八頁参照）。なお、国際法の領域における制度体論の意義については、cf. Pierre Vellas, "La rencontre posthume du Doyen Maurice Hauriou et du Droit International public" in *supra note*（20, *La pensée du doyen Maurice Hauriou et son influence*) ; J. Stone, supra note（24), pp. 326-330.

（52）規律法と規約法は「相互補完関係」（『公法原理』一・二三六）にあるとともに、国家の存在を前提とした「制定法（droit légal）」（一四四）とは異なる性質を有する。とりわけ規律法についてこのことは明らかであり、「規律法は国家の公法とは異なる」（Georges Davy, *Le droit, l'idéalisme et l'expérience*, 1922（rééd.), p. 19）。すなわち、「規律法のサンクションは純粋かつ端的な強制、換言すれば……力による執行である。その意味で、規律法は刑罰というよりも強制執行を伴う。この強制執行は直接行動を構成する」（一三九。さらに、二一八も参照）。もちろん、内容という点からみれば「制定法」である刑法は規律法を取り込んだものであるといえ（一四二-一四三）、その結果、規律法は国家法の「深い層の一つ」を形成しているといえる（『行政法精義』六・二二）が、規律法には、刑法のように罪刑法定主義は適用されない（同・一九-二〇）。要するに、規律法は国家も含めた組織された社会的集団の内部秩序を維持するための法規範であり、国家においては全体の利益が刑法という規律法によって守られるのに対して、国家の内部に存在する部分社会においてはその部分としての利益が刑法とは別の部分社会に固有の規律法によって守られるのである。したがって、droit disciplinaire は刑法の上位概念であり、目的という観点からは規律法と、手段という観点からは懲戒法と、それぞれ訳されるべきであろう（cf. Henry Nézard, *Les principes généraux du droit disciplinaire*, 1903, pp. 7-12 et 103-112)。また、国家の内部にはさまざまな部分社会が存在することから、「規律法はさまざまな形態をとりうる」のであり、その一つとして議院規則が挙げられる（『公法原理』一・一四〇）が、議院規則を規律法（懲戒法）として捉えることは、衆参両議院の議事運営と司法審査との関係を考える場合（大石眞『憲法講義Ⅰ　第3版』二〇一四年一七八-一八〇頁、佐藤幸治『日本国憲法論』二〇一一年四六〇-四六五頁、ならびに渋谷秀樹『憲法　第2版』二〇一三年五七二-五七七頁および六五一-六五二頁など参照）、一つの視点を提供するのではないか。つまり、規律法としての議院規則は各議院によって自力執行され、その限りで裁判所は介入できないが、部外者である傍聴人や証人については、その国民としての権利・自由は本来「国家の公法」によって規律される、つまり法律事項であるので「公の裁判官」（同・一四二）、つまり国家の裁判官によって執行されるというように理解するのである（さらに、『行政法精義』六・二〇-二一も参照）。いずれにしても、規律法（懲戒法）という概念は議院も含めた部分社会との関係で大きな可能性を秘めているように思われる。

(53)　同調という訳語については、磯部・前掲論文註（4）、三二三頁に拠る。後ほど述べるように同調の実体は同意（consentement）であり、同調はその対象によって規定された同意の形式である。

(54)　齊藤・前掲論文註（34）、七一-七五頁、および飯野賢一「モーリス・オーリウの公法学説研究（二）――制度理論・ナシオン主権論の構造解明に向けての試論――」早稲田大学大学院法研論集八八号一九九八年五-六頁など参照。

(55)　宮沢俊義『公法の原理』一九六七年九五頁註（1）。

(56)　小島・前掲書註（1）、八三-一四〇頁参照。

(57)　「オーリウは、ドイツ法学には通じており、……サヴィニーほか、ドイツ民法学の就中ロマニスト系列の議論には、非常に詳しい」（石川・前掲書註（12）、八七頁）ということは事実であるが、サレイユやミシュウ、さらには第一次世界大戦前のジェニーとは異なり、オーリウがどこまで自力でドイツ語の文献を読んでいたのかは必ずしも明らかではない（cf. Ch. B. Gray, *supra note* (21), p. 21 ; E. Millard, supra note (26), p. 389 ; F. Fournié, *supra note* (20), p. 53)。

(58)　平井宜雄「法律行為」川島武宜・平井宜雄編『新版注釈民法⑶』二〇〇三年六頁。それだけに、各国の実定法制度には「そう広くは受け容れられていない。学問的な整理のしかたとしてはともかく、立法上は、あまり実益のない過度の抽象概念だということである」といわれる（星野英一「現代における契約」同『民法論集　第三巻』一九七二年一一頁）。

（59）上山安敏『法社会史』一九六六年一三-一九頁および一六〇-一八一頁。啓蒙期の自然法論については、「抽象度の極めて高い一般的概念をたえず追及していき、既存の法概念それからの演繹によって説明しようとする」ともいわれる（平井・前掲論文註（58）、一一頁）。その中にあって重要な役割を果たしたのがプーフェンドルフであるということは前章第一節註（70）で指摘したが、実はここで問題にしている法律行為論の形成に関しても同様の指摘が存在する（F・ヴィーアッカー（鈴木禄弥訳）『近世私法史』一九六一年三七二-三七三頁）。ただし、「契約理論［は］カント-サヴィニー-ドイツ民法とグロチウス-プーフェンドルフ-フランス民法-ヘーゲルという二つの系譜に区別される」（筏津安恕『失われた契約理論』一九九八年一四頁）としたうえで、「プーフェンドルフはドイツ近代法学の祖ではなく、ドイツ法学とは異質な理論を創設し展開した」（同右・二三頁）という理解がある。この理解によれば、プーフェンドルフの「理論はドイツ的法律行為論と直結する契約理論ではない」（同右・一八頁）。

（60）平井・前掲論文註（58）、三五頁。

（61）サヴィニー（小橋一郎訳）『現代ローマ法体系　第三巻』一九九八年七-九頁。

（62）平井・前掲論文註（58）、三六頁。

（63）同右・三七-三八頁。

（64）オーリウが「権利の取得・変更・消滅を目的としてなされた、［法律］効果をもたらす外的意思表示」というカピタンによる法律行為の定義（H. Capitant, *supra note* (15), p. 276（さらに、cf. pp. 272-275））に依拠している（『公法原理』一・一四六、および「規約法」一四一。オーリウは *ibid.* の第二版（一九〇四年）を用いているが、法律行為の定義については、第二版と本書が用いる第五版との間にあまり変化はない）ことからすれば、両者のこのような相違を認識していたとはいえないであろう。このことは、サヴィニー・プフタ・ヴィントシャイトが引用されている（平井・前掲論文註（58）、三六頁参照）ことからも推測される。オーリウと同世代のプラニオルによる法律行為の定義においても同様である（cf. M. Planiol, *supra note* (15), pp. 100-102）。

（65）H. Capitant, *supra note* (15), p. 277. さらに、cf. Julien Bonnecase, *Introduction à l'étude du Droit*, 2e éd. 1931, pp. 106-107.

（66）平井・前掲論文註（58）、一六頁。

（67）「オーリウの fait juridique 概念は、規約に含まれる命題の要件を意味するので、法律事実と法律［法］行為の両者を包摂する『法律要件』と訳した方が理解しやすい」といわれる（小島・前掲書註（1）、一〇三頁註（58））が、ここでは、出来事（événements）との関係で法律事実と訳しておく。
（68）もちろん、歴史的にみれば、行政行為論は法律行為論をベースにして形成された（平井・前掲論文註（58）、四八頁）。
（69）註（67）との関連で、「オーリウは法律事実と法律行為の区別を（通常の意味とは別の意味を持たせて）なお維持している」といわれる（小島・前掲書註（1）、一〇三頁註（58））が、ここで「通常の意味とは別の意味」とは、法律効果の有無である（『公法原理』一・一四八、および「規約法」一四二-一四三参照）。
（70）Jean-Arnaud Mazères, "Réflexions sur une réédition : les《Principes de droit public》de Maurice Hauriou", Jus Politicum, revue de droit politique, N° 6, 2011（電子版）, §80（電子版には頁数が付されておらず、引用箇所は段落（§）で示した）.
（71）convention については、「実体論に重点をおき」、約定と訳す論者もいる（山口俊夫『フランス債権法』一九八六年二頁および二三-二四頁）が、前節註（58）参照。
（72）Cf. Marcel Planiol, *Traité élémentaire de droit civil*, 8e éd., t. II, 1921, pp. 317-318 ; H. Capitant, *supra note* (15), pp. 278-279.「興味深いことにフランス民法典には、従来、申込と承諾に関する規定は存在しなかった。申込と承諾に関する議論は判例・学説によるものであ」るといわれる（大村敦志『フランス民法』二〇一〇年一六六頁）が、ここでは、契約当事者の同意の対象あるいは範囲については問わない。
（73）三井正信「フランスにおける労働契約概念の形成とその展開（下）」季刊労働法一四五号一九八七年二〇六頁。
（74）その際、「『契約と制度』という視点は、基本的な価値選択と結びついて［おり、］『契約』は、個人・自由・選択といった価値の表象であり、『制度』は、共同性・秩序・安全という価値を帯びてい」るといわれる（大村敦志『生活民法研究Ⅰ　契約法から消費者法へ』一九九九年二五六頁）。
（75）小島・前掲書註（1）、二二九頁。オーリウはこのような契約概念を前提として、「長期的にみれば、あるいは集団に関する限り、それ［契約］は制度体に吸収されるであろう」（『公法原理』一・二一三）と予測している。
（76）Cf. Raymond Saleilles, *De la déclaration de volonté*, 1901 (rééd.), pp. 229-230. このような事態に対して、管理社会に抗する個性化という点で契約の機能を再評価するものとして、山口俊夫「フランス法における意思自治理論とその現代的変容」法学協会編『法学協会百周年記念論文集　第三巻』一九八三年二四五頁参照。

(77) 例えば、星野英一「契約思想・契約法の歴史と比較法」同『民法論集　第六巻』一九八六年など参照。

(78) 契約概念の変遷については、ここでは、石川博康『「契約の本性」の法理論』二〇一〇年を参考文献として挙げることしかできない（さらに、註（59）も参照）。現在の本書の筆者は、中世から近世にかけての契約概念の変遷と近世における主権概念の形成との間に何らかのつながりが存在するのではないかと愚考している（前章第一節註（70）参照）が、この点については今後の長期的な研究課題としたい（註（96）参照）。近世における主権概念の形成との関係で、福岡安都子「論争の中のグロティウス——初期近代主権論研究ノート」長谷部恭男・安西文雄・宍戸常寿・林知更編（高橋和之先生古稀記念）『現代立憲主義の諸相　上』二〇一三年参照。

(79) なお、契約が制度体に依拠しているということから、よく指摘される社会契約論の理論的欠点を導き出すことができる。すなわち、「法は国家の成立に先行して存在しないが、契約の締結には法［＝債権債務を成り立たせる法制度］の存在が必要であるので、国家の成立は契約によっては説明できない」（前掲拙著註（4）、二三五頁）という法実証主義者による社会契約論批判である。次章で述べるようにオーリウにとって国家は「諸制度体の中の制度体」（『公法原理』一・一二六、および『行政法精義』六・Ⅸ）であるが、法実証主義に与しない彼はこのような批判の仕方はしない。ここで興味深いのは、このような批判における法実証主義という枠組みをはずした場合、法の定義から国家という要素が取り去られてしまい、制度体一般における法の定義が必要になるということである。それに対する彼の答えが、すでに述べた（二一四頁）ように規律法と規約法によって構成される「制度」法であるが、この答えは制度体の形成過程から導き出されたものであることから形式的であるといえなくもない。それに対して、部分社会論から法の定義に迫るものとして、佐藤幸治『現代国家と司法権』一九八八年一五八-一七二頁参照。

(80) Roland Maspétiol, "L'idée d'Etat chez Maurice Hauriou", Archives de philosophie du droit, 1968, p. 260.

(81) 連邦制に関する近年の数少ない業績として、林知更「連邦と憲法理論——ワイマール憲法理論における連邦国家論の学説史的意義をめぐって　上・下」法律時報八四巻五号・六号二〇一二年、海老原明夫「北ドイツ連邦成立過程の法的構成——ザイデル、ヘーネル、ラーバント、ギールケ」法学協会雑誌一三一巻一号二〇一四年、および門輪・前掲論文註（51）など参照。

(82) 我妻栄『新訂民法総則』一九六五年二四四頁、宮崎孝治郎「合同行為否認論」愛知学院大学法学研究一〇巻二号一九六七年三九-四〇頁、および平井・前掲論文註（58）、五〇頁。

(83) 小島・前掲書註（1）、九六頁註（33）。さらに、cf. Guillaume de Bezin, "Exposé des théories allemandes sur l'acte complexe",

Recueil de législation de Toulouse, 1905, pp. 293–294. ギールケは一方で、団体を設立する行為は「契約ではなく、個人法には対応するものが存在しない一方的合同行為である。持続的に展開され、設立されるべき共同存在を具体化する意思は、この行為において自らを表明する」（Otto Gierke, *Die Genossenschaftstheoie und die deutsche Rechtsprechung*, 1887（Nachdruck, 2001）, S. 133f.）と述べつつ、他方で、クンツェを引用して、合同行為にような「集合概念はあまり生産的であるとは思えない」（Otto Gierke, *Deutsches Privatrecht*, Bd. I, 1895（Nachdruck, 2000）, S. 284 Anm. 3. さらに、vgl. S. 486 Anm. 15）として、合同行為という概念に疑念を呈している（もちろん、その有用性を否定しているわけではない（さらに、オットー・フォン・ギールケ（石尾賢二訳）『ドイツ私法概論』一九九〇年八三頁も参照））。いずれにしても、ギールケは合同行為について詳しく論じることはなく、合同行為を第三の法律行為とは考えていないふしがある。

（84）　Cf. ibid., pp. 293–296, 宮崎・前掲論文註（82）、四四–五二頁参照。

（85）　Johannes Emil Kuntze, "Der Gesammtakt, ein neuer Rechtsbegriff" in *Festegabe Leipziger Juristenfakultät für Dr. jur. Otto Müller zum 14. Mai 1892*, 1892, S. 37. クンツェの合同行為論については、同右・五四–六二頁に拠る。

（86）　石川・前掲書註（12）、八三頁。さらに、cf. G. de Bezin, supra note（83）, pp. 295–296. もっとも、国内法の領域では、現在、法人理論へと発展するはずであるトリーペルの連邦制論はほとんど忘れられているようであり、彼はもっぱら、ラーバント的な法実証主義国法学（さらに、それを徹底したケルゼン）を批判して（Walter Pauly, *Der Methodenwandel im deutschen Spätkonstitutionalismus*, 1993, S. 242f.）国法学に政治的なものを導入しようとした（とくに、vgl. Heinrich Triepel, *Staatsrecht und Politik*, 1927）論者の一人として位置づけられているようである（Jo Eric Khushal Murkens, *From Empire to Union Conceptions of German Constitutional Law scince 1871*, 2013, pp. 39–40. さらに、vgl. Christoph Schönberger, *Das Parlament im Anstaltsstaat*, 1997, S. 84 Anm. 8 : Jan Schröder, *Recht als Wissenschaft*, 2. Aufl., 2012, S. 285 und 399）。

（87）　宮崎・前掲論文註（82）、四六–四七頁。

（88）　同右・四九頁。

（89）　小島・前掲書註（1）、九八頁。したがって、法律行為であるのは、対内的な意思形成である Vereinbarung はなく、対外的な意思表示である Gesammtakt である。

（90）　同右・九九頁。

（91）　同右・九七頁。

（92）宮崎・前掲論文註（82）、五一頁。さらに、cf. ibid., pp. 303-304, 田中忠「国際法と国内法の関係をめぐる諸学説とその理論的基盤」広部和也・田中忠編集代表（山本草二先生還暦記念）『国際法と国内法――国際公益の展開――』一九九一年三五-三六頁も参照。ただし、トリーペルのVereinbarung論は合議体における多数決をめぐって破綻する。すなわち、Vereinbarungは多数派の内部には当然存在するが、多数派と少数派の間には存在しないので、多数派の意思が少数派を拘束するためには、多数派の意思を全員の意思とみなすべきであるという客観法の存在を前提にせざるをえず、本来客観法を基礎づけるはずのVereinbarungが客観法の存在を必要とすることになるのである（小島・前掲書註（1）、九九-一〇〇頁）。

（93）小島・前掲書註（1）、一〇三頁。

（94）Cf. Olivier Beaud, "Hauriou et le droit naturel", Revue d'histoire des facultés de droit et de la science juridique, 1988, p. 124.

（95）同右・一〇〇-一〇一頁。

（96）Arnold Gleitsmann, "Vereinbarung und Gesammtakt", Verwaltungsarchiv, 1902, S. 410. グライツマンにおいては、意思表示の基本が単独行為であり、複数の意思表示の間に「混和」を認めないということは、「全体はその部分の総和である」（S. 414 Anm. 2）ということを意味する。逆にいえば、全体は部分に還元されるということであるが、このことがいえるのは意思についてのみであり、それ以外の集団的要素について彼がいかに考えているのかは明らかではない。

ところで、複数の意思表示の間に「混和」を認めないことが、全体が部分に還元されることを意味するとすれば、逆に、契約の中に契約当事者に還元することができないものが存在すれば、それが意思の「混和」ではなくても、契約によって集団現象を説明することができるのではないか。この点で大変興味深いのはプーフェンドルフの合意理論である。合意理論とは、「契約当事者の意思から独立した法的性格を合意に認める」（筏津・前掲書註（59）、一五頁）ものであり、そこにおいては、契約内容が契約当事者の意思から一定の範囲で離れて確定される。その際、「合意の内容を確定するために、当事者の意思と並んで、合意が形成されるにいたる当事者の行為のコンテクストを客観的に顧慮することが、必要となる」（一三七頁）。その結果、合意理論においては、合意は契約当事者から独立して存在し、その意味で契約当事者には還元されない社会的で客観的なものである。このような合意が構成員に還元することができない団体に固有のものを基礎づけることができるとすれば、合意理論はドイツの単独行為だけではなく、オーリウの複合行為の存在理由（契約以外の概念によって団体を説明する必要性）をも否定する可能性を秘めていることとなる。ただし、プーフェンドルフの契約理論を詳細に分析した筏津安恕が合意理論をルソーの社会契約論の説明に適用しない（一九二-二〇〇頁参照）ことからすれば、このような可能性は本書の筆者の単なる妄想かもしれないが（ただし、二六九頁参照）、その後の筏津によれば、「プーフェンドルフの同意理論［「一方の当事者の申込と他方の当事者の承諾によるのではなく、すべての契約当事者の同意 consensus によって、契約の締結を説明するもの」（一五頁）であり、詳しくは、八四–一三四頁参照］のような思考様式を基礎とするかぎり、ことさらに合同行為という行為類型を独立化させることに意味はない」（同『私法理論のパラダイム転換と契約理論の再編』二〇〇一年七五頁）。ということは、プーフェンドルフの合意理論と同意理論を含めた契約理論は法人理論（憲法学の領域では代表制論）との関係で大きな可能性を秘めているとみていいと思われるが、ただ、註（59）で示した「二つの系譜」についてはさらなる検討が必要であろう。例えば、合同行為だけを取り上げてみても、まず、確かにこの概念が成立する理論的前提にはロマニステンとゲルマニステンにとって共通の基盤であるパンデクテン法学が存在したが、しかしこの概念が成立する直接的契機はあくまで連邦制をめぐる問題であったし、その結果としてこの概念が成立したのは一九世紀末という比較的最近ことである（その後、ドイツにおいてもわが国においても、合同行為不要論は後を絶たない）。次に、フランスについていえば、法人実在説が主張されるようになるのは一九世紀末であり（本書一七八頁参照）、それ以前は擬制説が主流であったのでそもそも合同行為という概念は不要であった。しかも、この頃も含めて註釈学派の最盛期（前章第一節註（195）参照）から第一次世界大戦までのドイツ法学の強い影響（前掲拙著註（4）、二八–二九頁参照）をいかに評価するのか。最後に、ナポレオン法典の源流が団体に親和的な彼の契約理論であるとすれば、そのことと同法典に法人に関する規定が存在しないこととは整合するのか。このように合同行為との関係だけでも「二つの系譜」の枠組みとしての有効性を疑わせるのに十分であるといわざをえない。しかしそれにもかかわらず、法人理論との関係における彼の契約理論（とくに、合意理論）は現在の本書の筆者の目から見ればきわめて魅力的であり、註（78）で指摘した点も含めて今後の長期的な研究課題としたい。

(97)　小島・前掲書註（1）、一〇二頁。

(98)　同右・一〇四頁。

(99)　オーリウが複合行為の例として用いているローマ法の法廷手続については、同右・一一三–一一五頁参照。そこで描かれている方式書（formula）訴訟は、領土の拡大と商業の発展とに伴ってそれまでの法律訴訟が柔軟性に欠けることが明らかになってきたのをうけて、口頭の要式行為によって構成される法律訴訟手続を簡略化して方式書という定型化された書式を用いるものであり、紀元前三世紀に導入され、「紀元前二世紀以来、ローマ民事訴訟の唯一支配的な手続きに発展し」（ウルリッヒ・マンテ（田中実・瀧澤栄治訳）『ローマ法の歴史』二〇〇八年七三頁）、紀元「前一世紀に……法律訴訟手続を事実上廃止においこんでようやく正統性を獲得した（碧海純一・伊藤正己・村上淳一編『法学史』一九七六年六一頁（柴田光蔵執筆））。方式書訴訟について詳しくは、船田享二『ローマ法　第五巻』一九七二年（改版）一〇五-二五五頁参照。また、方式書の具体例については、マンテ・前掲書註（99）、六八-七二頁参照。

（100）ある論者は、この結びつきによって行為が客観化されるという（Victor Leontowitsch, "Die Theorie der Institution bei Maurice Hauriou", Archiv für Rechts-und Sozialphilosophie, 1936, S. 390）。

（101）P. Hébraud, supra note (20), p. 196.

（102）飯野・前掲論文註（54）、五頁。

（103）U. Häfelin, *supra note* (28), S. 227.

（104）小島・前掲書註（1）、一一八頁。

（105）「手続を受け容れることは」、訴訟手続の場合にように、常に「より根本的な共通意思＝傾向性による認識に基づく同意」（齋藤・前傾論文註（34）、七五頁）であるとは限らない。もちろん、そこに「強制的な契機」（飯野・前掲論文註（54）、六頁）が存在することは否定できないのであり、それ故、オーリウは後年、そこに存在するのは「半自由（demi-liberté）」（『公法原理』二・一三七）であるといわざるをえないのである。

（106）規約を外化するとは規約を制定するということであり、その主体が客観的手続であることから、「制度体論は法の客観化を可能にし、［その結果、］法の基盤はもはや主体の意思の中には存在しない」（F. Fournié, *supra note* (20), p. 541）。

（107）P. Hébraud. supra note (20), p. 198.

（108）前掲拙著註（4）、一七八頁。

（109）もっとも、ラーバント以前においては、「法人の単一性が自覚的に問題とされ、法人の単一性と機関の権利とをどのように調和させるかという点に注意が向けられ」ることはあまりなかったという指摘（門脇雄貴「国家法人と機関人格（二）――機関訴訟論再構築のための覚書――」首都大学東京法学会雑誌四九巻一号二〇〇八年二五五頁。さらに、二三七-二三八頁も参照）があるが、例えばゲルバーとベーゼラーの関係（前掲拙著註（4）、六九-七〇頁参照）を想起した場合、はたして、ラーバント以前についてそこまで一律にいえるであろうか。

（110）石川・前掲書註（12）、一〇六-一〇八頁参照。

（111）神橋一彦『行政訴訟と権利論（新装版）』二〇〇八年七四頁。具体的には、vgl. Georg Jellinek, *System der subjektiven öffentlichen Rechte*, 2. Neudruck der 2. Aufl., 1919 (Nachdruck, 1979), S. 105. このような「『物権』類似の構成」の所有権との関係における問題性の指摘（八〇-八二頁註（72））は大変興味深いが、加えて、物権的理論構成が他の地位にも当てはまるか否か、換言すればどこまで一般化可能か、必ずしも明らかではない。物権的理論構成それ自体に対する批判として、石川敏行「ドイツ公権理論の形成と展開（二）」法学新報八四巻四-六号一九七七年一三六-一三八頁参照。

(112)　イェリネクの地位理論は「自然法思想に基づく『人権』」と法実証主義とを両立させようとする試みであるといわれる（神橋・前掲書註（111）、七四頁）が、はたしてそこまでいえるであろうか（新正幸『ケルゼンの権利論・基本権論』二〇〇九年一九-二四頁参照）。

(113)　拙稿「選挙権の法的性質――二元説批判と権限説への回帰――」曽我部真裕・赤坂幸一編（大石眞先生還暦記念）『憲法改革の理念と展開（下巻）』二〇一二年三〇七-三一一頁参照。その結果、「オーリウは、ラーバントが『臣民関係』を反射権とする点……をむしろ積極的に評価し、客観的個体たる国家における成員の地位として捉え直している」（仲野・前掲書註（38）、一四〇頁）と推測される。

(114)　前掲拙著註（4）、七四-七五頁参照。

(115)　Cf. M. Planiol, *supra note* (15), pp. 656-657. ケルゼンによれば、「物との関係」は「その関係によって他者たちと所有権者の間の関係が媒介され」る「二次的なものに過ぎない」（ハンス・ケルゼン（長尾龍一訳）『純粋法学　第二版』二〇一四年一二九頁）。

(116)　我妻栄『新訂債権総論』一九六四年九頁。

(117)　我妻栄（有泉亨補訂）『新訂物権法』一九八三年一〇頁。

(118)　機関と機関に就任する自然人との関係を物権関係として理論構成する、換言すれば、後ほど述べるように職分＝機関に対する権利を物権として理論構成する根拠が権利の対世効であるというのは議論の形式的な側面であり、その実体は、「権利を実在化された réel なものとして語るためには、権利行使を支える物質的条件としての『所有権 propriété』によって語［らなければならず、そのためには、］住居不可侵の条件としての住居の所有権、思想の自由の条件としての著作権……、勤労・産業の自由の条件としての工業所有権、プレスの自由の条件としての新聞社の所有権、等々」（石川・前掲書註（12）、一〇七頁）ということになる。

(119)　木村・前掲書註（13）、三三三頁。

(120)　前掲拙著註（4）、七四-七五頁、および前掲拙稿註（113）、三〇四-三〇五頁参照。

(121)　一七世紀に定着した司法・警察・財務にわたる一般官職の売官制については、Fr・オリヴィエ-マルタン（塙浩訳）『フランス法制史概説』一九八六年六八八-六九八頁、および野田良之『フランス法概論　上巻(2)』一九五五年三一九-三二四頁参照。パルルマンは事あるごとに王権に対抗したが、パルルマンの権力（＝司法官職の王権からの独立性）を支えていたは売官制であったという歴史的事実を看過してはならない。しかも、売官制は財政的必要から王権の側によって徐々に形成されたものであることからすれば、このような事態を招いたのは王権それ自体であったといわざるをえない。さらに、中木康夫『フランス絶対王制の構造』一九六三年一六〇-一八四頁および二二一-二二五頁、ならびに石井三記「一八世紀フランスの国王・法・法院」上山安敏編『近代ヨーロッパ法社会史』一九八七年も参照。

(122)　小島慎司「選挙権権利説の意義――人民主権論の迫力」論究ジュリスト五号二〇一三年四九頁註（2）参照。職分という訳語については、水波朗『トマス主義の憲法学』一九八七年一七頁に拠る。さらに、註（42）も参照。

(123)　制度体における地位理論は国家のみを対象にしたものではないが、デュギーは、機関に就任する自然人＝官吏が職分＝機関に対する物権を有するという捉え方を家産国家的な「時代錯誤」であると批判する（Léon Duguit, *Études de droit public II : L'État, les gouvernements et les agents*, 1903（同書は二〇〇五年に復刊されたが、本書はオリジナル版を用いた）, pp. 390-392. さらに、cf. Le même, *Traité de droit consitutionnel*, 3ᵉ éd., t. Ⅲ, 1930, pp. 208-210. オーリウの反論については、『公法原理』一・三一九、および『行政法精義』六・五六一註（1）を、家産国家論については、前掲拙著註（4）、三二一-三二三頁を、それぞれ参照）が、オーリウが、制度体論の前期以来一貫して、政治権力と経済権力の分離と国家の公的性質とを主張してきた（一三五-一三六頁参照）ことからすれば、このような批判は当たらないであろう（彼のいう国家体制の成立が封建制＝家産国家の否定を意味することは次章第一節一で述べるとおりであり、このことは最晩年まで一貫している（『憲法精義』二・一〇四参照））。また、このような批判に対しては、すぐ後で述べるように彼のいう物権の内容が使用・収益権であることも考慮しなければならない。なお、すでに述べたように制度体における地位理論は国家のみを対象にしたものではないが、公務員関係（の成立）の法的性質に関する彼とその他の学説については、小島・前掲書註（1）、一九三-二〇五頁参照。

(124)　機関の地位＝職分に対する物権という理論構成について、「行政法概説書第五版では、……個人的公権は物権に近い性質を「有し」個人に地位……を構成する」といわれ（木村・前掲書註（13）、九七頁）、そのとおりであるが、後者については『行政法精義』の第四版（五六）以来、前者についてはその初版（五六）以来、それぞれそのように主張されている。なお、イェリネク『公権論』の初版が出版されたのは一八九二年である。

(125)「フランス語では現在に至るまで *imperium* の訳語として domination が用いられている」（小島・前掲書註（1）、二七五頁註(109)）ことから（これは法学用語としてはという意味であろうが、辞書的な訳語としては、commandement や ordre が一般的である）、「支配権（droit de *domination*）」に（法）人格に対する権利という意味合いが含まれることは否定しない。

(126) 神橋・前掲書註（111）、七三頁。

(127) Cf. H. Stuart Jones, *The French state in question*, 1993, p. 187 ; F. Fournié, *supra note* (20), pp. 25-34.

(128) Gabriel Marty, "La théorie de l'Institution" in *supra note* (20, *La pensée du doyen Maurice Hauriou et son influence*), pp. 37-38. さらに、cf. Olivier Beaud, "Préface", Maurice Hauriou, *Principes de droit public*, 1910 (rééd. 2010), p. 12（この序文には頁数が付されておらず、数字は本書の筆者が前から付したものである）.

(129)『公法原理』の初版においてこのような意味でイデーという用語が用いられている例は、「熟慮されたイデーは［制度体の］きわめて重要な構成要素である」（一二三）、「個人的または集団的運命の理想……である諸イデーの全体」（六〇〇）、および「共通の諸イデーの相当な実体」（六六〇）など、ごくわずかである。もちろん、思想・観念・概念などといった一般的な意味におけるイデーは別である。なお、オーリウが制度体論の中期以降頻繁に使用する idée directrice と idée d'œuvre について、前者はプラトンに、後者はアリストテレス-ベルクソンに、それぞれ由来する用語であるという指摘がある（J. Schmitz, *supra note* (21), p. 261）。

(130) フランスでは、一般に、personne juridique は自然人も含めた権利義務の主体一般（広義の法人）を、personne morale は権利義務の主体が集団の場合（狭義の法人）を、それぞれ意味し（前掲拙著註（4）、一八〇-一八一頁註（6）参照）、オーリウも後者の意味で personne morale を用いるが、personne morale を分析するに際して、その対内的法主体を personnalié morale、その対外的法主体を personnalié juridique として、両者を区別する。そして、すでにある程度示唆してきた（二一八頁参照）が、本書の筆者の理解をあらじめ示しておけば、個体と personnalié morale が結合したものが、より精確にいえば個体の内部に personnalié morale が自生したものが制度体であり、制度体に外部から personnalié juridique が付与されたものが personne morale である。このうち、personnalié morale については、「無形人格」（米谷隆三「オーリューの制度理論への理解――制度の社会学的概念から法学的概念へ――」前掲書註（29）、二三九頁）という訳語や「倫理的人格」（小島・前掲書註（1）、一四二頁）という訳語があるが、本書は、ドイツ三月前期（Vormärz）の有機体思想における、民族と結びついて実体的な価値を帯びた倫理的人格（前掲拙著註（4）、二九頁および三一頁参照）との混同を回避するために、精神人格（仲野・前掲書註（38）、一八二－一八三頁註（66））という訳語を選択した。

(131) L. Sfez, *supra note* (1), p. 32 note 85. Frederick Hallis, *Corporate Personality*, 1930 (reprinted, 1978), pp. 230–231 note 2 も同旨。

(132) ギュルヴィッチ（潮見俊隆・壽里茂訳）『法社会学』一九八七年（復刊版）二三七－二四六頁参照。

(133) Cf. G. Gurvitch, *supra note* (9), p. 29 ; Le même, *L'expérience juridique et la philosophie pluraliste du droit*, 1935, p. 141.

(134) 前掲拙著註（4）、七四－七五頁参照。

(135) G. Gurvitch, *supra note* (9), p. 16.

(136) *Ibid.*, p. 23.

(137) *Ibid.*, p. 33.

(138) *Ibid.*, p. 32. このような集団の枠組みに対するギールケのゲノッセンシャフト論の影響は明らかである（vgl. Georg Gurwitsch, *Otto v. Gierke als Rechtsphilosoph* (Separat-Abdruck aus》Logos《, Internationale Zeitschrift für Philosophie der Kultur), 1922, S. 103）が、後者については、前掲拙著註（4）、七〇－七一頁および七四頁参照。

(139) G. Gurvitch, *supra note* (9), pp. 29–30.

(140) *Ibid.*, pp. 30–31.

(141) *Ibid.*, p. 31.

(142) *Ibid.*, p. 115.

(143) *Ibid.*, p. 119. ただし、共同体といっても、客観的なものである以上、「組織の存在から完全に独立し、人格化されえない［＝非組織的な］権威」(p. 28) である。

(144) ギュルヴィッチ・前掲書註（132）、三八頁。

(145) G. Gurvitch, *supra note* (133), p. 142.

(146) G. Gurvitch, *supra note* (9), pp. 119–120 et 122.

(147) *Ibid.*, p. 683.

(148) したがって、「非組織的な社会法」と「組織的な社会法」は「共同体」と「組織」という多層的法源を有することになり、法の「自生的な層と固定した層」という「ふた続きの法源の階層」(G. Gurvitch, *supra note* (133), p. 141) といった概念（多層的法源）が成立するのか疑問である。それに対して、規律法と規約法の法源は制度体それ自体であり、次章第一節一で取り上げるオーリウの法的多元主義は法源の水平的多元性（多元的法源）に立脚している。

(149)　オーリウのいう公衆は政治的に組織されていないという意味では群衆（foule）であるが、単なる烏合の衆ではなく、「共通利益の対象について全員で考えることができる人々」（『公法原理』一・三二三、および二・四〇〇）の集まりである（それに対して、公序（ordre public）は組織への帰属ではなく、支配権力を中心に人々が集まっている状態であり、より即物的な概念である（『公法原理』二・四五–四六））。このような群集＝公衆が形成されるにあたって重要な役割を果たすのが領土であり、人々は一定の領土に囲い込まれることによって、特殊なものから解放されて一定の共通性を獲得する（『公法原理』一・三二三–三二五、および二・三三四–三三七）。そして、領土によって囲まれた群衆＝「液状化された（liquéfiée）国民」に主権が存するという意味で、「国家体制は群集の体制である」（『公法原理』一・三二五）。したがって、彼にとっての公衆の特徴は未組織性というよりも脱特殊性であり、その結果としての共通性（＝一般性）である（なお、『公法原理　第二版』（一二四–一二七および七二九–七三四参照）では、公開制（publicité）をとおした公衆と世論の結びつきが強調されている）。それに対して、彼に強い影響を与えたタルドによれば、「公衆とは、［印刷術の発明を前提として、］純粋に精神的な集合体で、肉体的には分離し心理的にだけ結合している個人たちの散乱分布である」（G・タルド（稲葉三千男訳）『世論と群集』一九六四年一二頁）。

(150)　G. Gurvitch, *supra note*（9）, p. 23.

(151)　*Ibid.*, p. 15.

(152)　飯野・前掲論文註（39）、一二頁。

(153)　Jean Carbonnier, *Écrits*, 2008, pp. 1005–1006.

(154)　G. Gurvitch, supra note（43）, p. 175 ; Le même, *supra note*（9）, p. 692. さらに、vgl. Hans Julius Wolff, *Organschaft und juristische Person*, Bd. I, 1933（Nachdruck, 1968）, S. 254.

(155)　Ibid., p. 169 ; G. Gurvitch, *supra note*（9）, p. 687.

(156)　Ibid., p. 172 ; *ibid.*, pp. 689–690.

(157)　Ibid., p. 169 ; *ibid.*, p. 687.

(158)　ある論者は、「ギュルヴィッチは、オーリウの集団において客観的個体と自律的個体（autonomous individuality）を区別する数少ない一人である」という（Ch. B. Gray, *supra note*（21）, p. 149）。

（159）オーリウもこのことを認めている（cf. Maurice Hauriou, "Liberté politique et la personnalité morale de l'État", Revue trimestrielle de droit civil, 1923, p. 336 note 1）。

（160）F. Fournié, *supra note*（20）, p. 459 note 51. 具体的には、最晩年の『憲法精義』二・二〇三‐二〇四および二〇五参照。さらに、cf. A. Dufour, supra note（47）, p. 704, 飯野・前掲論文註（5）、三五頁、および前章第二節註（27）も参照。

（161）オーリウの制度体論とギールケのゲノッセンシャフト論との類似性を指摘する論者は多い。これらの論者は、当然、後者との関係における前者の理論的進歩を否定するであろうが、その中にあって、ある論者は両者の間に「強度の類似性（Verwandtschaft）」（U. Häfelin, *supra note*（28）, S. 281 Anm. 394）が存在することを強調する。

（162）Ch. B. Gray, *supra note*（21）, p. 75.

（163）ここでいう実体は現実的基盤という意味であり、二〇七‐二〇八頁で述べた持続的な潜在性という意味ではない。

（164）その限りで、『公法原理』の第二版は「多くの点で新しい著作」（前章第二節註（20））であるということができるであろう。

（165）オーリウ自身、『公法原理』の初版の主眼は、国家に関する「固有の理論というよりも、国家の理論に必要な諸要素の総合」に置かれていたことを認めている（『公法原理』二・V）。

（166）『公法原理』の初版においても主観的人格という用語は用いられているが、そこに精神人格と法人格という二つの意味を読み込むことは、第二版における用語法を前提とした牽強附会といわざるをえず、このことは、法人格に関する初版（六六四‐六八五）と第二版（二五二‐二六六）との叙述を比較すれば明らかであろう。

（167）仲野武志によれば、「客観的利益に関わる個体と主観的権利に関わる人格の併用は、利益法学とパンデクテン的意思主義の二律背反を……解決したものといえる」（仲野・前掲書註（38）、二三九頁）。また、フルニエによれば、オーリウは、精神人格と法人格の分析をとおして「実在と擬制を結びつけ、かくして［法人論争における］古典的対立を超克する」（F. Fournié, *supra note*（20）, p. 461）という。仲野の捉え方はそのとおりであるが、フルニエの捉え方については、それを無条件で肯定するには躊躇を覚える。後者に近いものとして、cf. A. Dufour, supra note（47）, p. 710; Jean-Arnaud Mazères, "Préface", Florian Linditch, *Recherche sur la personnalité morale en droit adminisratif*, 1997, p. XX. いずれにしても、オーリウは、「擬制説を回避して、法人論をそれなりの（tragbare）基盤の上に確立した」（Wolfgang Schild, "Die Institutionentheorie Maurice Haurious", Österreichische Zeitschrift für öffentliches Rechts, 1974, S. 3）というあたりが妥当なところであろう。

（168）「主体」としてのイデーはイデーの形式的側面である。それに対して、イデーの実体は、法的取引の中で形成された共通の価値観（「個人の幸福という共通の理想」（『公法原理』二・二二二））によって支えられた共同体であり、共同体は「集団の内的魂を構成する」（一七三。さらに、一二三も参照）。したがって、共同体は「経済的性質を有する」（一一五）が、このことの含意はマルクス主義との親和性（前章第二節註（83）参照）ではなく（一〇八註（1）参照、さらに、cf. Maurice Hauriou, "Le droit naturel et l'Allemagne" in Le même, *Aux sources du droit*, 1933 (rééd., 1986)（同論文は一九一八年の書簡）, p. 29）、法的取引における当事者の対等・平等性と自立性とである（二〇八頁参照）。

(169) W. Schild, supra note (167), S. 9.

(170) ある英米系の論者はこの点を高く評価して、「オーリウの［制度体］論の偉大な価値は、［デュルケムの］集合的な意思と意識という支持しえない考え方を回避したことである。［その結果、］それ［制度体論］は、有機体説が常に取り組まなければならなかった困難を法学者から取り除いた」という（H. Hallis, *supra note* (131), p. 232）。

(171) Delphine Espagno, "Une rencontre entre Léon Duguit et Maurice Hauriou : l'analyse institutionnelle du service public" in *Études en l'honneur du professeur Jean-Arnaud Mazères*, 2009, p. 338.

(172) 以上のような共通意思の性質と役割とに関する議論、換言すればイデー論は、「拡大鏡をとおして」制度体の人格を分析するものであり、オーリウは、心理的分析ではなくこのような法的分析をとおして「人間の人格の中に隠されているであろう［人間の精神主体の］構成要素」を見出すことができるのではないかとして、本来団体の人格は自然人とのアナロジーで形成されたものであるという事実にもかかわらず、このような法的分析＝イデー論によって実定心理学が到達しえない人間存在の核心に迫る可能性に言及している（『公法原理』二・二八五註（1）。さらに、二七七も参照）。このような捉え方からすれば、人間「それ自体が、……体と魂の複合的な関係において、真の制度体である」（J.-A. Mazères, supra note (20), pp. 279-280）ということになるであろう。

(173) G. Marty, supra note (128), p. 37. さらに、cf. Julien Bonnecase, "Une nouvelle mystique : la notion de l'institution", Revue générale du droit, de la législation et de la jurisprudence, 1932, pp. 11-12.

(174) 飯野・前掲論文註（39）、一五頁。

(175) 同右・二六頁註（26）。ここで、『社会運動論』において、法人格は精神人格に立脚するとされていた（一八五―一八六頁）ことを想起すべきである。

(176) 提案がイデーを表象したものであることは願望意思の同調によって確認されるので、この確認がなされる以前の提案＝「権力または実現意思」は、客観的個体における道徳的判断を含まない心理的現象と考えるべきであろう（一七四—一七五頁および二一七—二一八頁参照）。

(177) ここで、『公法原理』の第二版における制度体の定義を示しておこう。制度体とは、「高度な法治状態を実現した客観的な社会的組織であり、換言すれば、それは権力の主権性・規約による権力の立憲的組織化・法的自立性を有する」（『公法原理』二一一）。この定義はこれまでの定義（二〇〇頁参照）と比較してやや異質であるが、制度体は社会的組織の一定の完成形態であるとして、社会的組織が次のように定義されている。すなわち、社会的組織とは、「特定の社会的集団の内部において、支配権力を行使する機関が、集団全体の活動と調和のとれた活動によって、集団の目的を実現しようとするあらゆる恒常的組織である」（四八）。このような社会的組織の定義も加味すれば、制度体の定義に大きな変化があるとはいえないであろう。

(178) Cf. E. Millard, supra note (26), p. 386 ; J. Schmitz, *supra note* (21), pp. 55-57.

(179) 飯野・前掲論文註（5）、三七頁。その結果として、オーリウの法理論における主知主義的傾向が強まった（小島・前掲書註（1）、一七一—一七三頁参照）ように思えることは否定しない。ただし、このような変化を『公法原理』の初版のトミスト的傾向から第二版のプラトン的傾向への変化として捉える（A. Dufour, supra note (47), p. 718）ことには、両傾向とも制度体論の前期以来持続的にみられる（後者については、本書一七五頁参照）ことから、賛成できない。

(180) 飯野・前掲論文註（5）、三八頁。

(181) 同右。

(182) 仲野・前掲書註（38）、一二三頁。

第三節　後期（完成期）——分析の対象から分析の枠組みへ

「制度体と創設の理論　社会生命論」はその叙述の濃密さから、内容を「損なうことなく要約するのが困難な」[1]論文であるとか、「あの脅かすような論文」[2]などといわれるが、このような評価が当てはまるのは前半の制度体の「解剖学」（＝制度体の構成要素）であり、後半の「生理学」（＝制度体の誕生と消滅）は先行業績を前提として、いわばながした程度の内容にとどまるといわざるをえない。したがって、先行業績を知らなければ、「生理学」の内容を理解することはそもそも不可能であろう。それに対して、「解剖学」は「内化・化体・人格化という三重の動き」(3)によって「制度体の創設が法的性質を帯びていることを示す」（「制度体と創設」九六）ものであり、制度体論の到達点であるといえる。その結果、すでに述べた（二五四-二五五頁）ようにオーリウは『公法原理　第二版』において制度体論は一応の完成をみたと判断していたが、制度体論が真に完成されるにはさらに約一〇年を要し、結局、最終的には『伝統的社会科学』以来約三〇年を要したことになる。「オーリウは制度体の概念を絶えず彫琢してきた」(4)といわれる所以であり、その過程で「制度体はその姿を徐々に現してきた」(5)のである。ここでは、「もっとも完成された形態」（本章第一節註（3））といわれる同論文における制度体の定義とその前後のそれとを示しておこう。

一　社会的営為または起業のイデーが一人または複数の個人によって提示される。
二　このイデー［の］実現を望む人々の集団が……形成される。
三　起業を実現するために支配権力がこの集団の内部で生じる。
四　……起業の実現に必要な職分を権力に行わせる［べく］代表制［が組織され、］その結果、指導的機関は営為の支配的イデー……の下に置かれる。……
五　……新しい組織は法の一般原理に適合する。
六　……組織は相当期間平和な状態で存続した後、……制度体となる。……（『行政法精義』一〇・一五註（1））

制度体とは、社会的環境の中で法的に実現され持続する営為または起業のイデーである。このイデーを実現するために権力が組織され、その結果、それ［イデー］に機関がもたらされる。他方で、イデーの実現にかかわる社会的集団の構成員の間には、権力機関によって主導され、手続によって規制された交感が生じる（「制度体と創設」九六）。

一方で、［社会的組織の］創設時に存在する指導的イデーが、機関の均衡と権力の均衡とによって統治権力を自らに服従させることができ、他方で、イデーと権力の均衡とのこの体系が、［社会的組織の］構成員の同意と社会的環境の同意とによってその形態において確立されたとき、［制度体は成立する］（『憲法精義』二一・七三）。

これら三つの定義を比較すれば、確かに同論文における定義がもっとも整っているといえるが、しかしその内容はすでに『行政法精義　第一〇版』における定義において出尽くしているといえる（交感は四にあたるとみるべきであろう）。また、最晩年の『憲法精義　第二版』における定義では均衡の要素が強調されているように思われるが、それは、おそらく同書の対象が憲法だからであろう。いずれにしても、制度体論の後期における制度体の構成要素は同論文において明確に示されているようにイデー・権力（組織）・交感の表明であり、実はこれらはすでに『公法原理　第二版』において出揃っていたといえなくもない[6]が、同書の分析の対象は成立した制度体が中心であった。それに対して、すでに述べたように、同論文における「解剖学」では内化・化体・人格化という三つの概念を用いて制度体の形成過程が分析されるが、その目的は、少なくともオーリウの主観においては、「制度体の創設が法的性質を帯びていることを示す」ことである。つまり、国家も含めた制度体の形成過程は集団における「法的基盤」（「制度体と創設」八九）の形成過程であり、これはドイツ法実証主義国法学が法理論から排除したものであるが、制度体の形成過程の分析はとりもなおさず法的なものの形成過程を分析しようとするものである。ここで銘記すべきは制度体論のこの「本来の議論の文脈[7]」であり、彼の制度体論は何よりもこのような意味における法理論、しかも「法の一般理論[8]」なのである。

そこで本節では、オーリウが制度体論を「いわば公式的にまとめて書いた……論文[9]」である「制度体と創設の理論　社会生命論」における「解剖学」を中心に制度体の形成過程を分析したうえで、制度体論が完成されたことによってもたらされた帰結とイデーの背後に存在するものとについて検討することにしよう。

一　制度体論の完成とその帰結

「制度体と創設の理論　社会生命論」における「解剖学」について検討する前に、同論文の数年前に公表された「政治的自由と国家の精神人格（"La liberté politique et la personnalité morale de l'État"）」に言及しておかなければならない。後者の論文の主たる目的は、『公法原理　第二版』のイデー論を前提として、一般化していえば、団体内部における自由と団体の人格化との並行関係を示すことである。オーリウによれば、機関が責任を負っているという感情が構成員によって共有されるようになったとき、換言すれば「精神的内化（intériorisation morale）現象」が生じたとき、団体は「完全な法人」となる[10]。そして、このような現象が生じるためには、代表的組織とそれを機能させる団体内部における自由（＝政治的自由）とが必要である。その結果、団体内部における自由と団体の人格化とは密接不可分な関係にあるが、ここで人格とは「法技術の単なる手段[11]」である法人格から区別された精神人格であり[12]、彼によれば、精神人格は「構成員の意識に内化された責任の精神的現象の実在性[13]」に立脚している。このうち、精神人格と内化現象の関係は、内化現象の実在性が精神人格の実在性であるというものではない。そうではなくて、同書のイデー論を前提とすれば、客観的存在であるイデーの主体である精神人格、というよりもイデーそれ自体である精神人格は、内化現象によって主観化され、活動的となり、自ら思考するようになるということである（二五一－二五二頁参照）。そして、この内化現象に交感という概念を導入することによって、同書において必ずしも説明に成功したとはいえない、構成員によるイデーの共有という微妙な関係を理論化しようとしたのが、「制度体と創設の理論　社会生命論」における「解剖学」なのである。

　難解で知られる「制度体と創設の理論　社会生命論」はわが国の法学界には戦前から繰り返し紹介されてきた。ここでは、制度体の形成という観点から同論文を検討するが、その際、先行業績の内容が正確である限りそれに依拠するのが学術論文のルールであろう。この点、飯野賢一の次の叙述は出発点とするのにもっともふさわしいであろう。

> 「人格化の戯曲」は、客観的個体性にイデーを表象する統治機関が組み入れられる同化［本書のいう化体］の場面と、その構成員が統治への参加を行い、イデーが主観的な状態へ移行し、組織の中で精神的人格［本書のいう精神人格］が生まれる人格化の場面を経て、この人格が他者との関係で法的人格［本書のいう法人格］という仮面を被って登場するという筋書きを持つ。[14]

このうち、「人格化の戯曲（drame de la personnification）」という表現は、同論文ではなく『公法原理』において用いられたものである。『公法原理』においては、「人格化の戯曲」は「客観的個体の形成」と「主観的実体［＝精神人格］の出現」とによって構成されていた（『公法原理』一・六四五、同・二・八七）が、両者は、飯野の叙述における化体の場面と人格化の場面とにあたる。そして、「化体と人格化という二つの段階における内化現象の進展」（「制度体と創設」一一〇）によって制度体は成立するわけであるが、では第一に、化体（incorporation）における内化（intériorisation）とは何か。このうち、化体は人々がイデーを中心に集まって「団体となること」[15]であり（その意味でイデーは一種の「パン種」（同・一二四）あるいは「触媒」[16]である）、具体的には、イデーを「現実化することに能動的役割をもつ『機関』[18]……を担う成員部分が、そうではない成員部分から区別され[17]」、その結果、「個体……に統治機関が組み込まれる」ことである。そして、機関は分割されることによって権力ではなく権限を備えるようになり（同・一〇三）、二重の意味で、つまり機関＝統治者と被治者の間、および諸機関＝諸統治者間で、権力分立が実現される。このようにして形成された個体において内化が生じるが、それは、「統治機関がイデーを表象し、それに基づいて統治を行う」[19]ことであり、その際、機関＝統治者はイデーの枠内で「協同善のために働く」[20]。したがって、内化された個体は「既に精神化された団体」[21]であり、オーリウは、それは「代表制的であろう」（同・一一一）というが、それが『公法原理』における自動機械（二一七頁、および『公法原理』二・八七–八九参照）にあたるか否か明らかではない。ここで代表制とは、特定の機関が他の機関を代表（＝代理）する関係ではなく、機関＝統治者がイデーを表象する「イデーの表象制」であり、部分（＝機関）が全体の意思を形成・表明する本来の意味の代表制（Repräsentation）である。[22]そして重要な点は、彼のいう代表制は常に機関＝統治者と被治者の分離を前提としており、両者は同一化しようとしないということである。このこと、換言すれば権力分立と代表制は一体不可分であるということは、次節で制度体としての国家を論じるに際して忘れられてはならない。それはともかく、化体における内化の段階では、イデーは構成員の「記憶の潜在意識の中」で「客観的状態にある」[23]。このようなイデーの状態は『伝統的社会科学』における伝統とそれに宿る社会的啓示（二二六頁参照）とを髣髴させるが、ここではイデーの人間精神から独立した客観的存在性については繰り返さない。そこで第二に、人格化における内化についてである。化体における内化の段階においてイデーが「客観的状態にある」とは、人々がイデーを中心に集まっている状態であり、イデーと構成員の間にそれ以上の積極的な関係、例えば両者の結合によって新しいことが創り出されるということはない。オーリウによれば、イデーは構成員の「意識下の領域に」（同・一一〇）にとどまっているのである。しかし、このような状態において、すでに述べたようにイデーと機関＝統治者の間には表象（＝代表）関係が機能しており、そこに構成員の政治的自由が認められることによってこの関係への構成員の参加が実現される。その結果、「構成員のコミュニオンの表示が生じ、これによりイデーが主観的状態へ移行[24]」する。このうち、コミュニオン（communion）については、本書ではこれまで交感と訳してきたが、「協和[25]」・「通交[26]」・「交わり[27]」などといった訳もある。いずれにしても、彼は交感について、個人の意識がイデーと接触することによって生じる「共通の感情」（同・一〇六）というが、構成員の意識とイデーとの接触は化体における内化の段階でも存在するのに対して、人格化における内化の段階ではイデーと機関＝統治者の表象関係に構成員が政治的自由をとおして意識的・積極的に関与する。そして、一方で構成員はイデーのまわりに「結集し」、他方でイデーは構成員の意識に「降臨する」結果、構成員は「行動へと駆り立てられる」。これが、彼のいうイデーの主観的状態であり、このような状態を惹起する交感には「行動への意思」が含まれている（同）。ではこの場合、力の源はイデーの側にあるのか、それとも構成員の側にあるのか。おそらく、このような問いは無意味であろう。水波朗は、イデーの「エネルギーの根源は……、制度的存在に補完されることが人格者としての個々人の自己完成の条件であり、自然法であるという人間の社会的本性にある[28]」というが、この「本性」とイデーに内在する「支配力（puissance d'ascendant）」（同・一〇四。さらに、一二一も参照）あるいは「客観的な力（Macht[29]）」とが呼応することによって、あるいは質料と形相のように結合することによって、社会的な企てが成し遂げられるのであろう（二一一-二一二頁参照）。ただ、このような交感という概念を用いても、『公法原理　第二版』における構成員によるイデーの共有という微妙な関係の全貌が明らかにされたとはいえない。交感という概念によって明らかにされたのは、イデーが意識的主体へと変貌するプロセス（二五一-二五二頁参照）、しかもその一端にすぎない。それに対して、その静態的な構造は依然として神秘のベールに包まれているといわざるをえないであろう。いずれにしても、交感によって主観化されたイデーには主体が必要となり、その結果として精神人格が出現する。かくして、「組織された権力と集団の構成員による交感の表明とは営為のイデーの枠内において内化され、イデーは制度体の客体から、組織された体の中から生じる精神人の主体へとなる[30]」（同・九六-九七）のである。

以上によって制度体論は完成されたとみるべきであるが、ただ、以上によっては、本節の冒頭で述べた「制度体と創設の理論　社会生命論」における「解剖学」の目的、つまり「制度体の創設が法的性質を帯びていることを示す」という目的が、達せられたとは必ずしもいえない。同論文においては、制度体の形成過程と法的なもののそれとが有意味な形で結びつけられているとはいえないのである。というようりも、そもそも後者についてはほとんど論じられていない。この点、前節の末尾で提示した問い、つまり制度体の形成過程と複合行為論との関係についていえば、複合行為は主として制度体の「生理学」の中に位置づけられ、制度体の活動の一部とされている（「制度体と創設」一二三参照）。それに対して、これも前節の末尾で述べたことであるが、『公法原理　第二版』における複合行為論はイデーとの関係で制度体の形成過程を対象としていた。複合行為論の位置づけのこのような変化の原因は、同論文の目的が制度体の形成過程の分析であり、この分析がイデーを中心になされていることにあるのであろう。その結果として、複合行為論は「生理学」の方にいわば追いやられたような形になったわけである。しかし、制度体が規律法と規約法を伴う（二一四頁参照）以上、制度体の形成過程と法的なもののそれとは一体不可分であり、一方を論じるということは他方を論じることを意味し、前者の論証は後者のそれを意味する。両者の結びつきは、オーリウにとって前提、しかも当然の前提なのである。その意味では同論文の目的は達せられたといえるが、では、制度体論の完成が何をもたらしたのであろうか。それは、制度体が分析の対象から分析の枠組みへと転換されたことと、国家に固有のものの必要性に対する認識とである。

第一に、制度体が分析の対象から分析の枠組みへと転換されたことについてである。本節の冒頭では、「制度体と創設の理論　社会生命論」における制度体の定義を同論文に至る制度体論の到達点として位置づけるとともに、最晩年の『憲法精義　第二版』における制度体の定義へとつなげた。このような捉え方の前提には、すべての制度体の定義は同一の平面あるいは次元において成立しているという理解がある。ところが、オーリウと同じトゥールーズ大学のマゼレは、同論文における制度体の定義においてある種の転換が生じたという。マゼレによれば、『公法原理　初版』における制度体の定義（二〇〇頁参照）を構成している事物の一般秩序との関係・内的均衡・社会的組織などは事実あるいはその状態であり、そこにおける制度体は「これら社会的諸力の活動」によってもたらされる「社会的動態」あるいは「『制度』化する運動」である。その結果、このような社会的現象の形成を時間軸に沿って描写する制度体の「定義は発生論的な性質を有する」。それに対して、同論文において制度体の「解剖学」を構成している内化・化体・人格化という三要素は、制度体の形成という動態的な社会的現象から切り離された、その意味で「一般的かつモデル化された手続」である。その結果、このような要素によって構成される同論文における制度体は「社会的なものの範型」であり、その「定義は……類型論的である」[31]。かくして、制度体論は「新しい認識論的地位」を獲得し、「一般的で全体的な説明モデル」[32]、しかも「多元性の設計図」[33]となり、制度体は分析の対象から分析の枠組みへと転換されるわけである。このような捉え方は制度体論の理解に新境地を開くものであるといえるが、まったく新しいものではなく、そこには、一九五〇年頃から人文・社会科学の領域で広く用いられてきた「制度」的分析[34]との類似性が存在する。ここで「制度」的分析とは、社会的事実を、「制度」化するもの（instituant）から「制度」化されたもの（institué）へと至る「制度」化（institutionnalisation）の過程として捉えるものである[35]。その際、「制度」化するもの（部分）は動因であることから「制度」化されたもの（全体）の中に埋没することはなく、いわば「『制度』的運動」[36]は両者の弁証法的関係として動態的に捉えられる。このように、「制度」的分析はルナール以降社会科学の領域で静態的に捉えられるようになっていた制度体の概念を再活性化し、「その結果、制度体は運動概念（concept en mouvement）としての側面を取り戻す」ことになる[37]。しかし、そこにおいては制度体が社会的事実を説明するための「枠組み」[38]として用いられることから、法的なものの形成過程を分析するという制度体論の「本来の議論の文脈は完全に見失われ」[39]てしまうのである。ところで、「時間があれば、オーリウは常に変遷する［制度体］論の改訂版を提示していたであろう」[40]といわれるが、「説明モデル」・「設計図」としての制度体論の意義を晩年のオーリウがどの程度認識していたのか明らかではない。[41]ただそれ以前の問題として、制度体論は「集団と集団の構成員との関係」という集団の内部構造の分析にとどまり、「社会全体における」制度体間の関係にまでは及んでいない、その意味で「完全に展開されていない」という批判[42]がある。制度体論が「閉じた壷」＝系としての社会におけるミクロの均衡（閉じた社会内部の秩序）を分析し理論化しようとしたもの（一三二頁、一三三頁および一四六頁参照）であることからすれば、この批判はもっともであるが、それに対する一応の反論は可能である。すなわち、制度体の対外的関係としては主観法–法律関係–人格という関係と客観法–制度体–個体という関係とがありえ（二〇一–二〇四頁参照）、既存の制度体は、前者においては法主体（personne juridique）として、後者においては新たに形成される制度体の個体として、それぞれ現象するのであり、制度体論において制度体間の関係が等閑視されているわけではない。しかしながら、類型論的に捉えられた諸制度体は同類のものであり、それらの間に相違は生じないので、それらの比較からそれらの有意味な関係を導き出すことはできない。[43]かくして、「制度体と創設の理論　社会生命論」における制度体論が制度体間の関係を説明できないということは、「諸制度体の中の制度体」（前節註（79））である国家と他の制度体との関係が説明できないということであり、その結果、制度体としての「国家の特殊な地位」も説明できないのである。[44]

そこで第二に、国家に固有のものの必要性に対する認識についてである。まず確認すべきは、国家が制度体の一つであるということから、国家と他の制度体とを区別するものあるいは国家のメルクマールを導き出すことはできないということにはならないということである。そうするには、国家と他の制度体とを比較することによって、国家に固有のものを抽出すればよい。ここで問題なのは、「制度体と創設の理論　社会生命論」において示された制度体の類型論の中に国家のメルクマールあるいは国家に固有のものが含まれていないということである。これはオーリウにとって意外なことであるといわざるをえない。というのは、確かに制度体論の原型はカトリック思想の中にあるが、しかし制度体論は、行政法理論の中で宗教性を払拭して法の一般理論へと発展する過程において、行政組織をモデルとして何よりも国家の理論化を目指してきたからであり（二五一頁参照）、その到達点が『公法原理』であった。『公法原理』において国家は「到達すべき理想」[45]なのである。それに対して、同論文における制度体論は「多元的理論」[46]であり、そこでは、国家の特殊性は解体されて諸制度体を統合するものが欠如している結果、「一種の無秩序な多元主義」[47]に陥る可能性が潜んでいる。そこにおける制度体は「法と社会的なものとに関する無秩序な概念」[48]となる可能性を孕んでいるのである。多元的社会論の立場からすれば、このような帰結は必ずしも否定されるべきものではなかろうが[49]、すでに述べた（二二九頁）「誤りやすい個人主義」（に伴う無秩序）に対する矯正として制度体を位置づける彼はこのような帰結を容認することはできないであろう[50]。そこで、「諸制度体の包括的典型」[51]である国家は「諸制度体の中にあってもっとも重要かつ強大でなければならず」[52]、そのためには「形而上学的で超越的なもの」[53]が必要となるが、その際、制度体の類型論の中に国家のメルクマールあるいは国家に固有のものが含まれていないということから、これらを国家における制度体的な要素の中に求めることはできないということになるであろうか。そうであるとするならば、彼は「国家を、制度体の論理の外側で考察せざるをえなくなる」[54]といわれるが、このような事態がギュルヴィッチの目にはオーリウの変節と映ったようである。ギュルヴィッチによれば、オーリウの法的国家論は、「晩年に至って」[55]、権威主義的傾向を強め、具体的には、国家の権力性・全体性・人格性などが強調されるようになった（前節註（43）参照）。その結果、制度体の中に含まれる未組織な部分（＝個体）を重視するギュルヴィッチ（二四二―二四七頁参照）の目からみれば、「オーリウは自らの手でもっとも重要な彼の構築物の哲学的および法学的基盤〔＝制度体において主観的なものを制約する客観的なもの〕を破壊する」[56]ことになった。このようなギュルヴィッチの捉え方には曖昧な点と問題点とがある。第一に、権威主義的傾向が始まる時期について、ギュルヴィッチは、一方ですでに述べたように「晩年」としつつ、他方で制度体論の中期に属する『国民主権（*La souveraineté nationale*）』一九一二年ともいっている。[57] しかし彼は、『公法原理　第二版』一九一六年において精神人格と法人格が区別された結果、未組織な部分の確保が可能になったと理解していたのではないか。この理解と同書より前に権威主義的傾向が始まっていたとすることとは矛盾するであろう。第二に、彼は権威主義的傾向の原因をトミスムの影響に求める。しかし、彼がトミスムの内容として何を想定しているのか必ずしも明らかではないだけではなく、[58] そもそもなぜ中期あるいは後期にトミスムの影響が現れるのか明らかではない。たとえ力点の置き方が時期によって異なるとしても、オーリウが前期以来一貫してトミスムの影響下にあったことは明らかである。[59] 中期以降にトミスムの影響が現れた、ということは本来オーリウは必ずしもトミストではなかったというギュルヴィッチの捉え方に何らかの政治性を嗅ぎつける論者も存在するが、[60] オーリウの法的国家論がトミスムの影響によって権威主義的傾向を強めたというギュルヴィッチの捉え方は「疑わしい」[61] といわざるをえない。仮に晩年のオーリウの法的国家論にこのような傾向があるとすれば、その原因は、すでに述べた制度体論の展開の結果、制度体の類型論の中に国家のメルクマールあるいは国家に固有のものが含まれないことから、これらを国家における制度体的な要素以外に求めなければならなくなったことにあるとみるべきであろうか（本章第一節註（7）参照）。この点は次節一の冒頭で改めて検討するが、いずれにしても、すでにオーリウの法的国家論に踏み込んでしまった。そこで、章を改めてこのような傾向の有無も含めて法的国家論について論じなければならないが、その前に、イデーの背後に存在するものについて検討しておこう。

二　イデーと自然法

オーリウは「自然法の探求については努めて（énergiquement）自制してきた」（『公法原理』二・XXV）というが、「彼がイデーの観念をとおして……独自の自然法論に至ったことは間違いない」[62]。彼のいうイデーの背後には自然法が控えているのであり、その内容（の独自性）については後ほど検討するが、ここで確認すべきは、少なくとも制度体論の中期までは、彼が主張するように自然法論が彼の法理論にストレートに表れることはあまりない、[63]あるいは、実定法の効力を直接自然法に依拠させるという意味での「私法的発想」[64]には彼は立脚していないということである。ところで、すでに述べた（前章第一節註（121）参照）ように、彼はシュタムラーの「可変的内容を有する自然法」という概念を厳しく批判していた。ということは、イデーの背後に存在する自然法は不変のものということになるが、問題はいかなる意味において不変かである。

この問題について論じる前に確認しておかなければならないのは、復活した自然法論と古典的自然法論の対抗関係（五〇-五二頁参照）の背後にあって見えにくい伝統的自然法論と古典的自然法論の相違と対立である。伝統的自然法論と古典的自然法論の関係についてはすでに前章第一節三（さらに、註（77））において言及した。すなわち、伝統的自然法論は、一定の秩序の存在を前提として、個人をその中に位置づけることによって個人に存在理由を付与する。それに対して、古典的自然法論は、一方で、孤立した個人から出発して集団を形成し、他方で、集団とそれがもたらすものとを構成員である個人に還元する。そして個人の意思は、前者においては一定の秩序によって制約されるのに対して、後者においては絶対的である。その結果、伝統的自然法論と古典的自然法論は基本構造において水と油の関係にあり、前者を世俗化すれば後者になるというものではないというのが本書の立場であるが、このような立場は必ずしもオーリウと一致しない。そこで、この点ともう一つの問い（自然法の不変性の意味）とを念頭に置きつつ、彼の自然法論について検討することにしよう。

オーリウが自然法について論じた数少ない文献として「自然法とドイツ（"Le droit naturel et l'Allemagne"）」がある。[65]これは一九一八年の書簡であるが、その内容は学術論文そのものである。おそらく第一次世界大戦の終結前後に執筆されたことも手伝って、そこでは痛烈なドイツ法学批判が展開され、その激しさはバルテルミーのドイツ国法学批判に勝るが、前者は後者よりも理論的である。オーリウによれば、「ドイツの法的ナショナリズムは一八一四年に始まる」が、それを支えているのは汎ゲルマン的な「新興宗教」であり、その構成要素は法的自然主義・「法的強盗（brigandage）」・法的集団主義である。これら三つの構成要素は密接な関係を有し、第一に、歴史法学派が法源を民族の法意識に求めたことによって各国法の歴史的変動が肯定される。第二に、一九世紀後半の「粗野な法学者達」は国家の意思をもって法とし、支配という国家の目的によって法を正当化するので、「法は力と同視される」。第三に、支配という「固有の目的を有する超越的有機体」としての国家に対して、国家のために存在する個人は「国家に対抗しうる個人に固有の権利という意味での自由」を有しない。とりわけ法的集団主義は「戦争と軍需産業」へと収斂し、他の二つの構成要素と相まって、国際社会において、「忌まわしい（odieux）ことに、支配という目的の追求」へと邁進するのである[67]（さらに、『行政法精義』九・Ⅵ-Ⅶ、および『公法原理』二・七八〇-七八一も参照）。以上のようなオーリウの「ドイツ法思想に対する批判の無遠慮さ」[68]を支えているのは「激しい反ゲルマン主義」[69]であり、この点で、国粋主義的文人であるとともにアクシオン・フランセーズの創設者であるモーラスとの類似性が取りざたされること[70]もあるが、批判の最後の部分はカレ・ド・マルベールのドイツ国法学批判を髣髴させる。ところで、「ドイツの法的ナショナリズム」の根底にあるのは法的自然主義、換言すれば、「自然法の旧い概念の廃墟を前提としたドイツの［法］意識」である。そして法的自然主義の源は、オーリウによれば、一七・八世紀の自然法「学派が自然法を大いに歪曲した」ことにある（一五）。ここで自然法の「歪曲」とは「自然法の世俗化（laïcisation）」である。

オーリウによれば、「中世においては、自然法は神学と結びついていた」。ところが、宗教改革によってさまざまな分野において世俗化がなされ、自然法も例外ではなかった。人の法を神の意思から解放することによって自然法を世俗化するに際して重要な役割を果たしたのは一般にグロティウスであるといわれるが[72]、オーリウは「自然法の世俗化」においてアルトジウス・プーフェンドルフ・ヴォルフといったドイツ系の論者の果たした役割をより重視する（一二）。すなわち、神学によって支えられていた世界（univers）とその知との一体性が宗教改革をとおして崩壊したのをうけて、ドイツ自然法学派は「人間の種としての所与の上に築かれていた調和のとれた自然法体系」を破壊したのである。というのは、この体系は「カトリック神学によってその完全な状態（intégrité）で保存されていた」にもかかわらず、世俗化によってその基盤を奪われたからである（一四）。ただオーリウは、世俗化された自然法論、換言すれば本書のいう古典的自然法論は「その普遍的性質は保持した」（一五）という。そして、すでに述べたようにこの普遍性を否定したのがサヴィニー率いる歴史法学派であるのに対して、オーリウは「われわれが再び掲げるのは不死の自然法の旗である」（一三）と宣言する。では、自然法の不変性の根拠は何か。[73] [74]

その前に指摘しておくべきは、自然法論とドイツ法学の歴史的関係に関するオーリウの捉え方の中に含まれる問題点である。彼の捉え方を図式化すれば伝統的自然法論の世俗化→古典的自然法論→法的自然主義となり、このような流れの中でドイツ系の論者が主導的な役割を担っていたと彼はみるわけであるが、このような捉え方には不明な点がある（ここでは、歴史法学派と「歴史的法理論」の相違（五三頁参照）は問わない）。第一に、古典的自然法論が伝統的自然法論の世俗化のみによってもたらされたとすれば、すでに述べた個人と全体の関係に関する両者の基本構造の相違をいかに考えるのか。しかも、この相違の背後には、個人の意思の自由に対する制約の有無という相違が控えている。第二に、彼が「可変的内容を有する自然法」という概念に反対していることからすれば、その可変性の遠因は伝統的自然法の世俗化にあると考えているであろうことが推測されるが、では、それをもたらした古典的自然法の一般に認められている不変性はどうなるのか。いずれにしても、第二の点からすれば、また後ほど述べるように、彼が法的自然主義（＝法実証主義）と「可変的内容を有する自然法」という概念とを同根とみなしていることは確かであり、このような認識にもとづいて伝統的自然法論の立場から自然法の不変性を主張するのである。[75]

すでに示唆したように、オーリウは自然法の不変性の根拠を人間の種としての固定性（fixité）に求める。彼によれば、「人間の自然法は人間の種の法（droit de l'espèce humaine）に他ならない」。この「人間の種」という概念は科学的で中立的なものではなく、カトリック神学によって支えられた宗教性を帯びたものであり、「人間の種」は「道徳法則を認識し、それに服従する」ことが組み込まれた「人間の理念型」である（二二一-二二三）。したがって、法の基盤は社会ではなく「人間の理念型」の中にある（一二八-一二九頁参照）。そして、道徳法則は「道徳的な種としての人間の種」（二一四）が適合すべき「外的現実」であると同時に「精神的な力」であり、「その精神的磁力によって人間は善へと向かう」が、この「精神的な力」と「客観的な道徳的善」とは「神の諸側面」である（二八-三〇）。このように、宗教性を帯びた「人間の種」という概念は、彼は「自然法とドイツ」では踏み込んで論じないが、制度体論の前期以来の原罪と贖罪という概念（一二九-一三二頁参照）と深く結びついているように思われ（二五参照）、「法原理の普遍性と固定性とを保障する」（二二）いわば「不動の幹」である。[76] それにもかかわらず、古典的自然法論はそこから宗教性を排除することによってこの「幹」を枯らしてしまった。かくして、種としての同質性を顧みることなく孤立に陥った個人は契約の締結によって社会を形成するが、社会を支えているのは個人の無制約な意思であり、この意思は、古典的自然法論においては人民の無制約な意思として、法実証主義においては国家の無制約な意思として、それぞれ現象する。さらに、法を支えているのも個人の意思であることから、法の中に不動のものを見出すことはできない。古典的自然法論が「変遷する概念へと途を開いた」のである。それに対して、自然法を「かつての固定性の上に復活させる」必要がある（二七）。「人間の合理的理性に立脚した自然法から事物の本性に立脚した自然法への転換[77]」である。

その際注意すべきは、「正義は一つであるのに対して、社会秩序は多様である[78]」ということであり、その結果、オーリウにとって自然法は「正義と社会秩序という二重の性質を帯びている[79]」。すなわち彼によれば、正義の理念それ自体は「普遍的かつ不動であり」（一二三。二〇も同旨）、「その根本において常に同じである[80]」が、「人間の種」は「正義の理念を認識するにもかかわらず、それを完全に実現することができない」（二四）ので、現実の社会秩序は時と場所によって異なる。このような「知性と本能の内的均衡の欠如」（四二）によってもたらされる「不安定な道徳状態」が彼のいう「悲観的個人主義」であり（三二）、すでに述べた（二二九頁）「誤りやすい個人主義」である。確かに行動の選択の自由は「人間の種」の自由それ自体であるが、この自由によって正義が実現されるとは限らない以上、選択の正しさを確保する「外的な道徳法則」（同）が必要である。そして、この法則を強制するには社会的組織が必要であり、それが本章で論じてきた制度体に他ならない。したがって、制度体も含めた社会的組織は個人主義の逸脱や過剰を矯正するための手段であり、「個人の幸福（boneur）のための手段」（一三）である(81)。この点彼は、古典的自然法論の「個人主義が過度なものであろうとも、それ［古典的自然法論］が個人主義の優位に強い愛着を示すことはその功績である」（二六）という。このような意味で彼のいう自然法は「個人主義的自然法(82)」であるということができるが、それが伝統的自然法論に立脚しているところに、すでに示唆した彼の自然法論の独自性があるのであり、それ故、彼が個人と全体の関係という点でトミスムとは異質であるといわれるのである(83)。ただし、現実主義者である彼は、「存在するための最小限のもの」として、一定の条件の下で、「社会秩序は正義に勝る」ともいう(84)。いずれにしても、すでに述べたように社会秩序は変遷し、「自由と秩序の二項式(85)」においてこの変遷を規定するのは「正義の配合（dose）(86)」であるが、「個人の幸福という共通の理想」（『公法原理』一・六〇一、および二・二二二）からすれば、社会秩序は個人主義的なものであり、その構成員である個人が全体の運営に関与することができる民主的なものでなければならない(87)。ただし、民主制の前提である集団の内部における自由（＝政治的自由）はあくまで手段にとどまり、目的である個人の幸福を支えるのは経済的自由である。オーリウのこのような立場をブルジョワ的というか否かはともかく(88)、それが唯物論に立脚したものではないことはこれまで述べてきた（前章第二節註（83）および前節註（168））が、このことは制度体も含めた社会的組織によって「修正された個人主義」（四二）に立脚した自然法論との関係でいっそう明らかであろう（さらに、『憲法精義』一・四二一-五二一も参照）。

制度体論の構築は、そのために約三〇年を要したことから、オーリウのいわばライフワークであったといえる。[89]ただし、彼が当初からそのつもりでいたか否かは明らかではない。制度体論は『伝統的社会科学』において贖罪としての制度体として出発し、行政法理論の中でその宗教性が払拭されて法の一般理論へと発展した。このような展開を遂げた理由は、一方で、法人論が実在説をとおして制度体論の基盤を成すことから人格と制度体が一体不可分のものとなり、他方で、人格が、行政を人格化された公権力による権利の行使として捉えることによって公権力関係を権利義務関係として理論構成するための「中心概念」だからである。要するに、人格という概念によって制度体論と行政法理論は結び付けられているのであり、この結びつきの中で制度体論は「変遷と洗練[90]」を経て、少なくとも彼の主観においては、晩年に完成へと至るのである。そのプロセスについては彼自身の回想という形で本章の冒頭で示したが、彼の法理論を難解なものにしているといわれてきた主張内容の表層的変転とは裏腹に、そのプロセスには連続性と一貫性が存在するということを本章は論証しようとした。すなわち、制度体論の基本的な枠組みは個体と人格の二元論であり、この枠組みは、社会科学における客観的なものと主観的なものとの二元論を、そして法学における客観法と主観法の二元論を、それぞれ団体論に適用したものであり、その結果として強固な一貫性を有する。また、『公法原理　第二版』以降の制度体論において重要な役割を果たすイデーは、『伝統的社会科学』における形から「社会的現実の構成要素としての人格」における目的を経て出現したものであり、これらの連続性からすれば『公法原理　第二版』にそれ以前との断絶を見出すことはできず、その意味で同書は文字通り初版の改訂版なのである。同様のことは制度体論の宗教性についてもいえるのであり、確かに『社会運動論』以降の制度体論は宗教性を払拭したかにみえるし、そもそも彼の法理論には宗教性はあまり現れないが、しかしイデーの背後に存在する、ある意味では彼独特のカトリック思想を看過してはならない。

以上のような一貫性と連続性からすれば、制度体論は、前期以来正常に進化・発展した結果として、すでに述べたように少なくともオーリウの主観においては、晩年に完成へと至ったといえる。ここで彼の主観においてはというのは、完成された制度体論がもたらしたものの問題性を指摘する論者が存在するからである。これらの諸問題のうち、ここでは、国家に固有のものの必要性に対する認識について確認しておこう。完成された制度体論における制度体が分析の対象から分析の枠組みへと転換された結果、集団現象の「一般的〔な〕説明モデル」となった制度体論には国家に固有のものは含まれていないということになる。これは、行政法理論の中で制度体論の形成をとおして国家の理論化を目指してきた彼にとっては意外な帰結であるといわざるをえない。制度体論は「その最終的形態において法の一般理論となったとはいえ、〔彼の主観においては本来〕国家論[91]」であり、その到達点が『公法原理』なのである。いずれにしても、制度体論には国家に固有のものが含まれていないということは、国家に固有のものを国家における制度体的な要素の中に求めることはできないということであろうか。またその結果として、国家に固有のものを制度体論の外側に求めなければならなくなるであろうか。実はこの点についてはさらなる検討が必要である。そこで、章を改めて法的国家論について検討しなければならない。

（1）Gabriel Marty, “La théorie de l'Institution” in *La pensée du doyen Maurice Hauriou et son influence*, 1969, p. 39.

（2）石川健治『自由と特権の距離〔増補版〕』二〇〇七年一八一頁。

（3）Maurice Hauriou, “La théorie de l'institution et de la fondation. Essai de vitalisme social” in Le même, *Aux sources du droit*, 1933（rééd. 1986）（初出は1925）, p. 107. 以下、本節における同論文からの引用は「制度体と創設」頁という形で示した。

（4）Marcel Waline, “Les idées maîtresses de duex grands publicistes français : Léon Duguit et Maurice Hauriou”, L'Année politique française et étrangère, 1930, p. 47.

（5）Georges Renard, *La Philosophie de l'Institution*, 1939, p. 12.

（6）このうち問題になるのは交感の表明であるろうが、交感（communion）という用語は『公法原理　第二版』においても用いられている（例えば、『公法原理』二・一〇二）。石川健治の見立てによれば、「オーリウが、……二五年論文の基礎を固めたのは、……彼の『公法原論』第二版あたりからである」（石川・前掲書註（2）、一八二頁註（426））。このような見立ては、前節四におけるイデー論と本節一における「制度体と創設の理論　社会生命論」における「解剖学」に関する検討とによって、裏づけられるであろう。なお、同論文と同年に出版された『憲法概論（*Précis élémentaire de droit constitutionnel*）』における制度体の定義では交感という用語は用いられておらず（p. 22）、したがって、この定義は『行政法精義　第一〇版』の定義、さらには『公法原理　第二版』の定義（前節註（177）参照）に近いといえるであろう。

（7）石川・前掲書註（2）、四-五頁。さらに、cf. Julien Bonnecase, "Une nouvelle mystique : la notion de l'institution", Revue générale du droit, de la législation et de la jurisprudence, 1932, p. 90.

（8）Olivier Beaud, "Hauriou et le droit naturel", Revue d'histoire des facultés de droit et de la science juridique, 1988, p. 130.

（9）宮沢俊義『公法の原理』一九六七年九九頁。

（10）Maurice Hauriou, "La liberté politique et la personnalité morale de l'État", Revue trimestrielle de droit civil, 1923, pp. 340 et 333. 同論文はほぼ原形のままで『憲法精義　初版』（七一二-七二四）に再録されている。

（11）Ibid., p. 335.

（12）精神人格と法人格の区別は「自然人の場合を考えれば明らか」であると前節四（二四八頁）で述べたが、オーリウは、ジェニーには「精神人の概念と法人のそれとを混同する傾向」があるとして、ジェニーにおけるこのような曖昧さを批判する（ibid., p. 336 note 1）。確かに、ジェニーが、自然人だけではなく、結社・社団・財団にも personnes purement juridiques ou personnes morales が認められるであろうと述べている（François Gény, *Science et technique en droit privé positif*, 2e tirage, t. Ⅲ, 1925（rééd., 2003）, pp. 220-221）ことかも、このような曖昧さが存在することは否定できない。しかし、ここでそれよりも問題なのは、オーリウが、精神人格と法人格の区別をジェニーの所与と所造の区別（拙著『国民主権と法人理論――カレ・ド・マルベールと国家法人説のかかわり――』二〇一一年二〇二-二〇三頁参照）に当てはめた場合、法人格は所造に（ibid., p. 336 note 1）、精神人格は「自然法の所与」に（ibid., p. 343）、それぞれあたると述べていることである（cf. Alfred Dufour, "La conception de la personnalité morale dans la pensée de Maurice Hauriou et ses fondements philosophiques", Quaderni Fiorentini, 1982-1983, p. 706 : François Fournié, *Recherches sur la décentralisation dans l'œuvre de Maurice Hauriou*, 2005, p. 518）。法人格が所造にあたることには問題はないであろうが、主観化され形成されるべき精神人格がはたして単純に所与にあたるとえるであろうか。また、精神人格と法人格の混同、あるいは両者の区別の曖昧さはわが国の憲法学界においても見られる。例えば、佐藤幸治は、種谷春洋のイェリネク理解（種谷春洋「イェリネックにおける status libertatis 概念の考察」広岡隆・高田敏・室井力編（杉村敏正先生還暦記念）『現代行政と法の支配』一九七八年）に依拠して、イェリネクにおいては、「公権の担い手たる『人格』［a］は、『個人の国家に対する関係についての、個人の資格』であり、……それ自体権利ではな」（佐藤幸治『日本国憲法と「法の支配」』二〇〇二年一三一頁）いのに対して、人格的自律権論または自己決定権論の立場から「人格［b］そのものに権利性を認めること」（同右・一三二頁）を主張する。このような主張の根拠は、人格が「国家行為により拡大したり縮小したりするもの」（同右・一三一頁）であってはならないからである（さらに、佐藤幸治『現代国家と人権』二〇〇八年四八-四九頁も参照）が、この場合、人格［a］が法人格（Rechtsfähigkeit）である（拙稿「選挙権の法的性質——二元説批判と権限説への回帰——」曽我部真裕・赤坂幸一編（大石眞先生還暦記念）『憲法改革の理念と展開（下巻）』二〇一二年三〇八-三〇九頁参照）のに対して、人格［b］は人格的自律権論または自己決定権論からすれば実体的人格（＝精神人格）であろう。このような主張に対して、オーリウが精神人格と法人格を区別する目的の一つは、法人についてだけではなく自然人についても、精神人格の社会的実在性をとおして国家による法人格の付与を拘束することによって、法人格の付与をめぐる国家の「生殺与奪の権（droit de se poser en dispensateur de la vie）」（『公法原理』二・二五一）を否定することでなのである。なお、佐藤が実体的人格を権利として捉えていることと、イェリネクにおいては国家による自然人に対する法人格の付与が恣意的になされる可能性があるという佐藤の理解とに含まれる問題性については、ここではふれない。

（13） M. Hauriou, supra note (10), p. 340.

（14） 飯野賢一「モーリス・オーリウの公法学説研究（一）——制度理論・ナシオン主権論の構造解明に向けての試論——」早稲田大学大学院法研論集八七号一九九八年一八頁。

（15） 水波朗『トマス主義の憲法学』一九八七年三五頁。さらに、『公法原理』一・一二八-一二九も参照。

（16） Yann Tanguy, "L'institution dans l'oeuvre de Maurice Hauriou Actualité d'une doctrine", Revue du droit public, 1991, p. 73.

（17） 水波・前掲書註（15）、三四頁。

（18） 飯野・前掲論文註（14）、一七頁。

（19） 同右。

（20）米谷隆三「オーリューの制度理論への理解——制度の社会学的概念から法学的概念へ——」『米谷隆三選集（第一巻）』一九六〇年二三〇頁。
（21）同右・二二三頁。
（22）飯野・前掲論文註（14）、一二頁。水波朗によれば、「『代表制』は集団の不可視的イデーを特定の人格者によって体現させ、感知可能なものにする」（水波・前掲書註（15）、三五頁）。また、前掲拙著註（12）、一三五頁参照。
（23）米谷・前掲論文註（20）、二二五頁。
（24）飯野・前掲論文註（14）、一八頁。
（25）米谷・前掲論文註（20）、二二三頁。
（26）宮沢・前掲書註（9）、九八頁。
（27）水波・前掲書註（15）、三一頁。
（28）同右・三三頁。
（29）Victor Leontowitsch, “Die Theorie der Institution bei Maurice Hauriou”, Archiv für Rechts-und Sozialphilosophie, 1936, S. 366.
（30）石川健治は、「ギールケなら当然に客観的な実在を認められる体は、［イデーより］後から現れる」（石川・前掲書註（2）、一八〇頁）というが、これは、一見すると、「『体が［魂に］先行する』という原理」（本書一七四頁）と矛盾する。しかし、客観的存在としてのイデーは、体＝客観的個体に先行する、すでに述べたようにいわばその「パン種」であり、イデーを中心に形成された体＝客観的個体の中で交感によって精神主体＝精神人格（の構成要素）となる（本書二五一-二五四頁参照）。石川はこのことを、先の引用に続けて、「イデーは……客体＝目的……となった後で、……主体＝対象……になる」という。したがって、この「原理」が妥当するのは客観的個体と精神主体＝精神人格の間であり、前者との関係ではイデーが先行するわけである。
（31）Jean-Arnaud Mazères, “La théorie de l'institution de Maurice Hauriou ou l'oscillation entre l'instituant et l'institué” in *Pouvoir et liberté : études offertes à Jacques Mourgeon*, 1998, pp. 269-270.
（32）Ibid., p. 267.
（33）F. Fournié, *supra note*（12）, p. 327.

（34）Remi Hess et Antoine Savoye, *L'analyse institutionnelle*, 1981, p. 3.

（35）Jacques Chevallier, "L'analyse institutionnelle" in *L'institution*, 1981, pp. 45–49. さらに、cf. R. Hess et A. Savoye, *supra note* (34), pp. 53–56.

（36）Y. Tanguy, supra note（16）, p. 76.

（37）R. Hess et A. Savoye, *supra note*（34）, pp. 3–4.「制度の理論を一つの社会哲学へと昇格せしめ」（米谷隆三「制度理論の構造」同『約款法の理論』一九五四年六三八頁）たルナールは、同時に制度体論を形而上学化することによって静態化したといわれる（Eric Millard, "Hauriou et la théorie de l'institution", Droit et société, 1995, p. 404）が、彼については、cf. Joseph-Thomas Delos, "La Théorie de l'Institution", Archives de philosophie du droit et de sociologie juridique, 1931, pp. 99–145, 三代川潤四郎「二つの社会生命論（二・完）――制度理論の一研究――」法学一五巻二号一九五一年七二–八五頁、および水波朗『トマス主義の法哲学』一九八七年一〇七–二〇四頁など参照。

（38）J. Chevallier, supra note（35）, p. 59.

（39）石川・前掲書註（2）、四–五頁。さらに、cf. Julius Stone, *Social Dimensions of Law and Justice*, 1966, p. 517.「制度」的分析が成立する前提として、制度体論が法実証主義化されなければならないが、この点ある論者は、制度体論はロマーノによる法実証主義的解釈によって「社会に関する社会学的理論に近づく」（Julius Stone, "Two Theories of "The Institution"", in *Essays in Jurisprudence in Honor of Roscoe Pound*, 1962, p. 334）という。しかし、「制度から事実的色彩を払拭することを通じて、部分・全体の関連性を法実証主義的に構成しようとしたのが、ロマーノであった」（仲野武志『公権力の行使概念の研究』二〇〇七年一七〇頁）ということからすれば、彼のいう法秩序と「制度」的分析は異質なものであるといわざるをえない。さらに、cf. Luis Legaz Lacambra, "L'influence du Doyen Maurice Hauriou dans les pays latins et latino-américains" in *supra note*（1）, p. 243. 彼については、サンティ・ロマーノ（井口文男訳）「『法秩序』（1）」岡山大学法学会雑誌六二巻一号二〇一二年の「はしがき」2で掲げられている文献を参照。オーリウ自身は、ロマーノに代表されるイタリアの制度体論は自らのそれと平行関係にあると捉えている（『憲法精義』一・七五註（1））。

（40）Jean-Michel Blanquer et Marc Millet, *L'invention de l'État*, 2015, p. 175.

（41）Cf. J.-A. Mazères, supra note（31）, pp. 268 et 293. マゼレは「制度」化するものという時間の論理に「制度」化された空間の論理を対置して、オーリウも国家と他の制度体との関係を前者が後者に「重畳（superposition）」する関係として説明し（『公法原理』一・二二六-三〇一参照）、「二つの異なる論理」を使い分けているという（pp. 290-291）。そして、マゼレの弟子であるフルニエは ibid. に依拠して、制度体論を「制度」化の過程と「制度」化された理念的モデルという二つの側面から詳細に論じている（cf. F. Fournié, *supra note* (12), pp. 285-383）。このうち、空間の論理は時間の論理の枠内にとどまっているのであり、それ故、すぐ後で述べる批判が成立するとみなければならないであろう。なお、重畳という用語はオーリウの国家の概念に関して誤ったイメージ（アンシュタルト国家）を喚起する可能性を孕んでいるが、この問題には次節一で言及する。

（42）*Ibid.*, p. 334.

（43）Ibid. pp. 283-284. さらに、cf. Jean-Arnaud Mazères, "Préface", *ibid.*, p. XIII.

（44）*Ibid.*, p. 336. さらに、飯野賢一「モーリス・オーリウの公法学説研究（三・完）――制度理論・ナシオン主権論の構造解明に向けての試論――」早稲田大学大学院法研論集九〇号一九九九年五〇頁註（70）も参照。と同時に、法的なものは「国家の『本質』」から解放されることになる（René Lourau, *L'analyse institutionnelle*, 1970, p. 55）。

（45）Michel Bouvier, *L'état sans politique*, 1986, p. 177.

（46）F. Fournié, *supra note* (12), p. 332.

（47）J-A. Mazères, supra note (31), p. 288.

（48）E. Millard, supra note (37), p. 403.

（49）多元主義という点で、英米では、デュギーが広く知られているのに対して、オーリウはほとんど知られていないといわれるが、オーリウに対するこのような無関心（ただし、cf. Paul Dubouchet, "Pour une théorie normative de l'institution", Revue de la recherche juridique, 1993, pp. 741-742）の原因にはさまざまな誤解（その一つとして、三三頁参照）があるようである（cf. Albert Broderick, "L'influence de la pensée du Doyen Maurice Hauriou aux Etats-Unis et en Angleterre" in *supra note* (1), pp. 273-275）。英米における彼に関するこのような状況は Christopher Berry Gray, *The Methodology of Maurice Hauriou*, 2010 によって多少なりとも改善されることが期待されるが、同書は英語圏における彼に関する研究の基礎を築くことが目的であるといいつつ（p. xv）、残念ながら、彼の法理論に関する優れた概説書とはいえない。

（50）「オーリウは制度体の中に個人と集団を調和させるための手段を見出す」といわれ（Michel Halbecq, *L'etat son autorité, son pouvoir (1880-1962)*, 1964, p. 111）、とくに、「制度体の客観的要素は……過度に個人主義的な考え方に対する矯正策を形成する」（Wolfgang Fikentscher, "Maurice Hauriou und die institutionelle Rechtslehre" in *Funktionswandel der Privatrechtsinsti-*

tutionen. Festschrift für Ludwig Raiser zum 70. Geburtstag, 1974, S. 570)。彼が「相対的個人主義」(Ch. B. Gray, *supra note* (49), p. 143) 者といわれる所以である。

(51) Ulrich Häfelin, *Die Rechtspersönlichkeit des Staates*, Bd. I, 1959, S. 256.

(52) Albert Brimo, "Le doyen Maurice Hauriou et l'Etat", Archives de philosophie du droit, 1976, p. 101.

(53) E. Millard, supra note (37), p. 403. さらに、cf. Julia Schmitz, *La théorie de l'institution du doyen Maurice Hauriou*, 2013, pp. 291-294.「国家と他の団体との共通性を強調すればするほど、国家という団体の国家性が希薄にならざるをえない」(前掲拙著註(12)、七八頁)中にあって、ギールケは連邦制との関係で国家の定義から主権を除外する主流の考え方に抗して国家の指標を主権に求める(八二-八三頁)が、次節で述べるように主権を多元的に構成するオーリウはこのようなギールケに与することはできず、その結果、「主権による国家の定義を諦めなければならない」(Jacques Donzelot, *L'Invention du social*, 1994, p. 102)。

(54) J.-A. Mazères, supra note (31), p. 289.

(55) Georges Gurvitch, "Les idées = maîtresses de Maurice Hauriou", Archives de philosophie du droit et de sociologie juridique, 1931, p. 189 ; Le même, *L'Idée du Droit Social*, 1932 (rééd., 1972), p. 704.

(56) Ibid., p. 181 ; *ibid.*, p. 697. 制度体としての国家において、客観的なものが主観的なものを制約する結果としてもたらされる客観的自己制限については、次節一で取り上げる。

(57) Ibid., p. 179 ; *ibid.*, p. 704.

(58) 社会秩序に関するトミスムの客観的な内容については、cf. Christian Lavialle, "L'influence de Saint Thomas d'Aquin sur la pensée de Maurice Hauriou", Revue de la recherche juridique, 2000, pp. 1339-1346.

(59) とくに、cf. André Hauriou, "Avant-propos", Lucien Sfez, *Essai sur la contribution du doyen Hauriou au droit administratif français*, 1966 (rééd., 2011), p. XI. ギュルヴィッチも、「制度体論に対する補助」(G. Gurvitch, *supra note* (55), p. 661) という形で前期の段階におけるトミスムの影響を認めている。

(60) Vgl. W. Fikentscher, supra note (50), S. 566 und 570f.

(61) M. Halbecq, *supra note* (50), p. 500. さらに、cf. H. Stuart Jones, *The French state in question*, 1993, p. 191 ; F. Fournié, *supra note* (12), p. 39.

(62) Hansjügen Friedrich, *Die Institutionenlehre Maurice Haurious*, 1963, S. 14. さらに、cf. J. Stone, supra note (39), p. 300.『公法

原理　第二版』の自然法論の背後には前章第一節三で論じた自然法論の復活が存在し、そのような状況の中に位置づけられる同書は社会科学における実証主義の支配の転換点であるともに、その自然法論はその後のカトリック系の公法理論に大きな影響を与えたといわれる（Guillaume Sacriste, *La République des constitutionnalistes*, 2011, pp. 492–494）。

(63)　Cf. André Desqueyrat, *L'institution. le Droit objectif et la Technique positive*, 1933, pp. 70–71. それ故一方で、例えば『公法原理　初版』における「均衡というまったく形式的な視点」が批判され（G. Platon, *Pour le Droit Naturel*, 1911（同書は『公法原理　初版』の一種の書評である）, p. 105）、他方で、オーリウと自然法の関係は「やや曖昧である」（Miriam Theresa Rooney, "Introduction", Albert Broderick（ed.）, *The French Institutionalists*, 1970, p. 3）と評される。

(64)　前掲拙著註（12）、一八七頁。

(65)　現に、同論文の一部は最晩年の『憲法精義　第二版』（五一－六二）に再録されており、その結果、後ほど述べる自然法論は最晩年まで維持されている。

(66)　前掲拙著註（12）、第一章第四節二参照。

(67)　Maurice Hauriou, "Le droit naturel et l'Allemagne" in Le même, *Aux sources du droit*, 1933（rééd., 1986）, pp. 14–19. 以下、本節の（　）内は同論文からの引用頁であり、同論文以外からの引用についてはこれまで同様その旨を略称で示した。

(68)　Roman Schnur, "Einführung", Ders.（Hrsg.）, *Die Theorie der Institution und zwei andere Aufsätze von Maurice Hauriou*, 1965, S. 17.

(69)　F. Fournié, *supra note*（12）, p. 30.

(70)　H.S. Jones, *supra note*（61）, p. 184 note 16. モーラスとアクシオン・フランセーズについては、木下半治『フランス・ナショナリズム史㈠』一九七六年二三二－二三九頁参照。

(71)　前掲拙著註（12）、二〇八頁参照。

(72)　「神は存在しないとか、或は人間の事柄は神には関係ないとかいうこと……を容認したとしても、我々が前に言ったこと［＝「自然法、即ち人間の本性」］は、ある程度の効力をもつであろう」（グローチウス（一又正雄訳）『戦争と平和の法　第一巻』一九四九年（復刻版（一九九六年））九－一〇頁）という部分は、グロティウスが自然法を世俗化したことを示す箇所としてよく引用される。しかし、自然法の世俗性と自立性とは一応別であり、この引用部分から自然法の自立性を読み取ることは可能であるが、その世俗性まで導き出すことは早計ではないか。そして、この引用に続く部分からすれば、このような理解の方がより妥当なように思われる（cf. Hugues Grotius（tra. Jean Barbeyrac）, *Le droit de la guerre et de la paix*, 1724（同書は一九八四年に復刊されたが、本書はオリジナル版を用いた）, Discours preliminaire §11 note 1. さらに、ヨハネス・メスナー（水波朗・栗城壽夫・野尻武敏訳）『自然法』一九九五年一六一頁註（5）および五〇九頁も参照）。

（73）論者によっては、古典的自然法論が、本書のいう、カトリック思想に立脚した伝統的自然法論を意味する（例えば、O. Beaud, supra note（8）, p. 123 : Frédéric Audren et Marc Milet, "Préface Maurice Hauriou sociologue Entre sociologie catholique et physique sociale", Maurice Hauriou, *Écrits sociologiques*, 2008, p. XL）ことがあるので、注意を要する。

（74）その意味で、法学の世界における「歴史主義は、十八世紀のフランス・ラディカリズム以上に極端な近代的現世主義の一形態であると言うことができる」（レオ・シュトラウス（塚崎智・石崎嘉彦訳）『自然権と歴史』二〇一三年（ちくま学芸文庫）三三頁）。

（75）もっとも、田中耕太郎によれば、「聖トーマスの自然法は……固定的のものでなく、弾力性あり、或る程度に於て実定法と社会生活の必要との相互の因果関係——法の相対性——を否定するものではない」（田中耕太郎『法哲学　自然法』（田中耕太郎著作集6）一九六六年三二頁）。

（76）それに対して、「人間の種」という概念は人間の意思の外に存在する客観的なものであり、それ以上にカトリック神学と結びつけるべきではないという理解がある（José Fernando de Castro Farias, La reformulation de l'État et du droit à la fin du XIXème siècle et au début du XXème siècle : les énoncés de Léon Duguit et de Maurice Hauriou, thèse（Université Montpellier I）, 1992（microfiche）, pp. 298-299）。

（77）J. Schmitz, *supra note*（53）, p. 235.

（78）Maurice Hauriou, "L'ordre social, la justice et le Droit" in Le même, *supra note*（67）（初出は1927）, p. 67. p. 47 も同旨。

（79）J.F. de Castro Farias, supra note（76）, p. 297.

（80）M. Hauriou, supra note（78）, p. 50.

（81）自然法論に個人の幸福という概念を導入したのはスイスの自然法論者ビュルラマキであり、しかも彼は世俗化の流れに抗して自然法論に神の概念を再導入した。このような彼のオーリウに対する影響は確認できないが、ビュルラマキの自然法論については、種谷春洋『近代自然法学と権利宣言の成立』一九八〇年一一一-一三一頁参照。また、個人の幸福という点で重農主義がオーリウに影響を与えた可能性もあるが、重農主義については、澤登文治『フランス人権宣言の精神』二〇〇七年六五-六八頁参照。

（82）　Charles Eisenmann, *Écrits de théorie du droit, de droit constitutionnel et d'idées politiques*, 2002, p. 37. さらに、『公法原理』一・六二も参照。

（83）　Julien Barroche, "Maurice Hauriou, juriste catholique ou libéral?", Revue française d'histoire des idées politiques, 2008, pp. 324-325.

（84）　M. Hauriou, supra note（78）, p. 49. ここに、「法学者であると同時に哲学者であるオーリウの折衷主義」（Valérie Lasserre, "Des sentiments & de la complexité d'une pensée philosophique" in Mathieu Touzeil-Divina（dir.）, *Miscellannées Maurice Hauriou*, 2013, p. 53）を見て取ることができるであろう。

（85）　Norbert Foulquier, "Maurice Hauriou, costitutionnaliste 1856-1929", Jus Politicum, revue de droit politique, N° 2, 2009（電子版）, §1（電子版には頁数が付されておらず、引用箇所は段落（§）で示した）. なお、同論文は書き出しの部分を除いて Nader Hakim et Fabrice Melleray（dir.）, *Le renouveau de la doctrine française*, 2009 に所収のものと同じであるが、引用箇所はこの部分に属する。

（86）　M. Hauriou, supra note（78）, p. 47. したがって、オーリウの自然法は視点によっては可変的といえなくはないが、彼はこのような自然法をシュタムラーの「可変的内容を有する自然法」との関係で可変的とはいわない。オーリウにとっての自然法の不変性は自然法を構成する「正義と社会秩序」のうち前者の不変性であり、このような意味における不変性を実体として支えているのが、すでに述べたように「不動の幹」としての「人間の種」なのである。したがって、自然法におけるこの不変性の実体の部分によってオーリウとシュタムラーは決定的に異なる（五四頁参照）。

（87）　Ibid., p. 70.

（88）　例えば、cf. G. Platon, *supra note*（63）, pp. 8-9 ; E.A. Poulopol, "L'idée de libéralisme dans l'œuvre juridique de Maurice Hauriou" in *Mélanges Paul Negulesco*, 1935, p. 607 ; O. Beaud, supra note（8）, p. 135.

（89）　Cf. L. Sfez, *supra note*（59）, p. 8.

（90）　H. Friedrich, *supra note*（62）, S. 7.

（91）　O. Beaud, supra note（8）, p. 133.

第三章　制度体論と法的国家論

オーリウの法的国家論について検討するに際してまず問題になるのは、中心に据えるべきテキストである。ともに国家を対象とし教科書として執筆された『公法原理』と『憲法精義』の関係についてはすでにふれた（一一七頁）が、制度体論の中期に属する前者が制度体論の形成・展開の産物であるのに対して、その後期に属する後者は講義用の純粋な教科書である。彼によれば、前者においては、制度体論の観点から国家の「まったく形式的性質」が導き出され、後者においては、「社会秩序の個人主義的内容」が国家の内実として強調された（『憲法精義』二・七七註(13)）。また、水波朗は、後者の前半は前者「で述べられたことの全体をより簡潔に、ただし部分的には新しい見解をも加えて叙述している」(1)というが、問題は後者における「新しい見解」である。すなわち、別の著作である以上両者の間で全体の構成が異なるのは当然であるが、それに加えて対応関係にある内容にも変遷が存在し、しかも、それぞれの初版と第二版の間にもこのような変遷が存在するのである。これら四者のうち後者の第二版は彼の最晩年の体系書であり、そこでは法的国家論のさまざまな点に関する彼の最終的な見解が示されていることは事実である。しかしだからといって、すべての点について同版を中心に据えるというのはあまりにも形式的で硬直的であろう。例えば、多元的主権論という点では前者の第二版がもっとも完成度が高く、立憲体制という概念が違憲審査制と結びつけられて本格的に論じられるのは後者の初版以降である。そして、最晩年に近づくにつれて、成文憲法を頂点とする法の支配とそれを実現するための具体的な諸制度とが重視されるようになる。したがって本章では、論点ごとに中心に据えるべきテキストとその理由とを示したうえで議論を進めなければならない。これまでもそうであったように、オーリウの著作を解読するに際してもっとも重要なのは根気であり、オーリウの著作は根気のない読者を寄せつけない。以下では、このような方針の下、法的国家論の枠組みとその下における具体的な問題とについて検討することにしよう。

第一節　制度体としての国家

本節では、第一に、前章で詳細に検討した制度体論を国家に適用する。前章の末尾で指摘したように、制度体論は、本来、国家の理論化を目指して構築されたものであり、制度体としての国家とは法的に捉えられた国家の枠組みである。第二に、この枠組みと密接な関係を有する多元的主権論を取り上げる。多元的主権論は「形容矛盾となる危険[2]」を孕んでいるとか、「若干異様な[3]」とかいわれるように、オーリウの法的国家論の特徴の一つである。第三に、多元的主権論は国民主権を前提としていることから、国民主権について、さらにはそれと国家主権の関係について検討しなければならない。国民主権の検討をとおして示される彼独特の代表制は、エスマンという古典的憲法学の権威に対抗するものであり、それによってオーリウの法的国家論が主流になれない理由の一端が明らかにされるであろう。第四に、憲法制定権力論を取り上げるが、これは法実証主義に抗して国家の成り立ちを法的に説明しようとするものであり、晩年に至って主張されるようになったものである。

一　制度体と国家

制度体論の中期以降のオーリウは国家を制度体として捉えるが、ある論者はその前期も含めて国家の定義について時間軸に沿って丹念に検討している。その結果として、この論者は、オーリウによる国家のイデーの探求は「半ば失敗」[4]に終わったというが、本書の筆者は必ずしもそうは思わない。実は、国家の定義には、国家を制度体として捉える以前から最晩年に至るまで一貫性を有する要素が存在する。そこで以下では、国家を制度体として捉えることの意義について、前期にも目配りしつつ、主として『公法原理』と『憲法精義』の各版を用いて検討することにしよう。

前章の末尾で確認したように、完成された制度体論における制度体が分析の対象から分析の枠組みへと転換された結果、集団現象の「一般的［な］説明モデル」となった制度体論には国家に固有のものは含まれていないということになるが、この点について、最晩年のオーリウは必ずしも悲観的ではない。すなわち、「国家の創設と存続は、法的には、あらゆる人的（incorporée）制度体の創設と存続と同じである」（『憲法精義』二・七六）が、「社会秩序が生み出すあらゆる制度体の中で、国家というそれはもっとも優れたものであり」（同・七八）、「もっとも完成されたもの」（同・九六）である。このように制度体それ自体に国家に固有のものが含まれてないことを彼が悲観しないのは、「国家には、国民・中央政府・公事（chose publique）のイデーと起業という三つの本質的構成要素が存在し、これらはいかなる原初的な政治的・社会的集団にもまとまった形では見出されない」（同・七九）からである（さらに、同・一一九－一二二も参照）。一般的にいえば、「有機体［＝制度体］の実質（matière）は……更新されるが、形式は相対的に安定している。……実質の不断の更新にかかわらず、形式（forme）は維持される」（同・七二）。小島慎司の表現を用いれば「設計図」[5]は不変であるが、材料が異なることによって作られるものは異なるのであり、その際、材料は決して副次的なものではない。というのは、作られるものは「設計図」＝形相と材料＝質料とが合体することによって現に存在するからであり、両者は一体不可分なのである。したがって、制度体論＝「設計図」に国家に固有のものが含まれていないからといって、「国家を、制度体の論理の外側で考察せざるをえなくなる」（二九二頁）とまではいえない。材料＝質料としての国家に固有の一体としての三つの構成要素によって国家は他の制度体から区別されるのであり、制度体としての国家を論じるに際してそれ以上に国家性（国家に固有のもの）を強調する必要はない。したがって、前節一の末尾で言及した「晩年」の法的国家論における権威主義的傾向は一種の錯覚であるといわざるをえず[6]、このような捉え方は本節三で取り上げる最晩年における法の支配を重視する傾向とも矛盾するであろう[7]。

ところで、制度体としての国家は国民が制度体として組織化されたもの、あるいはその帰結であり、となると、国家＝制度体＝国民ということになるが、このうち国家＝国民が意味するところは制度体論の前期におけるオーリウとエスマンとでは異なっていた。そして、この相違は国民を制度体として捉えることの意義を明らかにすることから、この相違に関するオーリウの前期の主張から議論を始めることにしよう。オーリウは一方で、「国家は国民の法人格化である」というエスマンの主張に結論として同意しつつ、他方で、法人格化される以前の国民と国家とは別のものであるとするが、その際、国家は実体ではなく組織の仕方であるということ（一三六頁参照）が前提とされている。その結果、法人格化された国家の実体は国民であり、国家それ自体は制度体として組織化された国民の一側面にすぎない。それに対して、国民は「国家となる以前に国民であったし、国家という形態の下においても国民であり続ける」（『憲法精義』二・八五）のであり、国民を国家に還元することはできない、逆にいえば、国家は国民を吸収することはできない。実体に着目すれば、国家＝国民ではないのである[8]。このような国家と国民の関係を制度体における人格と個体の関係によって説明しようとしたのが中期以降の法的国家論である。あるいは逆に、このような国家と国民の関係を説明するために、法人論を発展させて制度体論が考案されたといえなくもない。したがって、国家は国民の法人格化であるが、国民は国家に還元されない、あるいは吸収されないという捉え方はオーリウの前期以来の一貫した立場であると同時に、このことから、ややくどいが、オーリウの法理論において制度体論と法的国家論が密接不可分な関係にあることは明らかである。そして、制度体論を法的国家論に最初に体系的に適用したのが『公法原理　初版』であり、同書で示された制度体として組織化された国民が国家であるという捉え方は、カ点の置き方に変動があるとはいえ、晩年まで変わらない。

前章第二節一の冒頭で述べたように、『公法原理　初版』の基底にあるのは、二〇世紀初頭まで主流であった人格を中心とした主観的な一元的方法を否定して、秩序に根ざした客観法を復活させてそれと主観法を統合し均衡させる「多元的な方法」である。このような「多元的な方法」は、社会的現象を主観的要素と客観的要素によって二元的に構成する手法を法学に持ち込んだものであり、晩年まで変わらない。そして、このような「多元的な方法」を国家に適用した同書の「主たる対象は、『国家体制として組織化された国民』、換言すれば、……さまざまな構成要素を具体的に総合し、その結果として人格化されうるような国民」であり、「客観的個体」としての国民である（『公法原理』一・X）。これは、国家の客観的要素のみを対象とするということではなく、「客観的個体」としての国民の形成をとおして国家の主観的人格を捉えるということであり、その結果として客観的要素と主観的要素の均衡が目指されるのである。このような法的国家論の構成は第二版でより鮮明になり（二四七-二四九頁、および『公法原理』二・六二二註（1）参照）、最晩年に至るまで維持される（『憲法精義』二・八三参照）。そこで、「多元的な方法」＝制度体論としての法的国家論を提示することにしよう。

オーリウによれば、「国家とは、秩序づけられ、均衡のある体制として組織化された国民の法人格化であり」、このように組織化された国民は「国家体制（régime d'État）と呼ばれる」（『公法原理』一・七二）。「国家体制」の意味については後ほど明らかにするが、国民は制度体としての国家からみれば個体であるのに対して、国民それ自体からみれば制度体である。ここで問題にすべきは制度体としての国民であり、制度体としての国民には客観的側面と主観的側面がある。第一に、客観的側面についてであるが、これは国家の定義における「均衡」に関するものである。「均衡」は法治状態（état de droit. 国家の場合には法治国家（État de droit））をもたらすが[9]、その過程は前章第二節一における客観法-制度体-個体という関係において述べた（二一一-二一四頁）とおりである。その内容をいま一度簡単に繰り返せば、法治状態は制度体を静態的に捉えたものであるのに対して、それを動態的に捉えたのが確立された状態である。確立された状態は集団内部で生じた支配権力を契機として形成されるものであり、確立された状態と支配権力との均衡の中で「客観的な利益状態」が形成される。したがって、「客観的な利益状態」は支配・服従という権力関係における事物の状態であり、そこに成立する、あるいはそれを反映した法は客観法である。これらのことを国民に当てはめれば、支配権力とは統治者（＝政府）であり、支配権力が生じるということは統治者（＝政府）と被治者が分離されるということであり、ここに権力分立が成立するが、権力分立は制度体の構成要素の一つであった（二〇〇頁、前章第二節註（177）（権力の立憲的組織化）および二八三‐二八四頁（権力の均衡））。また、権力分立は統治者（＝政府）の内部でも生じるが、この点については本節二で取り上げる。統治者（＝政府）と被治者は、一方で、ともに「意思力として自立的である」（『公法原理』二・六九四）という意味で権力として分離されるが、他方で、イデーの表象（＝代表）をとおして結びつけられ、やがて均衡状態に至る。均衡状態が実現されるには代表的組織が必要であるが、この点については本節三で取り上げる。このように、制度体としての国家が成立し、存続するには、権力分立と代表制は不可分な関係になければならず（同・六二三‐六二四参照）、その結果として、「国家の基底には、政府と国民共同体の根本的な均衡が存在する」（『憲法精義』二・八四）。ここで重要な点は、確立された状態＝法治状態をもたらすのは「均衡」という事物の状態であり、ドイツ法実証主義国法学が主張するような国家という「法人の意思の帰結（œuvre）」（『公法原理』一・七二）ではないということである。

第二に、制度体としての国民の主観的側面についてである。ここで出発点とすべきは国民の定義であるが、『公法原理』と『憲法精義』の各版における定義を比較すれば、『公法原理』においては組織化が、『憲法精義』（一・二五、および二・八〇）においては共同性が、それぞれ強調されているように思われる。ここでは、『公法原理　初版』（二四四）の定義を用いることにしよう。

国民は単に同質的な人々というだけではなく、組織された人々でもある。前者においては、人種・文明・願望の共同体が生活のある程度の一体性を付与してきた。後者は歴史によって階級または身分（国民の三つの身分）として形成されてきたものであり、……これら共通の始原的制度体によって国家という上部構造を受け容れるのに適したものとなる[10]（第二版（三二一）における定義はこの定義と同じである）。

ここで重要なのは国家という上部構造を受け容れる以前の、換言すれば「国家の政府の下で形成される」以前の組織された人々としての国民であり、「その主要な構成要素（cadres）は自立的制度体と個々の確立された状態とである」。これらの構成要素は、本来「国家の政府による支配の外に」あり、「独立した下部構造」であることから、国家を分割したものではない。かくして、すでに述べたように国民を国家に還元することはできないのであり、すでに指摘した（前章第二節註（79））国家は「諸制度体の中の制度体」であるということが、「国家という制度体がすべての他の諸制度体を包摂する」ということを意味するわけではない[11]。そして国民は、その包含する制度体の政治性によって一定の政治性を帯びた存在であることから、法的取引が支配する経済的社会とは異なるものであり、「国家の力に対抗する」ことができる存在である（『公法原理』一・二四四-二四五、および二・三二二）。さらに、制度体の個体が「複合的統一体」であった（二一八-二一九頁参照）ように、制度体としての国家の個体である国民は「自立的制度体の連合」（『公法原理』一・二四五、および二・三二三）であり、国民のこの複合性が多元的主権論の理論的要因であるというのが本書の筆者の理解であるが、この点については本節二で検討することにしよう。ところで、「自立的制度体の連合」（『公法原理』一・四三三）あるいは「複数としての国民は、その存在の政治性にもかかわらず、「頭のない社会的組織」の頭を有する怪物」（同・五九六）であることから[12]、国家という上部構造を受け容れることによって全体としての意思を形成することができるようになる。カール・シュミットのいう「自己の政治的実存を意識した行為能力ある統一体[13]」としての国民の誕生である。ただ、問題はその過程、具体的にいえば「論理的関係」ではなく「歴史的関係」（同・二三四）としての近代的な国民国家の形成過程の捉え方、というよりも描写の仕方である。その過程は、「一方で古い形態の集権化と他方で新しい形態の重畳」（同・二三三―二三四）といわれるが、ここで「古い形態」とは下部構造としての国民の中にある始原的な諸制度体であり、「新しい形態」とは上部構造としての国家である。その結果、この「重畳の時期」（同・二二九）においては、国家が国民の中にある始原的な諸制度体に重畳されるようにも思えるが、すでに示唆した（前節註（41））ように、国家の重畳という表現はアンシュタルト国家のイメージを喚起する。しかし、後ほど述べるようにオーリウのいう国家体制はアンシュタルト国家の対極に位置し、集権化をとおして「一体性をもたらす機関（organe d'unité）」（同・二三四）として重畳されるのは国家それ自体ではなく「国家の政府」（同・二三〇）あるいは中央政府であり、国家とは国民を統合する支配機構をもたらす組織の仕方なのである。もっとも、たとえそうであるとしても、重畳によってもたらされるのは国民と政府の均衡であるので、水平的な均衡に対して垂直的な重畳という表現はあまり適切とはいえないであろう。重畳という概念は『公法原理　初版』では重要な役割を果たしており、その第六章は「重畳的均衡」と題されているが、このタイトルはやや形容矛盾といえなくもない。そのためもあってかこの概念は第二版以降あまり用いられなくなるが、しかし最晩年に至っても維持されている（『憲法精義』二・七九および一一五―一一六参照）。それはともかく、封建制の崩壊から近代国家の成立に至る「自然発生的な歴史的発展」（『公法原理』一・二三〇）を集権化の過程として捉える手法は、いかにもヨーロッパ大陸で初めて国民国家を成立させたフランスの法学者らしいが、ここでその詳細について論じることはできない[14]。いずれにしても、集権化の「運動は行政の形態の下で継続され」（同・二三八）、やがて行政体制（第一章第二節註（24）参照）という形の国家体制をもたらす。このような重畳による集権化の過程は、制度体としての国民の主観的側面のいわば形式的側面である。では、その内部で何が生じているのであろうか。

制度体としての国民の主観的側面の形式的側面においては、すでに述べたように、さまざまな基礎的自治体・職業団体・民族的集団・物的集合体などが重畳による集権化の過程で統合され、国家の個体としての国民、換言すれば国家の体が形成される。この過程は「合理化する個体の組織化」(『公法原理』一・一〇〇)といわれるが、国民が制度体としての国家の個体あるいは体であることから、この過程は制度体の場合と同じである。すなわち、機関＝部分を人格＝全体に結びつける「有機的総合」をとおして(二一七頁)、また、共通意思とイデーが結合することによって、換言すれば共通意思がイデーを主観化することによって意識的主体である精神人格が現象する(二五一―二五三頁参照)。このことと国民の対応関係については、実はオーリウは明確に示していない。それどころか全体としてやや整合しない部分[15]もあるが、概略は次のようになるであろう(これは人体のアナロジーを用いて説明しようとするものではない)。国家のイデー(idée de l'État)[16]のまわりに集まった人々の中で統治者(＝政府)が形成され、統治者(＝政府)は「頭のない社会的組織」である国民の「頭」(同・四七五)として国民の意向を実現すべく統治活動を行う。その際、精神人格は「頭」としての統治者(＝政府)ではなく、「頭」としての統治者(＝政府)と体としての国民との結合体(＝「頭」を備えた全体としての体)の精神作用の主体である。そして、精神人格は執行的決定をとおして法的取引において法人格として現れるわけである。精神人格と法人格の区別は「受け容れることのできない二元性を国家論の中に持ち込む[17]」ものであるとしてカレ・ド・マルベールによって批判されることになるが、このような批判が当たらないことは自然人の実体としての人格と法人格との関係(二四八頁参照)を考えれば明らかである。法人格は「頭」としての統治者(＝政府)と体としての国民との結合体(＝全体としての体)を外から見たものであり、これが国家である。したがって、繰り返し述べているように国家は実体ではなく、国家の法人格という仮面をはずした後に実体として残るのは「頭」としての統治者(＝政府)を含んだ全体としての国民であり、「人格化された国家という視点と、国家体制として組織化された国民というそれ」(同・一〇〇)とを区別しなければならない。実体である「国家的諸制度の内部組織の検討に際しては、国家法人の観念はいかなる有効性も持たない[18]といわれる所以である。このうち、「頭」としての統治者（＝政府）の中身については本節二で論じるが、「頭」としての統治者（＝政府）は国民の中から形成されたものであるから、すでに述べたようにあくまで体としての国民の一部である。その結果、「頭」としての統治者（＝政府）と体としての国民との結合体（＝全体としての体）がすでに述べた「均衡のある体制として組織化された国民」ということになり、「国家体制と呼ばれる」。そこで問題になるのが国家体制の意味である。

『公法原理　初版』においては、「均衡のある体制として組織化された国民」は「国家体制と呼ばれ」、法人格化して国家となる。ということは、国民＝国家体制＝国家ということになりそうであるが、オーリウによれば、「問題は単純ではない」（『公法原理』一・一二五）。ここで問題にすべきは国家体制と国家の関係である。同書においては、一方で、国家体制（régime d'état）[19]は「法治状態を実現する政治的諸力の均衡」であり、場合によっては家父長制や封建制にも及び、他方で、「国家という用語は国家体制という表現よりも制限的である」とされていることから、国家体制のが国家である（同・一二四–一二五）。ただ、「特別な均衡」の内容は明らかにされず、同書では国家と国家体制は同義で用いられることが多い。そもそも、彼が国家体制という用語を初めて用いたのは『行政法精義　第四版』である。同書における国家体制とは、「公的事務の実現を目指して、つまり個人的平等を目的として、個々の自由と主権が参画すること」であり、そこにおいては、「自由と平等の結合により、法的扶助としての博愛が実現し、最小限の平等が確保される」[20]。その結果、「国家体制は正義［の実現］を目指して確立されたものである」（『行政法精義』四・一二）。国家体制は、一方で、このように実現されるべき目的の観点から定義されるとともに、他方で、「国家の内部の社会的構成要素との関係から考察される」（同。さらに、六も参照）。後者の点で、「社会的事実にもとづいた客観的状態」[21]である「国家体制には固有の意味の国家には存在しない何かがある」（同・一二三註（1））。そして、国家に還元されない国家体制の「何か」は、『行政法精義　第五版』（八）では「生活環境（milieu de vie）」と言い換えられている。ここでは「生活環境」の中身には踏み込まないが、『行政法精義』の両版における国家体制は『公法原理　初版』における「均衡のある体制として組織化された国民」であり、すでに述べた（三一三頁）ようにエスマンとの対抗関係で主張された国家に還元することのできない国家の実体としての国民である。となると、この意味における国家体制と、「法治状態を実現する政治的諸力の均衡」である国家の上位概念としての国家体制とは、いかなる関係にあるのか。ところで、木村琢麿は主として『公法原理　第二版』に依拠して、「国家制度・行政制度・憲法制度という三つの概念は、オーリウの一般的な歴史認識に基づいた、法と国家の関係の理念型である」[23]という。誤解を恐れることなく木村の理解を要約すれば次のようになるであろう。すなわち、「国家制度」は国民の「ひとつの変態（métamorphose）」であり、その目的はすべての住民を市民的自由（libertés civiles）と市民的権利（droits civils）を有する市民として構成する「市民的制度（régime civil）」の創設と保持である。この段階の「国家制度」は交換と自由経済市場にもとづいたいわば消極国家であるが、さらなる集権化の結果、「市民的制度のひとつの延長」として「行政制度」が生じ、「国家の介入主義……が行政制度を国家制度と区別する」。いわば積極国家の誕生であるが、「個人主義的な国家制度と対照をなす」「行政制度は一種の病的状態であり、……その緩和策として憲法制度が分権をもたらす」。したがって、「憲法制度」は「行政制度の修正原理」であるが[24]、立憲体制として本節二で検討されるであろう。このような理解においては、「市民的制度」を内包した「国家制度」→「行政制度」→「憲法制度」ということになると思われるが、ここでは、このような理解の当否についてはふれないし、さらに、すでに指摘した国家と国家体制の関係に関するオーリウの複数の叙述についても整合的解釈を試みない。無理な整合的解釈はすでに述べた（三一二頁）ようにオーリウ像を歪曲してしまう可能性を有するからであり、また、国家・「国家制度」・「行政制度」・「憲法制度」の関係をいかに理解しようとも「市民的制度」が否定されることはないからである。したがって、ここで検討の対象とすべきは、国家体制の存在理由である民事体制（木村のいう「市民的制度」）の意義である。

オーリウがここで問題にしている意味で民事体制という用語を初めて用いたのは『公法原理　初版』である。[25]民事体制は市民生活（vie civile）とも言い換えられるが、同書において民事体制に関するまとまった定義が付与されているわけではない。彼によれば、「市民生活は、私的所有権の行使と結びついた家族生活によって本質的に構成される」（『公法原理』一・三〇五）。このうち重要なのは私的所有権であり、その目的は生産活動や商業活動ではく、「所有物を享受すること（faire-valoir）」である。したがって、市民生活は本来「有産階級の占有物」である（同・三〇八）が、「所有物を享受する」前提として生産・流通などが必要であり、これらすべてを対象とするのが法的取引である（同・三〇七参照）。このように、民事体制＝法的取引ではなく、民事体制は法的取引のいわば果実を享受し、法的取引によって支えられているということができる。そして、すでに述べたように、国家体制の存在理由は民事体制の創設と保持であることから、「民事体制は政治的制度体と法的取引の特定の結合に立脚している」といわれるのである（同・三〇六–三〇七）。このことを動態的にいえば、制度体が市場経済を取り入れたとき、「国家が誕生する」（同・二七二）ということでき、また、「自立的制度体の連合」である国民の中に市場経済が生じたとき、国民は国家体制へと「変貌」（『公法原理』二・XV）するということもできるであろう。この点彼は、「市場を閉鎖することは国家体制を廃止することである」（『公法原理』一・二七三）とまでいうが、それは、市場経済を支えている法的取引における対等性と平等性が自由の前提だからであり（二〇八頁参照）、さらに、自由と平等にとって不可欠な法的取引がそれらをとおして個人の幸福という共通の価値観に立脚した共同体をもたらす（前章第二節註（168））からである。彼にとって、自由とは「本質的に私的起業の経済的自由」（『憲法精義』二・四九）なのである。そして、政治社会と経済社会の間に均衡が成立したとき、すでに述べた（二〇五頁）ように「完全社会」が出現する。このような民事体制における個人の自由と幸福という個人主義的な社会秩序観から、「オーリウはブルジョワ国家の理論家である」[26]といわれ、彼自身もそのことを認めている（『憲法精義』一・五四および三四九、ならびに二・四二一）。彼自身が認めていることからも、ブルジョワ的という評価が常に否定的意味を伴うわけではないが、ここでは、国家体制は法的取引によって支えられた民事体制を保護するためのものであるということから、彼の法的国家論にとって決定的に重要であると思われる二点を導出しておきたい。それは、公的なものと私的なものとの分離と自由の性質とである。

第一に、公的なものと私的なものとの分離についてである。国家体制は制度体としての国民と民事体制との結合であることから、支配服従関係が支配する公的空間と対等な法主体間の交換が成立する私的空間とによって構成される。その結果、「公的生活と私的生活の分離は国家体制にとって固有のものであり」（『公法原理』一・三一七）、それぞれの空間を支配する公法と私法の区別はオーリウの法理論にとって「基本的なものである」[27]。と同時に、すでに述べたことから、私法が共通法（droit commun）として法体系の中心を成す（同・四六、二・三八七-三八八、および『憲法精義』二・四八など）。このような両空間は垂直関係ではなく水平関係にあり、近代国家における市民は両空間に属する「両生動物」（『公法原理』一・三二八、および二・四〇三）[28]である。そして、前者における政治権力の対象は人であるのに対して、後者における経済権力の対象は物であり、公権力と私的所有権は異質なものとして分離されなければならない。両権力の分離は彼が制度体論の前期（一三七頁参照）以来一貫して主張してきたものであり、公権力は自ら経済活動を行うことなく、外から民事体制（＝両権力の分離によって確保された私的空間における自由）を保護することに存在理由を見出す。公権力が自ら経済活動を行わないということは、公権力は交換の自立性を侵害しないということであると同時に、利益を追求しないということであり、公役務は原則として無料でなければならない[29]（『公法原理』一・三二〇-三二一、および『憲法精義』[30]二・一〇四）。ここまでであれば、国家体制における公権力と私的所有権の分離が意味するところは家産国家の否定であり、この点では国家法人説と同じであるが[31]、問題は、彼が私的空間における自由をいかに捉えているかである。

そこで第二に、自由の性質についてである。繰り返し述べているように、国家体制の存在理由は民事体制の創設と保持であり、民事体制における自由の保護であることからすれば、オーリウにとって、国家体制という集団の内部における自由（＝政治的自由）、あるいは公権力の行使に関与することができるという意味で公的な自由は手段であり（二九八頁）、国家体制の目的は民事体制という私的空間における私的な自由の保護である。そして、私的な自由の優位を支えているのは個人主義的な社会秩序観であり、本章の冒頭で述べたように個人主義は最晩年に至っていっそう強調されることになる。私的な自由を優先させるこのような立場は、コンスタン以降の自由論としてのは正統なものであることからすればオーリウに特徴的なものであるとはいえず、オーリウに固有の自由論については本節三で述べるが、一応確認しておくだけの価値はあるであろう。それに対して、ここで問題にすべきは私的な自由と国家との関係である。すでに述べたように、「自立的制度体の連合」である国民が市場経済を取り入れたとき、あるいはその中に市場経済が生じたとき、国家体制が成立することからすれば、理論的には私的な自由は国家に先行して存在することとなり、国家によって創り出されたものではない（註（6）参照）。しかし、はたしてそうであろうか。[32]この点、次の引用は彼の自由観の核心にふれる部分である。

政治的自由は市民的自由の延長であるが、しかし純粋に個人主義的な延長というわけではない。政治的自由は単なる市民の自由ではなく、都市の自由（liberté de la cité）でもある。それは単なる個人の自由の保障ではなく、国民の本質的利益が自由かつ合理的に管理されるという保障でもある。……自由なのは市民だけではなく、国民もそうなのである。政治的自由とは、自由な国民における自由な市民である（『公法原理』二・六〇八）。

ここで国民とは、当然、全体としての国民であるが、政治的自由は個々の市民の自由の集積というよりも、全体としての国民に自由をもたらす組織化の帰結、あるいは全体としての国民が自由であることの帰結であり、このような組織化は対外的には全体としての国民の自己決定権として現象する（同・二九八）。もちろん、ここでの対象は公的な自由であるが、このような組織化は私的な自由を許容するものでなければならない。そして、私的な自由はこのような組織化の中で保持されるのであり、このような組織化がなければ存続しない。確かに私的な自由は国家の外に源を有するが、しかし国家の中でしか維持されえないのである。ということは、彼にとって、私的な自由も国家によって創り出される（＝再生される）ものではないのか。要するに、すべての自由は国家の中でしか成立しないのであり、一般的にいえば、自由は集団（における秩序）の中にしか存在しないのであり、「秩序に自発的に従う能力」（『憲法精義』一・二二）なのである。もちろん、国家からの自由という概念は成立するが、それは国家との関係における特定の自由の性質であって、国家の存在を前提としないということではない。このような自由観には、カール・シュミットのいう、個人の自由は国家以前に存在し、無制限であるのに対して、それを侵害する国家の権限は限定されているという意味での法治国家的「配分の原理」[33]は当てはまらない。自由という点では、シュミットよりオーリウの方が一元的なのである。[34]

このような自由観、換言すれば私的な自由はそれ自体としては成立しないということの原因は、おそらく、オーリウの社会観というよりも人間観に存在すると思われる。すなわち、悪の源は社会ではなく人間にあるという人間観であり、このような人間観は制度体論の前期（二二九頁）から最晩年（『憲法精義』二・五二－五三）に至るまで一貫している。それ故、「悲観主義者」[35]である彼は善人によって構成される牧歌的な自然状態を想定することはできず、人間の悪に対しては贖罪が必要となり、その社会的組織が制度体なのである（一三二頁）。このような制度体には人間を矯正する契機が含まれており（「誤りやすい個人主義」に対する矯正（二九二頁））、制度体としての国家体制は常に市民生活に介入する可能性を秘めている。したがって、「市民的制度」を内包した「国家制度」と「行政制度」との関係を木村琢磨のように理解するとしても、オーリウのいう「国家制度」はレセ・フェールが支配する価値中立的な国家ではない（同・一〇五–一〇六）。では、私的な自由は国家によって付与されるのか。オーリウにとって人間は悪の源であると同時に自由な存在であり、このような人間の集合体（corporation）である国家も自由な存在でなければならない、あるいは自由を許容するする組織体（corps）でなければならない。したがって、国家は自由を創設し付与するのではなく、自らの内部に存在する自由を確認し実定化するのである。もちろん、自由を実定化するには権力が必要である。そこで、主権論について検討しなければならないが、実は、これまで述べてきた制度体としての国民の客観的側面と主権的側面とは法的国家論の静態的側面であるのに対して、主権論にはその動態的側面が含まれている。

二　権力分立と多元的主権論

本章の冒頭で指摘したように多元的主権論という点でもっとも完成度が高いのは『公法原理　第二版』である。同書（六〇五–六〇六註（1））で、オーリウはそれまでの主権論を振り返っている。彼によれば、初版において、憲法現象を集権化と分権化の中に取り込むとともに、権力分立を政治的均衡によって正当化しようとした。ところが、法的にみれば政府は国民の機関である以上、分権化における国民と政府の対抗関係という捉え方はあまりに歴史的であり、「十分に法的であるとはいえない欠陥」を抱えているといわざるをえない。このような懸念からすれば彼における法と事実の混同という批判（第一章第一節註（61））は当たらないが、それはともかく、このような懸念を払拭すべく、『国民主権』一九一二年[36]において、政府を国民の中に、「命令する国民の意思」と「受容するまたは同調する国民の意思」との区別によって分権化を国民主権の中に、それぞれ取り込んだ。その結果、「権力分立に先行して決定されるべき主権の諸形態（formes）」が分離され、主権論が「意思に関する理論の伝統的手法（voie classique de la théorie de la volonté）」によって捉えられるようになった。また、一般意思に関する詳細な分析をとおして、「選挙意思を政府の権力の側に」、一般意思を「服従の側に」、それぞれ位置づけることができた。しかし、「命令する国民の意思」と「受容するまたは同調する国民の意思」との分離と「主権の諸形態」との関係が不明確であることから、『公法原理　第二版』において、国民主権の三つの「形態」として政府の主権・服従の主権・憲法の主権が提示された。以上の回想からはさまざまなことが読み取れるが、ここでは、主権論と権力分立論の密接な関係を指摘するにとどめ、以下では、これまで必要に応じて個別にふれてきた初版以前の主権論を振り返ったうえで、権力分立論から議論を始めることにしよう。

初期と制度体論の前期との主権論の共通点であると同時に特徴は委任理論と分有主権である。第一に、初期においては、国家とは強者による現実の支配に対する矯正装置であり、強者である統治者の特殊利益を一般利益へと転換する媒介装置である。そして、このような国家の支配する意思が主権であり、民主制においては、主権は国民に存するが、その行使は委任され、委任をとおして行使において立法権・執行権・司法権へと分割される。その結果、個々の国民に残されるのは主権の行使が委任される人を選ぶことのみであり、選挙権は権利とされ、分有主権が容認される（一一九－一二〇頁）。以上のような初期の法的国家論と主権論とは平凡であるが、そのうち、矯正装置としての国家という捉え方は『伝統的社会科学』における社会組織論へと発展する。そこで第二に、制度体論の前期についてである。同書において現実的社会・国家・宗教的社会という三つの社会組織が提示され、国家と宗教的社会はそれぞれの方法で生存競争が支配する現実的社会を救済する。と同時に、国家は現実的社会と宗教的社会によって外在的に制約される。このうち、国家と現実的社会の関係についていえば、現実的社会の中に存在する富や権力は国家を通過することによって一般利益へと転換され、国家は一般利益を体現する調整者として現象する。その結果一方で、国家は諸利益の調整を通じて現実的社会に介入するが、他方で、富や権力の実体を有する現実的社会はそれらの供給を通じて国家を制約する。そして、現実的社会と宗教的社会が国家を外在的に制約するので、普通選挙の下でも選挙の影響を抑制する必要はなく、「通常の民主制論」を維持することができる。「通常の民主制論」は委任理論と分有主権によって構成され（一三二―一三九頁）、この点初期と変わらないが、現実的社会・国家・宗教的社会から成る社会組織論は多元的主権論のいわば苗床であり、その萌芽は『社会運動論』に至って現れる。すなわち、同書において主権は表象的主権と有機的主権に分割され、一方で、表象的主権は有権者団に帰属し、有権者と代表者を委任関係によって結びつけるので分有主権であり、その行使は組織的圧政に対する障碍として機能する。他方で、有機的主権は集団としての国民に帰属し、国民を体現する政府によって強制力として行使される。その結果、表象的主権と有機的主権は対抗関係にあり、全体としての主権は複合的に構成される（一四八―一四九頁）。これは明らかに多元的主権論であり、中期以降の多元的主権論と内容が異なるとはいえ、主権を複合的に構成することによって主権の行使を内在的に制約するという発想とすでに同じである。「オーリウは、研究生活の最初から最後まで、主権の相対的で制限的な性質を力説してきた[37]」といわれる所以である。そこで多元的主権論について検討しなければならないが、その前に権力分立論にふれておかなければならない。というのは、多元的主権論は二つの権力分立の組み合わせであり、その意味で彼にとって権力分立論そのものだからである。

　オーリウによれば、権力分立は職分の分化と機関の分離とによって構成されるが、彼は職分の分化よりも機関の分離を重視する。すでに述べた（二一〇頁）ように、一般的な社会的組織は両者の結合によって成立するが、職分の分化の目的が労力を軽減するための分業であるのに対して、機関の分離の目的は機関間の均衡の下における競争である。彼が機関の分離を重視するのは、もちろん彼の社会理論を貫徹する均衡という概念の重要性の故であり、「ただ権力のみが権力を阻止し、分離された権力が相互に牽制しあう[38]」ということを前提に、機関間の均衡の下における競争によって「権力の穏和さと自由の保障」とがもたらされると考えるわけである。この点、「モンテスキューはオーリウによる社会秩序と諸力の均衡との同視の源となる[39]」といわれるように、オーリウはモンテスキューに忠実なのである。権力を抑制するための機関の分離（分割）の典型が二院制である（『公法原理』二・五〇註（1））が、注意すべきは、機関の分離を伴わない職分（作用）の分化はそもそも無意味であり、歴史的には機関の分離が先行するということである。[40] それはともかく、確かに、権力分立の機能的理解という点でオーリウはモンテスキューに通じる「抑制（tempérance）的気質」[41]を有するといえるが、しかし、オーリウはより射程範囲の広い権力分立を主張しているといわれる。[42] ただし、ここで対象とするのは「政治的分権化」（『公法原理』一・四一八）であり、[43] この点、すでに示唆した（三一五頁）ように、イデーのまわりに集まった人々の間で支配者と被支配者が分離され、第一段階の権力分立が成立する。すなわち、制度体の形成過程において、イデーのまわりに集まった人々の間で支配者と被支配者が分離され、第一段階の権力分立が成立する。このことを制度体としての国家に当てはめれば、統治者（＝政府）と国民の分離であり、さらに第二段階の権力分立が統治者（＝政府）の内部で生じる。このような二重性あるいは二段構えは「主権の視点」と「統治活動……の視点」の区別[44]といえるであろう。いずれにしても、制度体における権力分立の重要性から、彼自身「権力分立は制度体の外的指標である」（同・一二四）というが、第一段階は主権論の対象であり、第二段階は一般的な意味における権力分立論[45]の対象である。したがって、ここで対象とすべきは前者であり、これがすでに述べた「権力分立に先行して決定されるべき主権の諸形態」であるが、多元性の具体的な内容とその変遷とについては本節二で、『公法原理　第二版』を中心として、それ以前と以後という形で検討することにして、その前に第一段階に共通の要素を提示しておきたい。具体的にいえば、これもすでに示唆した（三一六頁）多元的主権論の理論的要因と、自己制限論とであり、両者は内容と枠組みの関係、したがって密接な関係にある。

第一に、多元的主権論の理論的要因についてである。前章第二節一における客観法‐制度体‐個体という関係の分析（二一八‐二一九頁）をとおして、制度体においては人格の一元性と個体の複合性との両立が可能であることを示した。そして、制度体の個体が「複合的統一体」であるのと同様に、すでに述べた（三一六頁）ように制度体としての国家の個体である国民は「自立的制度体の連合」であることから、オーリウは、このような「客観的観点からすれば、［国民の複数の構成要素へと主権を分割する］困難はなくなる」（『公法原理』一・四六〇、および二・六〇七―六〇八）として次のようにいう。

法人の主観的観点に慣れ親しんだ人々（esprits）にとって、主権が分割されるということは驚くべきことであろう。彼らは常に、そこに不可分の意思を認める。［それに対して、］法人を客観的に構成すれば、つまり部分……から成る客観的個体として構成すれば、……この構成方法をその［法人としての国家の］意思または主権……に適用する［ことができる。その結果、］主権は複合的意思（volonté composite）として、複数の意思の総合として現象する（『公法原理』二・六一一）。

これは第二段階の権力分立について述べたことであるが、当然、主権論である第一段階の権力分立にも当てはまる。ここでは、国民主権を前提として、個体の複合性が主権の多元性に置き換えられ、主権が意思であるとされている。これら三点のうち、今問題にしている主権論の枠組みにかかわるのは後二者であり、国民主権が前提とされていることについては主権論の内容として本節三で検討する。ここでは便宜上、個体の複合性が主権の多元性に置き換えられていることから議論を始めることにしよう。国民を構成する個々の「自立的制度体」は、全体としての国民からみれば国民を構成する個体の一部であるが、それ自体を取り出せば制度体である以上精神人格を有し、他者との関係においては法主体（法人格）として現象する。その結果、全体としての国民の精神人格（＝国家の法人格）とその部分の法人格とが並存することになり、彼はそれぞれの法人格を主権の帰属主体とするわけである。(46) となると、法主体によって対外的に行使される主権とは法主体の意思に他ならない。このことはすでに述べた主権論に関する回想とも符合するし、彼もそのように主張する（同・六〇七および六六二-六六四）。また、彼の法理論における意思の契機の重要性（二二五-二二六頁参照）とも適合的である。(47) ただ、社会理論において主観的なものと客観的なもの、法理論において主観法と客観法、それぞれの統合を目指す彼にとって、主権（論）についても何らかの客観的要素が必要ではないのか。それは、均衡理論からすれば当然、主権の多元性の下における均衡であろう。そもそも不可分の主権からは均衡は生じないのであり、(48) 均衡理論を主権に適用すれば多元的主権論とならざるをえない。となると、「オーリウは、法の効力の根拠を説明するものを一括して主権と呼んだものと思われる」(49) という小島慎司の指摘は重要である。すなわち、小島が「法の効力の根拠」として意思そのものを想定しているのか否か明らかではないが、この指摘によって主権の多元性が法源の多元性へと転換されるのである。その結果、多元的主権論は「ジャコバン主義のイメージに結び付けられる『法＝法律＝立法者意思＝一般意思』という図式の拒否」(50) であり、「一般意思を基本理念とする一元的統一的な法体系の」(51) 否定なのである。法源の多元性の具体的な内容については本節三で述べるが、いま一度確認すべきは、国家の主権は不可分であるのに対して国民の主権は可分であり、国民の精神人格において複合的に構成された意思は国家の法人格によって単一・不可分のものとして表明されるということである。したがって、多元的主権論は国民という個体の複合性を内側から捉えるものであり、人格を外側から捉える分有主権論とは異なる。(52) また、「国民は下部において……客観的に主権的であり、国家は上部において……主観的に主権的である」(53) という言い方はやや不適切であるが、このような多元的主権論は混合政体論とはいえないであろう。いずれにしても、精神人格のレベルにおいて「複合的な力」(54) として理論構成された主権からすれば（同・六六二-六六三参照）、本節の冒頭で指摘した多元的主権論に関する懸念は杞憂なのである。それよりも重要な点は、すでに述べたようにこの可分性がもたらす多元性の実体が均衡だということである。すなわち、国家の主権として対外的に単一・不可分なものとして表明される「複合的意思」の形成過程は下から積み上げるものではなく、対等な法主体（法人格）間の競合なのである。オーリウにとって、制度体論の前期以来一貫して、権力は下から積み上げられたものではなく、上から到来するものであり（「エリートの事実」（同・六八一））、その源は集団における特定の人々の知力・体力・財力などの事実上の力である（一一九頁）。このような力が徐々に蓄積されてやがて自立的な支配機構が形成されるのであるが、決して看過してはならないのは、これらの人々が集団の構成員である以上、支配機構はドイツ国法学でいうところのアンシュタルトではないということである。そして、支配機構と支配される人々とが均衡状態を形成する（その結果として集団がいわば交通整理される（『公法原理』一・五五一））ことによって制度体が成立するわけであるが、このようなエリート主義的あるいは貴族主義的な発想、さらにいえば、「社会がエリートによって導かれることは常態である」（同・三四八）といった主張は晩年に至って少数派（＝エリート）権力と多数派権力として定式化される。[55]その際、少数派権力は全体としての国民の主権ではなく（同・四五五参照）、この意味での主権は少数派権力と多数派権力から成る多元性の下における競合によってもたらされる「複合的一体性（unité composite）」（『憲法精義』二・八五）を有する「複合的意思」である。これは、内在的制約による権力の自己制限に他ならない。

そこで第二に、自己制限論についてである。オーリウはドイツ法実証主義国法学の代表的論者の一人としてさまざまな観点からイェリネクを繰り返し批判しているが、国家の自己制限をめぐる問題についても同様である。では、オーリウのいう自己制限（autolimitation）とイェリネクのいうそれ（Selbstbeschränkung）とではどこが異なるのか。オーリウによれば、すでに述べた（三二五頁）ように、ドイツ法実証主義国法学においては、法治国家（＝法治状態）は国家という法人の意思（の制限）によってもたらされるが、その前提として、国家の「内的意思の結果」である法に国家それ自体が従うという自己制限が成立していなければならない。しかし、このような「主観的自己制限」は国家の支配権の全能性を覆い隠す「一種の神秘のベール」にすぎない。それに対して、オーリウの主張する自己制限は「国家を構成するさまざまな要素の間の均衡による客観的制限」である（『公法原理』一・七三）。すなわち、主権の行使は、多元的主権を構成する複数の要素の間の均衡という客観的な事物の状態によって内在的に制約される。[56]これは、現実的社会と宗教的社会による国家の外在的制約を主権論に転用したものといえ、[57]彼によれば、ドイツ法実証主義国法学における主観的自己制限よりも「洗練された（elégante）解決」（『憲法精義』二・八六）である。彼のいうこのような客観的自己制限は、「自然法あるいはデュギーの客観法のように、国家権力とは無関係に自律的に妥当する客観的法規範による国家権力の『他律的』制限とは異質のものであ[58]」り、全体としての権力の内部構造によってもたらされるという点で、カレ・ド・マルベールの「国家＝国民の構造がもたらす客観的自己制限[59]」に通じるものがあるが、ある論者は、この類似性は「主観的な国法体系を克服しきれていない[60]」ことの表れであるという。しかし、そもそもオーリウはデュギーのように主観法的発想それ自体を全面的に否定しようとしたのではなく、長らく軽視されたきた客観法的発想を復活させて両者を統合しようとしたのである（二〇三―二〇四頁参照）。また、国家の自己制限は内在的な制約であるので無意味であると主張する、彼の論敵であるデュギーは、「たとえその自己制限なるものがいくらその客観性を強調されたとしても、自己が自己に課す制限であるかりぎにおいて、国民に何らの保障をも与えうるものではい[61]」として、客観的自己制限論を批判する。しかし看過してはならないのは、多元性の下で成立した均衡＝確立された状態によってもたらされる法は制度体としての国家の内部で形成されたものだけによって構成されているのではなく、前国家的におよび国家外で形成されたものをも取り込んでいる（註（6）参照）ということであり、その意味で、オーリウのいう自己制限は純粋に内在的なものではない[62]。それにそもそも、オーリウにとって主権は「高度の自立性[63]」であることからすれば、「それ自体によってのみ、そして内部の働きによってのみ制限されうる」（『公法原理』二・六二〇）。さらに、彼の行政法学に精通している磯部力は、一方で、「『自己制限』という概念はそもそも論理的には主観的なものとしてしか存在しえず、これに客観的という制約を付すことは、つまりは一種の形容矛盾にほかならない」といいつつ、他方で、「国家の自己制限は、論理的には不合理であるが、歴史的には憲法上の真理である」(『憲法精義』二・一〇一)というオーリウの言い分を引用して、「『客観的自己制限』説は、論理的な次元においては一定の矛盾をはらむものであったとしても、それ自体矛盾に満ちた現実社会の複雑な権力機構の法的説明の原理としては、むしろきわめて普遍性に富んだ認識であったということができる」という。(64) 確かに、内在的な客観的自己制限論をオーリウの二元的思考様式の曖昧さの表れとして消極的に評価するか、その内在的理解にもとづいて積極的に評価するかは判断の分かれるところであるが、彼が「社会生活の複雑さに対する敏感さ」故に「論理的な明快さを犠牲にすることも厭わない」(三一頁)ということを心得ている磯部は、後者の立場に与するわけである。妥当な判断であるといえるであろう。

さて、以上のような多元的主権論の枠組みに対して、多元性の具体的な内容とその変遷とについて検討しなければならないが、すでに述べたように多元的主権論は国民主権が前提とされており、後ほど述べるように国民主権は国家主権の一形態であることから、国家主権と国民主権の関係から議論を始めなければならない。

三　国家主権と国民主権

繰り返しになるが、多元的主権論という点でもっとも完成度が高いのは『公法原理　第二版』であり、国家主権と国民主権の関係についても、同書を中心として、それ以前と以後という形で議論を進めるのが妥当であろう。あらかじめ大枠を示せば、国家主権の特定の構成要素が発展したものが国民主権であり、それに加えて他の構成要素が発展したものが立憲体制である。そして、国民主権は特定の制度を備えたとき民主制となる。そこで問題になるが出発点としての国家主権の定義である。オーリウによれば、国家主権とは、「政治的自由にとって好ましい自己制限を自ら行うために、固有の形態と力との内的分離をとおして分権化され、均衡した意思へと組織された国家の支配権である」(『公法原理』二・六一六)。ところで、『国民主権』における国家主権の観点は、「国家権力を、法人格としての国家に帰属する権利として捉え、国家法人格が自己の権利としての主権を行使する関係として問題を捉える観点［であり、］主権の問題を、『法主体（法人格）‐法客体（権利）』関係という『主観法理論』の枠組みによって捉える観点である」[65]。要するに、同書における国家主権は法主体間の対外的関係において捉えられたものであり（註（36）参照）、同書に続く『公法原理　第二版』において「憲法的意味の国家主権」がいかなる観点から捉えられたものであるかについて、「内部の組織を見きわめるために主権の内側に入り込む」とか、「内側から内部の組織を理解する」とか、繰り返し述べている（同・六一五‐六一六）。ではなぜ、このような変化、しかも視点の逆転が生じたのか。それはおそらく、本節二（三二九‐三三一頁）で取り上げた国家体制（régime d'État）と関係があるであろう。すなわち、民事体制を内包した国家体制は、さらなる集権化の結果行政体制へと変質し、それに対する修正として分権化の結果立憲体制が成立するが、国家体制とは国家として組織化された国民という国家を内側から捉えたものであるので、このような国家体制の変容を主権論のレベルに反映させるには初めから内側の視点が必要であるとともに出発点が必要であり、この出発点として国家主権が設定されたのではないか。したがって、régime d'État の訳語としては「主権国家」[66]が最適であろうが、本書は行政体制および立憲体制という訳語との関係で国家体制という訳語を選択した。ここで確認すべきは、同書における国家主権は『国民主権』における国民主権の観点、つまり内側からの主権の形成の観点であり、制度体論でいえば精神人格の形成の観点だということである。

そこで問題になるのが、国民の精神人格のレベルにおいて複合的に構成された国家主権の構成要素である。この点オーリウによれば、国家を構成する三つの要素に応じて「主権の形態の分離」（『公法原理』二・六一八）が必要である。すなわち、政治体（corps politique）に対応する団体の主権、政府に対応する支配的または政治的主権、被治者（sujets）に対応する服従（sujétion）の主権である（同・六一八‐六一九）。このうち、団体の主権については、団体の法を統治者

（＝政府）も含めたすべての構成員に遵守させるということであるから、法の主権と、支配的または政治的主権については、支配権を行使するのが政府であることから、政府の主権と、それぞれ呼ぶことにしよう。国家主権のこのような構成要素は、実は、国民主権の構成要素と同じであり、すでに述べたように国家主権はその特定の構成要素が発展すれば国民主権となることから、国民主権は国家主権の一形態である。この点については後ほど具体的に述べることにして、ここでは、すでに示唆した（註（47））主権の内実を意思のみによって構成した場合の問題点について指摘しておきたい。

すでに述べた（三三〇頁）ように国家主権は複合的意思であり、それが三つの要素によって構成されているということは、主権の三つの形態は「意思の三つの形態」（『公法原理』二・六六三）であるということを意味する。このうち、政府の主権と服従の主権とについては意思の形態とえるが、問題は法の主権である。この点オーリウによれば、法の主権の意思は「現在のものではなく、存在し続け、現在に影響を及ぼす過去の意思である」（同・六六四）。ところが、前章第二節二（二二二―二二三頁参照）で検討した法律行為論においては、過去の意思はその法律効果を発生することによって事実へと変換されるとされていたのではないか。したがって、法の主権は「確立した法の力」（同・六一八）であり、少なくとも現在という時点では、意思としての主権の他の二つの形態を制約する客観的事実（＝確立された状態）に伴う「法の力」（『憲法精義』一・四註（4））であるといわざるをえない。

そこで、国家主権と国民主権の関係についてであるが、オーリウによれば、「国家主権は、［政府による集権化という歴史的過程において、］政府の主権として始まり、［それに対する反動あるいは修正としての分権化によって］その後国民主権となる」（『公法原理』二・六二二）。では、何が国家主権から国民主権への転換をもたらすのかといえば、分権化と権力分立・成文憲法の制定・人権の保障である（同・六二三）。かくして、国民主権は「国家主権の実際的発現」（同・六四二）として現象するわけである。成文憲法の制定と人権の保障との必要性からすれば、国民主権と立憲体制はあまり違わないようにも思える(同・六二六参照)が、これらは立憲体制との関係で重要な要素であるので、国民主権との関係で重要な要素は分権化と権力分立ということになり、この権力分立は第二段階のそれであるので、国民主権との関係で重要なのは分権化である。そして彼は、分権化のためには代表制が必要であり、具体的には選挙と議会を要求する(同・六二三－六二四)。しかしながら、このような主張を額面通りに、あるいは一般的な意味において理解することはできない。何よりも、ここで問題にすべきは主権論としての第一段階の権力分立であり、分離されるのは統治者(＝政府)と被治者である。したがって、ここで政府とは議会も含めた広義の政府であり、さらに、第二段階の権力分立においては有権者団はこの意味での政府の構成要素である(註(45)。この点については、後ほど改めてふれる)ので、ここで代表関係が設定されるべきは議会と有権者団の間ではなく、広義の政府と被治者の間である。その結果、広義の政府と被治者の間に代表関係を設定するために選挙と議会が必要であるということになるが、そもそも機関として組織されていない被治者に選挙が可能なのか。このような疑問が生じるのは、第一段階の権力分立と第二段階のそれとに対応して代表にも二つのレベルが存在する、あるいは存在しなければならないにもかかわらず、権力分立に関する場合とは異なり、彼において代表に関しては二つのレベルが明確に区別されていないのではないか。そのためもあってか、代表に関しては非常に複雑なものがあり、しかも、この問題は自由論との関係で彼の法的国家論の核心にかかわる。そこで、代表にかかわりのある諸問題については、多元的主権論との関係で『公法原理第二版』を中心として、論点を一つ一つ解きほぐしながら検討していかなければならない。

第一段階の権力分立において統治者(＝政府)と被治者が分離されるということは、国家が団体として存続する限り、何らかのものによって両者が結びつけられなければならず、その手段が代表制である。したがって、この意味における権力分立と代表制とは一体不可分であり、制度体としての国家においては統治者(＝政府)と被治者は同一化しようとしない。このことが何を意味するかは後ほど述べるが、ここで問題にすべきは代表の意味である。前章

第三節一（二八六―二八七頁）において述べたように、制度体における代表制とは、特定の機関が他の機関を代表（＝代理）する関係ではなく、機関＝統治者がイデーを表象する「イデーの表象制」であり、「不可視のイデーを……感知可能なものにする」（前節註（22））。国家においても同様に、統治者（＝政府）が「『一般意思［＝イデー］』についての心的表象……を形成」[67]し、被治者はそれに関して複数のルートを通じて賛否を表明する。その結果、「イデーの客観的要素は彼らの意思にとって接着剤としての役割を果たす」（『憲法精義』一・一二）とともに、「全体としての政治統一体」[68]が代表されるのである。ここで複数のルートとは、公共精神を媒介とした服従の主権と有権者団を媒介とした選挙とであり、前者は第一段階の権力分立を前提とした統治者（＝政府）と被治者の間の代表関係に関するものであり、後者は第二段階の権力分立を前提とした議会と被治者の間の代表関係に関するものである。以下、順次検討することにしよう。

第一に、公共精神を媒介とした服従の主権によって設定される統治者（＝政府）と被治者の間の代表関係についてである。服従の主権（souveraineté de sujétion）という用語の初出は『公法原理　第二版』であるが、その意味するところは、「支配［本書のいう政府］の主権を制限するためであれ、国家の一般利益のためにそれらを有するためであれ、臣民［本書のいう被治者］が自分たちの個人的自由のおかげで権力を有していること[69]［政府の主権］と協同する」である。ある論者によれば、このような意味における服従の主権は主権という「概念の豹変」[70]をもたらすという。オーリウ自身は、服従の主権は、主権が本来支配権を意味する以上、形容矛盾を含んでいるといえなくもないが、主権は「国家が自らに対して自己の統治を制限する支配権」であり、その手段の一つが服従の主権であるので、そこに矛盾はないという（『公法原理』二・六五四）。そして一方で、「服従それ自体は必ずしも受動的ではない。服従の中には恐るべき権力が存在し、それは政府の決定に同調するか否かを決定する権力である」（同・一二五。さらに、一・四三二も参照）として、自説の正当性を強調する。しかし他方で、服従の主権を含んだ「新しい［第一段階の権力］分立」（『公法原理』二・六六九）は「その新奇さだけですでに〔受け容れられることが〕困難な理論」（同・六五四註（1）。六二一註（1）も同旨）であるということを自覚している。ここに、彼の法的国家論が主流になれない第二の原因があるとみるべきであろう（第一の原因については、一五一―一五二頁参照）。それはともかく、確かに、服従を主権（の一部）として構成することは彼の新しさであり、独自性であるが、[71]すでに述べた（三三二頁）ように主権の自立性という属性を重視する彼にとって、そもそも「主権は根本的に自律的であり、外在的制約は不可能である」[72]ことから、本来主権に対する制約として機能する、換言すれば服従における「恐るべき権力」である個人の自由は主権の外側ではなく内側に位置づけられなければならなかったのである。その際、彼がダイシーに言及することから、服従の主権とその枠組みである第一段階の権力分立（＝多元的主権）とに対するダイシーの影響が指摘される。[73]もちろん、彼の影響は否定しないし、制度体論の中期以降、オーリウがダイシーをとおしてイギリス法への傾倒を強めて行くことは事実である。その意味で、オーリウはアングロマニー（anglomanie）の伝統[74]に棹さすわけであるが、しかし、服従の主権と主権の多元性とは初期以来の社会理論における二元的思考の法理論への反映であり、中期以降のオーリウが、たまたま、ダイシーの中に、あるいはダイシーをとおしてイギリス法の中に、自己と類似のものを見出したというのが本書の筆者の理解である。となると問題は初期以来の多元的主権論の変遷であるが、初期から前期にかけてはすでに振り返った（三二六―三二七頁参照）ので、ここでは中期以降、具体的には『公法原理　初版』以降の変遷についてみておくことにしよう。

そもそも、制度体も含めたあらゆる集団には支配する側と支配される側とが存在し、支配の契機と服従の契機とが対峙するが、いま一度繰り返せば、制度体論の前期におけるオーリウは両者を包摂する国家に矯正、換言すれば、ナマの支配を覆い隠すのではなく緩和する要素を見出した。この要素がカトリック思想と結合して贖罪としての制度体という概念が成立したと考えられなくもないが、いずれにしても、法学者としての彼にとっての問題は、この社会的事実をいかにして法理論の中に取り込むかであり、とくに、支配される側の服従をいかに表現するかである。

本節二の冒頭における彼の回想で述べられていたように、『公法原理　初版』において統治者としての政府と被治者としての国民とは対抗関係において捉えられている（具体的には、『公法原理』一・二四七-二四八および四二八-四二九など参照）が、その際重要なのは両者の「バランス」（同・四三〇）であり、「主権の均衡は国家体制における法治状態の主要な要因である」（同・四六八）。換言すれば、統治者としての政府による支配と被治者としての国民による服従とは均衡状態にあるが、彼によれば、このうち、「服従の理論」（同・四三二）について従来の憲法学はあまり論じてこなかった。もっとも、国民主権の下で国民は服従の主体であり、国民と政府は均衡状態にあるということからすれば、服従の主権という表現はおのずと導き出されるであろう。ただ、『国民主権』においては、支配する政府と服従する国民とは「能動的ナシオン」と「受動的ナシオン」とされ、[75]その後『公法原理　第二版』において、政府の主権と服従の主権とされたうえで法の主権が加えられるわけである。その際看過しえないのは、『国民主権』において服従する国民と有権者団とが区別され、有権者団が政府の構成要素（選出権）とされたことである（『公法原理』二・一一四註（1））。その結果、「有権者は国民の第一の代表者であり」（同・七〇四）、「統治する代表的組織に属する」（同・六五〇）のに対して、「受動的ナシオン」の意思は一般意思として、「一般意思が一般的であるためには、特殊化、組織化されてはならず、……何らかの形で積極的に行動できるような存在ではなく、受動的な存在でしかありえない」[76]とされ、「他人の行動に対し『支持』……を与えうるにすぎない……コントロール権力」[77]にとどまる。では、「受動的ナシオン」の意思にしろ、服従の主権にしろ、いかにして表明あるいは行使されるのか、換言すれば「服従の主権の機関」（同・六六〇）は何か。それは、彼によれば、すでにふれたように「周知の」（同）公共精神（esprit public）である。公共精神とは、意識的な市民の精神状態であり、特定の対象に向かうことなく全員一致の傾向を有し、公共善（bien public）を目指す。[78]そして、その主体は公衆（前章第二節註（149）参照）であり、その現象形態は共通意思（二五一-二五三頁参照）である（制度体論の後期における交感（二八七-二八八頁参照））。このように彼は服従する国民と有権者団とを区別するが、とりわけ有権者団が政府の構成要素であることを強調する（同・一一二三、六五五および七〇七‐七〇八など参照）。その目的は、有権者団→議会→法律というつながりの中で法律を一般意思によって正当化することを、換言すれば法律を制定主体のみによって正当化することを否定することである。有権者団を媒介とすることによって国民と議会を同視することが「幻想」（同・七二八）にすぎないということが示されるである。この「幻想」の下では一般意思が有権者団→議会→法律というつながりをとおして法源を独占することになるが、それに対して、有権者団を政府の中に取り込むことによって服従する国民と政府とを二つの主権の主体として対峙させるということは、法源が多元化されることを意味する（三二九‐三三一頁参照）。と同時に、両者を統合するものが必要となり、それが規約（statut）である。[79] ここで「規約とは、集団の内部で確立された秩序の法的形式であり」（同・六六五註（1））、「設計図」（三二一頁）として団体に枠組みを付与するという意味で、「主権者であるのは、議会でも有権者団でもなく、団体の規約である憲法（Constitution）である」（同・六六五）。この「憲法」は、団体の規約が通常文書化されるであろうから、成文憲法を意味するであろう。したがって、規約＝成文憲法が政府の主権と服従の主権とを枠づけ、統合するというのが『公法原理　第二版』の多元的主権論である。と同時に、このように多元的に構成された「国民主権とは……、主権が国民に存することを意味するのではな「く」諸力の均衡の一定のあり方を指す概念である」[80]。換言すれば、帰属または行使としてではなく、状態としての国民主権である（例えば、『公法原理』一・二四七‐二四八参照）。ただ、そこには、規約＝成文憲法としての主権を頂点とする階層性が存在するという彼の主張（『公法原理』二・六六四）を額面通り受け取ることはできない。というのは、三つの主権の間に縦の関係を認めると、それぞれの主権の背後に控える法源の多元性を否定してしまう（前章第二節註（148）参照）ことになるからである。[81] 三つの主権はあくまで横の関係においで抑制と均衡の関係を形成するとみなければならず、法の主権は、団体に枠組みを付与することから、彼のいう階層性において、いわば三角形の上の頂点に位置すると理解すべきであろう。[82] もっとも、法の主権は他の主権とは性質を異にし、[83]確立された秩序を反映したものであることから、本来抑制力を有する。ところが、「確立した法の主権の生きた機関」（同・六八八）である司法権に違憲審査制が導入されたとき、それとは異質な力を発揮する可能性が生じるが、この点については次節二で検討することにして、ここで問題にすべきは、法の主権が最晩年に至って公的な事柄（chose publique）の主権へと変更されたということである。彼によれば chose publique はラテン語では res publica である（『憲法精義』二・八五）ので、公的な事柄の主権は国家（république）の主権ということになるが、この国家の主権は法主体間の対外的関係において捉えられた国家主権でもなければ、国家体制における主権でもない（二三三―二三四頁参照）。そうではなくて、「理念的要素」（同・八六）として、その中で「さまざまな主権的要素の交感」（同・九二）が国家の一体性をもたらすいわば枠組みである。ここで「さまざまな主権的要素」とは、当然、政府の主権と服従の主権とであり、ということは、公的な事柄の主権は政府の主権と服従の主権とを統合する法の主権ということになる。[84]したがって、ギュルヴィッチが晩年におけるオーリウの権威主義的傾向を批判する文脈（二九二頁参照）において、「法の主権・政治的主権〔本書のいう政府の主権〕・人民の主権〔本書のいう服従の主権〕は、……すべて、国家の主権に統合される」[85]というとき、この理解は、一方で、主権の複合性という点からすれば当然のことであるが、他方で、「国家の主権」の意味しだいではまったくの誤解ということになる。いずれにしても、公的な事柄の主権の実体は「公的な事柄のイデーと起業」（同・七八）であり、「国家の魂」（同・九七）であるといわれることから、[86]制度体論の後期には国家の一般性・公共性が強調されているように思われる。このような傾向は、国家とは「中央政府が公的な事柄を司る国民」（同・八五）であるという国家（正確には国家体制）の定義にも表れているが、ここで想起すべきは、初期の法的国家論において国家の一般性が重視されていたことである（一一九頁参照）。ここでも、表面的な変遷の背後に一貫性が存在することを確認することができるわけである。

　ところで、オーリウによれば、服従の主権が機能するには、換言すれば公共精神が実効的に活動するには公開制

(publicité) が必要であり(前章第二節註(149)参照)、公開制にはプレスの自由や集会・結社の自由などが含まれる(『公法原理』二・二九九–三〇〇)。そして、これらの自由は『公法原理　第二版』の個人の自由(libertés individuelles)の分類において政治的自由(libertés politiques)とされているが、彼が「市民的自由［libertés civiles］の一部を政治的自由として括り出し、それを服従の主権として主権論の一角を占めさせたのは」同書からであるといわれる。[87] つまり、広義の市民的自由は政治的自由と狭義の市民的自由とから成り、[88] 政治的自由とは「政府の権力が主権の分権化をとおして制限されることによって、自ら自由に統治する国民の状態」(同・六〇七)であることから、政治的自由と狭義の市民的自由とを区別するのは「主権の分権化とのかかわり」(同・六〇八)の有無であり、「主権の分権化」によってもたらされる服従の主権が行使されるために必要なのが政治的自由というわけである。このように、彼独特の服従の主権という概念が個人の自由の一部を政治的自由として主権の中に取り込み、その結果として、個人主義を「主権論の中にまで浸透させる」(同・七二七)とともに、彼独特の個人の自由の分類[89]をもたらしたのである。その原因は、すでに述べたように、主権の自立性から主権に対する外在的制約を認めないことにあるが、ここで注意すべきは、「政治的自由はその主体が統治機構(gouvernement)の一員になることを［目］指さない[90]」ということである。このことは、これもすでに述べたことであるが、服従する国民と有権者団との区別として強調されていたことである。したがって、主権を内在的に制約するために個人の自由を主権の中に取り込むことは制度体としての国家の有機体性を強める、あるいは、彼の表現を用いれば国家が「個人を飲み込む超有機体(super-organisme)」(『公法原理』一・五五二)と化してしまう、という批判[91]は当たらない。その理由は、主権の中に取り込まれる個人の自由がその一部にとどまるからだけではなく、主権の中に取り込まれた自由が服従の主権として政府の主権と対抗関係にあり、しかもそもそも国家主権が複合的に構成されているからである。[92] いずれにしても、服従する国民は政治的自由を行使することによって政府のイニシアチヴに応答するわけであるが、その結果として、政府によって提案されたものに同調する場合、この同調は「受動的服従」である。それに対して、政治的自由は公役務に向かうとき、いわば「能動的服従」として現象する（『公法原理』二・二一七参照）。

実はオーリウは、制度体論の前期にすでに、公役務をめぐる行政主体と国民の協働関係について、『行政管理作用（*La gestion administrative*）』一八九九年において理論的な枠組みを提示している。彼のいう行政管理作用とは、「行政作用のうち『公権力の行使を伴いかつ公法的手法によって行われる公役務の執行』[93]」であり、公役務の執行において行政主体と国民の協働関係の設定を目指すものである。ここで、行政管理作用という概念の行政法学上の意義について踏み込んで検討することはできないが、まず、この概念は行政作用を、公権力の行使として行政法の領域に属する権力行為と権力性を有しない民事法の領域に属する管理行為とに分ける当時の通説的な二分説[94]に対して、権力行為・行政（公）管理作用・私管理作用という三分説をもたらした。管理行為が二分されたわけであるが、その基準は行政管理作用の中に含まれる公権力性であり、その結果、この概念は「行政法が視野に収めるべき行政作用の外延を定め[95]」ることになる。と同時に、次に、行政救済法の領域において、法令によって認められたものに限定されるとそれまで考えられていた全面審判訴訟を、行政法の一般理論によって適切に位置づけることに成功した。すなわち、二分説の下での権力行為に対する越権訴訟と管理行為に対する民事訴訟という対応関係から、三分説の下での権力行為に対する越権訴訟・行政（公）管理作用に対する全面審判訴訟・私管理作用に対する民事訴訟という対応関係への移行である。「『行政管理作用』理論を構築する実益は、行政裁判管轄の拡大と行政救済制度の充実に存した[96]」といわれる所以である。最後に、行政作用を法律の執行としてではなく、「公的目的実現のための『役務の執行』という事実的行為[97]」として理解することによって、「行政側の持つ『公権力性』と行政と国民の『協働関係』という異なる二つの要素を両立させる[98]」ことが可能になる。つまり、「『役務の執行』という事実的行為」において「行政と国民の『協働関係』」が存在しなければ、公役務を円滑に執行することはできないのであり、公役務を円滑に執行するプロセスは権力行為における支配服従関係ではなく、行政と国民によって構成される「きわめて緊密な共同体の一形態[99]」なのである。このような協働関係は「行政管理作用という概念の核心部分（cœur）[100]」であるといわれるが、それが成立するもう一つの理由は、そもそも公役務の需要の源は国民にあり、「公益の管理（administration d'intérêt public）」は行政（administration publique）が独占すべきではないからである（『公法原理』一・四九三―四九五。さらに、二・六五八も参照）。その意味で、「行政は……、私的な管理人に取って代わった公的な管理人の集団にほかならない[101]」といえる。いずれにしても、行政管理作用に属する公役務のうち、行政が担う部分については、すでに述べたような形で執行過程において行政と国民の協働関係が成立するが、行政が担わない部分についても、行政が何らかの形で関与することによって協働関係が成立する[102]。そして、これらさまざまな協働関係[103]が成立する前提として国民の側にはとりわけ結社の自由が必要であり（『公法原理』一・五〇〇―五三九参照）、それ故、彼は制度体論の前期以来一貫して結社の自由の重要性を主張したきたのである（一二三六頁および前章第一節三参照）。このように彼が行政と国民の協働関係、とくに国民が「公益の管理」にかかわることを重視するのは、これらによって公民精神を涵養し維持するためである。もちろん、協働関係によって現代国家化に伴う国家の役割を軽減することができるであろう。しかし、それは行政と国民の協働関係の副次的効果あるいは反射的利益にとどまり、彼が協働関係に期待するのは、個々の市民の、一方で公的な事柄に対する無関心、他方で国家に対する過度の依存という国家の「内部に由来する悪弊（maladies）」（『公法原理』二・七七三）あるいは国家が内包する「死の萌芽[104]」から国家を守り、「国家の憲法上の健全さ（santé）」（『公法原理』一・四一八）を保持することである。というのは、彼にとって、「完全な形式的構造」と「個人主義的秩序の価値」（『憲法精義』二・七六―七七）という点で、自由を増大させるための手段として「穏和で均衡を有する個人主義的国家体制」（同・七一二）に優る制度体は存在しないからである。このような立場にはカトリック系の公法学者であるデランドル（六九―七〇頁参照）に通じるものがあるが、ここで看過してはならないのは、あくまで国家は手段であり、したがって国家というres publicaに関与することも手段だということである。そして、一般的な意味での政治的自由も、オーリウのいう政治的自由も、私的空間における私的な自由を保護するための手段である。しかしながら、オーリウは、行政と国民の協働関係の必要性を主張することから、教授資格試験において同期であるとともに同じ行政法学者であるベルテルミーの経済的自由主義[105]には与しないのであり（三二四-三二五頁参照）、オーリウの国家観は国家による市民生活への介入を容認するというよりも要請するという意味で現代的であるだけではなく、国家と国民が対抗関係ではなく公役務をめぐって協働関係にあるという意味で協調的なのである。

第二に、有権者団を媒介とした選挙によって設定される議会と被治者の間の代表関係についてである。オーリウによれば、被治者・有権者団・議会の関係はこれまで委任理論によって説明されたきたが、委任理論は国家・国民・有権者団を、意識的にか無意識的にか、混同するものであり、高度に集権化されたフランスに特有な理論であると同時に、フランスにおける「支配的な考え方（esprit ambiant）」である（『公法原理』一・二四八-二四九）。そして、このような考え方を代表するのが「古典的憲法学の嫡流（orthodoxie）」（『公法原理』二・七〇二註（1））であるエスマン[106]であるが、オーリウはルソー→革命期の理論家→エスマンと受け継がれてきた委任理論を繰り返し批判する。というのは、委任理論に立脚した国民主権論においては、一方で国民と同視される有権者団が一体不可分の主権の行使を議会を含めた政府（この場合、国民と同視される有権者団は含まない）に委任し、他方で国民の法人格化としての国家が国民と同視されるので、単一的統一体としての国家＝国民は一元的に支配されるが、このような国民主権論はオーリウの多元的（国民）主権論の対極に位置するからである。それだけにオーリウによる委任理論批判は徹底しており、委任理論に立脚した国民主権論に対する批判は「近代国家に関する彼の法的および政治的概念の柱の一つ[107]」なのである。委任理論批判がもっとも詳細に展開されるのは『公法原理　初版』（四一九-四三三）であるが、それを検討する前に委任理論の一般的な定義を示しておかなければならないであろう。委任理論とは、ごく簡単にいえば、一体不可分の主権は全体としての国民に存するが、全体としての国民は自らそれを行使することができないので、選挙をとおしてその行使を代表者に委任するというものである。このような内容の委任理論に関して彼が指摘する問題点としては、一体不可分の主権の均一性と委任された権限の多様性との不一致、権限を委任された代表者に自立性が欠如していることの非現実性、国民と有権者団の混同などである。このうち、国民と有権者団が混同されているということは、第一段階の権力分立（＝主権論）と第二段階の権力分立（＝一般的な意味における権力分立論）とが区別されていないということを意味するが、両者を区別すれば、前者においては全体としての国民（＝服従の主権の主体）と有権者団を含めた政府との関係が、後者においては有権者団と議会の関係が、それぞれ問題となり、前者の関係においては広義の政府の自立性が、後者の関係においては議会の自立性が、それぞれ確保されなければならない。このうち、前者の関係については、本来、公共精神を媒介とした服従の主権によって設定される統治者（＝政府）と被治者の間の代表関係について検討した箇所で論じるべきであるが、ここで論じることにしよう。このような論じ方が便宜的なものでないことは後ほど示すとおりである。その際、対象とすべきは最晩年の議論、換言すれば彼の法的国家論の到達点である。

まず、全体としての国民と有権者団を含めた政府（広義の政府）との関係についてである。すでに述べたように両者は服従の主権の主体と政府の主権の主体として均衡関係にある（べきである）が、このような均衡が成立する前提は、オーリウによれば委任ではなく歴史的に形成されてきた「統治組織の国民化（nationalisation）」（『憲法精義』一・二三〇、および二・一七一）である。では、「統治組織の国民化」とは何か。この点と関連して、彼は主権の概念史について興味深い議論を展開している。すなわち、主権の概念は封建制とは異質な近代的なものであり、近代国家の形成過程において君主が封建領主から「レガリア権[108]の名目で、換言すれば所有権の名目でこれらの特権を獲得した」（『憲法精義』一・二二〇、および二・一六五）ことに伴うものである。ここで「これらの特権」とは、裁判権・戦争と平和の権利・貨幣鋳造権・課税権などの国家の特権であり、君主はこれらの権利の名義人となることによって既存の封建領主の実効的権力を統合し、国家を統一していったのである。それ故、ボダンは主権を構成する主たる構成要素を立法権としつつ、その他の構成要素として、宣戦布告権と講和締結権・高官任命権・終審裁判権・恩赦権・貨幣鋳造権・課税権などを列挙するのである。[109]そして、政治「権力を所有するという観念」（同）であった主権は君主の中で政治権力あるいは統治権と混同されていたが、一七・八世紀になると「権力が社会〔＝国家〕を生み出すのではなく、社会が権力の主体だと観念される」[110]ようになり、一方で、「君臨と統治の分離」がなされ、換言すれば正当性と権力性が分離され、主権は「王国の所有権」とみなされるようになり（『憲法精義』一・二二一、および二・一六六）、他方で、相続による領土の分割を回避して「王国の不可分的一体性」（『憲法精義』一・二二一-二二二註（1）、および二・一六七註（22））を維持するために主権の一体不可分性が要求されるようになり、その結果、主権は家産的性質を払拭して「権力の昇華された（sublimé）所有権」[112]（『憲法精義』一・二二〇、および二・一六五）となったというわけである。[111]要するに、主権とは政治権力の一種の名義であり、革命期には、「主権とは統治権の享有（*jouissance*）であり、問題は誰の名で統治するかを知ることである」（同）として、名義人が君主から国民へと変更されたのである。このような理解は、フランス革命が「国権そのもの〔＝国家権力＝主権〕の帰属に関する闘争」[113]であったとする杉原泰雄の立場とは異なるが、それはともかく、このような意味における「統治組織の国民化」によってもたらされる主権＝統治権の享有の内容は「統治を統制し、統治に参加する権力」と「国家という起業を構成する（*constituant*）権力」とである（『憲法精義』一・二二三、および二・一六八）。このうち、後者は権力の行使を組織する権力であり、憲法制定権力（pouvoir constituant）ということになるとともに、享有の対象は統治権と統治組織ということになるが、[114]憲法制定権力については本節四で検討することにしよう。ここで確認すべきは、両者にはイニシアチヴは含まれない、換言すれば服従の主権は駆動力を付与する能力を有しないということである。イニシアチヴは広義の政府に属し、「最終的決定権（dernier mot）

は国民に留保されるべきである」(『憲法精義』一・一六九)。したがって、被治者と統治者を分かつものはイニシアチブとそれによって裏打ちされた自立性とであり、オーリウにとって統治権も含めた権力の核心部分はイニシアチヴである。そして、イニシアチヴと自立性は歴史的に形成されてきた統治者に固有の統治能力が現象したものであり、「それはドイツのヘルシャフト理論の所与である」(『公法原理』一・四三二)として、国家の権力性を直視するオーリウの現実主義は、この限りで、ヘルシャフト理論の正しさを容認する[115]。実は、ここに彼の法的国家論が主流になれない第三の原因があるとみるべきである。すなわち、権力の実体を「on という匿名[116]」で曖昧にして弱い権力の中に自由を求める「中道の共和国 (République du juste milieu)[117]」である第三共和制においては、カレ・ド・マルベール同様(一九頁参照)、このようなオーリウは異質な存在だったのである。いずれにしても、イニシアチヴと自立性を備えた統治者は「事務管理者 (gérants d'affaires) であって、受任者 (mandataires) ではない」(同・一八五)。このような関係は有権者団と議会の関係にも要求されるが、彼は後者の関係をかつて叙任といっていた。

そこで次に、有権者団と議会の関係についてである。両者を結びつけるのは選挙であるが、オーリウはすでに述べた理由から選挙に意思や権力の移転を認めない。これもすでに述べたことであるが、議会も含めた統治組織は歴史的に形成されてきた固有の自立的な統治能力を備えており、選挙はそのような統治組織に人を供給するための手段であり(『公法原理』一・四四一―四四二参照)、「それ以上ではない」(『憲法精義』二・一四九)。その意味で、彼によれば、「選挙それ自体は公務 (fonction sociale) である」(『公法原理』二・六五二) が、しかしこのことから、選挙権が公務であるということにはならない(『公法原理』一・五六八註(1))。彼にとって、初期以来一貫して選挙権は権利なのである。ただ、その根拠が制度体論の中期以前における委任理論(一二〇頁および一三九頁参照)から中期以後における制度体論[118]へと変化したこと、そして、このような変化に加えて、彼が「選挙は公務であると同時に権利である」(『公法原理』二・六五三註(1))と述べていることもあって、彼の選挙権の法的性質に関するさまざまな論者の理解は混乱している[119]。いずれにしても、「結局、実際には、国民主権の問題は選挙の優れた組織のそれに還元される」（同・六二四）というように、もちろん、有権者の役割に関する冷静な観察者である[120]彼が選挙の重要性を軽視しているわけではない[121]。そして、彼が批判するのは、国民と有権者団の同視を前提として選挙に意思や権力の移転を認めることが、命令委任[122]を伴って有権者団↓議会↓執行府という従属関係を招来し、ジャコバン主義にもとづく「議会の独裁」（『憲法精義』二・一七二）を正当化してきたということである。このような事態に復古王政期から七月王政期にかけて議院内閣制が接木された結果、議院内閣制は執行府に対する議会の統制ではなく支配の体制であると誤解され、第三共和制下では急進派による支配の下で執行府の弱体と不安定とは常態化してしまった。多くの論者が批判せざるをえなかった第三共和制下の議会主権は、理論的には革命期までさかのぼることができるという意味で、「フランスで常に繰返されてきた誤り」（同・一七三。さらに、一・二二八-二二九も参照）というわけである。この「誤り」を正すべく、彼は晩年に改革案を提示するが、改革案については次節で検討することにして、ここでは、この「誤り」の源である委任理論に対抗して彼が提示した叙任という概念について検討しておかなければならない。

オーリウにとって叙任（investiture）が委任（délégation）の対抗概念であるということは、委任理論批判がもっとも詳細に展開された『公法原理　初版』において、叙任の概念ももっとも詳細に論じられることになるということを意味する。彼によれば、叙任と委任の決定的相違は「権力の移転」（『公法原理』一・四三四）の有無であり、「叙任は、被叙任者のうちに、その権力の自律的性格を尊重し、かれにその権力を叙任者の名において一定の方向で行使する義務を負わす[123]」。したがって、叙任の構成要素は、被叙任者の自立性・叙任者の名で行動する被叙任者の義務・被叙任者の活動範囲の画定（investissement）であり、さらに、被叙任者に対する利益の提供を加えなければならない（同・四三六-四三七）。このうち、もっとも重要なのは被叙任者の自立性であり、と同時に当然叙任者も自律的存在であるので、委任の下では委任者か受任者のいずれかが他方を併呑してしまう可能性がある（委任における集権化）のに対して、叙任の下では自立性を有するという意味で分権化された複数の存在間において均衡が成立する（叙任における分権化）[124]。ただ、ここで注意すべきは、『公法原理　初版』の段階では、服従の主権の主体である国民と有権者団とが区別されていないということである（それに対して、三三九頁参照）。このことは、国民の主権は「立法府の構成員も含めた政府の構成員の選挙によって付与される叙任」をとおして行使される（同・四五三-四五四。さらに、四四七も参照）という記述に表れている。それに対して、両者を区別した場合、服従の主権の主体である国民→広義の政府の構成要素としての有権者団→議会という形で二重の叙任関係が形成されることになる。そして、第一の叙任は、すでに述べた（三四二頁）ように、公開制の下で彼のいう政治的自由が行使されることによって付与または拒否され（それ以前の問題については本節四で取り上げる）、第二の叙任は選挙によってそうされる。このうち、選挙は、これもすでに述べたことであるが、人の選出にとどまり、その意味で「本質的に形成的（constituant）」（同・四四一）である。この点彼は、選挙が意思や権力の移転を伴わないという意味で、選挙は「くじによる選出」（『憲法精義』二・一四九）と同じであるという。そこまでいえるかは疑問であるが、議員は再選を望むのならば一定の範囲で有権者の意向に従わなければならないことから、「選挙は、まさしく、それによって［有権者団と議会の］均衡が実現される作用［なの］である」（『公法原理』一・四四一-四四二）。その結果、有権者団と議会はそれぞれ自立的機関として同一化されず、両者を含めた広義の政府と服従の主権の主体である国民との関係も同様である。かくして、服従の主権の主体である国民・有権者団・議会は、一方で自立した存在として同一化されることなく、他方で均衡によって結びつけられる。彼の国民主権論は「『半代表制』的な現象を捉えて理論化したもの［であるが、］『半代表制』論と異なるのは、『代表者の意思と国民の意思との一致』と『命令的委任の禁止』[125]を相矛盾するものとして捉えるのではなくて、両者を共に代表制の本質をなすものとして捉えている点である」といわれる所以である。換言すれば、彼の描く国民主権の下では半代表は概念上直接制へと向かわない、さらにいえば、すでに示唆した（三三六-三三七頁）ように、国民主権の上位概念である国家主権の下では代表制が必然であり、この代表制は統治者と被治者の分離を前提としていることから直接制に向かって開かれていないのである。その意味で、彼の法的国家論は統治者と被治者の距離を縮める、さらには否定しようとするのではなく、両者の分離を組織しようとするものなのである。[126] これは大衆民主主義化の進展によって国民がより直接的に政治に関与するようになりつつあった一九世紀末から二〇世紀初頭のヨーロッパにおける動向、とくに直接民主制的制度が導入される第一次世界大戦後の傾向に反するものであり、[127] ここに、彼の法的国家論が主流になれない第四の原因があるといえる。しかし、国家も含めた集団には支配する側と支配される側とが常に存在し、服従の主権の主体である「国民は統治するのではなく、統治される」（同・四四二）存在である（註（92）参照）という彼が、「民主主義に幻想を抱かず現実を冷徹に見据えるレアリストの眼を持っていることは[128]」否定しえないであろう。彼は選挙の限定的な機能を客観的に認識したうえで、統治者と被治者の分離という現実から眼を背けないのである。そして、この「眼」にとって、急進派が支配する議会主権は本来あるべき姿としては映らないはずであるが、この点について節を改めて論じる前に国家の成り立ちに関する彼の議論について検討しておかなければならない。

四　憲法制定権力

国家の成り立ちに関する議論とは憲法制定権力論に他ならず、したがって、憲法制定権力論は、本来、法的国家論に関する本節の冒頭で取り上げられるべきである。ところが、そうではなく本節の末尾に至って憲法制定権力論を取り上げるのは、オーリウが憲法制定権力論を制度体論の中期に否定していた（『公法原理』二・六七〇）にもかかわらず、晩年に肯定するようになったからである。このような変化の背景には、ボーによれば、「制度体と創設の理論社会生命論」一九二五年において制度体論が完成されたという事実がある。[129] ボーの理解によれば、同論文における制度体の創設を国家に適用したのが最晩年（『憲法精義　第二版』）の憲法制定権力論であり、そうであるとするならば、憲法制定権力論は制度体論における変化が法的国家論に影響を及ぼした一例ということになる（一六八頁参照）。このような理解はもっともなように思えるが、ただ、憲法制定権力に関する中期から後期への変遷についてはもう少し丹念にみていく必要があるのではないか。そこで以下では、中期における憲法制定権力否定論を瞥見したうえで、晩年の肯定論について検討することとするが、その際、憲法制定権力と憲法改正権の区別の有無という視点が有効であろう。

制度体論の中期において、オーリウが憲法制定権力論を否定するのは、フランス革命以降の憲法制定権力という概念と委任理論との結びつきとの関係においてであり、憲法制定権力否定論は委任理論批判の一環なのである。[130] 彼によれば、「確立された団体としての事物の秩序」に先行して「いわゆる憲法制定権力」なるものは存在せず、そうではない意味における「憲法制定権力を有するのは［広義の］政府の通常の機関であり」、その機関は憲法制定権力を行使するにあたって「特別な手続を遵守する義務」を負う（『公法原理』二・六四〇）。ここでは、一見、憲法制定権力と憲法改正権が区別されていないように思えるが、仮にそうであるとしても、第三共和制下のフランスにおいて一般に両者が混同されていた（一五頁）ことからすれば、彼のみが批判されるべきではない。それよりもここで注目すべきは、確立された秩序とその下における成文憲法という法の主権とが前提とされているということであり、その結果として、彼のいう憲法制定権力の対象は成文憲法の制定と改正であり、確立された秩序には及ばない。実は、このような憲法制定権力の対象と射程範囲とはその後も変わらないのである。

ところで、ボーは、『憲法精義　初版』において「創設権力（pouvoir fondateur）」という概念が登場したことをもって、オーリウの憲法制定権力論に「若干の進捗があった」[131] という。ボーが引用する部分を訳出すれば、創設作用（opération de fondation）は創設権力と創設手続を前提とする。ここでは、創設権力は憲法制定権力といわれ、創設手続は憲法改正手続といわれる。というのは、同一の憲法が存続し、ときおりそれが改正されるにとどまるであろうことが常に前提とされるからである（『憲法精義』一・二八六―二八七）。

このうち、創設権力の対象は憲法の改正だけではなく実は制定も含むので、微妙な箇所（同・二八八参照）はあるが、同書においても憲法制定権力と憲法改正権は区別されていない（同・二二三―二二四、二九四、および五二六など参照）。そして、両者が区別されていないことから創設権力は「いわゆる憲法制定権力」ではないので、ここでも憲法制定権力論が肯定されているとはいえない。しかしながら、憲法制定権力という概念が正面から否定されているわけではない。この変化をボーは「若干の進捗」であるとして、「制度体と創設の理論　社会生命論」を経て、オーリウの憲法制定権力論は最晩年に「頂点に達する」[132]という。ボーは憲法制定権力に関する制度体論の中期から後期への変遷を連続性の側面に力点を置いて理解するわけである。それに対して、『公法原理　第二版』において明確に否定されていた憲法制定権力論が『憲法精義　初版』においては正面から否定されなくなったということは、決定的な変化といえるのではないか。その原因についてはいくつか考えられ、段落を改めてその一つを取り上げるが、いずれにしても、このように理解した場合、「若干の進捗」があったのは後ほど述べるように『憲法精義』の初版と第二版の間とみるべきであろう。

オーリウが憲法制定権力否定論から肯定論へと転じた原因の一つは、国家の成り立ちを「純粋な歴史的事実」（『憲法精義』一・二八四註（1））あるいは「法の歴史における奇跡」[133]として法的考察から排除する、その結果として法学が対象とする法を国家が制定する法に限定する法実証主義国法学に対抗するためである。もちろん、彼はドイツ法実証主義国法学を制度体論の中期以降繰り返し批判しており、そもそも『公法原理　初版』の執筆動機の一つはこの批判であろう（二〇二―二〇四頁参照）。ではなぜ、この批判が『憲法精義　初版』においてカレ・ド・マルベールの憲法制定権力否定論から肯定論への改説という形をとったのかといえば、その原因はおそらく、カレ・ド・マルベールの『一般国家論序説（*Contribution à la Théorie générale de l'État*）』の出現（第一巻一九二〇・第二巻一九二二年）であろう。「半世紀以上にわって、ゲルバーからイェリネクにかけて、……ドイツで流布した」（同・一一註（1））法実証国法学がカレ・ド・マルベールの「最近の重要な著作の中に厳格な形で見出される」（同・二八四註（1））のをうけて、オーリウは事の重大さを認識し、この事態に対応する必要に迫られたのではないか。[134] 現に、さっそく『憲法精義　初版』で憲法制定権力の法的性質を認めた（同・一〇）うえで、カレ・ド・マルベールを詳細に批判している[135]（同・二八四―二八六註（1））。したがって、「制度体と創設の理論　社会生命論」において制度体論が完成されたという事実の影響は否定しないが、『憲法精義　第二版』で展開される憲法制定権力論はすでに初版で準備されていたというのが本書の筆者の理解である。それに対して、『公法原理　第二版』と『憲法精義　初版』の関係は「若干の進捗」の有無といったものではなく、すでに述べた理由から断絶というべきであろう。そうであるとするならば、「若干の進歩」がったのは、これもすでに述べたことであるが、『憲法精義』の初版と第二版の間ということになる。[136] そこで、『憲法精義』の第二版を初版によって補う形で晩年の憲法制定権力論について検討することにしよう。

オーリウによれば、「憲法制定権力は、それが行使される作用によって、立法権から区別される」（『憲法精義』二一・二五二―二五三）。この作用は国家を創設する作用であり、そのためには、「すでに組織された政府」といわば「待機状態にある（très avertie）国民共同体」とが協働しなければならない。具体的には、「臨時政府が決定を下して行動し、それに対して直ちに国民が直接同調する」のであるが、これら決定と同調によって国家「創設の法的な行為（acte juridique）」が存在するといえる（同・二五三）。そして、国家創設作用の過程で、あるいはその帰結として、「国家の規約」（同・二四六）としての成文憲法が制定され、この憲法は「国家の始原的（première）憲法」（同・二五五）である。

国家の創設と憲法制定権力とに関するこのような叙述の最大の問題は、政府の決定とそれに対する国民の同調とによって国家の創設を「法的な行為」とすることが可能であるか否かという点である。この点第一に、確かに、政府の決定とそれに対する国民の同調とによって国家の創設を説明するという手法は制度体論を国家に適用したものであり、その結果、憲法制定権力の行使は確立された秩序に及んでいるといえる。しかし、政府の決定とそれに対する国民の同調とによって制度体が形成される過程、いわば「錬金術師の釜」[137]が確立されたのは、ボーの主張に反して、「制度体と創設の理論　社会生命論」ではなく、『公法原理　第二版』においてである（二五一―二五四頁および二八八―二八九頁参照）。第二に、国家の創設を「法的な行為」とする目的はすでに述べたように法実証主義国法学に対する批判であり、その克服であるが、この点についてはすでに『憲法精義　初版』において論じられている。

実は、オーリウは国家創設の法的性質を制度体としての国家の形成過程ではなく、法実証主義国法学が否定する国家に先行する法に求める。彼によれば、法実証国法学が国家法という「一種類の法」しか認めないのに対して、それに加えて国家に先行する法が存在し、その結果、「少なくとも二種類」の法が存在する。そうでなければ、「人類は真の法を有することなく〔長期間〕存続してきた」ことになる。ここで国家に先行する法とは「始原的な自由（liberté primitive）の法」であり（『憲法精義』一・二八四註（1）。さらに、一一―一三註（1）も参照）、この法は法的取引から生じる「民事法という共通法」（『憲法精義』二・一〇二）である。「共通法」は本来制度体の外で形成され、その一部は制度体の中に取り込まれる。そして、「共通法」は制度体の内外で行われる法的取引を規律することから、諸制度体間のいわば万民法であるとともに、法的取引における「個人の自立にもとづいた法」（『憲法精義』一・二八六註（1））である[138]。さらに彼は、一九世紀半ばから二〇世紀初頭にかけて「公法に関する研究が被ってきた大きな害悪は権力に関する古典的理論の放棄である」として、「法を創るのは政治権力であり」、「個人的価値の優越性」にもとづいた「個人的権力」＝「個人の意思」であるという。このような主張は権力性を全面に押し出しているように思えるが、そここには「民主制の下で」という留保が付されている（同・二八五註（1））。この留保が意味するところは、服従の主権による制約が存在するということであろうが、ということは、制度体の存在が前提とされているのであろうか。そうであるとするならば、「政治権力」によって創られる法は当然「制度体の内部の法」（同・一一二註（1））であり、国家法であろう。では、「共通法」と憲法制定権の法的性質とはいかなる関係にあるのであろうか。この点については後ほど言及するが、このように国家に先行する法との関係ではいくつかの曖昧な点が存在し[139]、それによる国家創設の法的説明が成功しているか否かはにわかに判断できない。しかしそれよりも問題なのは、「法の真の源は国家ではなく法の力（pouvoir）である」[140]として、国家創設の法的性質、したがって憲法制定権力の法的性質を国家に先行する法に求めるのであれば、法的国家論における制度体論の役割は、国家創設の過程を対象としない以上、限定的なものにならざるをえないということである。ここで限定的な役割とは、制度体として成立した国家を分析する枠組みであるということは、国家創設の過程は自然法論によって、成立した国家は制度体論によって、それぞれ説明され、その結果として法的国家論は分裂してしまったということであろうか。そうであるとするならば、制度体論に本来期待される、国家の創設において事実的なものが法的なものへと変換される過程とこの過程において憲法制定権力が果たす役割とを理論化するということを晩年の制度体論が放棄したことになるが、その原因は、制度体が分析の対象から分析の枠組みへと転換されたこと（二八九‐二九〇頁参照）にあるのであろうか[141]。この点は断定できないが、ここでいえることは、憲法制定権力は制度体としての国家それ自体を創出するものではないということである。

確かに、すでに述べたように国家の創設には政府の決定と国民の同調とが必要であることから、両者の後に憲法制定権力が行使されて成文憲法（＝始原的憲法）が制定されるまでは制度体としての国家は存在しない。しかし、彼のいう憲法制定権力は「すでに組織された政府」に帰属しているのであり、「いかなる仕方で望もうとも、国民が望みさえすれば十分である」[142]というようなシエースのいう憲法制定権力とはまったく性質を異にする。オーリウのいう憲法制定権力は制度体ではないにしても一定の客観的な秩序の存在を前提としているのであり、この秩序によって拘束され、それ故、これもすでに述べたことであるが、すでに一定の手続（憲法制定国民議会やレファレンダム）が予定されているのである。そしてオーリウは、「憲法の硬性性は手続の問題にすぎない」のであり、「憲法制定権力の問題を硬性憲法のそれに結びつける」べきではないという（『公法原理』二・六七九。さらに、『憲法精義』二・二四六―二四七頁も参照）。したがって、成文憲法の「法律に対する優位（superlégalité）」（同・二四七）の根拠は憲法制定権力が担っている実体的価値やこの価値が成文憲法によって具現されていることにではなく、その制定（改正）手続にある。ただし、憲法制定権力は、すでに述べたように一定の客観的な秩序、具体的には国家に先行する「文明を形成している秩序と正義との個人主義的な偉大な諸原理の正当性」（同・二五五）によって制約される。おそらく、この「諸原理」と憲法制定権力との間に介在するのがすでに述べた「共通法」であろう。いずれにしても、憲法制定権力と区別されない憲法改正権にも限界があるということになるが、憲法改正の限界については次節二で取り上げることにしよう。(143)結局、もちろんオーリウにおいても憲法制定憲法力と憲法によって設定された権力（pouvoirs constitués）とは区別されている（例えば、同・一六八）が、しかし憲法制定権力と憲法改正権はともに一定の秩序を前提とし、国制に関する規範を創設するという点では同じである以上、そもそも区別される必要はないのである。

オーリウにとって、国家とは均衡のある体制として組織化された国民の法人格化であり、実体ではなく組織の仕方である。それに対して、国民は国家の実体であり、国家に還元されることのない自立的制度体の連合である。自立的制度体の連合である国民は国家の客観的個体であり、その中で統治者と被治者が分離され、両者が国家のイデーによって結合されることによって国民の精神人格が形成される。この精神人格が対外的に現象したものが国家の法人格に他ならない。ところで、このように組織化された国民は国家体制と呼ばれるが、国家体制の目的は私的所有権の享受から成る個人主義的な社会秩序である民事体制の保護である。換言すれば、国家体制の存在理由は私的な自由の保護ということになるが、私的な自由は国家体制における自由（＝公的な自由）が存在しなければ成り立たない。その結果、目的である私的な自由と手段である公的な自由とは本来一体不可分であり、しかも、公的な自由は個々の市民の自由の集積ではなく、全体としての国民の自由な状態の帰結である。そして、全体としての国民の自由な状態を支えているのが彼独特の多元的主権論であり、多元的主権論は自立的制度体の連合である国民の複合性の帰結である。つまり、国民＝国家の個体の複合性が国家の主権の多元性として現象し、国家主権は政府の主権・服従の主権・法の主権によって構成される。したがって、国家主権は複合的意思であり、個々の主権は法主体の意思であることから、主権の多元性は法源の多元性を意味する。多元的主権論においては、政府（の主権）による決定に対して、服従の主権の主体である被治者は賛否を表明し、法の主権が両者の相互作用を枠づける。その結果三つの主権が均衡し、ここに状態としての国民主権が成立する。その際重要な点は、被治者が服従の主権を行使するには政治的自由が必要であることから、政治的自由が主権論の中に取り込まれているということである。しかも、すでに述べたように政治的自由は全体としての国民の自由な状態の帰結であり、全体としての国民の自由な状態を支えているのは多元的主権論であることから、結局、多元的主権論の動態的な側面が状態としての国民主権であり、静態的な側面が全体としての国民の自由な状態であると理解することができる。

以上は制度体として成立した国家についてであるが、その成立過程の法的説明は制度体論としては必ずしも成功しているとはいえない。その理由は、国家創設の法的性質を制度体としての国家の成立過程ではなく、国家に先行する法に求めるからである。オーリウにとって、憲法制定権力は制度体としての国家それ自体を創出するものではないのである。制度体の形成において確立された状態が重要な役割を果たすことからすれば、このことは当然であるといえるであろう。その結果一方で、法的国家論における制度体論の役割は制度体として成立した国家の分析にとどまるとともに、他方で、国家に先行する法との関係で法的国家論における自然法的要素が強まらざるをえない。自然法論はオーリウの法理論にストレートに表れることが少ない（二九四頁）中にあって、晩年の彼の法理論が全般に自然法的色彩を帯びざるをえない原因の一つ（それ以前の原因については、前節註（62）参照）はここにあるとみるべきであろう。この自然法の内容については前章第三節二で検討したが、自然法論それ自体が彼を第三共和制下の法学界において傍流へと押しやったわけではない。その原因は自然法論の背後に存在する、あるいはそれを支えているカトリック思想であり、あえてもう一つ挙げるとすれば、伝統的で保守的な法学者の反発を招いたであろう彼の法理論における社会学的要素である（一五一－一五二頁）。それに対して、憲法学界において彼が主流になれなかった原因は、新奇な権力分立論（三三七－三三八頁）・国家の権力性を直視する現実主義（三四八頁）・反というよりも非直接民主制的傾向（三五〇－三五一頁）であり、これら「異端の理論」（一五二頁）がエスマンに代表される憲法「学の規準（canon）からあまりにも逸脱している」[144]ことから、換言すればオーリウの法的国家論のあまりの独自性故に、オーリウは憲法学界においても傍流に甘んじざるをえなかったのである。このようないわば異端性は第三共和制下の憲法学界に共通の課題である議会主権の克服のための改革論においてもみられるが、そこにおいて、これまでもそうであったように、彼は決して奇をてらっているわけではない。したがって、われわれは彼の改革論の真の姿と根拠とを見きわめなければならないのである。

（1）　水波朗『トマス主義の憲法学』一九八七年四七頁。
（2）　石川健治『自由と特権の距離［増補版］』二〇〇七年一九六頁註（450）。さらに、cf. Olivier Beaud, "Hauriou et le droit naturel", Revue d'histoire des facultés de droit et de la science juridique, 1988, p. 126.
（3）　小島慎司「近代国家の確立と制度体の自由（二）――モーリス・オーリウ『公法原理』第二版における修道会教育規制法律へ

の批判の分析――」国家学会雑誌一二一巻五・六号二〇〇八年一一七頁。

（4）Roland Maspétiol, "L'idée d'Etat chez Maurice Hauriou", Archives de philosophie du droit, 1968, p. 250.

（5）小島慎司『制度と自由』二〇一三年一五五頁。

（6）例えば、最晩年の『憲法精義　第二版』（九七–九八）において、「法的取引と同様に、共通法〔＝万民法〕には国境はない」として、法的取引（から生じる私法）と共通法の前国家性と同時に、両者の類縁性が強調されている（制度体の内部法と外部法については、橋本博之『行政法学と行政判例』一九九八年二四一–二四二頁参照）。したがって、この点からも、国家による法人格付与の自由は制限されることになる（前章第二節註（11）参照）が、水波朗は、「国家に先立つ多様な部分社会は、国家の実定法による法人格付与に先立って、……自然法によってすでに『法人』……であ」るという（水波・前掲書註（1）、四三頁）。

（7）権威主義の背後に人格主義が存在し（cf. Georges Gurvitch, "Les idées＝maitresses de Maurice Hauriou", Archives de philosophie du droit et de sociologie juridique, 1931, p. 181 ; Le même, *L'Idée du Droit Social*, 1932 (rééd., 1972), pp. 660–661）、最晩年のオーリウは人格主義的傾向を強めたという論者（Albert Broderick, "Preface", Albert Broderick (ed.), *The French Institutionalists*, 1970, p. xiv）がいる。確かに、『公法原理　第二版』以降イデーが制度体論において重要な役割を果たすようになり、イデーが精神人格の構成要素である（二五〇–二五一頁）ことから、晩年の彼は人格主義的傾向を強めたようにみえる（飯野賢一「モーリス・オーリウの公法学説研究（三・完）――制度理論・ナシオン主権論の構造解明に向けての試論――」早稲田大学大学院法研論集九〇号一九九九年三七–三八頁）かもしれない。しかし、忘れてはならないのは、イデーは主観的なものではなく、現実からも人間の精神からも独立した客観的存在である（本書一四六頁）ということであり、したがって、イデーを重視することが法理論の主観化をもたらすわけではない（同右・二五六–二五七頁）。

（8）Cf. Norbert Foulquier, "Maurice Hauriou, costitutionnaliste 1856–1929" in Nader Hakim et Fabrice Melleray (dir.), *Le renouveau de la doctrine française*, 2009, pp. 290–291. さらに、『公法原理』一・二四八–二四九も参照。

（9）トロペールは、「当時の公法学の泰斗の大部分は、よくてもせいぜい数行をこの〔法治国という〕概念に費やしているのみである。デュギーは簡潔な（そして批判的な）説明を行っているが、オーリウ……においては、法治国という術語は索引に登場すらしない」という（ミッシェル・トロペール（南野森編訳）『リアリズムの法解釈理論』二〇一三年八七頁）が、ここではオーリウのみに限っても、このような指摘は明白な誤りである（『公法原理』の初版と第二版との索引参照）。善意に解釈すれば『憲法精義』のみを念頭に置いての指摘ということになるであろうが、憲法学にとっての重要性という点で『公法原理』と『憲法精義』は対等である以上、一方のみを念頭に置くのは片手落ちであるとの誹りを免れないであろう。法治国家という用語のフランスでの継受あるいは受容については、cf. Luc Heuschling, *État de droit, Rechtsstaat, Rule of Law*, 2002, pp. 376-381.

（10）　オーリウは国民と人民を常に区別しているわけではないが、両者を区別する場合、人民に対して否定的な評価を下している。すなわち、「団体的で組織的な概念」である国民においては、支配階級およびその政府と民衆とが区別され、前者による全体に対する統制をとおして「秩序原理」が支配するのに対して、「反団体的で非組織的な概念」である人民においては、確たる支配階級は存在せず、「集合した諸個人の多数の衝動」が支配する。このうち、人民は支配者と被支配者が流動化した「社会学でいうところの群集状態」にあり（『公法原理』二・六三〇）、「主権的群衆」（七七七）である「神秘的集団」（六三九）がもたらす無秩序の赴くところは帝制であるとして、彼は革命期の混乱を招いた「忌まわしいジャコバン的傾向」（Charles Eisenmann, *Écrits de théorie du droit, de droit constitutionnel et d'idées politiques*, 2002, p. 44）に対する嫌悪を示している。「人民の無定型の意思へのオーリウの消極的評価」（小島・前掲書註（5）、二六六頁註（88））が指摘される所以である。もっとも、だからといって彼が人民主権との「対抗関係」（六二九）において捉えられた国民主権を無条件で肯定しているわけではなく（両主権の区別は当時のカトリック系の論者にとって一般的であったといわれる（Jean-Louis Clément, "La théorie juridique de Maurice Hauriou : l'adhésion de la démocratie chrétienne 1919-1930" in Annie Stora-Lamarre, Jean-Louis Halpérin et Frédéric Audren (dir.), *La République et son droit (1870-1930)*, 2011, p. 162)）、それ故、多元的主権論を主張するのである。なお、人民主権は「公衆（public）の主権」（六二一）ともいわれる。彼のいう公衆の意味についてはすでに述べた（前章第二節註（149））が、その意味するところは晩年に至ってやや一定しない（『憲法精義』二・九〇-九一参照）。その原因は、制度体論の中期以降に現れるダイシーの影響であろうか（例えば、A・V・ダイシー（清水金二郎訳）『世論と法律』一九七二年一〇六-一一一頁参照（晩年のオーリウは同書の目次を引用している（『憲法精義』一・二二六-二二七註（2）、および二・一六二-一六三註（17））））。オーリウに対するダイシーの影響については、本節二で取り上げる。

（11）　Hansjügen Friedrich, *Die Institutionenlehre Maurice Haurious*, 1963, S. 51 Anm. 47.

（12）　オーリウは、国民について、「組織化された社会体（corps social）」であるから「きわめて客観的な実在」であるともいい、このような国民はとりわけその客観性という点でイェリネクのいう国民（G・イェリネク（芦部信喜他訳）『一般国家学』一九七四年九〇-九一頁参照）とは異なるとする（『公法原理』一・二五三）が、その客観性を支えているのは国民を構成する自立的制度体と個々の確立された状態とであろう。

（13）カール・シュミット（阿部照哉・村上義弘訳）『憲法論』一九七四年八一頁。

（14）Cf. N. Foulquier, supra note (8), pp. 284 et 293. 集権化については、磯部力「モーリス・オーリウの行政法学」兼子仁・磯部力・村上順『フランス行政法学史』一九九〇年二六〇-二八七頁、橋本・前掲書註（6）、一五-一九頁、ならびに木村琢磨『財政法理論の展開とその環境』二〇〇四年一三五-一三九頁および二〇六-二一八頁参照。

（15）前章第二節四（二五三-二五四頁）で述べたように、オーリウは『公法原理　第二版』において制度体における人格と個体の結合について次のように主張する。すなわち、制度体は実現されるべきイデー・共通意思である「願望意思」・客観的個体に属する「権力または実現意思」から成るが、イデーと「願望意思」は主観的人格を構成するので、「制度体の魂」であり、「権力または実現意思」は体であり、魂と体が合体して制度体は「魂を備えた体」となる。このうち、「権力または実現意思」を個体と結びつけることには、本節二で検討する同書で展開された多元的主権論との関係でやや無理があるのではないか。結論のみを述べれば、「権力または実現意思」は政府の主権に属し、「願望意思」を支えているのが個体とすべきではないか。

（16）オーリウは国家のイデーについて『公法原理　第二版』で興味深い理論を展開している。彼によれば、「一般利益または共通利益のイデーは……国家のイデーのすべてではない。国家には［それらと］違った意味で深いイデーが存在すべきであるし、現に存在する。［具体的には、］公的生活と私的生活の区別、政治的主権と所有権との概念、……個人の諸自由、……憲法上の諸分離である」（『公法原理』二・二七六註（1））。この引用の意味するところが、国家のイデーは一般利益のイデーと「これらのイデー」とから成るということであるとするならば、国家のイデーは複合体（composé）ということになる。そして、「国家のイデーの中には……指導的または規約的な諸原理が存在し、共通意思の中で自覚されるようになったこれらの諸原理は国家の魂それ自体である」（二七七註（1））。

（17）Raymond Carré de Malberg, *Contribution à la Théorie générale de l'État*, t. I, 1920（rééd. 1962. 同書は二〇〇四年にも復刊されたが、本書は一九六二年版を用いた）, p. 40 note 33.

（18）磯部・前掲論文註（14）、三四五頁。

（19）「国民国家を特徴づけるものは、国家体制（régime d'état）として組織化された国民である」（『公法原理』一・一二五）と述べられていることから、régime d'État と régime d'état は同義である。

（20）木村・前掲書註（14）、一四二頁註（7）。さらに、cf. Jean-Arnaud Mazères, "Réflexions sur une réédition : les《Principes de droit public》de Maurice Hauriou", Jus Politicum, revue de droit politique, N° 6, 2011（電子版）, §53（電子版には頁数が付されておらず、引用箇所は段落（§）で示した）.

（21） José Fernando de Castro Farias, La reformulation de l'État et du droit à la fin du XIXème siècle et au début du XXème siècle : les énoncés de Léon Duguit et de Maurice Hauriou, thèse（Université Montpellier Ⅰ）, 1992（microfiche）, p. 593.

（22） 国家体制は『行政法精義』の導入部分である広義の公法を論じた部分＝憲法概論で扱われていたが、この部分が第六版以降なくなった（一一六頁参照）ため、国家体制も第六版以降扱われなくなった。

（23） 木村・前掲書註（14）、一三五頁。

（24） 同右・一三五-一三九頁。

（25） 民事体制という訳語については、水波・前掲書註（1）、四一頁に拠る。民事体制は、「統治が軍事的権力の手に委ねられていない制度の意味」では、それ以前から用いられていた（木村・前掲書註（14）、一四一頁註（6））し、このような軍事体制（régime militaire）の対概念としての民事体制はその後も維持されている（『行政法精義』七・三二九-三三一、八・三三六-三三七、九・三七八-三七九、および一〇・二九六-二九七参照）。

（26） Marcel Waline, "Les idées maîtresses de duex grands publicistes français : Léon Duguit et Maurice Hauriou", L'Année politique française et étrangère, 1930, p. 56. さらに、一三〇頁も参照。

（27） 水波・前掲書註（1）、四三頁。さらに、木村琢麿『ガバナンスの法理論』二〇〇八年三九-四〇頁、および本書一三五頁も参照。

（28） 政治権力の対象が人であり、経済権力の対象が物であることとの関係で、オーリウが領土に対する国家の支配権の性質をいかに捉えているかは興味深い。彼は制度体論の前期以来、文明をもたらす定住という生活形態との関係で領土を重視してきた（『社会科学』三〇三-三〇五および三六四-三六五、『憲法精義』二・四一-五一、ならびに水波・前掲書註（1）、三八-三九頁参照）が、領土とは一方で、法人としての国家にとって命令権の範囲を画するものであり、他方で、「国家の法人格の背後に存在する個体としての国民の一構成要素」である。そして、後者の意味における領土に対する国家の支配権は、領土が個体の一部であることから物に対する一般的な所有権ではなく、自然人が自己の人体に対して有する権利のようなものであり（『公法原理』一・二六二-二六四）、公権力に属する。したがって、領土に対する国家の支配権の性質という点で、彼はゲルバー-ラーバント（拙著『国民主権と法人理論――カレ・ド・マルベールと国家法人説のかかわり――』二〇一一年五八-五九頁註（78）および一一六頁註（156）参照）に近いといえるであろう。さらに、cf. François Fournié, *Recherches sur la décentralisation dans l'œuvre de Maurice Hauriou*, 2005, pp. 107–114. 前章第二節註（149）も参照。

（29）公役務無料原則については、木村・前掲書註（14）、二三八–二五七頁参照。

（30）と同時に、国家体制における公権力と私的所有権の分離は、オーリウの理解では現代の家産国家とでもいうべき集産主義（collectivisme）の否定を意味する（例えば、『公法原理』一・三五七–三六五参照）。そして彼は、個人の自由を前提とした公権力と私的所有権の協働の有無という点で、国家体制は家産国家（このような協働はいまだ存在しない）と集産主義（このような協働は消滅してしまった）の「中間的状況」にあるという。集産主義については、木村・前掲書註（14）、五〇–五一頁参照。

（31）小島・前掲書註（5）、二七五–二七六頁参照。国家法人説の目的の一つが家産国家の否定であるという点については、前掲拙著註（28）、三一–三三頁および三二〇–三二一頁、ならびに門脇雄貴「国家法人と機関人格（二）――機関訴訟論再構築のための覚書――」首都大学東京法学会雑誌四八巻二号二〇〇七年二七二–二七八頁参照。

（32）小野紀明『フランス・ロマン主義の政治思想』一九八六年二四五–二六九頁、および大石眞『権利保障の諸相』二〇一四年二一–二五頁参照。

（33）シュミット・前掲書註（13）、一五五頁。

（34）石川・前掲書註（2）、一九二–一九三頁参照。

（35）Frédéric Audren et Marc Milet, "Préface Maurice Hauriou sociologue Entre sociologie catholique et physique sociale", Maurice Hauriou, *Écrits sociologiques*, 2008, p. XL.

（36）オーリウによれば、制度体論の中期に属する『国民主権』は、国民の制度体と国家の法人格との区別と、その論理的帰結である国民主権と国家主権の区別という点で、『公法原理　初版』（第一〇章「憲法上の均衡または政治的分権」）を発展させたものである（Maurice Hauriou, *La souveraineté nationale*, 1912, p. 11 note 1）。

（37）G. Gurvitch, supra note (7), p. 182 ; Le même, *supra note* (7), p. 698.

（38）磯部・前掲論文註（14）、三三二頁。

（39）Christopher Berry Gray, *The Methodology of Maurice Hauriou*, 2010, p. 17. オーリウとモンテスキューの関係については、小島・前掲書註（5）、七〇–七五頁参照。

（40）Vgl. Paul Laband, *Das Staatsrecht des Deutschen Reiches*, Bd. II, 1878, S. 67ff. ; 5. Aufl., Bd. II, 1911, S. 85ff.

(41) F. Audren et M. Milet, supra note (35), p. XXXVI.

(42) M. Waline, supra note (26), p. 56.

(43) その他の「多くの『分離』」については、『公法原理』一・三六七-四一四参照。

(44) 光信一宏「フランス第三共和制下の執行権論——カレ・ド・マルベールとオーリウの所説を中心に——」愛媛法学会雑誌一五巻二号一九八八年一九七頁。

(45) オーリウは「新しい［権力］分立」と「古典的権力分立」という（『公法原理』二・六六九）。このうち後者、つまり統治者（＝政府）の内部における権力分立についても変遷がみられる。制度体論の、おそらく前期までは、立法権・執行権・司法権から成る通常の権力分立論であった（一二〇頁、および『行政法精義』四・一八参照）が、これが、中期には、選出権（pouvoir électif）・立法権・執行権（高橋和之『現代憲法理論の源流』一九八六年三五二頁）へと、後期には、賛同（assentiment）権・審議権・執行権（光信・前掲論文註（44）、一九九頁。さらに、『憲法精義』二・三五一-三五二も参照）へと、それぞれ変遷した（このうち、賛同権は投票（suffrage）権ともいわれ、投票には選挙における投票とレファレンダムにおける投票とが含まれる（『憲法精義』一・四一〇、および二・三五一）ので、suffrage を選挙と訳すことはできない（『公法原理　第二版』（六三五、六九五-六九六および七〇一）においても同様））。中期から後期にかけての、議員の選出または国政への賛同→法律の制定→法律の執行という「時間的概念」（Eric Millard, "Hauriou et la théorie de l'institution", Droit et société, 1995, p. 396）に立脚した権力分立論における特徴はその構成要素の一つである選出権または賛同権である。その結果として司法権は権力分立の対象ではなくなるが、司法権による立法権と執行権への介入を禁止し、司法権の役割を訴訟における法律の解釈・適用に限定する行政体制（第一章第二節註（24）。さらに、四〇一頁も参照）においては、そもそも、司法権は立法権と執行権に対抗できる権力ではない（『憲法精義』一・四〇八、および二・三五〇参照）。また、司法権は第一段階の権力分立の構成要素である法の主権とは本来異質なものであるが、違憲審査制が導入されれば裁判所が法の主権の担い手となることは次節二で述べるとおりである。

(46) 国家の法人格と国民の部分の法人格との並存について、ミシュウは、カレ・ド・マルベールと異なり（三一八頁参照）、客観的個体と法人格の区別には賛意を示しつつ、反対している（Léon Michoud, "La personnalité et les droits subjectifs de l'Etat dans la doctrine française contemporaine" in *Festschrift Otto Gierke zum siebzigsten Geburtstag*, 1911, pp. 512-523）。

(47) ただし、主権の内実を意思のみによって構成した場合、『公法原理　第二版』の多元的主権論において説明に窮する部分が生じることについては、『公法原理』二・六六四参照。この点については、本節三で改めて取り上げる。

（48） Cf. Jean-Arnaud Mazères, “La théorie de l'institution de Maurice Hauriou ou l'oscillation entre l'instituant et l'institué” in *Pouvoir et liberté : études offertes à Jacques Mourgeon*, 1998, p. 257.

（49） 小島・前掲書註（5）、六九頁註（132）。

（50） 飯野賢一「モーリス・オーリウの公法学説研究（一）――制度理論・ナシオン主権論の構造解明に向けての試論――」早稲田大学大学院法研論集八七号一九九八年五頁。

（51） 澤登文治『フランス人権宣言の精神』二〇〇七年六頁。

（52） Cf. Félicien Lemaire, “Propos sur la notion de《souveraineté partagée》ou sur l'apparence de remise en cause du paradigme de la souveraineté”, Revue française de Droit constitutionnel, 2012, p. 847 note 72.

（53） Michel Halbecq, *L'état son autorité, son pouvoir*（*1880-1962*）, 1964, p. 543.

（54） Stéphane Pinon, “Le pouvoir exécutif dans l'œuvre constitutionnelle de Maurice Hauriou”, Revue d'histoire des facultés de droit et de la science politique, 2004, p. 127.

（55） オーリウのエリート主義あるいは貴族主義を指摘する論者は多い（浜田純一「制度概念における主観性と客観性――制度と基本権の構造分析序説――」現代憲法学研究会編（小林直樹先生還暦記念）『現代国家と憲法の原理』一九八三年五一七-五一八頁、光信・前掲論文註（44）、一九六-一九七頁、および飯野・前掲論文註（50）一三頁、M. Halbecq, *supra note*（53）, pp. 541-542 ; Bernard Denni, “Représenter : gouverner au nom du peuple? La contribution de Maurice Hauriou à l'analyse de la relation gouvernants-gouvernés” in François d'Arcy（dir.）, *La représentation*, 1985, pp. 83-85 ; S. Pinon, supra note（54）, pp. 126-127）。また、少数派権力と多数派権力については、エリート主義あるいは貴族主義に関して挙げたもの以外では、Ch. Eisenmann, *supra note*（10）, pp. 41-46 ; G. Gurvitch, supra note（7）, p. 180 ; G. Gurvitch, *supra note*（7）, p. 696 ; E.A. Poulopol, “L'idée de libéralisme dans l'œuvre juridique de Maurice Hauriou” in *Mélanges Paul Negulesco*, 1935, pp. 595-596.

（56） オーリウの主張する自己制限を主として行政法の観点から説明するものとして、磯部・前掲論文註（14）、三二八-三三二頁。

（57） Cf. Lucien Sfez, *Essai sur la contribution du doyen Hauriou au droit administratif français*, 1966（rééd., 2011）, pp. 18-22.

（58） 磯部・前掲論文註（14）、三四二頁註（17）。

（59） 前掲拙著註（28）、二四三頁。さらに、vgl. Ulrich Häfelin, *Die Rechtspersönlichkeit des Staates*, Bd. I , 1959, S. 246.

（60） *Ibid.*, S. 234 Anm. 114.

(61) 磯部・前掲論文註（14）、三三二頁。さらに、前掲拙著註（28）、一四三頁註（52）も参照。

(62) Cf. N. Foulquier, supra note (8), p. 291.

(63) Victor Leontowitsch, "Die Theorie der Institution bei Maurice Hauriou", Archiv für Rechts-und Sozialphilosophie, 1937, S. 210 Anm. 21. オーリウによれば、連邦制の支邦は対外的にも対内的にも自立性という意味での主権を有しないが、政府と被治者としての国民とが対峙するという「主権状態」にあり、「自立性が完全ではない半主権（mi-souverains）国家」である（『公法原理』一・四五六-四五八）。したがって、彼にとって主権は相対的な概念であるといわざるをえない。さらに、『公法原理』二・一一二-一一三も参照。

(64) 磯部・前掲論文註（14）、三三三-三三四頁。

(65) 高橋・前掲書註（45）、三四八頁。飯野賢一「モーリス・オーリウの公法学説研究（二）——制度理論・ナシオン主権論の構造解明に向けての試論——」早稲田大学大学院法研論集八八号一九九八年九頁および一九-二〇頁も同旨。

(66) 小島・前掲書註（5）、七四頁。

(67) 高橋・前掲書註（45）、三五一頁。

(68) シュミット・前掲書註（13）、二四八頁。

(69) 飯野・前掲論文註（7）、二七頁。

(70) N. Foulquier, supra note (8), p. 295.

(71) Cf. André Hauriou, "Les derniers aspects de la pensée du Doyen Maurice Hauriou" in *La pensée du doyen Maurice Hauriou et son influence*, 1969, p. 137.

(72) 飯野・前掲論文註（7）、二六頁。

(73) 同右・四四頁註（49）、および小島・前掲書註（5）、七五-七八頁。オーリウのダイシーに対する影響については、cf. Albert Broderick, "L'influence de la pensée du Doyen Maurice Hauriou aux Etats-Unis et en Angleterre" in *ibid.*, p. 272.

(74) Vgl. Roman Schnur, "Einführung", Ders. (Hrsg.), *Die Theorie der Institution und zwei andere Aufsätze von Maurice Hauriou*, 1965, S. 19. アングロマニーの伝統に関する概観ついては、cf. Gabriel Bonno, *La Constitution Britannique devant l'opinion française de Montesquieu à Bonaparte*, 1932, pp. 273-275.

(75) 飯野・前掲論文註（65）、一〇頁。さらに、高橋・前掲書註（45）、三四九頁も参照。

(76) 飯野・前掲論文註(65)、一一頁。
(77) 高橋・前掲書註(45)、三五〇頁。オーリウが国民と人民を常に明確に区別しているわけではない旨すでに述べた(註(10))が、このような曖昧さには、意思を形成し表明することができる組織性を混入してしまう危険性が孕まれているという指摘がある(Julia Schmitz, *La théorie de l'institution du doyen Maurice Hauriou*, 2013, p. 209)。
(78) 水波・前掲書註(1)、五二―五三頁、および飯野・前掲論文註(7)、四四頁註(52)。
(79) それに対して、飯野賢一は、「規約は『イデー』に対応する要素であるため……、[『公法原理 第二版』以降]におけるイデーの重視[本書二四一頁参照]が、ナシオン主権論における規約主権の導入に影響を与えた」(飯野・前掲論文註(7)、三八頁)として、『憲法精義』二・八六註(6)を引用している(飯野・前掲論文註(7)、五〇頁註(71))。規約はイデーを反映したものである(『公法原理』二・五九―六〇および二六八参照)ことから、イデーの重視と規約の主権の登場との間にまったく関係が存在しないとはいわないが、『憲法精義』二・八六註(6)で注目すべきは、イデーと規約の主権との関係以上に、この註も含めて同頁で規約の主権に代わって登場した公的な事柄の主権(souveraineté de la chose publique)であろう。公的な事柄の主権については後ほど言及する。
(80) 高橋・前掲書註(45)、三四九頁。したがって、オーリウのいう国民主権は、「権力分立的法治国家を意味し、……君主制的であると民主制的であるとを問わずあらゆる『絶対主義』に対立し……、なお古典的伝統の、理想的な意味をなおいくらか保持している」(シュミット・前掲書註(13)、二六〇頁)という意味での共和制に近いといえるであろう。
(81) 飯野賢一は、「『法の二つの層』という視点から見ると、オーリウの主権論を仮の法から確立された法への変容過程を分析したものと把握することも可能である」として、「仮の法(↓統治体の主権)は、……平和のうちの持続と被治者の同意(↓服従主権)により、確立された法(↓規約主権)へと変容する」という(飯野・前掲論文註(7)、二八頁。同「代表制と民主制との距離(二・完)――第三共和制期における『代表民主制』論の構築可能性」早稲田法学会誌七八巻二号二〇〇三年一六八―一六九頁も同旨)。このように三つの主権(による国家の自己制限)を法の二つの層の中に取り込むということは、三つ主権の間に縦の関係を認めるということを意味し、それぞれの主権の背後に控える法源の多元性を否定してしまうことになるであろう。
(82) この三角形が必ずしも正三角形である必要はないということの理由については、三八四頁参照。オーリウのこのような多元的主権論=多元的法源論との関係で思い出されるのが、佐藤幸治による法の支配と法治国家との二項対立的な捉え方である。佐藤は、「両者の間には秩序形成観の上で……無視しえない違いがある」(佐藤幸治『憲法とその〝物語〟性』二〇〇三年一三

○頁）として、日本国憲法の全体的理解と個別的解釈論とにおいて、暗に二者択一的な選択を迫るような主張を繰り返し展開する。その主張の前提である法の支配と法治国家との内容について、当初、前者は基本的人権の尊重・憲法の最高法規性・司法権の優位・適正手続、後者は基本的人権の尊重・法律による行政、とそれぞれされていた（同『日本国憲法と「法の支配」』二〇〇二年八頁および一五頁（ただし、前者については二七頁および三三頁参照））が、土井真一「法の支配と司法権——自由と自律的秩序形成のトポス」佐藤幸治・初宿正典・大石眞編『憲法五十年の展望Ⅱ』一九九八年による両者の詳細な分析をうけて、前者は「超越的観念論に懐疑的で経験主義的思考の産物である『法の支配』的秩序形成観」、後者は「体系的・演繹的思考傾向の産物である『法治国家』的秩序形成観」（佐藤・前掲書註（82、『日本国憲法と「法の支配」』）、二六一頁）というように、あるいは、前者は「具体的事実を重視する事後的規制中心の秩序形成観」、後者は「全体性・画一性・組織性など［を］特質［とする］『垂直下降型秩序形成』」（佐藤・前掲書註（82、『憲法とその〝物語〟性』）、一三一頁）観というように、それぞれ鮮明に図式化される。このような図式化の下で法の支配による秩序形成の選択を暗に迫る佐藤は、法源を伴う三つの主権の均衡によって秩序が形成されると考えるオーリウと比較して、あまりに硬直的ではないか。もっとも、佐藤とオーリウに間には、すでに指摘した（第一章第一節註（59））類似性に加えて、一方で高度に抽象的な議論を展開しつつ、他方で精緻な解釈論を展開するという点でも類似性が存在する。しかし、両者の間には根本的な相違点が存在し、それを示す決定的な箇所を引用しておこう。すなわち、佐藤は「法は権力すなわち意思から生ずる」（佐藤・前掲書註（82、『日本国憲法と「法の支配」』）、一四四頁。さらに、一二四頁も参照）とするが、オーリウはこのような法の捉え方を生涯をかけて否定しようとしたのである。オーリウがそうする理由は、社会的現象に駆動力を付与するのは具体的な自然人の意思であり（本書一二五頁参照）、国家体制をいかに組織しようと、最終的には自然人の意思に制約を付さない限り、国家権力を抑制することはできないと彼が考えたからであろう。このような考え方の背後にあるのは悲観的個人主義である（同右・三二四頁）が、それとの対比でいえば、佐藤を楽観的個人主義者ということができるであろう。ところで、佐藤の二項対立的な図式の前提になっている土井真一が描出する法治国家像（土井・前掲論文註（82）、一〇三―一〇五頁）については、そこにおける「フランスの不在」が指摘される（山元一『現代フランス憲法理論』二〇一四年六三一頁）が、それ以前の問題として、そこには啓蒙専制君主が支配する家産国家的要素が多分に含まれているように思えてならないのは本書の筆者だけであろうか。仮にそうであるとするならば、それは一九世紀後半のドイツ法実証主義国法学が克服しようとしたものをもって法治国家とすることになるが、この点については今後の研究課題としたい。なお、法の支配と法治国家をめぐる佐藤・土井の議論に関する妥当な評価として、高田敏『法治国家観の展開』

二〇一三年六二四-六五一頁参照。

（83）オーリウとダイシーの関係についてすでに述べたように、多元的主権論と多元的法源論はオーリウに固有のものであるが、これらがオーリウにおいて具体化されるに際してダイシーが影響を与えたことは否定できない。しかし、両者の間には相違も存在する。両者の相違についてここで踏み込むことはできないが、概略を示せば次のようになるであろう。ダイシーは国制に関する規範を、裁判所によって強制されるか否かによって、憲法に関する法（law of the constitution）と憲法に関する習律（convention of the constitution）とに分けたうえで、それぞれの妥当根拠を、君主を含めた議会（King in Parliament）によって行使される法的主権と有権者団によって行使される政治的主権とに求める（A・V・ダイシー（伊藤正己・田島裕訳）『憲法序説』一九八三年二〇-二四頁および四〇五-四〇六頁。ダイシーのこれらの点に関する近年の文献として、内野広大「憲法と習律（一）——Dicey 伝統理論と『議会主権論』の基底にあるもの——」法学論叢一六六巻三号二〇〇九年参照）。それに対して、オーリウによれば、一方で、規約の主権は「法の領域に属し、……政府の主権は政治の領域に属する」（『公法原理』二・六二五）ことから、「政治と法の均衡が存在すべきである」（『憲法精義』二・二三八）。他方で、個人の自由は規約によって保障され、規約は個人の同調によって妥当するので、規約の主権と服従の主権とは「非常に密接な関係にある」（『公法原理』二・六七二-六七三）。さらに、『憲法精義』二・一〇一および一七四註（25）も参照）。このように、オーリウとダイシーにおいては、主権と法源との多元性という枠組みは類似しているが、それぞれの構成要素という点で、さらに、ここで言及することはできないが各構成要素の関係という点でかなりな相違が存在する。そして何よりも、オーリウとダイシーは自然法論と法実証主義という点で決定的に異なる。それにもかかわらず、多元主義という点からすれば、ダイシーの比較の対象とされるべきはデュギーではなくオーリウであろう。ところが、オーリウは、さまざまな理由から英米であまり注目されてこなかった（前章第三節註（49）参照）ため、これまでダイシーとの比較の対象とされてこなかったのである。多元主義という点からのオーリウとダイシーの比較については、改めて論じる機会をもちたい。

（84）水波・前掲書註（1）、五四頁註（5）参照。法の主権はその「理念的要素」から純理派（doctrinaires）の理性主権を想起させる（理性主権については、拙稿「ノモス主権と理性主権」龍谷紀要二九巻二号二〇〇八年一二一-一三三頁参照）が、より注目すべきは、宮沢・尾高論争において取り上げられた（尾高朝雄『国民主権と天皇制』一九四七年六五-六八頁参照）クラッベの法の主権（Rechtssouveränität）であろう（ただし、オーリウがクラッベから影響を受けた形跡を見出すことはできない）。クラッベによれば、「社会において効力を有するあらゆる権力は唯一法の権力（Rechtsgewalt）のみである。あらゆる他の自然人または法人と同様に、国家もまた、実定法秩序に由来する限りで、権利および権限、そして権威を有する。国家もまた、その目的を達成するための活動において法によって拘束される」(Hugo Krabbe, *Die Lehre der Rechtssouveränität*, 1906, S. 5. さらに、vgl. Ders., *Die moderne Staatsidee*, 1919 (Nachdruck, 1969), 39ff.)。その結果、権力から法が生じるのではなく、法から権力が生じることになるが、「法の権力」の実体は「競合する利益に関する民主的価値判断から得られた凝結物」(Frederick Hallis, *Corporate Personality*, 1930 (reprinted, 1978), p. 206) であり、このような「法の権力」を支えているのは法感情（Rechtsgefühl）または法意識（Rechtsbewusstsein）である。法の主権論は、これらのうち、一方で、利益をめぐる価値判断によって自然法論を否定するとともに、代表制を要求する。他方で、法感情または法意識によって新カント学派（とくに、ケルゼン）と異なる。いずれにしても、恣意的な支配を否定するために、恣意の源である意思が主権から排除されて法に取って代わられるのであるが、意思と法を二律背反的に捉えて意思を法から排除する理論には、法も含めた社会的現象における主観的なものと客観的なものとの統合を目指すオーリウは賛成しないであろう（cf. Rupert Emerson, *State and sovereignty in modern Germany*, 1928 (reprinted, 1979), p. 267)。また、それ以前の問題として、クラッベが国家主権それ自体あるいはその全体を法の主権とするのに対して、オーリウはそれを複合的に構成したうえでその一部を法の主権とするという点で、両者は根本的に異なる。なお、これら二つの相違は理性主権にも当てはまるであろう。

(85) G. Gurvitch, supra note (7), p. 189 ; Le même, *supra note* (7), p. 704.

(86) その結果、註(79)で言及した飯野賢一による法の主権とイデーとの関係の捉え方は、結果としては、正しいことになる。

(87) 小島・前掲書註(5)、七〇頁。

(88) 同右・六六頁参照。『公法原理』の初版における個人の自由の分類については、『公法原理』一・五六六-五九四参照。そこにおいては、政治的自由と狭義の市民的自由とは区別されていない。

(89) 「狭義の『市民的自由』と『政治的自由』の区別は……戦後フランスの人権論に正面から受け継がれなかった」といわれる（小島慎司「近代国家の確立と制度体の自由（二）——モーリス・オーリウ『公法原理』第二版における修道会教育規制法律への批判の分析——」国家学会雑誌一二一巻五・六号二〇〇八年一二五頁註(141)）。

(90) 小島・前掲書註(5)、六七頁。

(91) Vgl. Hans Julius Wolff, *Organschaft und juristische Person*, Bd. I, 1933 (Nachdruck, 1968), S. 255ff. ; U. Häfelin, *supra note* (59), S. 280f.

（92）したがって、服従の主権という概念は「オーリウの影響を受けた」（同右・一五頁。さらに、本書序章第二節註（5）も参照）ビュルドーのいう「統治される民主政」（démocratie gouvernée）を髣髴させる（cf. S. Pinon, supra note (54), p. 133. さらに、『公法原理』一・四四一も参照）が、それとは異なるし、さらにビュルドーのいう「同意する民主政」（démocratie d'adhésion ou consentante）とも異なる（「統治される民主政」・「統治する民主政」・「同意する民主政」については、高橋和之『国民内閣制の理念と運用』一九九四年二八〇-三〇三頁参照）。このことは後ほど述べる行政と国民の協働関係という点からいっそう明らかである。

（93）橋本・前掲書註（6）、二〇頁。

（94）Cf. Édouard Laferrière, *Traité de la juridiction administrative et des recours contentieux*, 2e éd., t. II, 1896, pp. 186-190.

（95）同右・一九頁。

（96）同右・二二頁。さらに、亘理格「行政による契約と行政決定（décision exécutoire）（一）――フランス的行政行為観の形成過程に関する一考察――」法学四七巻二号一九八三年九六-一〇七頁、ならびに磯部・前掲論文註（14）、三九三頁註（13）および三九六頁註（23）も参照。

（97）橋本・前掲書註（6）、二四頁。

（98）同右・二一頁。

（99）Maurice Hauriou, *La gestion administrative*, 1899（rééd., 2012）, p. III.

（100）Norbert Foulquier, "Avant-propos", *ibid.*, p. 4（この序文には頁数が付されておらず、数字は本書の筆者が前から付したものである）. その結果、行政管理作用という概念は、国家とその行政とに対する見方を静態的なものから動態的なものへと変えたといわれる（F. Audren et M. Milet, supra note (35), pp. LV-LVI）。

（101）磯部・前掲論文註（14）、三〇三頁。

（102）オーリウは初期以来一貫して、したがって政教分離法の成立（一九〇五年）以前から政教分離の必要性を主張してきた（一三七頁）が、行政と国民の協働が可能な領域の存在を指摘して、成立した政教分離法における厳格分離には反対し、このような領域の一つとして国家による財政的支出を要求する（『行政法精義』六・八四五-八四八、および『公法原理』一・四〇一-四〇四参照）。

（103）行政と国民の協働関係を静態的に捉えれば事務管理ということになるが、オーリウの事務管理論については、これまでの議論を踏まえたものとして、小島・前掲書註（5）、二〇二-二〇五頁参照。

（104）E.A. Poulopol, supra note (55), p. 602.

（105）前掲拙著註（28）、一六五頁参照。

（106）Cf. Adhémar Esmein, *Éléments de droit constitutionnel*, 1896, pp. 179 et 191 ; Le même, *Éléments de droit constitutionnel français et comparé*, 5e éd., 1909, pp. 252 et 300.

（107）Ibid., p. 598.

（108）レガリア権（droits régaliens）については、木村・前掲書註（14）、一一一頁および一四八-一五〇頁参照。

（109）Jean Bodin, *Les six Livres de la Republique*, 6e éd., 1583 (rééd., 1977), pp. 211-251 ; Idem, *De Republica libri sex*, 1586, lib. I, cap.X（フランス語版のボダン生前の最終改定版は一五八三年版であるが、彼自身が翻訳したラテン語版は逐語訳ではないうえ修正が加えられたものである（cf. Kenneth Douglas McRae, "Introduction", Jean Bodin (tra. Richard Knolles), *The Six Bookes of a Commonweale*, 1606（reprinted, 1962), pp. A iii and A29-A38 ; "Vorbemerkungen des Übersetzers", Jean Bodin (übers. Bernd Wimmer), *Sechs Bücher über den Staat Buch I–III*, 1981, S. 54ff.）ことから、彼の最終的な見解を確定するには両版の比較が必要となり、このことが同書の翻訳を困難にしている）．なお、オーリウは何度か同書を引用しているが、一度だけ一五七七年版（パリ版）を引用している（『公法原理』二・六一九註（1））。同書の初版が一般に一五七六年と思われていることからすれば、これはどういうことであろうか。オーリウの主観的意図は明らかではないが、彼が初版の引用を意図していたとすれば、一応客観的に、換言すれば書誌的に、一五七七年版の引用を正当化することは可能である。すなわち、確かに同書の初版は一五七六年であるが、しかし一五七六年版はほとんど市場で流通することなく、実質的には私家版といっても過言ではない。そして、翌年に第二刷がパリとジュネーヴにおいて出版されたが、ジュネーヴ版は地下出版されたものであるうえ、ボダンの同意を得ることなく一部修正されているのに対して、ここでいうパリ版は一五七六年版の正誤表（cf. 1ère éd. (2e tirage), 1577, p. 760）を維持しており、真正の初版第二刷といえる。さらに、すでに述べた理由で一五七六年版が世界的にみてきわめて稀少なものである（この事情はオーリウの当時も変わらないであろう）ことからすれば、ここでいうパリ版をもって一五七六年版の代用とすることは許されるわけである（もっとも、稀少性という点でここでいうパリ版が一五七六年版に劣るわけではない）。同書の各版に関する書誌的情報については、cf. K.D. McRae, supra note (109), pp. A78-A81.

（110）高橋・前掲書註（92）、一六三頁。

（111）このような主権の概念史は必ずしもオーリウに固有のものではない。cf. Adhémar Esmein, *Cours élémentaire d'histoire du droit français*, 11e éd., 1912, pp. 379-392. Fr・オリヴィエ-マルタン（塙浩訳）『フランス法制史概説』一九八六年四五二-四六六頁、およびイェリネク・前掲書註（12）、三五五-三七八頁など参照。

（112）オーリウは主権が実効的権力それ自体ではないということを強調するために、「君主はもはや王国の用益権者（usufruitier）にすぎない」（『憲法精義』二・一六七註（22））という。したがって、主権を所有権（propriété）によって捉える場合、その所有権は所有物を自由に使用・収益・処分することができる権利ではなく、企業において所有と経営が分離された状態における所有権のようなものであろう。現に、彼はしばしば国家と株式会社を対比する（『公法原理』二・六八二註（1）、および『憲法精義』一・一一など参照）が、この点については本節四で取り上げる。なお、名義としての主権には、日本国憲法における「名」（＝基本原理）としての国民主権という宮沢俊義の立場（宮沢俊義「憲法の正当性ということ――憲法名分論――」同『憲法の原理』一九六七年）に通じるものがある。

（113）杉原泰雄『国民主権の研究』一九七一年四八頁。

（114）オーリウは、「主権は公的な事柄の所有権にすぎない」（『憲法精義』二・一八〇）というが、その理由は、統治組織が公的な事柄であり、主権＝統治権の享有の対象となるからである。それに対して、彼のいう国民主権それ自体はあくまでそのような関係が成立している状態である（三四〇頁）ということを忘れてはならない。

（115）小島・前掲書註（5）、二七四-二七六頁参照。

（116）R. Maspétiol, supra note (4), p. 264.

（117）S. Pinon, supra note (54), p. 122. オーリウによれば、「ここ四半世紀弱の間に公法研究が被っている悪弊は、権力に関する古典的理論の放棄である」（『憲法精義』一・二八五註（1））。さらに、cf. Jean-Marie Denquin, "Quelques observations sur les Principes de droit public de Maurice Hauriou", Jus Politicum, revue de droit politique, N° 6, 2011（電子版）, §26（電子版には頁数が付されておらず、引用箇所は段落（§）で示した）.

（118）制度体論において選挙権が権利であることは、すでに述べた（二三七-二三八頁）、機関に就任する自然人＝官吏は職分＝機関に対する物権を「規約上の［＝地位にもとづく］権利」として有する、という部分の、機関を有権者団に、官吏を有権者に、職分を選挙に、それぞれ置き換えれば明らかであり、ここでは繰り返さない。さらに、『公法原理』一・四六二-四六四も参照。

（119）オーリウの選挙権の法的性質に関する立場は、N. Foulquier, supra note (8), p. 295 によれば公務説、イェリネク・前掲書註

(12)、三五二頁註(51)によれば権限説、辻村みよ子『「権利」としての選挙権』一九八九年一四〇-一四二頁によれば二元説(J. Schmitz, *supra note* (77), p. 315も同旨)、飯野・前掲論文註(7)、四六頁註(58)、木村・前掲書註(14)、九六頁(ただし、二六五参照)、F. Fournié, *supra note* (28), p. 64. 小島・前掲書註(5)、二四六-二四七頁によれば権利説というように、さまざまな論者の理解は混乱しているといわざるをえない。このうち、イェリネクの理解は「実際上の結論としては」という留保を伴っており、やや強引であるといわざるをえないが、このような混乱の原因はオーリウの権利の定義が折衷説ではなく、利益・決定権・社会的職分(前章第二節註(42))によって構成されていることにもある。なお、オーリウの理解した公務説の論者については、『公法原理』一・五六八註(1)参照。

婦人参政権について、オーリウは、一方で『行政法精義』においては「社会的にみて男女の間に存在する極端な相違」(三・三三九。さらに、『社会科学』八九も参照)という点から一貫して慎重な立場を維持しつつ(『行政法精義』一・八一、八・一五七-一五八、九・一八七、および一〇・一二四。『公法原理』一・四六三-四六四も同旨)、他方で個別の著作では容認している(『社会科学』三九五-三九六、Maurice Hauriou, *La souveraineté nationale*, 1912, p. 103,『憲法精義』一・六二六、および二・五六三)。ただ、容認する場合でも、選挙権の内容が立候補者の提示に対する受動的な承認または拒否だからであり、能動的な職務を内容とする被選挙権は認めない(『憲法精義』一・六二六、および二・五六三-五六四)。婦人参政権に対する彼のこのような微妙な態度の背後に存在するのは訳出するのがはばかられるような女性観(『憲法精義』一・六二六、および二・五六四参照。さらに、『社会科学』八九-九〇および四一五-四二〇も参照)であり、彼は道徳的には保守的であるといわれる(L. Sfez, *supra note* (57), p. 12)。彼の道徳観がよく表れている判例評釈として、cf. Maurice Hauriou, *Notes d'arrêts sur décisions du Conseil d'État et du Tribunal des conflits*, t. I, 1929 (rééd., 2000), pp. 332-337(市営劇場の公役務性が争われた事件に関する判例評釈)et t. III, 1929 (rééd., 2000), pp. 772-778(初等教育における男女共学の是非が争われた事件に関する判例評釈)(木村・前掲書註(14)、一九七-一九八頁註(4)参照)。なお、婦人参政権に関するエスマンとカレ・ド・マルベールの立場については、前掲拙著註(28)、二二二頁註(54)参照。

(120)　Cf. B. Denni, supra note (55), pp. 81-82.

(121)　とりわけ、オーリウは、制度体論の前期(一三七頁および一三八-一三九頁参照)以来、エスマン(拙稿「第三共和制の成立とアデマール・エスマンの国民主権論」大石眞・土井真一・毛利透編(初宿正典先生還暦記念論文集)『各国憲法の差異と接点』二〇一〇年七九-八〇頁参照)に対抗して、分権化という観点から利益代表を主張してきた(『公法原理』一・四六五-四六七参照）が、最晩年には、台頭するファシズムとの関係で職業代表に対しては慎重な立場をとるようになった（『憲法精義』二・五五九-五六〇参照）。

（122）革命期において命令委任が主張された原因の一つは間接選挙における初級選挙会（assemblées primaires）の存在にあるというオーリウの指摘（『公法原理』二・六四八）は興味深い。つまり、初級選挙会に集まった人々が討論し投票したことが有権者団と国民の同視をもたらし、国民と同視された有権者団が何らかの統制を議会に及ぼすと考えられたというわけである（議員を直接選挙するのは assemblées électorales である（野村敬造『フランス憲法・行政法概論』一九六二年一六-一七頁参照））。さらに、cf. Guillaume Bacot, *Carré de Malberg et l'origine de la distinction entre souveraineté du peuple et souveraineté nationale*, 1985, pp. 81-87.

（123）高橋・前掲書註（45）、三五五頁。

（124）ここで、国民主権と民主制の関係についてふれておきたい。オーリウは両者を同義で用いる場合もあるが、区別する場合、すでに述べた（三三三頁）ように特定の制度を備えた国民主権が民主制であり、したがって、民主制は国民主権の一形態である。ここで特定の制度とは、政治的平等・議会による執行府の支配・普通選挙である（『公法原理』二・六二八。さらに、『憲法精義』一・一八九、および二・一四一も参照）。そして彼は、「民主制は実現されるべきであるが、組織されなければならない」、換言すれば、団体として組織化された国民の下で実現されなければならないという（『公法原理』二・六三六）。つまり、制度として国民による支配を実現しようとする民主制は、政府の主権・服従の主権・法の主権の均衡状態としての国民主権によって枠づけられなければならないというのである。それに対して、この枠が取り払われたとき、民主制はすでに述べた（註（10））意味での人民の下で無秩序に陥り、彼の理解では、逆説的であるが、このような事態の理論的前提が集権化をもたらす委任理論なのである。

（125）高橋・前掲書註（45）、三五九頁。

（126）B. Denni, supra note (55), pp. 80 et 86-87.

（127）Cf. Boris Mirkine-Guetzévitch, *Les nouvelles tendances du droit constitutionnel*, 1931, pp. 116-165 ; Jean-Marie Denquin, *Referendum et plebiscite*, 1976, pp. 111-116. エスマンは、大衆民主主義の下で国民がさまざまなルートを通じて国政に影響を及ぼす状態を半代表制（gouvernement semi-représentatif）と命名した（高橋・前掲書註（45）、三〇五-三〇九頁）が、そこには半直接制（gouvernement semi-direct）が混在しており、両者は、カレ・ド・マルベールを経て、オーリウの弟子であるバル

テルミーによって概念上明確に区別されるようになった（大石眞『立憲民主制』一九九六年一五五-一六二頁）。オーリウはこのような理論的発展の背景に存在する欧米におけるレファレンダムの拡大に注目している（『憲法精義』一・六〇三-六〇七、および二・五四七-五五〇）が、一般に半直接制の指標の一つとされるレファレンダムはオーリウにとって直接民主制的制度ではない。すなわち、彼はローマにおける立法手続をモデルとして（小島・前掲書註（5）、一三五-一三八頁参照）、法律とは議会も含めた政府による提案を国民が受容したものであり（一般意思の表明ではない）、国民の受容は、通常は、一定の時間的経過の中で選挙などをとおして無意識的・黙示的になされるが、それをいわば概念化して明示したのがレファレンダムである。その結果、「レファレンダムは代表制の原理に対する侵害ではなく、その帰結である」といわれる（『公法原理』一・四四六）が、『国民主権』以降有権者団が広義の政府の構成要素とされたことから、無意識的・黙示的な受容の主体とレファレンダムの主体とが異なる可能性がある。いずれにしても、統治者と被治者を分けるのはすでに述べたように駆動力という意味でのイニシアチヴであり、この意味でのイニシアチヴを被治者に認めることになる立法手続としてのイニシアチヴは代表制と相容れない（『憲法精義』一・二二三-二二四、ならびに二・一六八-一六九、二二二および二五七参照）。

（128）光信・前掲論文註（44）、一九六頁。

（129）Olivier Beaud, *La puissance de l'État*, 1994, pp. 448-449. さらに、cf. Le même, supra note (2), p. 133.

（130）委任理論との結びつきで憲法制定権力論が否定される政治的な理由は、国民と有権者団が混同される中にあっては憲法制定権力論が「独裁の危険な道具」と化す可能性が高いからであり、現に歴史的に、国民の憲法制定権力を援用してプレビシットによって「独裁的憲法」が繰り返し正当化されてきた（『公法原理』二・六八〇-六八一）。憲法制定権力をめぐるこのような理解は杉原泰雄に近い（序章第一節註（49）参照）であろう。

（131）*Ibid.*, p. 448.

（132）*Ibid.*

（133）Maurice Hauriou, *Précis élémentaire de droit constitutionnel*, 1925, p. 22.

（134）前掲拙著註（28）、二三〇-二三一頁参照。『一般国家論序説』は一九一〇年代の前半に書かれたものである（二四頁註（22）および二九一頁註（37））ことから、仮に実際よりも五年早く出版されていたら、『公法原理　第二版』に何らかの影響を与え、その影響がオーリウを媒介としてとりわけカレ・ド・マルベールに批判的な（二一九頁註（36）参照）デュギーなどにも及んで、一九二〇年代のフランスの公法学界は何らかの形で違ったものになっていたのではないか。もちろん、学問の世界においても歴史に「たら」や「かも」は無意味であるが。

(135) 国家の成り立ちと憲法制定権力以外でも、国家作用（『憲法精義』一・三九六）・権力分立（四〇一註（1）および四〇五註（1））・議院内閣制（四二二）・執行権と司法権の関係（四四二-四四三註（1））などについて、オーリウはカレ・ド・マルベールの主張に敏感に反応している。

(136) Cf. M. Hauriou, *supra note* (133), pp. 80-81.

(137) Guy Héraud, "Regards sur la philosophie du droit française contemporaine" in René David (dir.), *Le droit français*, t. II, 1960, p. 530.

(138) その結果、オーリウは法の根源を集団の存在ではなく、個々の人間の sociabilité に求める（『憲法精義』二・一〇二）。sociabilité を社交性と訳すべきか、社会性と訳すべきか迷うところであるが、ここで想起されるのはグロティウスの次の一節である。すなわち、「人間は、強い社交的欲望［societatis appetitus］を以て、同じ状態の下においては、同じ行動を行う［。］動物のうちで人間のみが、その社交的欲望の特別の道具として、言語を有している」（グローチウス（一又正雄訳）『戦争と平和の法　第一巻』一九四九年（復刻版（一九九六年））八頁）。このうち、societatis appetitus は socialitas（＝sociabilité）に置き換えることができるであろう。グロティウスのオーリウに対する影響については、cf. A. Hauriou, supra note (71), pp. 138-139. 法と個人の関係に関するこのような立場からすれば、オーリウにおいては、「集団的なものは直接個人の中に存在する」（E. Millard, supra note (45), p. 399. さらに、cf. Jean-Arnaud Mazères, "Duguit et Hauriou ou la clé caché" in Fabrice Melleray (dir.), *Autour de Léon Dugit*, 2011, p. 119）ということになるが、集団と個人の関係に関係に関するこのような捉え方にはギールケ（前掲拙著註（28）六六-六七頁参照）に通じるものがある。さらに、第一章第一節註（34）も参照。

(139) 国家に先行する法を根拠として社会契約論に依拠することは明確に否定される（『憲法精義』一・一二註（1））。

(140) M. Hauriou, *supra note* (133), p. 23.

(141) ただし、制度体論の中期に主張された、国家の創設（の法的性質）を株式会社の設立とのアナロジーで説明しようとする、いわば国家株式会社論（『公法原理』二・六八二註（1）は、晩年に至っても維持されている（『憲法精義』一・一一）。オーリウの国家株式会社論について、株式会社は法人格の根拠を国家の実定法に求めることができるが、国家はそうすることはできないと批判する（前掲拙著註（28）、一八八頁参照）ことは、有効であるとはいえない。というのは、彼が問題にしているのは外から付与される国家の法人格ではなく、自生する国民の精神人格だからである。なお、フランス革命期にも一種の国家株式会社論が主張されたが、それ（＝納税者株主論）は能動的市民と受動的市民の区別を正当化するための理論である（杉原・前掲書註（113）、二四三頁、および浦田一郎『シエースの憲法思想』一九八七年一八〇-一九二頁参照）。

（142）シィエス（稲本洋之助・伊藤洋一・川出良枝・松本英美訳）『第三身分とは何か』二〇一一年（岩波文庫）一〇九頁。オーリウのいう憲法制定権力はカール・シュミットのいうそれと比べても形式的であろう。

（143）第三共和制憲法の改正をめぐる解釈論については、『憲法精義』一・二九二-二九六および三六五-三七〇、ならびに二・二五六-二六一および三三二-三三七参照。オーリウの憲法改正限界説は、わが国の憲法学界における主流の考え方が憲法制定権力と憲法改正権を区別することによって憲法改正の限界を導き出すのと対照的であるが、憲法制定権力に対する制限から憲法改正の限界が導き出されるという点では芦部信喜の憲法改正限界説（三頁）と同じである。

（144）S. Pinon, supra note (54), p. 123. 憲法「学の規準」あるいは「古典的憲法学の嫡流」（三四五頁）としてのエスマン憲法学とその背景については、cf. Guillaume Sacriste, *La République des constitutionnalistes*, 2011, pp. 334-339.

第二節　議会主権と改革論

第一次世界大戦後のヨーロッパ各国においては、復興のためには国家による市民生活への積極的介入が不可欠であり、その結果として現代国家化が急速に進展した（例えば、『憲法精義』一・三八九参照）。それを象徴するのが一九一九年のヴァイマル憲法の制定である。「民主的二元主義」[1]に立脚した同憲法はその進歩性がフランスでも一般に高く評価されていたが、戦勝国であるフランスでは戦前からの急進派の勢力が維持されたこともあってこのようなヨーロッパ規模の流れに乗ることなく、オーリウが憲法の講義を担当するようになった一九二〇年代には、それまで慢性的に内閣が弱体で不安定であるという政治制度の機能障碍は一層悪化することになる[2]。すなわち一方で、急進派は共和制化を推進して政治的に左に位置するが、経済的には中間階層に幅広く支持されたブルジョワ政党として右に位置することから、議会における議案によって連携の相手が変わり、それに連動して内閣の対議会責任をとおして内閣も交替せざるをえないので、内閣は不安定にならざるをえない。他方で、選挙と関係なく議会の内部で政党の組み合わせが変わることから、選挙をとおして統治機構に吸収された民主的正当性が有効に内閣まで伝達されないので、内閣は弱体たらざるをえない。その結果、現象的には議会が執行府を支配しているようにみえ、このような状態は弱い権力の中に自由を求める「中道の共和国」のイデオローグによって歓迎されるであろうが、しかし、議会によって遮断された民主的正当性は議会の内部における政争によって空費され、離合集散を繰り返す議会は内外の喫緊の課題に迅速に対応できない。それにもかかわらず、両大戦間の激動のヨーロッパをフランスが生き延びることができたのは、アンシャン・レジーム以来の強固な官僚機構のおかげであろう。もちろん、このような非民主的な状態は共和国にとって健全な姿であるとはいえず、一般に議会主権であるとか絶対議会制（parlementarisme absolu）であるとして嫌悪され、その改革が各方面から叫ばれた。

例えば、カレ・ド・マルベールによれば、議会と執行府の間に均衡を回復して議院内閣制を正常化するために、憲法の枠内での改革論と憲法の改正を前提とする改革論とが主張された。前者は要するに議会に自重を求めるものであり、法的な改革案であるとはいえない。それに対して、後者は大統領の有権者団の拡大や大統領が解散権を行使する条件の緩和などを要求するが、このようにして権力分立の観点から議会と執行府の二元性を確立したとしても、このこと自体が国家の一体性に反する。そこで彼は、議会のみが一般意思を表明することができるという「わが国の代表制を根底から覆すであろう改革の政治的妥当性について評価することは法学者の役割ではない」と断りつつ、議会と執行府の対立に人民（＝有権者団）が介入するというように、「均衡を目的とする改革は民主制に由来する諸制度に訴えることによってのみ実現可能」であるという。[3] 彼の改革論は、このように一方で直接民主制を志向するが、他方で憲法によって議会の権限を画定しこのことを違憲審査制によって担保するという方向[4]をも併せ持っている。実は、これとほぼ同時期に示された[5]「トゥールーズのレジスト」[6]たるオーリウの改革論も同様の二つの方向を有する。このうち、両者の直接民主制的傾向は、国政への有権者団の介入を要求するという点で「外見上は似ているが[7]」、統治者と被治者の分離を前提としたオーリウ的な意味での代表制においては国政への有権者団の介入が直接民主制を意味するわけではない（三五〇－三五一頁参照）。そして何よりも、カレ・ド・マルベールが国民意思の実現を追求したのに対して、オーリウは統治活動も含めた自由を確保しようとしたという点で両者は異なるが[8]、ここで両者の改革論の異同について踏み込むことはできない。ここでは一九一〇年代におけるオーリウの議会主権批判とそこから導き出される改革の二つの方向とを簡単に示しておこう。

オーリウによれば、「現在、議会はわが国の政治組織の焦点（point sensible）である」。というのは、議会は有権者団と結びつくことによって無制限かつ無答責な権力を我が物とし、その意味で主権的であり、議院内閣制の下で内閣を不安定に陥れ、恣意的な法律を乱発しているからである（『公法原理』二・七二二）。すなわち第一に、議会と有権者団の結びつきの背後にあるのは国民と有権者団の同視を前提とする委任理論であり（三四九頁参照）、委任理論の下で選挙をとおして主権的な権力が国民＝有権者団から議会へと移転され、それを付与された議会は、一方で権力の主権性の故に無答責であるが、他方で次の選挙に備えて選挙区の私的利益に仕えざるをえない。後者を可能にする手段の一つが、第二に、立法権の濫用であり、彼はその具体的内容を示さないが、予算の修正や予算への抱き合わせといった財務法（loi de finances）をめぐる諸問題[9]がその一つであろう。第三に、議院内閣制については、「国民主権の体制と矛盾する」（同・六二六）とされるが、国民主権が政府の主権・服従の主権・法の主権の均衡状態を意味することから、それと矛盾する議院内閣制はこの時点では集権的な政治制度ということになる。ただし、議院内閣制については踏み込んで論じられておらず、その概念については本節一で取り上げる。いずれにしても、このような意味での議会主権に対して、彼は議会の権力を制限し、対議会責任を組織化しなければならないとして、確立した法を議会に遵守させるための違憲審査制の導入と対議会責任と対を成す解散制度の改革とを要求する（同・七二一–七二四）。以下、これらの改革論が一九二〇年代にどのように展開されるか検討することにしよう。

一　議院内閣制と大統領の強化

第一次世界大戦後の激変した内外の諸情勢を目の前にして、オーリウは「人々は、〔強い〕執行府を求め、〔強い〕執行府は人々を求めている」（『憲法精義』一・三九三）として、一九二〇年代になると、議会手続の改革を超えて、より踏み込んだ執行府強化論を展開するようになる。その際、議院内閣「制における本質的機関は内閣である」（同・四一三）ということを認識しているにもかかわらず、一九三〇年代のカピタンのように内閣ではなく、大統領を強化すべきであるという。その理由を知るには、当然、オーリウの議院内閣制論について検討しなければならない。

オーリウの法理論も含めた社会理論を貫徹する均衡の重要性からすれば、彼が議会と執行府の間に均衡を求め、二元型議院内閣制論に与するであろうことは予想されるし、現に彼はそのような主張を行っている。それ故、わが国の憲法学界では彼は二元型議院内閣制論者の一人とされるが、彼の議院内閣制論については、既存の枠組みに当てはめる前に法的国家論全体の中に位置づけなければならない。その際、忘れてはならないのは法的国家論の背後に存在する制度体論である。

議院内閣制は、エスマンにとって（純粋）代表制の構成要素の一つであるのに対して、カレ・ド・マルベールにとって半代表制のそれである。では、オーリウは議院内閣制をいかに位置づけるのであろうか。この点を明らかにするには議院内閣制の定義について検討しなければならない。オーリウによれば、議院内閣制（gouvernement parlementaire）とは次のような統治形態である。すなわち、代表制と柔軟な権力分立とに立脚した統治形態であり、そこにおいては、内閣という執行機関を媒介として執行権と立法権の間に継続的な協働が確立され、それ［内閣］は統治の主導を国家元首と共有するとともに、議会に対して政治的に責任を負っていることからその継続的な信任を確保しなければ統治することができない（『憲法精義』一・四一三。二・一九六の定義もほぼ同じ）。

ここで注意すべきは、国家形態として共和制が前提とされているということである。そして共和制の下で、権力分立を基準として、厳格な（rigide）権力分立に立脚した大統領制と柔軟な（souple）権力分立に立脚した議院内閣制という二つの統治形態が区別される[14]（『憲法精義』一・四一二。さらに、四〇三-四〇四も参照）が、実は共和制の下で議院内閣制を採用したのは第三共和制憲法が初めてであり、彼は議院内閣制に立脚した共和制（République parlementaire）の「大いなる新しさ」（同・三八六、および二・三四五）を指摘する。[15]それはともかく、議院内閣制において何が権力分立における柔軟さをもたらすのかといえば、それは内閣の対議会責任であり、議院内閣制においては機関として分離された議会と執行府は内閣の対議会責任をとおして結びつけられ、協働する。その結果、「執行権は……内閣が継続的に議会の信任を確保することによってのみ統治可能となり」、すでに述べたように内閣は議院内閣制における「本質的機関」なのである。[16]かくして、「統治すべきは議会ではなく内閣である」ことから、この統治形態の名称としては gouvernement parlementaire よりも gouvernement de cabinet の方が適切であるということになるわけである[17]（『憲法精義』一・四二三、および二・一九七）。その際、gouvernement de cabinet は、構造上、議会が正当性を独占し内閣は議会に依拠するが、機能上、規律の硬い二党制の存在によって内閣が国政の主導権を握るイギリス的な内閣統治制を意味するものではない。そうではなくて、それは、機関として分離された議会と執行府の協働において内閣が対議会責任をとおして本質的な役割を果たす体制であり、その意味で「二元主義的概念[18]」ではない。現にオーリウは、内閣は「議会の統治委員会」にとどまるとして議会と執行府の二元性を否定し、立法権と執行権を併せ持つ議会をもって国家権力を体現する機関とするカレ・ド・マルベールの議院内閣制理解[19]を、次の理由で批判する。第一に内閣構成員の任命権は国家元首に帰属する、第二に執行権の帰属主体は国家元首であり現実におけるその行使について内閣は国家元首に対して責任を負う、第三に国家元首に帰属する解散権の存在である（『憲法精義』一・四二二-四二三）。その結果、内閣の対議会責任によっていかに「柔軟で弾力的な」ものとなろうとも、「二元性と権力分立は存在する」という（同・四二三）。ということは、柔軟な権力分立よってもたらされる均衡は、「デュギー-オーリウ学派[20]」という呼称とは裏腹に、デュギーが要求するような[21]「対等の下での均衡」である必要はない。すなわち、「政治的均衡は決して対等に立脚するものではない。［それは、］支配される権力が支配する権力の圧力を制限することができるような抵抗手段を保持することによってもたらされる」。その結果、「対等の下での均衡」ではなく「優勢の下での均衡」で足りるのであり（同）、柔軟な権力分立という場合の柔軟性は厳格さの逆という意味での柔らかさと同時に可変性を意味する。いずれにしても、オーリウの社会理論において均衡は、確かに重要な概念であるが、しかし均衡それ自体は目的ではなく、社会的現象一般においては穏和化のための手段であり、議院内閣制論も含めた法的国家論においては協働のための手段なのである。そして、均衡は議院内閣制における協働のための手段であるということから、議院内閣制の位置づけが導き出される。つまり、統治者と被治者の分離を前提とした国民主権における政府の主権・服従の主権・法の主権の均衡の中にあって、議院内閣制は第二段階の権力分立（三二八頁参照）において、換言すれば統治者＝広義の政府の内部において均衡を実現するための制度として位置づけられる。このことを制度体論に当てはめれば、議院内閣制によって統治機関の日常的な責任追及が可能となり、被治者↓有権者団↓議会↓執行府というつながりをとおして「機関の責任という精神現象」が国家全体に行き渡り、国家は制度体として「完全な法人」となる。議院内閣制は「国家の精神人格の付帯現象」なのである[22]。その結果、議院内閣制はオーリウ的な意味における代表制の構成要素の一つであり、解散制度についても同様である。解散によって有権者団が国政に介入することは、有権者団が広義の政府の構成要素である（三三九頁）以上、カレ・ド・マルベールも含めた当時の多くの論者とは異なり、直接民主制的な意義を有しない。[23]結局、協働の前提である機関としての分離が維持されているという意味でオーリウは一元主義に立脚しているとはいえない。もっとも、これは構造論であり、機能論に着目すればオーリウとカレ・ド・マルベールの距離は意外と近い。

議院内閣制について論じるに際しては構造論と機能論を峻別しなければならない。二元型議院内閣制における二元性とは執行府が議会とは異なる独自の正当性の回路を有し、その結果として、一方で議会と執行府は機関として分離され、他方で両機関を結びつける内閣は議会と国家元首に対して二重の責任を負う。これは構造論であり、このような構造とそれが現実にいかに機能するかとは別の問題である。その際、オーリウやカレ・ド・マルベールの世代は政党の役割を、トリーペルのいう「無視」[24]とまではいわないまでも、あまり考慮しない。それはともかく、正当性の二元性の反映である執行府の二元性において権限分配とその実際の運用とは「微妙な問題」（『憲法精義』一・四一六）である。この点オーリウは、執行権は法的には国家元首に帰属するが、現実にはその行使は諸大臣に委任され、内閣の対議会責任によって内閣が国政の主導権を握るとしたうえで、国家元首の名目化を容認する（同・四一六-四一七および四四七-四四八）。このような認識は主権論における「君臨と統治の分離」（三四七頁）を想起させるが、そのどこまでが一般論で、どこからが第三共和制憲法の解釈論かは明ではない。ただ、そこで描出されているのは一元型の均衡論に限りなく近いといえるであろう。そして一方で、一元論と二元論の「違いは一見したところは明らかであるが、それぞれのモデルを歴史上の具体的事例にあてはめ、その経験的な妥当性を検討する段階になると、両説の差異は明でなくなる」[25]といわれ、他方で、カレ・ド・マルベールはイギリスの議院内閣制を一元型の均衡論に近い形で描いている。[26]かくして、二元型議院内閣制論者のオーリウと一元型議院内閣制論者のカレ・ド・マルベールとが一元型の均衡論という点で接近するわけであるが、それに対して、改革論になるとオーリウの二元主義は明らかになる。オーリウによれば、第一次世界大戦の勃発以来大統領に「能動的な役割」を求める「新しい考え方（esprit）」が台頭し（同・四一七）、彼は一九二〇年代になるとこのような流れに棹さすことになるが[28]、彼の大統領強化論が政治の動きと関係を有することは否定できない[29]。そこで、一九二〇年代の政治の動きについて簡単にふれておかなければならない。

第一次世界大戦後のフランスは、ヨーロッパ文明が没落しつつあるのではないかという不安の中で、戦争による人的・物的損失、対外（主として対ロシア）債権の消失、ドイツに対する報復的ナショナリズム、共産主義の台頭などによって、急速に保守化した[30]。このような状況の下で一九一九年一一月に下院議員選挙が行われ、変則的な比例代表制[31]も手伝って、保守派と中道派の連合（国民ブロック）が圧勝した。その結果、第三共和制始まって以来の保守的な下院が誕生し、一九二〇年一月にミルラン内閣が成立した。そして、ミルランは前任者の病気による辞任をうけて同年九月に大統領に選出されるが[32]、オーリウの大統領強化論はミルラン大統領と密接な関係を有する。実は、ミルランは大統領に就任する以前からさまざまな機会を捉えて大統領強化論を表明しており、その主たる内容は大統領の有権者団の拡大と大統領による解散権の自由な行使とから成る。このうち、大統領の有権者団については、下院と元老院によって構成される国民議会に県議会の代表や職業代表を加える、また、解散制度については、公権力の組織に関する一八七五年二月二五日法律五条が要求する元老院の同意を削除する、というものである[33]。オーリウはミルランによるさまざまな意見の表明や改革案の提示をフォローしている（『憲法精義』一・三九四-三九五註（1））が、これらの改革によってミルランが目指した大統領像は、自立的な権力を保持し、自らの政策を内閣を媒介とした議会との協働の中で追求するという能動的なものである。このような大統領像はレズローブ的な「二元型議院内閣制の再興[34]」の下で実現されるべきものであり、アメリカ的な大統領とは異質である。大統領に就任したミルランは、当然、このような大統領像を実現すべく努めたが、それはいわゆる「グレヴィー憲法[35]」の下で名目化した大統領に反することから、「議院内閣制における国家元首の活動に憲法が付した制限を決して超えなかった[36]」にもかかわらず、「グレヴィー憲法」を前提としてきた急進派を中心とする左派の「抑えがたい敵意[37]」を惹起した。その結果、大統領の役割は来たる下院議員選挙の争点の一つとなり、この選挙における右派の敗北はとりもなおさずミルラン的な大統領像の否定を意味した。一九二四年五月の下院議員選挙は前回同様変則的な比例代表制で行われたが、右派政権下におけるバチカンとの外交再開による反教権主義政策の否定や、ドイツの賠償金支払いの不履行に端を発したインフレと財政悪化とに対応するためのデフレ政策（増税と公務員の削減）などによって左派の結集（左翼連合）を許し、左派の勝利に終わった。そして、エリオ内閣が成立することになるが、問題はそれに至る経緯である。まず、ミルランは第一党となった急進派のリーダーであるエリオに組閣を要請したが、エリオはいったんそれを拒否した。次いで、下院が多数派にもとづく組閣への協力を拒否したため（「内閣のストライキ」）、ミルランは多数派以外からの組閣を試みたが、元老院を含めた議会はそれへの協力を拒否した。その結果、選挙から一ヶ月後の六月一一日にミルラン大統領は辞表の提出に追い込まれ（「強いられた辞任」）、それをうけて一四日にエリオ内閣が成立した。「グレヴィー憲法」的な「共和制の正統性に対するミルラン大統領の短い反逆[38]」といわれる所以である。このような、組閣への協力を拒否することによって政治的に無答責な大統領を辞任へと追い込む憲法運用が憲法（同法律六条二項）違反であるという評価は一般的であり[39]、オーリウもそのような立場に立つ（『憲法精義』二・四一五註（40））が、ここで重要なのはその政治的効果である。すなわち、「グレヴィー憲法」の下で名目化した大統領像が再確認されただけではなく、「フランスの議会は政府の権威を回復しようとするあらゆる動きを拒否することによってかたくなに［執行府を強化しなければならないという］時代の要請に背を向けた[41]」のである。そして後者の結果、国民は政治制度の改革から一時的に眼をそらすことになるが、その付けはオーリウ亡き後の一九三〇年代に回ってくることになる。それはともかく、以上のような経緯の中でのミルランの「強いられた辞任」はオーリウの大統領強化論にも大きな影響を与えることになる。

社会的現象における均衡を何よりも重視するオーリウにとって、議院内閣制は、議会による独裁と執行府による独裁との「中間的解決策」（『憲法精義』一・三八六、および二・三四五）として、本来好ましい統治形態である。[42] それにもかかわらず、急進派が主導する「グレヴィー憲法」という憲法運用によって、議院内閣制は議会主権の下で歪曲され、彼によれば、議会が支配する「排他的議院内閣制（parlementarisme exclusif）」と化している（『憲法精義』一・三八七）。では、彼が理想とする議院内閣制とはいかなるものであろうか。定義で示された議院内閣制は、執行権の帰属主体が国家元首であることから、一応二元型議院内閣制であるといえるであろうが、機能論においては、執行権は現実には内閣によって行使され、その限りで国家元首が名目化することが容認されている。しかし、議会が内閣を吸収するような形で支配することはカレ・ド・マルベールの議院内閣制論との関係で否定され、議会と内閣に均衡が成立するために両機関の分離が維持されなければならない。その際、均衡には幅があるが、「意思作用の重要度という観点から」（同・四一〇）、執行的決定を下す執行権が優位し、審議権（前節註（45）参照）はそれを事後的に統制するにとどまる。換言すれば、執行府は議会による授権をまって活動するのではなく、その固有の統治能力（イニシアチヴと自立性）（三四八頁）にもとづいて能動的に活動し、法律はその活動を枠づけるにすぎない。オーリウは、「議会による適度のコントロールの下で、政府が能動的に統治のイニシアチヴを発揮することを期待する」[43] といわれる所以である。このような執行府の優位とその前提である議会と内閣の均衡とを維持する役割を担うのが「国家の一体性を体現する」（同・四一四）国家元首であり、第三共和制憲法の下における大統領である。オーリウは、すでに『公法原理　第二版』（六七三―六七六）において、「中立権（pouvoir neutre）」[44] あるいは調整権（pouvoir modérateur）[45] の担い手としての国家元首に言及している。すなわち、国家元首は政治的対立を超越して主権あるいは国家の一体性を象徴し、それ故政治的に無答責である。ところが、第三共和制憲法の下では、このような大統領を執行府の政治責任を追及することができる議会が選出するのである。彼はこのような仕組みは「異常」であるとして、『憲法精義　初版』(三八八-三九〇、三九三および四一四-四一五)では大統領の直接選挙または有権者団の拡大を要求する。そして、直接選挙の場合には、大統領は「議会に対してではなく、人民に対して責任を負う」。もちろん、その目的は、「議会の権力を穏和化して(46)」、議会との関係で大統領の中立性を確保することだけではなく、それに加えて、直接民主制的制度を備えていないという意味での「純粋な議院内閣制が……もたらすことができる執行府よりも強力で一貫性のある活動能力を有する執行府」を実現することである。その際、問題になるのは大統領と内閣総理大臣の関係であるが、この点彼は、良い解決策を見出すには良い問題を提示しなければならないとして、「議会の二元性がこれまで成功してきたとすれば、なぜ、執行権の首長〔複数〕のそれが成功しないのか」という(同・三九一。四四七-四四八も同旨)。そして、第五共和制憲法の運用を予言するかのように、大統領と内閣総理大臣による外交と内政の役割分担に言及する(同・三九二)が、それ以上の踏み込んだ検討は行わない(47)。執行府の内部関係について「最低限の楽観主義(48)」が示されているといわれる所以である。

ところで、ピノンは『公法原理　第二版』における中立権の担い手としての大統領と『憲法精義　初版』における直接選挙された大統領との間には「変遷」があるという(49)。ということは、大統領の直接選挙によって執行府の内部で大統領の地位に変動が生じ、統治形態としては議院内閣制から大統領制に向かって移動したということであろうか。確かに、オーリウは「議院内閣制と大統領制の結合」の可能性に言及し(『憲法精義』一・四三二)、「現実の帰結はいまだ得られていない」としつつその例としてヴァイマル憲法を挙げている(50)(同・三九五)。しかし、直接選挙によって執行府の首長としての大統領の地位が強化され、それだけ大統領制に向かうということは、政党との関係で第五共和制憲法の運用を類型化したデュヴェルジェの半大統領制論(51)を知っているわれわれがいえることであって、オーリウが一九二〇年代の前半にそこまで予測し、期待したとは思えない。また、ミルランの大統領像と大統領としてのミルランの活動とが議院内閣制の枠内にとどまっていたことを想起すべきである。オーリウが大統領の直接選挙あるいは有権者団の拡大によって目指したのは、共和制の下で君主的正当性に代わって民主的正当性によって国家元首の中立権を支えることであり、その結果として議会と執行府の均衡が回復され、維持されることであると考えるべきではないか。[52]そうであるとするならば両書の間には一貫性があることになるが、このような理解は『憲法精義　初版』（四三一-四三二）で示された議院内閣制のイギリス型とフランス型という歴史的類型論によっても裏づけられる。すなわち、オーリウの理解によればイギリスでは君主が歴史的に完全に名目化したのに対して、復古王政期から七月王政期にかけてイギリスの議院内閣制を導入したフランスでは国家元首が閣議主催権を保持した。第三共和制憲法が「この伝統」を受け継いだ結果、大統領は完全に名目化することなく国政に関与し続けることができるはずである。[53]ところが、「グレヴィー憲法」という憲法運用の下ではそうではない以上、歪曲された「parlementarisme[54]の欠陥は大統領制の要素を一定の範囲で導入することによって矯正される」べきである。しかし、このことは「大臣の責任という〔議院内閣制の〕本質的な仕組みに何ら変更をもたらすものではない」。要するに、社会的現象における均衡を重視し、権力の集中を嫌う彼が議院内閣制よりも大統領制を好むとは思えず、[55]均衡論に立脚した議院内閣制は彼の社会理論に適合的であり、彼はそれを回復するために大統領制の要素を手段として用いるのである。いま一度繰り返せば、彼の大統領強化論は「いかなる意味においても大統領制へと向かうものではない[56]」。その意味で同書における大統領強化論はささやかな改革論といえるが、この改革論は一方で、わが国の議院内閣制論にも大きな影響を与えたレズローブによって、早速翌年に、「ラディカルで大胆な見解[57]」として注目されるとともに、他方で、結果として第五共和制憲法の原型となった。[58]しかし、ミルランの「強いられた辞任」はこのささやかな改革論を頓挫させた。すなわち、ミルランの辞任はその後継者に「受動的役割」を強いた（『憲法精義』二・三六四）として、同書において大統領の直接選挙または有権者団の拡大を主張する部分は第二版ではことごとく削除されたのである[59]。それでもなお看過しえないのは、「人民によって直接選挙され、議会に対して無答責なアメリカ流の（à l'américaine）の大統領を備えた強い執行府」（同・五六〇）の必要性が同版において主張されていることである（さらに、同・四六二も参照）。このことは、両版の間で、オーリウの「確信にまったく変化がなかった[60]」ことを示しているといえるであろう。しかし当然、大統領強化論がトーンダウンしたことは否定しえない。それに対して、改革論のもう一つの柱である違憲審査制の導入論は、大統領強化論と反比例するかのように、晩年が近づくにしたがってトーンアップするのである。

二　立憲体制と違憲審査制

違憲審査制の導入論はオーリウの「希望の強い表明[61]」であるといわれる。それに対してカレ・ド・マルベールは、第三共和制憲法の簡潔さを補うために「ある論者は大胆な手法に訴え」て、「憲法の明文によっては規定されていないが、わが国の公法体系全体の暗黙の前提を形成している……諸原理」にもとづいて裁判官は法律の違憲審査を行うべきであると主張するが、このような主張を実現するには、大革命以来の「司法権の伝統的概念に反する」という理由からだけでも、「憲法改正手続を経なければならない」という[62]。ここでいう「ある論者」（原文では複数形）の一人がオーリウであることは明らかであるが、オーリウの主張する違憲審査制を批判するには、当然、その内容を特定しなければならない。あらかじめ結論を示せば、彼のいう違憲審査とは付随的違憲審査制の下における適用違憲である。そこで以下では、違憲審査の主たる対象である法律の概念を確認したうえで、違憲審査制を法的国家論の中に位置づけ、最後に、彼のいう違憲審査の内容について検討することにしよう。

第一に、法律の概念についてである。大石眞は、第三共和制下の「フランス公法学上、立法権規定（正しくは『法律』

定立権規定［具体的には、「立法権は代議院および元老院の二院によって行使される」（公権力の組織に関する一八七五年二月二五日法律一条）］」が主として形式的に理解される」中にあって、「デュギーは、ほとんど『アウト・サイダー』ともいうべき地位を占める」が、「立憲主義の『公理』をみとめる限り、……『法律』定立権規定を実質的に理解しようとすることは正当である」という。(63) ここでいう「立憲主義の『公理』」には権力分立の原理が含まれ、この原理の下で立法作用は議会の権限とされるが、それは、国民を一定の範囲で強制する法は国民が選出した議員から成る議会によって制定されるのがふさわしいからである（立法における国民自治主義）。したがって、立法作用を議会に分配する規定（権限分配規定）は議会が立法権をとおして活動することができる範囲を画定するものであり、この規定に法律という用語が用いられている（あるいはそのように解釈できる）場合には、その法律は内容に着目して定義されなければならず、(64) ラーバントはその内容を法規（Rechtssatz）に求めたのである。(65) しかし、立法作用に関する権限分配規定で用いられている（あるいはそのように解釈できる）法律を、ドイツ第二帝政下のラーバントが実質的に定義するのとフランス第三共和制下のデュギーがそうするのとでは政治的な意味あるいは効果が異なるということを看過してはならない。そもそも、立憲主義は国家それ自体を形成する原理ではなく、国家の存在を前提としてその活動を制限する原理であり、あらゆる国家形態と結合する。(66) その結果、法律を実質的に定義するということは「あらゆる種類の国家絶対主義と戦」うことを意味するが、ラーバントは第二帝政の下で「絶対君主制に対して」、デュギーは第三共和制の下で「絶対民主制に対し……て「、それぞれ」戦ったのである」。(67) 換言すれば、法律を実質的に定義することによって、ラーバントが君主主義に対抗して議会が立法権をとおして活動することができる範囲を確保しようとした（立憲君主制）のに対して、デュギーは議会主義に対抗してその範囲を制限しようとした（立憲民主制）のである。(68) そして、デュギーは法律を実質的に定義すると同時に違憲審査制の導入を主張したが、(69) これら二点では、彼の生涯の論敵であるオーリウと一致するのである。

そもそも、すでに繰り返し述べてきたように議会主権を批判するオーリウが法律を形式的に定義することは考えにくい。そこで、『行政法精義』における法律の定義の変遷をみると、初期においては、法律の定義はあまり重視されることなく、命令の説明に力点が置かれていた（『行政法精義』一・三四-四〇、および二・六〇-六六）。ところが、制度体論の前期に位置する第三版（三七）では、立法機関が立法手続によって議決した場合、議決された規定はその対象とは関係なく法律として有効かという問いに対して、わが国の公法は「法源を特定するにあたって形式的要素のみに着目する」として、形式的定義が採用されているかにみえる。ただ、この定義によって、一方で、「予算法律は、それが国家の会計作用のみを、したがって行政行為を構成するとしても、政府を拘束する」として、議会の予算議決権の法的拘束力を限定的に解するラーバントの予算理論[70]が否定されているが、他方で、さまざまな改革の財務法への抱き合わせも批判されている（『行政法精義』三・四三）ことからすれば、法律を形式的に定義すること自体が目的であるとはいえない、あるいは、この定義によってカレ・ド・マルベール的な純粋に形式的な法律の概念が採用されているとは思えない。オーリウにとって、法律の「純粋に形式的な概念は法律の執行力に関することのみに限定されなければならない」のであり、「法律は法（Droit）ではない」（同・四二）。かくして、その後、法律の定義は実質的な方向へと向かい、「『実質的』であると同時に『形式的』な」定義（『行政法精義』四・二八註（2））を経て、自由を制限し義務を課すものをもって「固有の法律事項」とされる（『行政法精義』五・一五。さらに、二一も参照）。もちろん、最後者との関係で形式的観点が否定されているわけではなく、そもそも、法律の「所管事項（内容）を理由として、『法律』に実質的意味が生まれると説くことはできない[71]」。いずれにしても、オーリウの法律の定義は制度体論が法の一般理論としてまとまった形で提示される第六版（二九二）において転換点を迎える。すなわち、「法律とは本質的に国家という制度体の規約（charte statutaire）であり、国民の規約という固有の所管事項を有する」。また、規約としての法律は国家における諸力の間の「社会契約」であるとされ、ここに至って、法律は二重法律概念とはまったく異なる視点から、いわば実体的に、さらにいえば後ほど示すように動態的に定義されるようになったといえる[72]。そして、制度体論をベースに彼の法理論が全面的に展開される『公法原理　初版』（一一七頁参照）において、法律は制度体の一構成要素として論じられるのである[73]。

ところで、『公法原理　初版』における法律の概念を検討する前に、ここで、いくつかの点について同書以降の変遷について想起しておくことは有益であろう。まず、同書において、統治者と被治者は均衡関係において捉えられていたが、『国民主権』において、それまで漠然と被治者の中に含まれていた服従する国民と有権者団とが区別され、有権者団は広義の政府の構成要素とされるようになった。そして、第二版において、服従する国民は服従の主権の主体とされ（三二八－三二九頁）、政府の主権・服従の主権・法の主権という形で多元的主権論が完成される（三三四－三三五頁および三四〇頁）とともに、イデーが重要な役割を果たすようになる（二四一頁）。最後に、『憲法精義　初版』においてそれまで否定されていた憲法制定権力論が肯定されるようになるが、憲法制定権力は憲法改正権と区別されない（前節四）。

さて、以上を前提として、オーリウの法律の概念について『公法原理　初版』を中心に検討することにしよう。「通常、法律は形式的要素と実質的要素に分けられる」（『公法原理』一・六一三）が、ここでは便宜上、実質的要素から取り上げる。彼によれば、法律は「国家体制に固有の法的実体」（同・六一九、および二・二三七）である。すでに述べた（三一四－三二二頁）ように、国家体制は歴史的にみれば「自立的制度体の連合」としての国民が集権化されたものであり、その目的は民事体制の創設と保持である。そして、民事体制を支えているのが法的取引であることから、「自立的制度体の連合」としての国民が市場経済を取り入れたとき、あるいはその中に市場経済が生じたとき、国民は国家体制へと「変貌」する。その際、法的取引と自由および平等とは一体不可分な関係にあることから、国家体制と自由および平等とも一体不可分な関係にある。ところで、国民の集権化の基盤を成すのは個人の類同（similitudes）＝「種としての類似性」（一二五頁）であり、類同という概念は贖罪として制度体において重要な役割を果たす（一〇五—一〇六頁参照）が、「法律は［類同にもとづいた個人の］同化（assimilation）と［国家の］集権化との強力な手段である」（『公法原理』一・六一一—六一二）。もちろん、すでに述べたことから、国家の法的集権化は「個人の平等と自由において」（同・六一三）なされなければならない。その結果、彼は法律を、「個人の類同にもとづいて国家の法を集権化する命令的規定」（同・六一五）と定義すると同時に、「法律の実質的要素として、一般規定であること、命令的規定であること、未来に対する規定であること、の三つをあげる」[74]。このうち、個人の類同から平等が、さらに法律の一般性が導き出されるのは当然であるが、さらに彼は、法律は「平等と自由を保障するためのものであり、……すべて法律として制定された法（doit légal）には個人主義的な自由がしみ込んでいる」（同・六一七）という。ここでは自由の根拠が示されていないが、だからといって政府による恣意的な取り扱いからの自由というような無理な解釈を行うのではなく、すでに述べたように自由は国家体制に必然的に伴うものであると理解すべきであろう。いずれにしても、一般性と命令性は、慣習法や行政機関が制定する命令にも認められることから、法律に固有の要素ではない。では、集権化と未来に対する規定とはいかなる関係にあるのであろうか。この点彼によれば、「法律によってもたらされる法的集権化のもっとも興味深い側面は、法律は未来のために規定する……という捉え方によって示される……」。法律は「予測」にもとづいて「定立された規範」であり、その先にあるのは何らかの改革を伴う権力の均衡と国家体制の持続とである（同・六二一—六二二）。その結果、未来に向かって形成される秩序の中で自由が確保されることから、法律の実質的要素は同質性にもとづく集権化の中における自由ということになり[75]（同・六三〇参照）、この自由は静態的な自由ではなく動態的な自由であるといえるであろう。そして、第二版（一二三三。一二三五も同旨）においてイデーが重要な役割を果たすようになることと連動して、法律の実質的要素は「社会的な状態と関係との規律に適用される共通のイデーの実体」とされる。ところで、「命令が統治・行政機構の規律権の行使であるのに対して、法律は国家体制のあらゆる均衡を表明する」（『公法原理』一・六二八）。法律が均衡の反映であるということは法律の形式的要素と密接な関係を有する。

　そこで、法律の形式的要素についてである。制定法であるということが法律の形式的要素であることは当然であるが、問題は制定手続である。この点、広義の政府の内部における手続と、広義の政府と被治者との関係とに分けて考えなければならない。前者について、オーリウは規約法の形成過程を説明するための概念としての複合行為（二二〇頁参照）の例として、代議院による議決→元老院による議決→大統領による審署という立法手続を挙げている（『公法原理』一・一六二―一六五、および二・一五〇―一五四）。その結果、すでに述べたように法律は規約法ということになるが、法律が規約法であるということについては確立した法との関係で後ほど取り上げることにしよう。後者について、これもすでに述べた（前節註（127））ことであるが、法律は広義の政府による提案を被治者が受容したものであり、その意味で一般意思の表明ではない。被治者の受容は、通常は、一定の時間的経過の中で選挙（『公法原理』一・一六五―一六六、および二・一五四―一五五参照）などをとおして無意識的・黙示的になされる。広義の政府と被治者との法律をめぐるこのような関係を、彼は政治契約（contrat politique）という概念によって説明する。政治契約における政治性は条約における締結主体や政治組織の創設といった対象であるが、「政治契約は締結されるや否や、契約の状態が制度体の状態に吸収される」（『公法原理』一・二一三、および二・二〇九）。というのは、「その遵守を集団［の権力］によって確保しなければならない」（『公法原理』一・二一四、および二・二一〇）からである。[76] したがって、対等で平等な関係を前提とする契約と支配・服従の要素を含む制度体とを二項対立的に捉える（二二五頁）彼にとって、本来、政治契約とは形容矛盾であり、契約という形式は政治的領域における一種の「触媒」（『公法原理』二・二一六）にとどまり、実体は制度体なのである。そして、政治契約の内容は制度体の権力によって強制されるが、問題はその根拠である。この点、政治契約としての「法律は、規律にもとづく命令とは異なり、義務的である。［それに対して、］命令は強制という方法によって［違反に対して］対抗しうるにすぎない。……人民のこの義務は……法律の可決時に政府と人民の間で締結された現実の（réel）契約の帰結である」（『公法原理』一・二一八、および二・二一三–二一四）。ここで、法律の可決時に政府と人民の間で「現実の契約」（＝政治契約）が締結されるとは一種の省略法あるいは比喩的な表現であり、法律の拘束力の根拠は、通常は、すでに述べたように一定の時間的経過の中でなされる被治者の受容である。つまり、広義の政府の内部における複合行為が広義の政府と被治者との関係に延長され、服従の主権の主体としての被治者が法律という広義の政府の提案に対して同調する。この意味でも法律は規約法であり、その結果、その拘束力は、規律法としての命令のそれが強制的であるのに対して、義務的なのである（二三六頁参照）。ところで、規約法が成立するということは確立した法が存在するということであり、確立した法が存在するということは確立された状態としての均衡状態が存在するということである。かくして、すでに述べたように「法律は国家体制のあらゆる［広義の政府の内部および広義の政府と被治者との間における］均衡を表明する」わけである。[77] しかも、規約法としての法律は確立された状態（＝制度体）によって規定されている（前章第二節註（38）参照）ので、「存在する制度体を大枠において尊重することは立法者の義務である」（『公法原理』一・六三三）。そして、『公法原理　第二版』（一八三および七一二）においては、より踏み込んで「法律に優位する正義の諸原理」が肯定され、確立した法を議会に尊重させるために「制度上または裁判運用上法律の違憲審査制［が］導入されなければならない」と主張されるのである。

そこで問題になるのが、第二に、違憲審査制の位置づけである。オーリウは、制度体論の前期にすでに、「裁判官［の］違憲法令を適用しない義務」[78]を指摘して、「憲法擁護……機関を含まない」（『行政法精義』三・四三、および四・三九。さらに、『公法原理』一・七六も参照）第三共和制憲法を前提に、適用違憲という形での違憲審査制を主張している。そして、木村琢磨によれば、前期から中期にかけて、法律の「形式的な区分」から「実質的な区分」への変容に伴って、オーリウの主張は「形式的違憲審査制」から「実質的違憲審査制」へと移行する。[79] 確かに、すでに述べたように法律の概念には変遷が存在するが、しかし、そのことと違憲審査制の問題とは、一般論としては、別である。法律の定義の主たる目的が議会と執行府の権限分配であるのに対して、違憲審査制をめぐる議論の出発点は「法律が憲法に反するか否かの最終的判断権[80]」を裁判所に認めるか否かである。ただ、人権規定を含まないきわめて簡潔な同憲法の下では法律を実質的に定義する方がより広い違憲審査を確保することができ、その目的でオーリウは、「個人の権利に関する明確な規定を憲法に導入する」（『行政法精義』三・四三註（1）、および四・三九註（4））必要性を主張する。いずれにしても、前期における彼が法律の形式的な観点から違憲審査制を論じていることは間違いない（同・三・四二一四三、および四・三九-四〇参照）。それに対して、中期における「実質的違憲審査制」では、「国家の存在にかかわる基本的条件を上位規範（基本的法律）と捉え、これに反する法律の適用を排除する[81]」。ということは、「上位規範（基本的法律）」の存在が「形式的違憲審査制」から「実質的違憲審査制」への移行をもたらしたことになるが、では、「上位規範（基本的法律）」とは何か。「上位規範（基本的法律）」は一九一〇年前後の判例評釈で用いられた用語であり、「憲法擁護……機関」が存在しない現状において、彼はこの時期に「上位規範（基本的法律）」の存在をとおして判例の中に適用違憲の例を見出すようになる[82]。もちろん、このような判例の読み方には批判があるが[83]、ここで「上位規範（基本的法律）」とは制度体としての国家における確立した法の一部の規約法である。つまり、すでに述べたように、制度体論が法の一般理論としてまとまった形で提示されることに伴って法律が実体的に定義されるようになり、そこにおける実質的意味の法律は規約法なのである[84]。その際注意すべきは、法律は規約法である、精確にいえば実質的意味の法律は規約法でなければならないということが、すべての規約法が形式的意味の法律であるということを意味するわけではないということである。前章第二節二の冒頭で述べたように、規約法は、制度体の組織とその構成員の地位とにかかわるものであることから、構成員による何らかの関与の下で形成され、多くの場合には成文化されるであろう。しかし、そのすべてが成文化されることはそもそも不可能であるし、成文化される場合の形式が形式的意味の法律とは限らない。立法手続によって通常法律となる場合もあれば、憲法改正手続によって憲法法律となる場合もあるであろう。通常法律についていえば、実体としての規約法を成文化したものが法律であることから、違憲審査で問われるのは規約法と法律の適合関係の有無であり、審査基準として機能するのは実体としての規約法である。[85]したがって、彼の場合には、法律の実質的定義が「形式的違憲審査制」から「実質的違憲審査制」への移行をもたらしたとえ、この点に関する木村の理解は正しい。もっとも、多くの場合には規約法→憲法法律→通常法律という形で成文化され、憲法法律と通常法律はともに規約法を成文化したものであるが制定手続が異なることから、両者の関係に適用されるのは表面的には「形式的違憲審査制」ということになる。しかし、この「形式的違憲審査」は、憲法法律が規約法を成文化している限り、実質的には「実質的違憲審査」として機能するといえるであろう。いずれにしても、違憲審査によって保障されるのは規約法であり、[86]その結果もたらされるのは「法律の支配（règne de la loi）」（『公法原理』二・二一九）である。そして、法律が規約法を反映したものである限り、法律の支配は（規約）法（règne du Droit）の支配なのである。

ところで、すでに想起したように、『公法原理』の初版から第二版にかけて、統治者と被治者の均衡関係から政府の主権・服従の主権・法の主権という多元的主権論へと移行したが、その原因の一つは統治者と被治者を統合するものの必要性である。この必要性に応えるのが規約であり、「確立された秩序の法的形式」である規約は統治者と被治者の双方に強制されることら法の主権が確立される。これは、法の主権が導き出される政治的側面である。それに対して法的側面は、制度体論の下で法律が実体的に定義されるようになり、法律の実質的定義が「実質的違憲審査制」をもたらし、「実質的違憲審査」において実体としての規約法が審査基準として機能するようになるということである。そして、政治的側面と法的側面は均衡関係を構成し（『公法原理』二・三四および一二八）、その結果、広義の政府の内部における均衡・広義の政府と被治者との均衡（＝政治的主権の内部における均衡）・政治的主権と法の主権との均衡（=「政治の領域（ordre politique）」と「法の領域（ordre juridique）」（『公法原理』二・六二五）との均衡）という三重の均衡関係が形成される。かくして、国家体制へと組織化された国民は全体として自由な状態、「自ら自由に統治する状態」（三四二頁）となり、「都市の自由」（三三三頁）が実現される。これがオーリウのいう立憲体制の実体であり（同・六二七註（1）参照）、その目的は政治的自由の保障である。その際、重要なのは法の主権の確立とそれを執行するための違憲審査制とであり、違憲審査権を備えた裁判所は「確立した法の主権の生きた機関」（同・六八八）なのである。[87]と同時に法の主権と服従の主権とは密接な関係にあり、「被治者は規約をとおして存立し、規約は被治者をとおして妥当する」（同・六七二。さらに、三五も参照）。というのは、政治的自由も含めた個人の自由は規約によって保障され、規約は被治者の同調によって妥当するからである[88]（前節註（83）参照）。そこで「確かなことは、憲法に関する規約の主権が確保されるのは、規約に反しようとする議会の試みが法律の違憲性に関するメカニズムによって阻止される場合のみだということである」（同・六八九）。このように、違憲審査の主たる対象は形式的意味の法律であり、その直接的な目的は規約=確立した法によって議会主権を抑制することである。

そこで問題にすべきは、第三に、違憲審査の内容である。宮沢俊義は、一九二〇年代半ばに、フランスにおける違憲審査制をめぐる議論を詳細に紹介したうえで、何らかの形で違憲審査制を導入すべきであるというのが「近来フランスの通説」[89]になりつつあるという認識を示している。そしてオーリウについては、『憲法精義　初版』に依拠して、違憲審査制論を紹介しているので、ここでは、宮沢による紹介を主として第二版によって補うという形で、オーリウの違憲審査制論について検討することにしよう。オーリウによれば、法の適用・解釈を任務とする裁判官は、法律と命令が矛盾すれば命令を排除して法律を適用するのであるから、憲法と法律が矛盾すれば法律を排除して憲法を適用するのは当然である。「法律を違憲とするのは、命令を違法とするのと、全然同じこと」[90]なのである。したがって、裁判官の違憲審査権を根拠づける明文の規定は不要であるし、違憲審査を行うための特別な裁判所を設置する必要もなければ、違憲審査を行うための手続を組織する必要もない（『憲法精義』二・二六八-二七一）。要するに、すでに示唆した付随的違憲審査の下における適用違憲を、裁判官の法の解釈権によって基礎づけるわけであるが、その際、裁判官の憲法解釈権が議会のそれに勝る理由については積極的に示されない。というよりも、政治的主権と法の主権とが均衡関係にあるので、そもそもそのような理由は存在しない、あるいは不要である。すなわち、前章第二節二で検討した法律行為論を前提として敷衍すれば、執行的決定（実質的には両議院の一致した議決）を下すか否かは「政治の領域」に属し、執行的決定によってもたらされた執行状態は「法の領域」に属するが、後者において何らかの争いが生じた場合には「確立した法の主権の生きた機関」である裁判官が（法律の）執行を停止し、その結果として政治的主権と法の主権との均衡あるいは「政治と法の均衡」（同・二三八）が維持されるのである。[91] したがって、このような意味における違憲審査は消極的立法でもなければ、「政治の領域」への侵害でもなく、そこには「一種の妥協的論理[92]」が働いているといわれる。これが、違憲審査制に対する裁判官統治（gouvernement des juges）であるとの批判に対する一つの答えであり、もう一つの答えは行政体制論である。行政体制は国家体制における過度の集権化によってもたらされ、立憲体制によって克服されるべきものである（三二〇頁）が、そこにおいては執行権と司法権は厳格に分離され、司法権は法律の執行に介入することは許されず、その役割はもっぱら訴訟における法律の解釈・適用に限定される[93]（第一章第二節註（24）参照）。その結果「裁判官のはなはだしい無力[94]」がもたらされてきたが、このような状況は違憲審査制の導入にとってかえって「好都合」（同・二八二）である。というのは、このような状況の下では、アンシャン・レジーム下のパルルマンが君主による社会改革を阻止したり、アメリカの連邦最高裁判所が二〇世紀の初頭にさまざまな社会経済立法を違憲としたような事態[95]が生じるとはなく、裁判官統治に陥る可能性は低いからである。それどころか、政治的主権と法の主権とを均衡させるためにはかえって司法権の強化が必要であり（『公法原理』二・七二二）、違憲審査制については、第三共和制憲法が簡潔であることから、「裁判所は単に憲法法典のみならず、その背後にある国家の基礎原則 légitimité constitutionnelle をもって、審査の基礎としなければならない……。フランス人の自由権、権力分立、行政制度、租税の平等および公明、等は実にその『基礎原則』の例である」[96]。ここに至って、法の主権を執行する機関である裁判所が行使する権限は、はたして政治的主権を「阻止する権能（faculté d'empêcher）」[97]にとどまるといえるであろうか。彼が「違憲審査制の支持者によって推進されてきた闘争の先頭に立っている」[98]とまでいえるか否かは明らかではないとしても、「大胆な保守主義者」であると同時に「果敢な革新家」であるといわれる所以である[99]。確かに、実体としての規約法を成文化したのが第三共和制憲法であり、実体としての規約法が違憲審査の基準として機能することから、同憲法に規定されていないことを実体としての規約法の中に求めることは理解できる。その結果得られるのが、「フランス人の自由権、権力分立、行政制度、租税の平等および公明、等」を含んだ、憲法的正当性（宮沢のいう「基礎原則」）という意味での諸原理である[100]（『憲法精義』一・二九六）。しかし、彼がかつて人権宣言に「厳粛なプログラムとしての価値」（『公法原理』一・五五八）しか認めなかったことからすれば、実体としての規約法の中に人権宣言も含めたさまざまなものを求めることは恣意的であるとの批判[101]を免れず、さらにいえば、「自然法のパンドラの箱を再び開く[102]」可能性を秘めているといわざるをえない。もっとも、彼はこの程度の批判は予想していたであろう。それにもかかわらず、裁判官は「法律の上に位置し、諸原理の下に位置する」（『憲法精義』二・二三六）として広範な違憲審査を彼が主張する背後にあるのは、「選挙の情動によって突き動かされる立法は自由にとって危険な脅威となる」（同・二七〇）という認識である。その結果として彼が以前の主張の一部を変更するにやぶさかではないのは、憲法学も含めた法学が、彼にとって初期以来一貫して、学ではなく術だからであろう（四九頁参照）。

現在の本書の筆者は、すでに述べた（註（58））ように、第三および第四共和制憲法を克服すべく制定された第五共和制憲法の源を、第三および第四共和制憲法に対する特定の批判や批判者の中に見出すことにあまり意味があるとは思わないが、そられの中にあって、オーリウの大統領強化論と違憲審査制導入論とは第五共和制憲法の単なる枠組みにとどまらないという点には注目すべきである。同憲法の枠組みを示したという意味でカレ・ド・マルベールを同憲法という形式的意味の憲法の「予言」者という[103]とすれば、オーリウは第五共和制という実質的意味の憲法の「預言」者というべきなのである。つまり、オーリウの改革論は同憲法という形式的意味の憲法だけではなくそれが向かうべき方向をも示しているのであり、大統領の直接普通選挙を導入した一九六二年の憲法改正・結社の自由との関係で「共和国の諸法律によって承認された基本的諸原理」に裁判規範性を認めた一九七一年七月一六日憲法院判決[104]・憲法院に事後審査制を導入した二〇〇八年の憲法改正[105]などは彼の改革論に沿ったものであるといえるであろう。このことは彼の法的国家論のわれわれに対する同時代性の表れであり、このような先見性を支えているのが法理論としての制度体論であるということを忘れてはならない。

それにしても、オーリウは活躍するのが半世紀早すぎた。しかも、彼が活躍した一九世紀末から二〇世紀初頭はカトリックの国であるフランスにおいて例外的に反教権主義政策がとられた時期と重なることなどから、結局彼は、憲法学者としては傍流に甘んじざるをえず（三五九頁参照）、法学者としては「トゥールーズを脱することを欲したにもかかわらず成しえなかった[106]」。しかし、一方で弟子や息子が彼の望みをかなえる[107]とともに、他方でデュギーとの生涯にわたる論争はフランスにおける法学の学としての価値を高めたといわれる[108]。そこで、オーリウとデュギーを比較することをもって本書の終章としたい。

（1）　René Capitant, *Écrits constitutionnels*, 1982, p. 441.

（2）　Cf. Jean-Jacques Chevallier et Gérard Conac, *Histoire des institutions et des régimes politiques de la France de 1789 à nos jours*, 8e éd. 1991, pp. 443-450, 樋口陽一『比較憲法〔全訂第三版〕』一九九二年二〇二-二〇四頁参照。

（3）カレ・ド・マルベール（拙訳）『法律と一般意思』二〇一一年一九六-二〇一頁および二一四-二一五頁。

（4）同右・二一六-二一九頁。

（5）Lucien Sfez, "Maurice Hauriou et l'avènement des exécutifs forts dans les démocraties occidentales modernes" in *La pensée du doyen Maurice Hauriou et son influence*, 1969, pp. 114-115.

（6）Norbert Foulquier, "Maurice Hauriou, costitutionnaliste 1856-1929" in Nader Hakim et Fabrice Melleray (dir.), *Le renouveau de la doctrine française*, 2009, p. 288.

（7）光信一宏「フランス第三共和制下の執行権論——カレ・ド・マルベールとオーリウの所説を中心に——」愛媛法学会雑誌一五巻二号一九八八年二〇二頁。

（8）同右・二〇六頁。さらに、cf. Stéphane Pinon, "Le pouvoir exécutif dans l'œuvre constitutionnelle de Maurice Hauriou", Revue d'histoire des facultés de droit et de la science politique, 2004, p. 149.

（9）具体的には、高見勝利編『刑部壮著作集』二〇〇八年一〇〇-一〇二頁、小嶋和司『日本財政制度の比較法史的研究』一九九六年六八-六九頁、小嶋和司『憲法と財政制度』一九八八年一〇九-一一一頁、および小沢隆一『予算議決権の研究』一九九五年三五-四三頁など参照。

（10）具体的には、cf. Mélina Kath-Kurkdjian, La pensée constitutionnelle du doyen Maurice Hauriou et la Cinquième République, thèse（Université Nancy II）, 2001（microfiche）, pp. 145-158. なお、一九一〇年前後の議会改革の動向については、小沢・前掲書註（9）、一五一-一七一頁参照。

（11）高橋和之『国民内閣制の理念と運用』一九九四年五一-五五頁参照。

（12）例えば、野村敬造「議院内閣制——日本国憲法の規定する統治機構」宮沢俊義先生還暦記念『日本国憲法体系　第四巻』一九六二年一〇〇-一〇一頁、および上村貞美「真正議院内閣制度論批判」法学雑誌一九巻一号一九七二年三七頁。

（13）詳しくは、高橋和之『現代憲法理論の源流』一九八六年三〇九-三一〇頁および三二五-三二七頁参照。

（14）『憲法精義　第二版』（一九九-二〇一）では、国民公会制（gouvernement conventionnel）とスイスの執政府制（gouvernement directorial）とが加えられる。これらにおいては、権力分立が否定されて議会に権力が集中され、執行府は完全に議会に従属する。なお、オーリウはモンテスキューの権力分立論はこれまで「必ずしも理解されてことなかった」として、その「真意」は、同一の作用（＝活動）に複数の権力（＝意思）が関与することによって協働と自由をもたらすことであるとして（『憲法精義』一・四〇一-四〇三）、その後のエゼンマン-トロペールのモンテスキュー理解（Charles Eisenmann, "*L'Esprit des lois* et la séparation des pouvoirs" in Le même, *Écrits de théorie du droit, de droit constitutionnel et d'idées politiques*, 2002 : Michel Troper, *La séparation des pouvoirs et l'histoire constitutionnelle française*, 1980）を先取りしている。

(15) 同様の指摘をするものとして、大石眞『立憲民主制』一九九六年一八八頁。

(16) なお、本書の筆者はかつて大統領制の定義を問題にしたことがある（拙稿「モーリス・デュヴェルジェの半大統領制論（二）」自治研究六九巻七号一九九三年一一一-一一二頁参照）。権力分立を前提にすれば、大統領制とは執行府の対議会責任の欠如ということになるが、このことは、大統領制が共和制を前提とするので、議会とは異なる執行府独自の正当性の回路を設定するための大統領選挙の必要性を意味し、執行府の対議会責任の欠如と大統領の選挙とは、いわばコインの裏と表の関係にあるといえる。大統領制の伝統的な定義の問題性については、cf. Richard Moulin, *Le présidentialisme et la classification des régimes politiques*, 1978, pp. 9-49.

(17) 統治における主導権の実体の在りかに着目して同様の指摘をするものとして、小嶋和司『憲法学講話』一九八二年一六二-一六三頁。なお、当時の用語法においては、一般に、両者は同義で用いられ、内閣の役割に着目した場合後者が用いられる（cf. Adhémar Esmein, *Éléments de droit constitutionnel français et comparé*, 5e éd., 1909, p. 132 : Léon Duguit, *Traité de droit constitutionnel*, 2e éd., t. II, 1923, p. 639 : Félix Moreau, *Précis élémentaire de droit constitutionnel*, 10e éd., 1928, p. 363）。それに対して、カレ・ド・マルベールは後者を一元型議院内閣制の意味で用いる（cf. Raymond Carré de Malberg, *Contribution à la Théorie générale de l'État*, t. II, 1922（rééd., 1962. 同書は二〇〇四年にも復刊されたが、本書は一九六二年版を用いた）, p. 73. Joseph-Barthélemy et Paul Duez, *Traité de droit constitutionnel*, nouvelle éd., 1933（同書は一九八五年と二〇〇四年に復刊されたが、本書はオリジナル版を用いた）, p. 160 も同様）。

(18) 樋口陽一『議会制の構造と動態』一九七三年七-八頁。

(19) 拙著『国民主権と法人理論――カレ・ド・マルベールと国家法人説のかかわり――』二〇一一年二六八頁。

(20) Klaus von Beyme, *Die parlamentarischen Regierungssysteme in Europa*, 1970, S. 368. さらに、vgl. Friedrich Glum, *Das parlamentarische Regierungssystem in Deutschland, Großbritannien und Frankreich*, 1950, S. 395 Anm. 80.

(21) L. Duguit, *supra note*（17）, pp. 639-640 : Le même, *Traité de droit constitutionnel*, 3e éd., t. II, 1928, p. 805. さらに、vgl. Robert

Redslob, *Die parlamentarische Regierung*, 1918 (Nachdruck, 2010), S. 1f. und 6f. ; Robert Redslob, *Le régime parlementaire*, 1924, pp. 1-3 et 8-9.

(22) Maurice Hauriou, "Liberté politique et la personnalité morale de l'État", Revue trimestrielle de droit civil, 1923, pp. 333-336.

(23) 政府の主権・服従の主権・法の主権の均衡状態としての国民主権はすでに述べた（三五一－三五二頁）ように直接制に向かって開かれていないが、『憲法精義　初版』では、第一次世界大戦後の直接民主制的傾向をうけてであろうか、さらにはファシズムと共産主義に対する強い警戒心からであろうか（とくに、三八九－三九〇）、「代表制と直接制の結合」が探求される。すなわち、共和制においては世襲制が否定されるので国家機関の構成員の選挙が必要となり、「共和制という国家形態の論理」は国民主権と民主制（その意味については、前節註（124）参照）を結びつけ、さらにその「民主的論理」は代表制を超えて「共和制の精神において」レファレンダムや大統領の直接選挙を求める（三八三－三八四）。このうち、レファレンダムはオーリウにとって直接制的な制度とはいえない（前節註（127））が、同書におけるイニシアチヴの位置づけからすれば、ここでは一般的な理解に立脚しているとみるべきであろう。それに対して、大統領の直接選挙は執行権それ自体ではなくその担い手にかかわるものであるからそもそも直接制とはいえない。もっとも、このような探求以前の問題として、同書においては半代表制と半直接制が区別されていないといわれる（大石・前掲書註（15）、一五七頁）。

(24) Heinrich Triepel, *Die Staatsverfassung und die politischen Parteien*, 1927, S. 8.

(25) 長谷部恭男『憲法　第6版』二〇一四年三七一頁。

(26) 光信・前掲論文註（7）、一八五頁。とくに、前掲拙訳注（3）、一八七頁参照。この点、バジョットの理解（W・バジョット（深瀬基寛訳）『英国の国家構造』一九六七年三六頁）とは異なるが、高橋和之のいう「議院内閣制の直接民主政的運用形態」としての国民内閣制（高橋和之『現代立憲主義の制度構想』二〇〇六年六六頁）に近いといえるであろう。

(27) 両者のこのような類似性については、構造論と機能論、一般論とイギリスに関する議論といった相違を無視して、捏造されたものにすぎないという批判が予測されるし、後ほどふれるように、両者の間には国家元首の役割の捉え方に相違があるのも事実である。

(28) それまで「まったくの院内事項」であった大統領選挙（下院と元老院によって構成される国民議会による選挙（公権力の組織に関する一八七五年二月二五日法律二条））が国民の関心事となり、マスコミにも取り上げられるようになった（『憲法精義』一・三九三）ことから、オーリウは、大統領の直接選挙は「事実上、人心（mœurs）に浸透した」（Stéphane Pinon, *Les ré-*

formistes constitutionnels des années trente. aux origines de la Ve République, 2003, p. 498）と判断したようである。

（29）Cf. S. Pinon, supra note（8）, pp. 145 et 156–157.

（30）本段の政治史に関する叙述は、主として、中木康夫『フランス政治史　中』一九七五年一二一-一三七頁、および渡辺和行・南充彦・森本哲郎『現代フランス政治史』一九九七年八一-八六頁（渡辺執筆）に拠る。

（31）この比例代表制は「多数代表制原理と比例代表制原理を組み合わせたものであったが、実際に優位したのは多数代表制原理である」といわる。「議席の配分は……極めて複雑である」が、結果として多くの選挙区（県）で一つの名簿が議席を独占する事態が生じた（只野雅人『選挙制度と代表制』一九九五年八八-九八頁）。なお、サレイユ（高橋・前掲書註（13）、三六九-三七八頁参照）をはじめとする多くの比例代表制論者が、比例代表制によって急進派の支配を突き崩すという政治的意図を有していた（Norbert Foulquier et Guillaume Sacriste, "Avant-propos", Raymond Saleilles, *Le droit constitutionnel de la Troisième République*, 2010, pp. 34-37）ことを看過してはならない。

（32）そのあたりの事情については、cf. Adrien Dansette, *Histoire des présidents de la République*, 1953, pp. 185–201.

（33）Hugues Taÿ, *Le régime présidentiel et la France*, 1967, pp. 89–90.

（34）*Ibid.*, p. 90.

（35）詳しくは、大石眞『議院自律権の構造』一九八八年三四頁参照。

（36）*Ibid.*, p. 93.

（37）*Ibid.*, p. 92.

（38）S. Pinon, *supra note*（28）, p. 295. さらに、vgl. Werner Kaltefleiter, *Die Funktionen des Staatsoberhauptes in der parlamentarischen Demokratie*, 1970, S. 117ff.

（39）Adhémar Esmein et Henry Nézard, *Éléments de droit constitutionnel français et comparé*, 8e éd., t. II, 1928, p. 225 ; Léon Duguit, *Traité de droit constitutionnel*, 2e éd., t. IV, 1924, p. 557.

（40）Cf. Jacques Georgel, *Critiques et réforme des constitutions de la République*, t. II, 1960, p. 112.

（41）H. Taÿ, *supra note*（33）, p. 94.

（42）Cf. E.A. Poulopol, "L'idée de libéralisme dans l'œuvre juridique de Maurice Hauriou" in *Mélanges Paul Negulesco*, 1935, pp. 596–597.

（43）光信・前掲論文註（7）、一九八頁。オーリウは一方で、「政治的には」議会が執行府に優位することを認めつつ（『憲法精義』一・四一〇-四一一）、他方で、「政治的観点から」執行府が議会に優位することを主張する（四四三-四四六）が、前者の「政治的」は民主的正当性と、後者のそれは機能性と、それぞれ理解せざるをえないであろう（光信・前掲論文註（7）、二〇〇頁参照）。さらに、cf. Lucien Sfez, *Essai sur la contribution du doyen Hauriou au droit administratif français*, 1966 (rééd., 2011), pp. 81-84 ; S. Pinon, supra note（8）, p. 134.

（44）Ibid., p. 163 note 202.

（45）性質に着目した場合中立権と、機能あるいは作用に着目した場合調整権と、それぞれいわれるべきであろうが、コンスタンの中立権については、深瀬忠一「バンジャマン・コンスタンの中立権の理論」北大法学論集一〇巻合併号一九六〇年参照。

（46）M. Kath-Kurkdjian, supra note（10）, p. 179.

（47）オーリウはこのような改革論において議会による多元的代表に対して大統領による一元的代表を想定していたといわれる（ibid., pp. 159-160）が、そうであるとするならば、このことは第五共和制憲法制定直後におけるビュルドーの同憲法の捉え方（cf. Georges Burdeau, "La conception du pouvoir selon la Constitution française du 4 octobre 1958" in Le même, *Écrits de Droit constitutionnel et de Science politique*, 2011（初出は 1959）, pp. 277-278）を髣髴させる。

（48）M. Kath-Kurkdjian, supra note（10）, p. 231.

（49）S. Pinon, supra note（8）, p. 163 note 202.

（50）ピノンは、「オーリウの憲法構想」に対するヴァイマル憲法の影響については慎重に評価しなければならないという（ibid., p. 143）。このような立場はカレ・ド・マルベール（前掲拙訳注（3）、二〇一-二一一頁参照）と同憲法の関係にも当てはまる。

（51）具体的には、モーリス・デュヴェルジェ（拙訳）『フランス憲法史』一九九五年一五八-一八四頁、および拙稿「モーリス・デュヴェルジェの半大統領制論（三・完）」自治研究六九巻九号一九九三年参照。

（52）したがって、議会との関係で大統領が担うべき中立権は、民主的正当性によって「変質したのではなく、豊かになった」(M. Kath-Kurkdjian, supra note（10）, p. 229）というべきである。

（53）オーリウのいう議院内閣制のイギリス型とフランス型が国家元首の地位と権限とに着目した歴史的類型であるのに対して、宮沢俊義のいう「議院内閣制のイギリス型とフランス型」は解散制度に着目したどちらかといえば機能的類型である（宮沢俊義『憲法と政治制度』一九六八年五七-七九頁参照）。なお、カレ・ド・マルベールとの関係でオーリウのいう議院内閣制のイギリス型とフランス型に注目するものとして、光信・前掲論文註（7）、二〇四頁註（38）。

（54）parlementarisme は一般に議院内閣制を意味するが、オーリウのいうそれは、議会主権によって、執行府に対する議会の統制の体制から「議会による執行府の支配の体制（gouvernement par l'assemblée）」（『憲法精義』一・四二三）へと変形された議院内閣制を意味し（四一四註（1））、すでに引用した「排他的議院内閣制」と同義である（さらに、三四九頁も参照）。

（55）その際、すでに述べた（三八五頁）ように、オーリウの世代が統治形態の機能論との関係で政党の役割をあまり重視しないことは留保しなければならない。

（56）Ibid., p. 188.

（57）R. Redslob, *supra note*（21, *Le régime parlementaire*）, p. 265.

（58）Cf. Jean Gicquel, *Essai sur la pratique de la* Ve *République*, 1968, p. 25. ここで結果としてとは、オーリウは「我々が今日生きている憲法体制［＝第五共和制憲法］のきわめて偉大なる予見者」（光信・前掲論文註（7）、一七一頁）であるといわれるにもかかわらず、同憲法において実現された「民主的二元主義」の考案者としては彼よりもカレ・ド・マルベールの方が「好まれるであろう」（S. Pinon, supra note（8）, p. 163）からである。なお、M. Kath-Kurkdjian, supra note（10）は、Nicholas Wahl, "Aux origines de la nouvelle Constitution", Revue française de Science politique, 1959 に始まる第五共和制憲法の源探しがこれまで同憲法の「複合的で異質な」「知的源」を明らかにしてきた結果、「第五共和制の系譜図を作成するのはきわめて困難である」（M. Kath-Kurkdjian, supra note（10）, p. 18）という認識の下、「第五共和制との関係でモーリス・オーリウの再読」（ibid., p. 21）を試みたものである。同憲法の源探しは S. Pinon, *supra note*（28）において頂点に達した感があるが、同憲法が第三共和制憲法とその運用をいわば明文化した第四共和制憲法とを克服すべく制定されたものである以上、第五共和制憲法の源が第三および第四共和制憲法に対する批判の中にあるのは当然であり、これまでの研究の蓄積からすれば、特定の批判や批判者を取り上げて第五共和制憲法の源とすることはもはや無意味ではないかというのが、「フランス第五共和制憲法の源流（一）・（二・完）――右翼の憲法改革運動とミッシェル・ドブレを中心に――」法学論叢一二九巻二号・五巻一九九一年をかつて執筆した本書の筆者の現在の考えである。

（59）『憲法精義』一・三八八-三九〇に対して二・三四六を、一・四一四-四一五に対して二・三六一-三六二を、それぞれ参照。また、その原因としてもう一つ挙げられるのは、オーリウの大統領強化論と同じ「民主的二元主義」に立脚するヴァイマル憲法の失敗である（S. Pinon, *supra note*（28）, p. 500 ; Le même, supra note（8）, p. 155 ; Jacky Hummel, "Présentation De la fondation de la liberté politique par les institutions constitutionnelles", Maurice Hauriou, *Précis de droit costitutionnel*, 2e éd., 1929（rééd. 2015), p. 13 note 4（この序文には頁数が付されておらず、数字は本書の筆者が前から付したものである）。

（60） S. Pinon, supra note（8), p. 156. さらに、cf. Le même, *supra note*（28), p. 546 note 465.

（61） 野村敬造『憲法訴訟と裁判の拒否』一九八七年五四頁。

（62） 前掲拙訳注（3）、一二一-一二七頁。

（63） 大石眞「立法と権限分配の原理（一）」法学四二巻四号一九七九年二六頁、二九頁および三一頁。ここでは、デュギーが法律の実質的概念を規定の一般性に求めることの当否については問わないが、cf. Jean-Marie Cotteret, *Le pouvoir législatif en France*, 1962（rééd. 2011), pp. 22-26.

（64） 同右・一九-二四頁。

（65） ここでは、Rechtssatz の内容には踏み込まないが、「ラーバントにおいて『法規』とは、客観法を意味していた」といわれる（毛利透『統治構造の憲法論』二〇一四年二六三頁）。

（66） カール・シュミット（阿部照哉・村上義弘訳）『憲法論』一九七四年二三四-二三五頁参照。

（67） 同右・二五二頁参照。

（68） 立憲民主制において、立法作用に関する権限分配規定で用いられている（あるいはそのように解釈できる）法律を実質的に定義することが、議会が立法権をとおして活動することができる範囲を制限することを意味するということは、当然、日本国憲法にも当てはまる。その際、四一条の「唯一の立法機関」によって国会が立法権をとおして活動することができる範囲を何との関係で制限するのかといえば、その可能性の一つは「国権の最高機関」との関係であり、ということは、「国権の最高機関」という規定は、政治的美称説と法規範説の対立とはまったく異質な、君主制原理の逆の意味でのいわば議会制原理を意味することになる。同条のこのような解釈はこれまでおおよそ想定されてこなかったが、このような解釈が成立する可能性がまったくないといえるであろうか。将来、考えてみる機会をもちたいを思う。

（69） デュギーの違憲審査制論については、cf. Evelyne Pisier, "Léon Duguit et le contrôle de la constitutionnalité des lois" in *Droit, institutions et systèmes politiques Mélanges en hommage à Maurice Duverger*, 1987. ; Renaud Baumert, "Léon Duguit et le contrôle de la constitutionnalité des lois" in Fabrice Melleray (dir.), *Autour de Léon Duguit*, 2011. 宮沢俊義『憲法と裁判』一九六七年一三一-一三三頁参照。

(70) 具体的には、宮沢俊義『憲法の原理』一九六七年二五三–二七四頁、および小嶋・前掲書註（9、『日本財政制度の比較法史的研究』）、一三一–一三六頁参照。

(71) 大石・前掲論文註（63）、三二頁。

(72) 規約としての法律という概念は法規としての法律という「ラーバントの理論に近い」（Raymond Carré de Malberg, *Contribution à la Théorie générale de l'État*, t. I, 1920（rééd., 1962. 同書は二〇〇四年にも復刊されたが、本書は一九六二年版を用いた）, p. 338）というカレ・ド・マルベールの指摘は興味深い。

(73) 『公法原理　初版』において展開された法律の概念は『行政法精義　第七版』（三五–四三）で要約され、さらに簡略化されて最終改定版である第一一版（四五八–四六二）に受け継がれる。さらに、cf. Jean-Claude Douence, *Recherches sur le pouvoir réglementaire de l'administration*, 1968（rééd., 2011）, pp. 50–53.

(74) 木村琢麿『財政法理論の展開とその環境』二〇〇四年一八四頁。

(75) 集権化は法的レベルでは、国家体制の「合理的性質」から、法典化として現象し、オーリウはナポレオン法典に代表される「フランス式（à la française）庭園」に対する賞賛を惜しまないだけではなく、行政法典の成立まで予測する（『公法原理』一・六二一、および二・二三八–二三九）。

(76) 政治契約の典型は憲法契約（栗城壽夫「ドイツの憲法理論の歴史における憲法契約の思想について」法学雑誌六〇巻二号二〇一四年）であろう。

(77) ある論者は、法律について「規範の定立とその規範への服従命令」とを区別するという点でオーリウがラーバントに与する（『公法原理』一・六一六、および『憲法精義』二・四三九）ことから、オーリウがあたかもこの論者のいう「ヘルシャフト理論」に立脚しているかのように主張する（Jean-Claude Bécane, Michel Couderc et Jean-Louis Hérin, *La loi*, 2e éd., 2010, p. 155）。ここで「ヘルシャフト理論」とは、審署（promulgation）をとおして法律に服従命令を付与する執行府が「唯一の真の立法者」であるというものであり、その際、審署はラーバントのいう裁可（Sanktion）と同義で用いられる。それに対して、ラーバントは、「法律内容（Gesetzesinhalt）の確定」と「法律命令（Gesetzesbefehl）の付与」＝裁可とを区別し、「裁可のみが言葉の国法的意味における立法であって」、「全立法過程の中心点」である（Paul Laband, *Das Staatsrecht des Deutschen Reiches*, Bd. II, 1878, S. 4ff. und 29ff.；5. Aufl., Bd. II, 1911, S. 4ff. und 29ff.）という（「したがって厳密には、ラーバント理論において法規と実質的意味の法律は同義ではない」（毛利・前掲書註（65）、二七三頁註（6）））が、オーリウによれば、「審署は法律の裁可と混同されてはならない」(『憲法精義』一・四九三、および二・四三八)。そもそも、ドイツ第二帝政下の裁可とフランス第三共和制下の大統領の審署(公権力の組織に関する一八七五年二月二五日法律三条)とを区別しないのは論外であるが、カレ・ド・マルベールによれば、法律は審署によって執行力が付与されるとするのが「伝統的」理論であり(審署の一般的な意味については、山口俊夫編『フランス法辞典』二〇〇二年四六五頁参照)、その代表的論者の一人がオーリウである(R. Carré de Malberg, *supra note* (72), pp. 406-407)。そのオーリウによれば、審署は「両議院によって可決された法律に対する義務を示すための手続」(『憲法精義』一・四三八)であり、「法律は国家元首によって付与される審署によってのみ執行的となる」(『公法原理』一・四四八)。したがって、審署はラーバントのいう「法律命令」の存在を前提として、それを執行状態に置く、あるいはそれに執行力を付与するものであり、「法律命令」それ自体を創り出すものではない。オーリウにとって、「法律命令」、換言すれば法律の義務的拘束力(実質的効力)は広義の政府の内部における均衡と、広義の政府と被治者との均衡との総合によって生じるものであり、この点は晩年のカレ・ド・マルベール(前掲拙著註(19)、二九九-三〇二頁参照)と変わらない。もちろん、審署をとおして執行府は法律の義務的拘束力(実質的効力)とかかわるが、このことが執行府による立法権(オーリウのいう審議権)の行使を意味しないことは当然である。

(78) 木村・前掲書註(74)、一九四頁。

(79) 同右・二八六-二八七頁。

(80) 松井茂記『司法審査と民主主義』一九九一年一六頁。

(81) 木村・前掲書註(74)、二八七頁。ある論者は、「国家の存立にかかわる基本的条件」である「上位規範(基本的法律)」を保障することによって求められるものは「自由の擁護よりも社会秩序の保持」であるという(Marie-Joëlle Redor, *De l'Etat légal à l'Etat de droit*, 1992, p. 221. さらに、cf. pp. 300-301)が、たとえそうであるとしても、オーリウにおいて保障されるべき「社会秩序」は個人主義的社会秩序である(註(100))ということを看過してはならない。

(82) 宮沢・前掲書註(69)、一三五-一三六頁、杉原泰雄「フランスにおける違憲立法審査の歴史と理論」法学研究四号一九六二年八九-九〇頁、野村・前掲書註(61)、五〇-五二頁、ならびに木村・前掲書註(74)、一九四-一九五頁および二八六-二八七頁(cf. Maurice Hauriou, *Notes d'arrêts sur décisions du Conseil d'État et du Tribunal des conflits*, t. III, 1929 (rééd., 2000), pp. 174 et 176)。さらに、cf. L. Sfez, *supra note* (43), pp. 236-239 : S. Pinon, *supra note* (28), pp. 175-176. もっとも、オーリウは、「確かなことは、裁判所がそれ[違憲の法律の適用を拒否する権限]を行使しないということである」(『公法原理』一・七六註(2))

ともいう。

(83) 杉原・前掲論文註(82)、九〇頁、および木村・前掲書註(74)、二〇四頁註(35)参照。

(84) Cf. Olivier Jouanjan, "Maurice Hauriou et la fonction juridictionnelle", Quaderni Fiorentini, 2011, pp. 389-390.

(85) カレ・ド・マルベールは、すべての法律が規約法であるというわけではないことから「二種類の法律」が存在することになると批判する(R. Carré de Malberg, *supra note* (72), p. 339 note 8)が、実体としての規約法とそれを成文化した法律との関係からすれば、それは当然であり、違憲審査において問題になるのは、規約法としての法律と規約法ではない法律との関係ではなく、後者と実体としての規約法との関係である。

(86) この意味での規約法は、Maurice Hauriou, *Précis élémentaire de droit constitutionnel*, 1925 (pp. Ⅷ et 239-240. さらに、『憲法精義』二・六一一-六二二も参照)以来、「国家の統治権を組織する」政治的憲法(constitution politique)と「市民社会の[中に存在する]諸制度体に由来する個人の自由の全体」である社会的憲法(constitution sociale)と(Julia Schmitz, *La théorie de l'institution du doyen Maurice Hauriou*, 2013, p. 338)に分けて論じられる(さらに、鵜澤剛「制度複合体としての憲法」立教法学八〇号二〇一〇年二五一頁も参照)。このうち、社会的憲法という用語は、家族の安定化にもとづく社会改良を唱えてカトリック系の法学者に強い影響を与えたル・プレー(cf. Frédéric Audren, "Les mondes leplaysiens du droit (1855-1914) ou l'art et la manière d'être un《juriste leplaysien》", Les Études Sociales, 2002)と関係を有するのではないかという指摘(Julien Barroche, "Maurice Hauriou, juriste catholique ou libéral?", Revue française d'histoire des idées politiques, 2008, p. 330 note 77)があり、歴史法学派との結びつきを有するようである。いずれにしても、政治的憲法と社会的憲法の区別はオーリウに固有のものではない(cf. Guillaume Sacriste, *La République des constitutionnalistes*, 2011, pp. 137-138)。なお、星野英一は、「社会のconstitution」を(市民)社会の基本的構成原理という意味で用いる(星野英一『民法のすすめ』一九九八年(岩波新書)九頁)が、この点については、石川健治「公法における『人』の属性——憲法と『人の法』」公法研究七五号二〇一三年五一頁および五九-六〇頁参照。

(87) その結果、司法権は第二段階の権力分立の対象外であるが、第一段階のそれに組み込まれることになる(前節註(45)参照)。

(88) ドミニク・ルソーのいう「持続的民主主義(démocratie continue)」(山元一『現代フランス憲法理論』二〇一四年三〇四-三〇五頁、三二一-三二三頁および三三五-三三六頁参照。さらに、井上武史「憲法裁判の正当性と民主主義の観念——フランス憲法理論を手がかりに——」曽我部真裕・赤坂幸一編(大石眞先生還暦記念)『憲法改革の理念と展開(下巻)』二〇一二年も参照）の中に、違憲審査制も含めた三重の均衡関係によって構成される国家論（さらに、前節註（127）も参照）に通じるものを感じるのは本書の筆者だけであろうか。彼の近年の主張については、ドミニク・ルソー（徳永貴志訳）「立憲主義と民主主義」慶応法学二七号二〇一三年参照。

（89）宮沢・前掲書註（69）、一五九頁（一四九頁も同旨）。それに対して、杉原・前掲論文註（82）、八三‐八七頁参照。さらに、cf. G. Sacriste, *supra note* (86), pp. 300-301. ただし、「違憲審査制に与する公法学者のほとんどが一致して賛同する解決策はアメリカ型の審査制である」（Paul Duez, “Le contrôle juridictionnel de la constitutionnalité des lois en France” in *Mélanges Maurice HAURIOU*, 1929, p. 222. さらに、cf. Édouard Lambert, *Le gouvernement des juges et la lutte contre législation sociale aux États-Unis*, 1921 (rééd. 2005), pp. 4-5)。それに対して、政治家は違憲審査を行うための特別な裁判所の設置を主張した (M.-J. Redor, *supra note* (81), p. 224)。違憲審査制の導入を目指す憲法改正の動きについては、cf. Michel Verpeaux, “Le contrôle de la loi par la voie d'exception dans les propositions parlementaires sous la IIIe République”, Revue française de Droit constitutionnel, 1990 ; Aurore Granero, “Les révisions constitutionnelles non abouties sous la Troisième République”, Revue française de Droit constitutionnel, 2013.

（90）宮沢・前掲書註（69）、一三三頁。

（91）木村・前掲書註（74）、一九四‐一九五頁参照。

（92）同右・一九五頁。

（93）オーリウの行政体制論の実定法上の根拠の一つである一七九〇年八月一六‐二四日法律は、裁判所が法律の執行を停止することを禁止し、この禁止に対する違反は瀆職罪を構成すると規定する（第二編一一条および一二条）が、彼は、この規定はアンシャン・レジーム下のパルルマンを念頭に置いたものであり、違憲審査制の妨げにはならないと主張する。しかし、同法律のこのような解釈には強い異論がある（宮沢・前掲書註（69）、一三七‐一三八頁（さらに、cf. Gaston Jèze, *Les principes généraux du droit administratif*, 3e éd., t. I, 1925 (rééd. 2005), pp. 350-360) および一七七‐一八一頁、ならびに前掲拙訳注（3）、一二三‐一二四頁）。さらに、村上順『近代行政裁判制度の研究』一九八五年四五‐五四頁も参照。

（94）宮沢・前掲書註（69）、一三四頁。

（95）アメリカの違憲審査制について、オーリウはÉ. Lambert, *supra note* (89) に依拠している（『憲法精義』一・三〇六‐三一三、および二・二七二‐二七八）。同書はアメリカ的な違憲審査制のフランスへの導入には否定的であり（pp. 220-236）、社会改革的立法に対する保守的裁判官（＝「レッセ・フェール資本主義の擁護者」（松井茂記『二重の基準論』一九九四年一一頁））の反動を漠然と表わすものとしてそのタイトルは内容以上に有名である（cf. Franck Moderne, "Préface", *ibid.*, pp. Ⅶ et XV）。もちろん、彼は同書のこのような立場を承知している。なお、同書の概要とランベールのいう裁判官統治という用語の第三共和制下における意味変容とについては辻信幸「裁判官統治論に関する歴史的考察」北大法学論集五二巻一号二〇〇一年三三一–三三九頁および三三二–三三七頁参照。

（96）　宮沢・前掲書註（69）、一三五頁。宮沢はオーリウのいう superlégalité constitutionnelle を「成文憲法主義」（一三二頁）と訳すが、superlégalité constitutionnelle には、通常法律に対する憲法法律の優位という意味と、憲法法律に対する「憲法法典……の背後にある国家の基礎原則 légitimité constitutionnelle」の優位という意味とがある。『憲法精義』の第二版では前者の意味で用いられる場合が多い（例えば、二四、二五七、および二六八–二六九など）が、宮沢が依拠する初版では後者の意味の重要性が強調されている（とくに、二九六）。cf. O. Jouanjan, supra note (84), p. 391. なお、オーリウのいう「国家の基礎原則 légitimité constitutionnelle」は、オーリウの主張（『憲法精義』二・二三八–二四〇）に反して、法原理ではなく政治理論ではないかという疑問については、cf. Charles Eisenmann, *La justice constitutionnelle et la haute cour constitutionnelle d'Autriche*, 1928 (rééd., 1986), pp. 27-28.

（97）　モンテスキュー（野田良之他訳）『法の精神　上巻』一九八七年二一七頁（横田地弘訳）。

（98）　Jean-Michel Blanquer et Marc Milet, *L'Invention de l'État*, 2015, p. 201.

（99）　E.A. Poulopol, supra note (42), p. 607.

（100）　したがって、「憲法法典それ自身すら裁判官の審査の外にあるべきではない。……憲法制定行為すら、それ［国家のもろもろの基礎原則］の違反については、裁判官の審査を免れることはできない」（宮沢・前掲書註（69）、一三三–一三四頁。さらに、『憲法精義』二・二六九）。要するに、憲法改正が違憲審査の対象となるということであり、その前提として憲法改正には限界がある（二五八–二五九）が、その根拠は憲法改正権と区別された憲法制定権力の存在ではなく（三五六–三五七頁参照）、実体としての規約法である。そしてオーリウにとって、一八八四年の憲法改正によって導入された共和政体改正提案禁止規定は、この規約法に含まれる憲法的正当性という意味での諸原理を具体化してものなのである（二四〇）。違憲審査の基準として機能するとともに憲法改正の限界を画するこの規約法は、実体的にいえば、個人主義的社会秩序である（二三九）。なお、彼にとってレファレンダムは直接民主制的制度ではない（前節註（127））ので、憲法法律にしろ通常法律にしろ、議会の内部で成立したかレファレンダムを経て成立したかによって、違憲審査における取り扱いを異にする（辻村みよ子編集代表『フランスの憲法判例』二〇〇二年三八三-三八六頁（井口秀作執筆）参照）必要はない。もっとも、カール・シュミットによれば、レファレンダムも憲法によって規定された手続である以上、一般論としても、通常の「立法権限の行使であって決して人民の憲法制定権力の行為ではない」（シュミット・前掲書註（66）、三〇一頁）。

（101）宮沢・前掲書註（69）、一三九頁（さらに、cf. G. Jèze, *supra note* (93), pp. 363-368）および一六八-一六九頁参照。

（102）J. Hummel, supra note (59), p. 15. その際、『憲法精義　初版』以降における国家に先行する法の存在を主張する自然法論（三五五-三五六頁参照）と違憲審査制に関する踏み込んだ主張とが平行関係にあることは明らかであるが、両者のうちどちらが原因でどちらが結果であるかはにわかに決めることができないであろう。

（103）前掲拙著註（19）、一六頁。

（104）辻村編集代表・前掲書註（100）、一四一-一四六頁（山元一執筆）参照。

（105）二〇〇八年の憲法改正は全条文の半数以上を対象とした大改正であり、その内容は大統領に対する統制の強化・議会の活性化・憲法院の事後審査制を含む市民参加の拡大などから成る。同改正については、曽我部真裕「フランスの二〇〇八年憲法改正の経緯」法学教室三三八号二〇〇八年、南野森「フランス――二〇〇八年七月の憲法改正について」法律時報八一巻四号二〇〇九年、および辻村みよ子『フランス憲法と現代立憲主義の挑戦』二〇一〇年一五-四三頁など参照。さらに、植野妙実子『フランスにおける憲法裁判』二〇一五年三一-四九頁も参照。

（106）Fabrice Melleray, "Remarques sur l'école de Toulouse" in *Études en l'honneur du professeur Jean-Arnaud Mazères*, 2009, p. 534. さらに、一二〇頁も参照。

（107）公法系の学者のうち、直接オーリウの教えを受けた者としては、バルテルミーが一九一四年に、アシル・メストルが一九二二年に、また、メストルをとおして間接的にオーリウの影響を受けた者（cf. ibid., pp. 544-545 et 547）としては、ヴデルが一九四八年に、リヴェロが一九五四年に、それぞれパリ大学法学部教授に就任している。この中でオーリウの影響をもっとも強く受けたのはメストルであるといわれる（pp. 543 et 551. さらに、cf. Guillaume Richard, *Enseigner le droit public à Paris sous la Troisième République*, 2015, pp. 370-378）。また、行政法学者としてのバルテルミーについては、cf. Joseph Barthélemy, *Essai d'une théorie des droits subjectifs des administrés dans le droit administratif français* (rééd.), 1899, pp. 4-5, 仲野武志『公権力の行使概念の研究』二〇〇七年一五六頁参照。さらに、cf. Frédéric Saulnier, *Joseph-Barthélemy 1874-1945*, pp. 132-134. 彼らによって構成されるトゥールーズ学派の存否については意見が分かれる（ibid., p. 533）ようであるが、デュギー率いるボルドー学派と比較するまでもなく、彼らが、指導者と指導者が主張する理論体系とのまわりに集まった同質的な人々の集団という意味での学派を形成しているとはいえないであろう（cf. Albert Broderick, "Preface", Albert Broderick (ed.), *The French Institutionalists*, 1970, p. xiii）。この点でも、オーリウとデュギーの関係はタルドとデュルケムの関係と類似しているといえる。それはともかく、オーリウがこのような意味での学派を形成しなかった、その結果としてデュギーのような「学派の指導者」（Gabriel Marty, "La théorie de l'Institution" in *supra note*（5）, p. 42）ではなかった「理由は、オーリウの理論体系が、後代の研究者たちにとって、全面的な採用か不採用かを決すべき厳格な体系としては意識されず、……そこから出発することのできる柔軟な土台として広く受容されていったところに求めることができる」といわれる（磯部力「モーリス・オーリウの行政法学」兼子仁・磯部力・村上順『フランス行政法学史』一九九〇年二三四頁）。換言すれば、「明確に認識することのできる理論体系」の欠如（F. Melleray, supra note（106）, p. 552）である。その結果、トゥールーズ学派が存在するとすれば、それは「大いに開かれた学派」（L. Sfez, *supra note*（43）, p. 498）であるといわざるをえないが、これは形容矛盾であろう（cf. François Burdeau, *Histoire du droit administratif*, 1995, pp. 341-342）。もっとも、公役務をめぐって、デュギーが実質的に定義するのに対して、ジェーズは形式的に定義する（宮沢俊義『公法の原理』一九六七年三〇三-三〇四頁。さらに、cf. L. Sfez, *supra note*（43）, pp. 390-391）というように、ボルドー学派も一枚岩とはいえない。この点でオーリウと決定的に対立するのはジェーズであることから、オーリウはジェーズをボルドー「学派の異端児（enfant terrible）」（『行政法精義』一一・Ⅷ）という（公役務の概念をめぐる学説については、さらに、神谷昭『フランス行政法の研究』一九六五年一四六-一六七頁も参照）が、実は、両者は「財政法理論をもとに行政法理論を構築していったことでは共通して」いるともいわれる（木村・前掲書註（74）、四頁。さらに、木村琢麿『ガバナンスの法理論』二〇〇八年六-八頁も参照）。その結果、両者の関係は微妙であるが、両者をめぐっては興味深い事実がある。すなわち、一九〇九年に、オーリウはイェリネクから一般人向けのフランス行政法の概説書を執筆するよう依頼されたが、『公法原理』の執筆や『行政法精義』の改訂に追われているとしてこの依頼を断ったうえで、自分の代わりにジェーズを推薦し、ジェーズが「大いに逡巡した後にようやく」執筆の依頼を受け容れた結果として、Gaston Jèze, *Das Verwaltungsrecht der Französishen Republik*, 1913が出版された（"Vorwort", *ibid.*, S. Ⅲ : Olivier Beaud, "Préface", Maurice Hauriou, *Principes de droit public*, 1910（réed., 2010）, pp. 3-4（この序文には頁数が付されておらず、数字は本書の筆者が前から付したものである）: J.-M. Blanquer et M. Milet, *supra note*（98）, pp. 202-203）。この事実から、オーリウは晩年に『行政法概論（*Précis élémentaire de droit administratif*)』一九二五年を、そしていわばそれとセットで『憲法概論（*Précis élémentaire de droit constitutionnel*)』一九二五年を著すことになったのではないかといのが本書の筆者の想像である（もちろん、オーリウがこのようなことを述べているわけではない（『行政法概論』の「序文（"avertissement"）」参照））。なお、ある論者は、「社会を物のように観察することを重視する」「社会学的方法」という点から「オーリウが……科学学派に属する」と主張する（福重さと子「モーリス・オーリウによる公産の所有権概念（一）――主観的権利概念による行政法体系と所有権――」法学論叢一六九巻一号二〇一一年一一九頁註（66））。このような捉え方が間違いであるとはいわない（確かに、オーリウはボヌカーズのいう「一八八〇年の法律家の世代」に属する（前掲拙著註（19）、二二三頁註（58））。さらに、cf. J. Schmitz, *supra note*（86), pp. 85-90）が、そこで用いられている基準からすれば、明確に法実証主義の立場に立つ法学者以外はすべて科学学派に属することになりかねず、その結果として科学学派という概念が拡散して、無意味になってしまうのではないか。この基準によれば、オーリウ同様、デュギーやデランドルや憲法学者としてのサレイユも科学学派に属することになるであろう。科学学派が一定の法思想に立脚していることは事実であるが、もともと科学学派は註釈学派の対抗概念であることから、その対象は私法の領域に限定するのが妥当であろう。科学学派のいう scientifique の本来の出所については、cf. G. Sacriste, *supra note*（86), pp. 131-132.

（108）Marc Milet, "L. Duguit et M. Hauriou, quarante ans de controverse juridico-politique（1889-1929）essai d'analyse socio-rhétorique" in Carlos-Miguel Herrera（dir.), *Les jurists face au politique*, t. I , 2003, p. 108.

終　章　オーリウとデュギー——フランス西南学派

ある論者がオーリウとデュギーの関係をアロンとサルトルの関係になぞらえたように[1]、オーリウとデュギーは生涯の論敵であり、社会学の法学部への進出について初めて議論を戦わせて（第一章第一節註（57））以来、晩年に至るまでさまざまな論点をめぐって華々しい論争を繰り広げた[2]。そして、両者は論争をとおしてそれぞれの公法学の理論体系を形成することになるが、そこには「新しいものの考え方が生み出されようとしている時代にのみ特有の瑞々しさと華やかさが備わって[3]」いるといわれる。と同時に、オーリウがデュギーを「教壇アナーキスト[4]」と評したのに対して、デュギーが制度体論の鍵概念であるイデーを「厚顔無恥な観念論[5]」と決めつけたように、ときに激しい言葉の遣り取りが両者の間でなされたこともあり、かつては両者の相違点・対立点が強調されていた[6]。しかし、両者の関係に関するこのような捉え方、あるいは「両者の対立をきわめて図式的に捉える表面的な理解[7]」が「伝説[8]」に属するとまでいわないが、両者の論争の「ときに激しい形態[9]」に幻惑されて両者に共通の要素を見失ってはならない。両者は決定的な対抗関係にあるというよりも、同じ目的を追求しつつ「用いられる手段で対立する[10]」という一種アンビヴァレントな関係にあるといえる。ここでは、両者の相違点と共通点を指摘しつつ、後者に力点を置くことによって法学者としてのオーリウの特徴を総括することにしたい。本章のサブタイトルをフランス西南学派とした所以である。この総括は、オーリウの法理論・法的国家論がわが国の現在の憲法学界において有する意義をも示すことになるであろう。

オーリウとデュギーの論争は、「お互いの業績に対する敬意の上に成り立っていたことに注意しなければならない[11]」。つまり、両者は相互に「真摯な尊敬の念[12]」を有し、それぞれの良き理解者なのである。両者はともにボルドー大学の出身であり、教授資格試験（一八八二年）における同期であるだけではなく、オーリウはトゥールズ大学で、デュギーはカーン大学で、それぞれ法制史の講義を担当することによって研究生活を始めたことから、法制史の講義との関係で方法論の確立を目指して互いに切磋琢磨した[13]。ただその後、方法論をめぐって、オーリウはタルドに、デュギーはデュルケムに（第一章第一節註（25）参照）、それぞれ主として立脚することによって、袂を分かつことになったのである。このような経緯からすれば、「何人も私以上に、彼の精神の力強さと優美さを称賛する者はいないであろう[14]」というオーリウに対するデュギーの賛辞は、若き日の友情が晩年のデュギーに書かせたものと理解すべきであろう[15]。

そこで、オーリウとデュギーの相違点と共通点についてである。両者の「華麗な論争にあまり目を奪われることによって、両者を結びつける共通の要素の存在を忘れ[16]」てはならないとして、両者の対立よりも両者とカレ・ド・マルベールの対立の方が根本的であるとされる[17]。このような捉え方は、ある意味では正しいが、他の意味では誤っている。つまり、何を対立軸とするかよって三者の関係は微妙に変わってくるのである。

第一に、ドイツ法実証主義国法学（より一般的には、ドイツ法学）を対立軸とした場合、それに依拠するカレ・ド・マルベールとそれを全面的に否定するデュギーとが対極に位置することは明らかである。それに対して、オーリウは、第二章第二節二で検討した法律行為論に典型的に表れているように、それを批判的に摂取する、換言すれば一部を肯定し一部を否定することから、カレ・ド・マルベールとデュギーの中間に位置する。この対立軸は法理論一般のレベルでは意思理論であり、法的国家論のレベルでは「ドイツのヘルシャフト理論」（二〇三頁）である。ここでは問題を後者に限定するが、オーリウもデュギーも何らの客観的なものによって意思としての国家権力を制限しようとする。それをもって「フランス的な（à la française）法治国家[18]」論といえるか否かはともかく、デュギーにとっての客観的なものが事実上の支配服従関係である国家の外に存在する客観法であるのに対して、オーリウにとってのそれは制度体としての国家の中における均衡という客観的な事物の状態であり、この点実は、オーリウはカレ・ド・マルベールに近い。当然デュギーは、このような意味での国家の客観的自己制限、オーリウのいう「洗練された解決」(三三二頁)は内在的な制約であるので無意味であると批判するが、オーリウにいわせれば「ドイツのヘルシャフト理論」に対するデュギーの「激しい(vengeresses)批判」(『公法原理』一・七三)は「新しいものを求めて過剰に対抗する」[19]という意味で性急なのであり、オーリウにとっては意思の外で形成されるとされる客観法の存在それ自体が疑問なのである。ところで、ドイツ法実証主義国法学との関係におけるオーリウの中間的な立ち位置が、基本的な概念や理論枠組みについてドイツ法学に依拠してきたわが国の法学界によるオーリウの法理論の理解を困難にしてきたのではないかということはすでに指摘した(序章第三節註(14))が、ドイツ法実証主義国法学の克服を目指してきたわが国の戦後の憲法学界は彼のこのような法理論の中にこそその手がかりを求めるべきではないか。ドイツ法実証国法学の全面的な否定あるいは安易な否定が、たとえそれが可能であるとしても、不毛な議論へと導かないとは限らないのである。

では、国家法人説との関係で、国家を制度体として捉えることにいかなるメリットがあるのか。ここでは、ラーバントが機関に関する議論を十全に展開したとはいえないことから、イェリネクの国家法人説を対象とすることにしよう。これは当然であるが、あえて確認しておけば、制度体論においても国家は法人である。実は、イェリネクの地位理論との関係で、オーリウのそれが決定的に有利であるとはいえない[20]。確かに、両者の間には、権利を、前者は債権(請求権)的に、後者は物権的に、それぞれ構成するという違いはある。すなわち、イェリネクは地位とそれに対する請求権とを、オーリウは機関と職分を、それぞれ区別し、前者においては、地位に対する請求権は地位の権限には及ばない。それに対して、後者においては、確立された状態における物としての地位を静態的に捉えたものが機関であり、動態的に捉えたものが職分であることから、機関を支配することは職分を支配することを意味する。そして、職分が権限の集合体であることから、機関に就任する自然人は権限を物権的に支配することができる。しかし、オーリウにおいても、この支配権が直接法人としての制度体に及ぶわけではなく、この点ではイェリネクと同じなのである。つまり、後者における法人-(機関の)地位-請求権が前者においては法人-職分-機関へと置き換えられているのであるが、前者においては地位が、後者においては職分が、それぞれ「緩衝器」(二三九頁)の役割を果たし、いずれにおいても機関に就任する自然人の私的利益が直接法人に反映されることはないし、またあってはならない。それに対して、両者の間で決定的な違いが生じるのは法人と機関の関係であり、機関の法律効果をいかにして全体としての法人に結びつけるかという点をめぐってである。機関は法人の部分であり、全体としての法人から独立した法人格を有しないので、法人の内部に法主体間で成立する法律関係を持ち込むことはできない。そこで、イェリネク同様意思理論に立脚するギールケは機関人なる概念を創出するが、そうすると、確かに法人の内部に法人と機関人の法律関係を持ち込むことはできるが、しかしギールケのいう法人の内部関係に関する社会法は法律関係という外部関係に関する個人法との関係で独自性を失うことになる。社会法と個人法を区別することの意味がなくなってしまうのである。また、たとえ法人の内部関係を法律関係によって説明することができるとしても、その実体である全体としての法人とその部分である機関(=器官)との有機的な関係は、自然人の場合にような自明の事実ではない。いずれにしても、イェリネクの国家法人説にしろ、ギールケの有機体説にしろ、人格の一元性を前提として主観法的に理論構成しようとすることに無理があるのであり、この点で国家法人説とギールケの有機体説とは決定的に対立しない。ここに、ギールケがサヴィニーの法人擬制説を論破できない原因の一つがあるとみるべきであろう(22)。それに対して、制度体論の独自性は法律関係という外部関係とは異なる原理にもとづいて内部関係を構成する点にある。すなわち、機関を漠然と法人の構成要素として機関と法人を直結させるのではなく、機関と法人の間に個体を介在させ、個体における機関の位置づけ（＝「有機的総合」（二一七頁））をとおして機関の行為を法人に帰属させるのである。その際一方で、個体は「複合的統一体」（二一九頁）であることから、制度体論は連邦国家や多元的国家論に適合的である。他方で、個体は均衡状態をとおして合理的に組織されることによって精神人格を自らの内部に発生させ、精神人格は対外的には法人格として現象する。法人格と精神人格はミシュウのいう一つの人格の「私法と公法という『二つの側面』[23]」にあたるものであり、国家としての制度体はミシュウの法人論の公法の側面を理論化したものといえなくはない。制度体論は、地位理論を個体と精神人格という内部関係と結びつけることによって、意思理論を前提とした人格の一元性という国家法人説の弱点を克服しようとしたのである。ただその際、国家という枠組みを取り外して制度体論を一般化したとき、制度体論が国家や自然法との関係でさまざまな問題を生じることは否定できない。さらにそれ以前に、イデーと意思をめぐる全体と部分の関係が合理的かつ実証的に説明しきれているか疑問なしとしない。

第二に、法と国家の関係についてである。この点、法実証主義の立場に立つカレ・ド・マルベールと自然法論の立場に立つオーリウとが対極に位置することは明らかであるが、デュギーの立場は微妙である。というのは、デュギーは実証主義者をもって自任するが、彼のいう客観法には自然法的な要素がつきまとわざるをえないからである。ここで彼の法理論における自然法的な要素について踏み込むことはできないが[24]、オーリウが一貫して批判する（『公法原理』一・六四―六九、および『憲法精義』二・二一―一四）のは、人間が相互依存関係にあるという事実としての社会連帯から導き出されるとされる行為規範としての客観法には、主観的要素が欠如しているということである。その結果、デュギーの法理論においては法の創設や動態を捉えることができず、デュギーのいう客観法はあまりにも静態的なのである。「要するにこの説の誤りは、受動を動と誤り、持続を創造と誤った点にあ[25]」り、意思を含まない客観法の理論は「死の理論」・「無の理論」にすぎない（『憲法精義』一・七註（1））。オーリウに対するデュギーの批判が晩年に至ってやや軟化するの[26]に対して、このようにデュギーに対するオーリウの批判は一貫して厳しい。それはともかく、デュギーの法理論は晩年に自然法的傾向を強めたといわれるが[27]、オーリウの自然法論には晩年に至ってもいわば質・量ともに変化はないとみるべきである。ただ、オーリウの場合、自然法論の質・量という意味での中身の変化はないが、法理論における自然法論の現象の仕方には変化がある。自然法論が彼の法理論にストレートに表れることは少ないし、彼自身「努めて」（二九三頁）そうしてきたと主張している。しかし、このことが当てはまるのは制度体論の中期であり、その前期には自然法論というよりもカトリック思想が、その後期には自然法論が、それぞれ明確に表れている。ここで問題にしたいのは中期から後期への変化である。中期は、彼の法理論が制度体論という形をとって形成され、発展するもっとも重要な時期である。中期における制度体は確立された状態として自生するものであり、その精神人格や法の効力は制度体の内部で調達される。その結果、制度体は完結した団体（＝「閉じた壷」（二三三頁および一四六頁））であり、それらが外部から付与されないという意味で制度体としての国家は「私法的発想」（二九三頁）にもとづくものではない。もちろん、制度体において重要な役割を果たすイデーの背後には自然法が控えている（『公法原理』二・二七六―二七七註（1）および二八二―二八三参照）が、少なくとも自然法は法理論の表面には表れることなく、いわば「隠された宝」[28]である。その意味で、この時期の制度体論は「自然法の概念を基本的に忌避する」[29]といえる。ところが、国家の成り立ちを法的考察から排除するドイツ法実証主義国法学に依拠するカレ・ド・マルベールの登場によって、国家の成り立ちを法的に説明するために「個人の自立にもとづいた法」（三五五頁）である国家に先行する法が導入された。これは制度体としての国家の成り立ちを制度体論によって説明することの放棄であり、これによってオーリウの法理論全体が破綻したとはいわないが、彼の法的国家論が自然法の存在を前提とした、いわば普通の（＝私法的な）法的国家論へと堕してしまったことは否定できないでろう[30]。もっとも、現実の制度体は宙に浮いた存在ではなく、具体的な事物の一般秩序に中で形成されるものであることから、現実には制度体に先行する法の存在は否定できない。ということは、制度体論は、一般論のレベルでは制度体が分析の対象から分析の枠組みへと転換されることによってモデル化され、法的国家論のレベルではより現実的なものとされたと理解できないこともない。

第三に、社会学との関係についてである。一九世紀末のフランスにおける註釈学派の凋落と社会学の台頭とをうけて、法学の中に社会学を取り込むためにあるいは法学の方法論として、オーリウはタルドに、デュギーはデュルケムに、それぞれ主として立脚するようになったことについては、ここでは繰り返さない。ここでは、伝統的国家理論と社会学的国家理論という高橋和之の分類を手がかりにして、オーリウの法＝権利理論の特徴の一つを指摘しておきたい。高橋によれば、「大革命前に構想された諸理論の基本的諸観念を受け継い」だ伝統的国家理論は「主権の観念を中心に据えた国家理論」であり、「人民主権論との混同を含んだ」国民主権論として「一九世紀を通じて……疑問の余地なき正当な原理として完全な定着を見」る。その結果、一九世紀末における「大ブルジョアジーと労働者階級」の現実的な対抗関係は主権論＝国家理論には反映されることなく代表制のレベルにとどまり、伝統的国家理論は「現実との生き生きとした結びつきを失ってしまわざるをえない」[31]。その中にあって、エスマンは半代表制という概念を考案し、カレ・ド・マルベールは国民主権と人民主権を区別したが、これらを、両者は「憲法規範をめぐってその周辺に生じる現実の社会的・政治的諸現象」との関係ではなく、「単に純粋に理論上の問題として処理した」[32]。とりわけ、ドイツ法実証主義国法学に依拠するカレ・ド・マルベールは、意識的にそうした。それに対して、社会学的国家理論は「社会学を手がかりに、国家とは区別された意味での社会」へと視野を拡大し、「国家および政治権力をこの社会と関連づけて把握した」。その結果、「社会勢力との関連で政治制度を把握する視座が確立され、政治権力が主権という実体的・静態的概念から、機能的・動態的概念へと転化され、さらに、社会的利害の対立がいかにして政治領域へ反映されそこで統合されて行くかという視点が切り開かれた」[33]。高橋はデュギーをこのような社会学的国家理論の開拓者と位置づけるが、このような位置づけは否定しない。しかし、国家の法人格と主権とを否定して静態的な客観法に依拠するデュギーが政治権力を「機能的・動態的概念」としたうえで、社会における利害の対立が政治の領域において統合されいく過程を動態的に捉えることができたとは思えない。それに対して、オーリウの均衡理論と状態としての国民主権こそこのような社会学的国家理論にふさわしいというべきであり、もちろん、高橋もこのことを認識している[34]。その際問題になるのは、オーリウの法理論だけではなく社会理論全体を貫く均衡という概念の性質であり、均衡は事実上の概念であることから、均衡という概念を法理論に導入することは法と事実の混同であるとの批判を招く可能性を有する。現に法実証主義者はこの点を批判するが、オーリウは主権論との関係でこのような懸念を払拭すべく努めているし、そもそも、法理論のレベルでいえば、均衡という事実上の概念を法的概念へと転換する役割を担っているのが「錬金術師の釜」（三五五頁）としての制度体であるということを忘れてはならない。しかも、制度体においては、確立された状態→法的状態→そこにおける地位→地位に対する権利という形で確立された状態から権利が導き出される。制度体論は確立された状態という客観的なものの中に権利を、少なくともその萌芽を求める理論であり、そこにおける権利それ自体は「客観的な権利でしかない」（『公法原理』一・六五〇、および二・九二）。そして、このような意味で客観的な権利は可能態であり、法主体と結びつきその執行的決定をとおして法律効果を発生することによって主観化され現実態（droit acquis）となる[35]。その結果、法律効果の有無という点から、可能態にある権利を抽象的権利と、現実態にある権利を具体的権利と、それぞれ呼ぶとすれば、制度体論は法だけではなく、権利をも抽象的権利から具体的権利へという形で動態的に捉えることを可能にする。社会的現象を客観的なものの主観化として捉える彼の視点をここにも見出すことができるわけである。

第四に、「集団的なもの」についてである。オーリウを長年研究してきたマゼレは、デュギー生誕一五〇周年の記念論文集の中で、「集団的なもの（le collectif）」がオーリウとデュギーを結びつける「赤い糸」[36]であるというが、英米系の論者の中には、集団主義によって大雑把に両者を一括りにする傾向がある。[37] 両者が立脚する社会学の相違を曖昧にしてしまう後者のような捉え方は問題であるとしても、「集団的なもの」が両者に共通の要素であることは間違いない。マゼレによれば、両者は、「すべてを個人的なものとする個人主義とすべてを社会的なものとする全体主義」との対立を克服しようとしたが、両者にとって「集団的なもの」とは「共通のもの、換言すれば、個人を超越したものではなく個人に内在するもの」である[38]（前章第一節註（138）参照）。その意味で、「集団的なもの」は個人を外から支配し、併呑してしまうようなものではない。このような「集団的なもの」を見えにくくしているのが「法体系の人為的な個人主義的基盤」であり、そこにおいては一方で、意思自治において主権的な個人を法主体とし、他方で、このような個人に対して国家が屹立する。かくして、「集団的なものはこの法体系を支える個人主義的論理によって……隠されてしまう」のである。この隠された「集団的なもの」を、「権力状況の実在」あるいは「統合と権力の関係」を、一九世紀後半における集団現象の激増と社会学の台頭とを前にして、法学の世界で白日の下にさらしたのが両者というわけである。[39] その意味で、両者は「集団的なもの」の「先駆者」[40] なのである。マゼレにおいて「集団的なものの論理」[41] における両者の相違がどの程度認識されているのか疑問であるが、ここではこの点は問わない。[42]「集団的なもの」と個人主義の関係に関するマゼレの指摘がわが国の戦後の憲法学界を描写しているように思えてならないことである。

宮沢俊義の法人擬制説的な国家観[43] が戦後の憲法学界において主流になったことは戦前に対する反動として理解できる。問題なのは、それが今も主流であり続けているということであり、国家も含めた集団現象を個人に還元する擬制説的な発想の典型が樋口陽一の結社の自由論[44] であろう。樋口は、宮沢の擬制説的な国家観と私法学の通説である実在説に漠然と立脚した法人の人権論との矛盾を衝いて前者の徹底を求め、その後の個人主義的な結社観の流れを形成した。[45] その結果、日本国「憲法［の］施行以来、最高裁で結社の自由の問題が正面から争われた事件はない」

という事態に至り、「結社の自由は憲法の明文で規定されているにもかかわらず、現実には『忘れたれた自由』である」とまでいわれるようになった。[46] そこに登場したのが石川健治『自由と特権の距離』一九九九年である。同書は憲法学における法人理論の重要性を指摘して、国家も含めた集団現象を「法体系の人為的な個人主義的基盤」とは異なる固有の法理によって捉える契機となるはずであった。同書は戦後憲法学に全体と個人の関係に関するパラダイムの転換をもらす可能性を秘めていたのであり、[47] もちろん今も秘めている。もっとも、同書の主たる目的がカール・シュミットのいわゆる制度的保障論の再解釈であったことから、同書の破壊力はしばらく可能態にとどまっていたが、近年、結社の自由という点から同書の可能性に反応する（と客観的に解釈することができる）動きが出てきた。井上武史『結社の自由の法理』二〇一四年である。[48] 井上武史は、「結社の自由は、他の基本権論に還元・解消できない固有の問題構造を抱え、それに応じた保障の内容と制約の論理を備えている」[49] にもかかわず、「通説の理解では、結社の自由が団体という法的実体を生み出すことの意義が過小評価されている」[50] として、「結社の自由の［憲法による］保障効果には、法人格取得権が含まれる」[51] と主張する。その際忘れてはならないのは、結社に関する理論は国家にも適用されるということであり、そうではない、換言すれば両者を分離することができるというのであれば、その積極的な理由を示さなければならないであろう。[52] それはともかく、憲法による結社の自由の保障が結社に対する法人格の付与を要請するという主張には、若干の、あくまで若干の躊躇を覚えざるをえない。というのは、結社は憲法上権利の主体たりえても、結社それ自体の権利を「基本的人権」というには違和感を抱かざるをえないからである。[53] 確かに、日本国憲法はかなり徹底した個人主義に立脚している（一一条および一三条）。しかし、個人主義は、ホッブズを持ち出すまでもなく、徹底するればするほど、それが反転したとき、苛斂誅求を極める。それだけに、戦後の憲「法学にのしかかる個人主義の軛を解き放つ」[54] ことが焦眉の急である。そのためには、国家から自立した、したがって国家に依拠しない、国家と個人の緩衝材としての結社が必要であり、解釈論のレベルでこのような自由

主義的必要性に応えるのが実在説に立脚した結社の自由論なのである。(55)

結局、オーリウの法理論・法的国家論がわが国の現在の憲法学界において有する意義は、大枠においては、ドイツ法実証主義国法学を克服するに際しての視点を提供すること、および「集団なもの」の重要性を提示して個人主義的な発想の修正を迫ることという二つにまとめることができるであろう。これら二つの大枠から、いかなる具体的な問題を、いかにして導き出して、それに対していかに答えるかは、今後の課題とせざるをえない。

（1） Marc Milet, “L. Duguit et M. Hauriou, quarante ans de controverse juridico-politique（1889–1929）essai d'analyse socio-rhétorique” in Carlos-Miguel Herrera（dir.）, *Les jurists face au politique*, t. I, 2003, p. 86. アロンとサルトルの関係については、例えば、杉山光信『モラリストの政治参加』一九八七年（中公新書）一二六―一五八頁参照。

（2） オーリウとデュギーの論争を知るためのもっとも便利な方法は、デュギー『憲法論（*Traité de droit constitutionnel*）』（とくに、第二版）の索引でオーリウの箇所を調べることであろう（同様の指摘をするものとして、André de Laubadère, “Le Doyen Maurice Hauriou et Léon Duguit” in André de Laubadère, André Mathiot, Jean Rivero et Georges Vedel, *Pages de doctrine*, t. I, 1980, p. 14）。さらに、cf. M. Milet, supra note（1）, p. 119 note 107.

（3） 磯部力「公権力の行使と『法の二つの層』――オーリウのデュギー批判に寄せて――」山口俊夫編集代表（野田良之先生古稀記念）『東西法文化の比較と交流』一九八三年三九五頁。

（4） 大石眞「立法と権限分配の原理（二）」法学四二巻四号一九七九年二九頁。この表現はデュギーからの引用であるが、それに対応するオーリウの表現は「教壇アナーキスム（anarchisme de la chaire）」（『公法原理』七九註（1））である。それ以前の「個人主義的アナーキスム」（『行政法精義』六・XVII）という同語反復的な表現やその後の「アナーキスト的」（『行政法精義』九・二七註（1））という表現も見られるが、このような一連の表現の初出は、おそらく、書評における「理論的アナーキスム（anarchisme doctrinal）」（Maurice Hauriou et Achille Mestre, “Analyses et comptes rendus : *L'Etat, le droit objectif et la loi positive*, par Léon Duguit”, Revue du droit public, 1902, p. 348）であろう。オーリウのこのようなデュギー評はエスマン（cf. Adhémar Esmein, *Éléments de droit constitutionnel français et comparé*, 4e éd., 1906, p. 40）やミシュウ（cf. Léon Michoud, *La théorie de la personnalité morale et son application au droit français*, 2e éd., t. I, 1924, p. 51）に受容された。それに対して、デュギーは自らを社会主義者と称した（拙著『国民主権と法人理論――カレ・ド・マルベールと国家法人説のかかわり――』二〇一一年一九八頁註（5））が、オーリウの目には、このようなデュギーが「社会主義者であると同時に無政府主義者であるという離れ業」（François Fournié, *Recherches sur la décentralisation dans l'œuvre de Maurice Hauriou*, 2005, p. 53）を演じていると映ったようである。

（5）Delphine Espagno, "Une rencontre entre Léon Duguit et Maurice Hauriou : l'analyse institutionnelle du service public" in *Études en l'honneur du professeur Jean-Arnaud Mazères*, 2009, p. 336.

（6）例えば、オーリウとデュギーは「際立って対照的な学風をもっており」（磯部・前掲論文註（3）、三九五頁）、「オーリウの議論の仕方［は］デュギーの議論の直線的な明晰さと比べた場合、あまりにも複雑微妙な陰翳に富む」といわれる（三九七頁）。

（7）磯部力「モーリス・オーリウの行政法学」兼子仁・磯部力・村上順『フランス行政法学史』一九九〇年二五三頁註（13）。もちろん、オーリウの行政法理論に精通している磯部力がこのような「表面的な理解」に与しているわけではない。

（8）Jean-Arnaud Mazères, "Duguit et Hauriou ou la clé caché" in Fabrice Melleray (dir.), *Autour de Léon Dugit*, 2011, p. 116.

（9）M. Milet, supra note（1）, p. 108.

（10）F. Fournié, *supra note*（4）, p. 52. その結果、両者の論争には「人為的な（artificielle）」（Jean-Arnaud Mazères, "Préface", Julia Schmitz, *La théorie de l'institution du doyen Maurice Hauriou*, 2013, p. 16）ものがなかったといえなくもない。その原因の可能性の一つとして、公法学におけるパリ大学と地方大学の対立（第一章第一節註（140）参照）が挙げられる（M. Milet, supra note（1）, p. 109）。

（11）同右・一一三頁。

（12）F. Fournié, *supra note*（4）, p. 53.

（13）Cf. M. Milet, supra note（1）, p. 88 ; Frédéric Audren et Marc Milet, "Préface Maurice Hauriou sociologue Entre sociologie catholique et physique sociale", Maurice Hauriou, *Écrits sociologiques*, 2008, pp. IX–XIV ; Jean-Michel Blanquer et Marc Milet, *L'Invention de l'État*, 2015, pp. 44-51.

（14）同右。

（15）オーリウとデュギーは互いに相手をtuで呼び合う間柄であった（cf. A. de Laubadère, supra note（2）, p. 24 ; F. Audren et M.

Milet, supra note（13）, pp. Ⅸ-ⅩⅥ）が、息子であるアンドレ・オーリウが語ったとされる「逸話」によれば、ある日、オーリウはデュギーに贈る抜刷の献辞についてしばらく逡巡した後、A toi, Léon ! と記したそうである（Lucien Sfez, *Essai sur la contribution du doyen Hauriou au droit administratif français*, 1966, p. 69）。また、本書の筆者の手元には『伝統的社会科学』のオーリウからデュギーへの献呈本があるが、その献辞は、

A mon cher collègue Duguit/Hommage amical/M. Hauriou

である（同書にはさまざまな書き込みがなされたり線が引かれたりしているが、それらがデュギーの手によるものであるか否かは明らかではない）。これら以上に興味深いのは、オーリウがデュギーに行政法の体系書の共著を提案したのに対して、デュギーが「丁重に」断ったという事実（*ibid.*）である。

（16） 磯部・前掲論文註（3）、三九六頁。

（17） 磯部・前掲論文註（7）、二五三頁註（13）。さらに、cf. José Fernando de Castro Farias, La reformulation de l'État et du droit à la fin du XIXème siècle et au début du XXème siècle : les énoncés de Léon Duguit et de Maurice Hauriou, thèse（Université Montpellier Ⅰ）, 1992（microfiche）, pp. 35-42, 飯野賢一「モーリス・オーリウの公法学説研究（一）——制度理論・ナシオン主権論の構造解明に向けての試論——」早稲田大学大学院法研論集八七号一九九八年五頁も参照。

（18） Jean-Marc Trigeaud, "Théorie de l'État et réalisme sociologique dans la pensée de Duguit et Hauriou" in Simone Goyard-Fabre（dir.）, *L'Etat au XXe siècle*, 2004, p. 19.

（19） L. Sfez, *supra note*（15）, p. 25.

（20） 前掲拙著註（4）、九四頁。

（21） Cf. Christopher Berry Gray, *The Methodology of Maurice Hauriou*, 2010, p. 19.

（22） したがって、ドイツ法実証主義国法学（より一般的には、ドイツ法学）との関係でオーリウが批判の対象としたのは、擬制説というよりも、サヴィニー・ギールケ・イェリネクにとって共通の基盤である意思理論であったということができる。また、一元的な内部構造を有する人格概念については、同右・九一-九二頁、一三六-一三八頁、二七二-二七三頁および三一八-三一九頁参照。

（23） 同右・一八四頁。

（24） Cf. J.F. de Castro Farias, supra note（17）, pp. 310-327.

（25）　宮沢俊義『公法の原理』一九六七年九七頁。オーリウによれば、法と国家を、デュギーは分離するのに対して、ケルゼンは同視するので、この点で両者は対極に位置するが、デュギーは客観法のみに、ケルゼンは制定された法のみに、それぞれ依拠するので、二元論という点で両者は一致する。そこで、初期以来一貫して術としての法学を前提として均衡理論に立脚するオーリウは、『憲法精義　第二版』の冒頭（Ⅷ-Ⅹ。さらに、八-一二も参照）でケルゼンを取り上げて、法学から道徳的要素を排除して、法学の役割を制定された法の認識に限定するケルゼンの形式主義を、反個人主義的で現状肯定的であるとして批判する。ただし、オーリウはケルゼンの法理論の論理性と明晰さは高く評価していたようである（L. Sfez, *supra note*（15）, p. 35）。なお、オーリウはケルゼンの法理論の重要性に気づくのが遅かったのではないかという指摘（Eric Millard, “Hauriou et la théorie de l'institution”, Droit et société, 1995, p. 389 : F. Fournié, *supra note*（4）, p. 53）があるが、デュギーやカレ・ド・マルベール（前掲拙著註（4）、三〇二-三〇三頁および三〇四-三〇五頁参照）と比べて必ずしもそうとはいえないであろう（さらに、cf. L. Sfez, *supra note*（15）, pp. 35-36 note 96）。ケルゼンの法理論がフランスの法学界で知られるようになるのは、デュギーが『憲法論』の第二版でケルゼンを取り上げてからであるといわれる（Carlos Miguel Herrera, “Duguit et Kelsen : la théorie juridique, de l'épistémologie au politique” in Olivier Beaud et Patrick Wachsmann（dir.）, *La science juridique française et la science juridique allemande de 1870 à 1918*, 1997, p. 327）が、デュギーは同書においてケルゼンの法理論の独自性に注目しているわけではない（第一巻（一九二一年）と第二巻（一九二三年）との索引参照）。ケルゼンの法理論がフランスの法学界において広く認知されるようになるのは、おそらく、『一般国家学（*Allgemeine Staatslehre*）』一九二五年の要約である“Aperçu d'une théorie générale de l'Etat”が公法雑誌（一九二六年）に公表されてからであろう（cf. J.-M. Blanquer et M. Milet, *supra note*（13）, p. 346）。

（26）　Cf. Léon Duguit, “De la situation juridique du particulier faisant usage d'un service public” in *Mélanges Maurice HAURIOU*, 1929, pp. 256-257.

（27）　晩年のデュギーは法の効力論に「大衆が正義ついて抱く感情」（Léon Duguit, *Traité de droit constitutionnel*, 2e éd., t. I, 1921, p. 55 : 3e éd., t. I, 1927, p. 125）を導入するが、これをもってある論者はデュギーの「自然法への回帰」（Denis Salas, “Droit et institution : Léon Duguit et Maurice Hauriou” in Pierre Bouretz（dir.）, *La force du droit*, 1991, p. 203）であるという。さらに、中井淳『デュギー研究』一九五六年四五-四七頁も参照。このような変化の原因は、第一次世界大戦における息子の戦死が惹起した「精神的危機」にあるといわれる（Albert Brimo, *Les grands courants de la philosophie du droit et de l'état*, 2e éd., 1968, p. 194）。

（28） Hansjügen Friedrich, *Die Institutionenlehre Maurice Haurious*, 1963, S. 14.

（29） Jean-Louis Clément, "La théorie juridique de Maurice Hauriou : l'adhésion de la démocratie chrétienne 1919-1930" in Annie Stora-Lamarre, Jean-Louis Halpérin et Frédéric Audren（dir.）, *La République et son droit*（*1870-1930*）, 2011, p. 163.

（30） 制度体論のこのような自然法的傾向を、ルナールがさらに推し進めたのに対して、ロマーノは逆に法実証主義化した（第二章第三節註（37）および（39））。その結果、フランスにおいて一九三〇年代に頂点に達した制度体論は「衰退の一途を辿る」（序章第二節註（3））ことになるのである。さらに、cf. Fabrice Melleray, "Remarques sur l'école de Toulouse" in *supra note*（5）, pp. 535-536.

（31） 高橋和之『現代憲法理論の源流』一九八六年二八八-二八九頁。

（32） 同右・二九〇頁。

（33） 同右・二九一-二九二頁。

（34） 同右・三四八-三六三頁参照。「社会勢力との関連で政治制度を把握する視座」、あるいは「社会的利害の対立がいかにして政治領域へ反映されそこで統合されて行くかという視点」の中に政党が取り入れられるには、オーリウ、デュギー、カレ・ド・マルベールよりも新しい世代の登場を待たなければならなかった。具体的には、例えば、cf. Joseph-Barthélemy et Paul Duez, *Traité élémentaire de droit constitutionnel*, 1926, pp. 161-185 : Les mêmes, *Traité de droit constitutionnel*, nouvelle éd., 1933（同書は一九八五年と二〇〇四年に復刊されたが、本書はオリジナル版を用いた）, pp. 158-182. したがって、「『法学的代表』概念から『社会学的代表』概念へ」（三九九頁。さらに、高橋和之『国民内閣制の理念と運用』一九九四年二一一-二三三頁も参照）というとき、この世代の存在を忘れてはならない（高橋・前掲書註（31）、四〇一頁註（5）参照）。また、オーリウとデュギーはドイツ・ヴァイマル期における法実証主義国法学批判を先取りしていたといえるが、その際、カール・シュミットに対するオーリウの影響を過大評価すべきではないというのが本書の立場である（石川健治『自由と特権の距離［増補版］』二〇〇七年一九一-一九七頁参照）。オーリウとシュミットの関係については、さらに、cf. Caroula Argyriadis-Kervégan, "Rapprochements entre la théorie de l'institution de M. Hauriou et de la doctrine publiciste allemande de la fin du XIXe et du début du XXe siècle" in Jean-Philippe Bras（dir.）, *L'institution*, 2008, pp. 145-150.

（35） 小島慎司は droit acquis の訳語として既得権は不適切であるとして「取得された権利」を用いる（小島慎司『制度と自由』二〇一三年二二八-二二九頁註（1）および二五六-二五八頁）。ここでは、「法律効果を発生した権利」と訳すのがふさわしいであろう。なお、権利それ自体が客観的であるということは、政治的憲法と社会的憲法（前節註（86）参照）が規約法に属するので後者において保障された人権が規約法に属するということと一致する。

（36）J.-A. Mazères, supra note (8), p. 122.

（37）Cf. Wolfgang Friedmann, *Legal Theory*, 5th ed., 1967, pp. 224-225 ; Julius Stone, *Social Dimensions of Law and Justice*, 1966, p. 522.

（38）Ibid., p. 119.

（39）Ibid., p. 133.

（40）Ibid., p. 137.

（41）Ibid., p. 127.

（42）オーリウとデュギーに共通する「集団的なもの」がヴィシー政権へとつながる可能性を孕んでいるのではないかと指摘する論者が存在する（三三頁参照）が、少なくともオーリウについては、その個人主義からすれば、このような指摘は杞憂にすぎない（論者によっては悪意のある曲解）というのが本書の筆者の理解である。

（43）前掲拙著註（4）、四-五頁参照。

（44）樋口陽一『憲法〔第三版〕』二〇〇七年一八二-一八四頁および二三五-二三六頁。

（45）木下智史『人権総論の再検討』二〇〇七年一八九-一九六頁参照。

（46）井上武史『結社の自由の法理』二〇一四年三頁。

（47）憲法の教科書レベルで、全体と個人の関係について考察するものとして、井口文男『憲法Ⅰ〔総論・統治〕』二〇〇二年一-六頁参照。また、石川健治「公法における『人』の属性——憲法と『人の法』」公法研究七五号二〇一三年は、わが国の戦後の憲法学界における、個体性を削ぎ落とした人格一辺倒の人権論（その際、実体としての人格（オーリウのいう精神人格）と法人格とが区別されない（第二章第三節註（12）参照））を暗に批判する。

（48）ここでは視野を憲法学界に限定するが、結社の自由を再検討する橋本基弘『近代憲法における団体と個人』二〇〇四年は、一方で、「国家、個人、結社の三者関係」（iii頁）を設定することからはこのような動きに属するといえるが、他方で、結社を「実体ではなく、個人間の関係ととらえる」（一九五頁）ことからこのような動きには属さないとみるべきであろう。ただし、「個々の主体間にある関係性においては、個人の有する人権に還元し得ない法的利益が存在する。"We"の響きには、"You and

「『何か』がある」としたうえで、結社の自由をこのような意味における「『関係性』において再構築」する（岡田順太『関係性の憲法理論』二〇一五年八七頁および八三頁）となると事情は異なる。

(49) 井上・前掲書註（46）、七頁。

(50) 同右・九頁。

(51) 同右・三二四頁。その結果、「一般法人法［＝一般社団法人及び一般財団法人に関する法律（二〇〇六年）］における準則主義による法人格取得を定めた部分（二二条）は、憲法上の効力をもつと評価できる」（三二七頁）。さらに、本書註第二章第一節（64）も参照。

(52) これは解釈者の立場であり、憲法制定者にとっては、国家と結社で異なる法人理論を採用することは当然可能である。

(53) 石川・前掲論文註（47）、五七–五九頁参照。

(54) J. Schmitz, *supra note* (10), pp. 146–147.

(55) それに対して、擬制説は一方で、法人格の付与という点では集権的な国家観に立脚しており（前掲拙著註（4）、六九頁参照）、他方で、自然人との関係で擬制説を徹底すれば、自然人の法人格を支える実体をも否定するに至るということを忘れてはならない。

あとがき

本書は、先の拙著『国民主権と法人理論――カレ・ド・マルベールと国家法人説のかかわり――』二〇一一年の続編というよりも姉妹編である。換言すれば、両書は連続関係というよりも平行関係にあり、先の拙著が法実証主義に立脚するカレ・ド・マルベールの国民主権論を法人理論によって分析したのに対して、本書は自然法論に立脚するオーリウの法理論と法的国家論とを同じく法人理論によって分析した。カレ・ド・マルベールとオーリウは、それぞれが立脚する法実証主義と自然法論という点で、さらに、オーリウが従来の国民主権論（＝国家法人説）を制度体論によって乗り越えようとしたという点で、対極に位置しており、本書の目的の一つは、先の拙著に続いてこのようなオーリウを取り上げることによって、フランス第三共和制下の憲法理論のもう一つの側面を描出することである。対極に位置する論者を取り上げることには節操がないようにも思えるが、そもそも学問は主観的な節操によって行うものではない。その目的はそれぞれの分野における客観的な認識であり、それに到達するためには多面的で帰納的な考察が不可欠である。もちろん、演繹的な思考も必要であろう。しかし、演繹的な思考に固執した論者が往々にして独善的な帰結に至る例は枚挙にいとまがない。

ところで、当初は、『代表制と制度体論』というタイトルの下、先の拙著の残された課題であるとともに、国家法人説-国民主権論の弱点の一つである代表制論について、主として Vincenzo Zangara, *Rappresentanza istituzionale*, 2ª ed., 1952 を手がかりにして制度体論をとおして考察することによって、続編を執筆する予定であった。その際、序章第二節に対応する形で、本章において、現代フランスが生んだ最高の憲法・政治学者であるビュルドーをオーリウの制度体論の後継者として位置づけて論じるつもりであった。しかし、オーリウに関するさまざまな文献を読み進めるにしたがって、彼自身を論じざるをえなくなり、それに連動してタイトルも現在のように改めた。その結果、ビュルドーに関しては竜頭蛇尾に終わったというよりも、ビュルドーに関する序章第二節は単なる枕詞になってしまった。このような事態に至った原因はわが国の法学界におけるオーリウに関する先行業績にある。もちろん、それらの数が少ないとか、それらの質が低いとかということではない。決してそうではなく、戦前・戦後を通じてオーリウに関する文献はかなりの数に上る（とくに、行政法の領域）し、それらの中には、フランスの法学界における研究水準を超えるものや、彼の法理論と法的国家論とに関する理解の新境地を開くようなものがある。しかし残念ながら、それらをとおして、憲法学の立場から、彼の全体像をつかむことができないのである。

わが国の戦後の法学界は、当初、オーリウに関する戦前の業績を有効に継受したとはいえなかった。このような状況を補って余りあるのが水波朗『トマス主義の憲法学』一九八七年であり、同書は、同『トマス主義の法哲学』一九八七年とともに、彼も含めてさまざまな法学者について論じつつ、ヨーロッパ法学における強固な伝統であるトミスムを顧みないわが国の法学界に対して警鐘を鳴らしたが、わが国の現在の憲法学界がこの警鐘に応えているとは思えない。実定法の領域で彼に関する研究がもっとも多く蓄積されてきたのは行政法の領域である。行政法学界においては、戦後のかなり早い時期から彼に関する研究が行われ、その中にあって、神谷昭『フランス行政法の研究』一九六五年や兼子仁『行政行為の公定力の理論』一九六一年が代表的である。そして、亘理格「行政による契約と行政決定（décision exécutoire）（一）-（三・完）——フランス的行政行為観の形成過程に関する一考察——」法学四七巻二号一九八三年・同巻三号同年・四八巻二号一九八四年などを経て、磯部力「モーリス・オーリウの行政法学」兼子仁・磯部力・村上順『フランス行政法学史』一九九〇年へと至る。磯部論文はそれまでほとんど取り上げられることのなかった法の二つの層という概念を軸に行政法学の立場から彼の全体像を提示することに成功したものであり、その明晰な論旨と相まって、フランスにおける業績も含めてそれまでの研究水準を大きく超えるものである。評価の仕方にもよるが、本書の筆者のみるところ、磯部論文をしのぐ業績は、わが国においてもフランスにおいても、いまだ出現していない。当然、磯部論文は、筆者が本書を執筆するに際して、もっとも頻繁に読み返した文献である。また、異彩を放っているのは木村琢麿『財政法理論の展開とその環境』二〇〇四年であり、同書はそれまでほとんど注目されてこなかった財政法（学）という視点から彼を論じたものであり、テキストの緻密な読み込みに支えられて、磯部論文とは違った形で高水準に達している。このように、わが国の行政法学界における彼に関する研究は多彩かつハイレベルであり、フランスに引けを取らないどころか、このような先行業績を知らない、あるいは、そもそも知ろうとしないフランスにおける研究姿勢には根本的な疑問を抱かざるをえない（例えば、法の二つの層という概念はフランスの法学界ではいまだにほとんど注目されていない（cf. Julia Schmitz, *La théorie de l'institution du doyen Maurice Hauriou*, 2013, pp. 480-481）、換言すればその重要性が十全に認識されていない）。もちろん、このような研究姿勢は欧米の法学界の中でフランスに固有のものでもなければ、彼に関する研究に限ったものでもない。ところで、磯部論文によれば、「オーリウの憲法理論については、……いずれもなお部分的な理解にとどまっており、その体系的な研究はなお今後の課題として残されている」（二五九頁註（31））。これはわが国の憲法学界のみについていっているわけではないが、わが国の憲法学界における彼に関する研究がすでに概観したような行政法学界におけるそれに比べて遅れていることは否めない。その中にあって、飯野賢一「モーリス・オーリウの公法学説研究（一）-（三・完）――制度理論・ナシオン主権論の構造解明に向けての試論――」早稲田大学大学院法研論集八七号一九九八年・八八号同年・九〇号一九九九年は本書のいう中期から後期にかけての制度体論と国民主権論とを扱ったものであり、憲法学界において中立的な立場から彼について論じた初めての本格的な研究である。これとほぼ時を同じくして現れたのが石川健治『自由と特権の距離』一九九九年である。同書は彼のみを取り上げているわけではないが、かなりの部分を用いて主として法人理論という観点から彼の法理論と制度体論とを分析している。制度体論の分析に法人理論という枠組みを用いることはフランスでは珍しくないが、同書はドイツ法学の強い影響を受けたフランス法学という土俵の中で彼・ミシュウ・サレイユ、さらには三者の影響関係を論じており、そこからは当然、オーリウとドイツ法学の対抗関係という視点が浮かび上がってくる。ドイツ法学との対抗関係における法人理論という二つの点がオーリウの法理論と制度体論とを理解するポイントであるというのが本書の立場であり、このうちのいずれを欠いても法学者としての彼の全体像を捉えることはできないであろう。と同時に、ここに、彼の法理論や制度体論が難解であるといわれる真の原因があるというのが筆者の理解である。以上の先行業績を踏まえたうえで、わが国の憲法学界において初めて一冊の書をもって彼について論じたのが小島慎司『制度体と自由』二〇一三年である。同書は彼に固有の政治的自由を、団体理論を踏まえた代表制論の中に位置づけることによって彼の法的国家論に迫ろうとするものであり、その際、私法理論とドイツ法学に周到に目配りすることによって、個々の論点においてこれまでにない高みに到達している。それだけに、わが国の現在の平均的な憲法学者にとって、同書とそこで描かれている彼とは高くて険しい峰々に囲まれているように思われてならない。そこで、本書が目指したのはすでに示唆したように「オーリウの全体像」（高橋和之『現代憲法理論の源流』一九八六年iii頁）に迫ることである。その方法はきわめて単純であり、彼の法理論・法的国家論の基盤を成す制度体論の時間軸に沿った分析を中心に据えることによって、憲法学の立場から「オーリウの全体像」を浮かび上がらせようとするものである。したがって、本書は磯部論文の憲法学版を狙ったわけであるが、そこで取り上げられた論点については、先行業績を踏まえるのに手いっぱいで、ほとんど新しいものを加えることができなかった。本書は、良くいえばこれまでの内外の先行業績を総合したもの、悪くいえば屋上屋を重ねるものにすぎないということになるであろう。

このように本書はささやかな小著にすぎないが、それを執筆する過程においてさえ、幸運と不運が交錯した。ここで幸運とは、二〇一〇年に『行政法精義』の初版から第一一版が一括して復刊されたことである。本書の筆者は、すでに先の拙著を執筆する過程で、近い将来何らかの形でオーリウを論じなければならないと思っていたが、そうすることに躊躇を感じざるをえなかった。その原因は、同書を手元に置いて自在に利用することができないことにあり、彼の全体像を捉えるに際してさまざまな論点の変遷を検討するには、同書のすべての版が必要不可欠なのである。実は、筆者は院生・助手時代からフランスの憲法関係書を中心に古書の収集に情熱を燃やしてきたし、現在もそうしている。しかしその間、同書には手を出さなかった、というよりも手を出すことができなかった。その理由は、同書の個々の版が入手困難で高額であるということだけではなく、そもそも初版から第一一版まで揃える目途がまったく立たなかったからである。二〇一〇年の一二月であったと記憶しているが、このような状況の下で、日本総販売代理店である五山堂書店から復刊の案内が届いたときには天の啓示を感じたものである。それに対して不運とは、第一に、Julia Schmitz, *La théorie de l'institution du doyen Maurice Hauriou*, 2013 の出版である。同書が筆者の手元に届いたのは第二章第二節二のあたりを書いていたときであったと思うが、書くのを中断して五〇〇頁近い同書を読むわけにはいかないので、いったん書き終えてから読まざるをえなかった。その結果として、同書の内容については、構想の段階から取り込むことはできず、主として註で言及するにとどまった。その内容（第一章第一節註（2）参照）は制度体論の哲学的分析が中心であり、その博識と明晰な論理展開とには学ぶべきところが多いが、先行業績と比較してそこにはあまり新しいものが含まれているとはいえないことから、同書を構想の段階から取り込んでいたとしても、確かに本書はより広がりと奥行きのあるものに仕上がったであろうが、本書の構成や本文の内容が大きく変わることはなかったであろう。同書の難点を一つ挙げるとすれば、positivisme・spiritualisme・vitalisme という三つの哲学的立場の内部で別々に分析がなされる、換言すれば中心になるものがないので、本書が目指したオーリウの通時的な全体像がつかみづらい点であろう。おそらく、vitalisme が前二者を統合するように意図されているのであろうが、必ずしも成功しているとはいえないようである。第二の不運は、ほとんど脱稿した時点で Jean-Michel Blanquer et Marc Milet, *L'Invention de l'État*, 2015 の出版を知り、急遽同書を取り寄せたことである。同書の出版は小島慎司『制度と自由』二〇一三年八頁註(22)によって予告されていたといえるが、あまりにもタイミングが悪かった。同書は生涯の論敵であるオーリウとデュギーの同時進行的な伝記であり、そこには両者の法理論・法的国家論の理解や評価にかかわる多くの事実が含まれているが、ごく一部を除いて同書の内容は残念ながらほとんど取り込むことができなかった。

本書の執筆については、先の拙著の出版直後に、成文堂編集部の篠崎雄彦氏から勧めていただいた。先の拙著の経験からすれば、三年もあれば十分書けるであろうと思っていたが、当初の予定より一年近く長くかかってしまった。その間、本書の序章第一節および第二節(「制度化された憲法制定権力と憲法改正権」龍谷紀要三三巻二号二〇一二年)と第一章第一節(「モーリス・オーリウの周辺(1)-(3・完)」龍谷大学社会学部紀要四二号二〇一三年・四三号同年・四四号二〇一四年)とは諸般の事情からすでに公表し、公表にあたって独立した論文としての体裁を整えたが、本書ではそれを復元したうえで若干の加筆・修正を施した。予定より長くかかってしまった原因は、健康が優れない時期があったことや当初の予定より量が多くなったにもあるが、やはり、覚悟はしていたとはいえ、それだけオーリウという法学者が手ごわかったということにある。

このような次第で篠崎雄彦氏には本書の完成を気長に待っていただいたうえに、今回も、校正その他で大変お世話になった。心からお礼を申し上げる。

二〇一五(平成二七)年五月

時本義昭

［付記］
本書は、龍谷大学から二〇一五（平成二七）年度出版助成を受けて出版された。

人名索引

( )内は註の番号である

〈あ〉

芦部信喜（1923-1999）
……1-3,5-7,8(4)・(13),9(20)・(23),12(44),12-13(45),13(53),15,20-22,26(39),28(52),29(63),94-95(114),379(143)
アラン（Alain（Émile-Auguste Chartier), 1868-1951）……75(11),78(23)
アリストテレス（Aristoteles, 前 384-322）……175,261(22),277(129)
アルトジウス（Johannes Althusius, 1557(1563)-1638）……295
アロン（Raymond Aron, 1905-1983）……419,429(1)
アンシュッツ（Gerhard Anschütz, 1867-1948）……4,12(43)
飯野賢一…191-192(7),256,286,368(79)
イェリネク（Georg Jellinek, 1851-1911）……55,118,122,138,234,235,240,264(38),275(112),302(12),331,354,361(12),375(119),417(107),421,422,431(22)
イェーリング（Rudolph von Jhering, 1818-1892）……204,215,259(12)
筏津安恕（1950-2005）……272(96)
石川健治……11(42),33,176,194(30),301(6),303(30)
磯部力……155(25),171,172,204,262-263(34),332,333,430(7)
井上武史……428
ヴァリーヌ（Marcel Waline, 1900-1982）……26(39),258(9)
ヴァルデック＝ルソー（Pierre Marie René Waldeck-Rousseau, 1846-1904）……187,189,190,198(59)・(60)
ヴィーアッカー（Franz Wieacker, 1908-1994）……89(86),92(102),93(108)
ヴィントシャイト（Bernhard Windscheid, 1817-1892）……268(64)
ヴォルフ（Christian Wolff, 1679-1754）……295
ヴォルムス（René Worms, 1869-1926）……82(45),84(58)
ヴデル（Georges Vedel, 1910-2002）……416(107)
エスマン（Adhémar（Jean-Paul-Hyppolyte-Emmanuel）Esmein, 1848-1913）
……24(13),44,66,67,72,78(23),98(140),103(176),107(207),109-110(229),115,135,136,138,139,163(78),181,196(44),266(51),311,313,320,345,359,375(119)・(121),376(127),379(144),382,425,429(4)
エゼンマン（Charles Eisenmann, 1903-1980）……26(39),404(14)
エリオ（Édouard Herriot, 1872-1957）……387
大石眞……198(64),391
尾高朝雄（1899-1956）……3,12(45),370(84)
（アンドレ）オーリウ（André Hauriou, 1897-1973）……100(161),431(15)
（モーリス）オーリウ（Maurice Hauriou, 1856-1929）
…14,22,23(5),24(10),27(44),31-33,35(9),36(14)・(16),37(25)・(26),38,39,41-44,46,48-50,56,62,65,73,74(1)・(2),77(15),79(25),81-82(36),82(46),83(53)・(54),83-84(55),84(57)・(58),85(59)・(61),96(119)・(121),98(139),100(156)-(158),101(161),104(184)・(186),109(219),113,115-132,134-140,142-152,153(7),

〈か〉

ギールケ（Otto von Gierke, 1841-1921）…32,49,80(34),82(36),122,158(38),179-182,184,194-195(40),195(41)・(42),196(45),197(52),211,216,217,219,227,235,237,243,245,246,263(37),271(83),278(138),303(30),306(53),378(138),422,431(22)
グライツマン（Arnold Gleitsmann, 生没年不明）…………229,230
クラッベ（Hugo Krabbe, 1875-1936）…………370-371(84)
クリューバー（Johann Ludwig Klüber, 1762-1837）…………10(25)
グレヴィー（Jules Grévy, 1807-1891）…………40,387-388,390
グロティウス（Hugo Grotius, 1583-1645）…266(48),268(59),307(72),378(138)
クンツェ（Johannes Emil Kuntze, 1824-1894）…………227,228,271(83)
ケルゼン（Hans Kelsen, 1881-1973）…………16,17,26-27(41),55,92(102),93(105),271(86),275(115),371(84),432(25)
ゲルバー（Carl Friedrich Wilhelm von Gerber, 1823-1891）……107(207),111(231),193(29),203,209,235,258(4)・(5),261(24),264(40),274(109),354,363(28)
小島慎司…………196(42),220,312,330,433(35)
コンスタン（Benjamin Constant, 1767-1830）…………323,408(45)
コント（Auguste Comte, 1798-1857）…………44,161(64)

〈さ〉

サヴィニー（Friedrich Carl von Savigny, 1779-1861）…57,66,67,102(169),107(207),176,177,194(30),195(42),221,267(57),268(59),296,431(22)
サクリスト（Guillaume Sacriste）…………70,98(140),105(187),109-110(229),162(73)
佐藤幸治…………77(23),84(59),302(12),368-369(82)
サルトル（Jean-Paul Sartre, 1905-1980）…………419,429(1)
サレイユ（Raymond Saleilles, 1855-1912）…33,52,57,58,65,69,71-73,87(77),96(119),105(187),108(212),110(229)・(230),110-111(231),111(234),112(236)・(244),170,179,267(57),407(31),418(107)
シエース（Emmanuel Joseph Sieyès, 1748-1836）…………357
ジェーズ（Gaston Jèze, 1869-1953）…………101(161),417(107)
ジェニー（François Gény, 1861-1959）…12(45),31,51,57,58,61,71,85(59),90(94),97(122),108(212),110(229),166(114),264(37),267(57),301(12)
シャルモン（Joseph Charmont, 1859-1922）……58-61,69,95(114),99(147)・(149)
ジュアンジャン（Olivier Jouanjan）…………29(61)
シュタムラー（Rudolf Stammler, 1856-1938）…52-57,61,71,89(82)・(84),90(92),91(98)・(101),92(102),93(105)・(113),94-95(114),96(119)・(120),97(122)・(123)・(125)・(127),99(149),111(231),294,309(86)
シュミット（Carl Schmitt, 1888-1985）……3,4,9 10(24),11-12(42),12(43),13(53),28-29(58),29(63),92(102),261(26),316,324,379(142),416(100),428,433(34)
杉原泰雄…………6,13(49),377(130)
杉山直治郎（1878-1966）…………35(12)
スフェズ（Lucien Sfez）…160(56),242
スペンサー（Herbert Spencer, 1820-1903）…………79(25)
ゾラ（Émile Zola, 1840-1902）…………59

〈た〉

ダイシー(Albert Venn Dicey, 1835-1922)
……338,361(10),367(73),369-370(83)
高橋和之……………………406(26),425,426
高村学人……………………………43,195(42)
田中耕太郎（1890-1974）
……………………………99(149),308(75)
種谷春洋（1931-1987）……………302(12)
タルド（Gabriel Tarde, 1843-1904）
……42-46,48,49,78(23),79(25)・(28),
80(31)・(34)・(35),81(36),82(39),
83-84(55),88(77),105(187),124,
151,159(48),161(61),165(98),
252,279(149),417(107),420,425
団藤重光（1913-2012）
……………………………92(102),96(119)
辻村みよ子………………………………9(20)
ティボー（Anton Friedrich Justus Thibaut, 1772-1840）…………………………66
デュヴェルジェ(Maurice Duverger, 1917-2014)…………………………30(72),389
デュギー（Léon Duguit, 1859-1928）
………28(52),44,61,79(25),84(57),
85(61),96(119),103(174),119,122,
138,162(73),165(101),167(115),202,
203,215,276(123),332,360(9),
370(83),377(134),384,392,403,
410(63)・(69),417-418(107),419-421,
423-426,429(2),429-430(4),430(6),
430-431(15),432(25)・(27),433(34),
434(42)
デュクロック(Théophile Ducrocq, 1829-1913)……………………………166(113)
デュメニル(Georges Dumesnil, 1855-1916)
…………………………………………185
デュルケム(Émile Durkheim, 1858-1917)
……………………42-46,48,77-78(23),
79(25)・(28),80(31)・(35),81-82(36),
122,124,125,151,161(61),176,
193(25),227,242,252,261(25),
281(170),417(107),420,425
デランドル（Maurice Deslandres, 1862-1941）…………………69-71,107(207),
108(212)・(213)・(216),108-109(219),
109-110(229),110(230),111(231),
345,418(107)
土井真一……………………………369(82)
ドブレ（Michel Debré, 1912-1996）
……………………………………106(201)
ドマ（Jean Domat, 1625-1696）……203
トマス・アクィナス（Thomas Aquinas, 1225-1274）………………175,308(75)
トリーペル(Heinrich Triepel, 1868-1946)
………228-230,271(86),272(92),385
ドレフュス(Alfred Dreyfus, 1859-1935)
…………………………………………59
トロペール（Michel Troper）
…………………………360(9),405(14)

〈な〉

中井淳（1903-1954）………………88(78)
仲野武志……144,160(55),173,280(167)
ナポレオン（Napoléon Bonaparte, 1769-1821）…………………………101(164)
野田良之（1912-1985）
…………………50-52,93(104),97(122)

〈は〉

ハイエク（Friedrich August von Hayek, 1899-1992）……………………………149
橋本基弘…………………………195(42)
バジョット(Walter Bagehot, 1826-1877)
…………………………………406(26)
バルテルミー(Joseph Barthélemy, 1874-1945)
…26(39),294,376-377(127),416(107)
樋口陽一……………………………6,427
ピノン（Stéphane Pinon）
………………108(217),389,408(50)
ビュルドー(Georges Burdeau, 1905-1988)
………1,7,8(4),14-21,23(5),24(15),
25(23)・(32)・(33),26(40),26-27(41),
27(44),28(52)・(55),28-29(58),
29(63),30(72)・(74),87(75),
372(92),408(47)
ビュルラマキ（Jean-Jacques Burlamaqui, 1694-1748）………………308(81)

フェアドロス（Alfred Verdross, 1890-1980）……94(114)
ブトミー（Émile Boutmy, 1835-1906）……67, 68, 101(164)
プーフェンドルフ（Samuel Pufendorf, 1632-1694）……86(70), 268(59), 272-273(96), 295
プフタ（Georg Friedrich Puchta, 1798-1846）……268(64)
プラトン（Platon, 前 427-347）…175, 253
プラニオル（Marcel-Fernand Planiol, 1853-1931）……236, 268(64)
ブリッソー（Jean-Baptiste Brissaud, 1854-1904）……104(186)
フリードマン（Wolfgang Friedmann, 1907-1972）……94-95(114), 97(125)
フルニエ（François Fournié）……280(167), 305(41)
プレロー（Marcel Prélot, 1898-1972）……28(55)
プロイス（Hugo Preuß, 1860-1925）……227
ヘーゲル（Georg Wilhelm Friedrich Hegel, 1770-1831）……163(83), 268(59)
ベーゼラー（Georg Beseler, 1809-1888）……219, 227, 274(109)
ベルクソン（Henri Bergson, 1859-1941）……196(42), 208, 260(21), 277(129)
ベルテルミー（Henry Berthélemy, 1857-1943）……101(161), 155(26), 345
ボー（Olivier Beaud）……26(40), 29(63), 351-353, 355
星野英一（1926-2012）……413(86)
ボダン（Jean Bodin, 1531-1596）……373(109)
ホッブズ（Thomas Hobbes, 1588-1679）……428
ボナール（Roger Bonnard, 1879-1944）……20, 27-28(52)
ボヌカーズ（Joseph-Julien Bonnecase, 1878-1950）……96(119), 418(107)

〈ま〉

マク＝マオン（Edme Patrice Maurice, comte de, Mac-Mahon, 1808-1893）……40
マゼレ（Jean-Arnaud Mazères）……290, 304-305(41), 426, 427
三島淑臣……55
ミシュウ（Léon Michoud, 1855-1916）……33, 169, 170, 179, 181, 196(45), 215, 216, 234, 256, 263(37), 265(42), 267(57), 365(46), 423, 429(4)
水波朗（1922-2003）……90(94), 127, 129, 159(44), 163(83), 288, 310, 360(6)
宮沢俊義（1899-1976）……2, 3, 6, 26(39), 89(78), 94(114), 102(167), 220, 370(84), 400, 408(53), 415(96), 427
ミルラン（Étienne Alexandre Millerand, 1859-1943）……386-388, 390
メストル（Achille Mestre, 1874-1960）……27(44), 416(107)
メスナー（Johannes Messner, 1891-1984）……89(84)
モーラス（Charles Maurras, 1868-1952）……295, 307(70)
モール（Robert von Mohl, 1799-1875）……10(25)
モンテスキュー（Charles de Secondat, baron de la Brède et de Montesquieu, 1689-1755）……327, 328, 364(39), 404-405(14)

〈ら〉

ライプニッツ（Gottfried Wilhelm Leipniz, 1646-1716）……80(34)
ラートブルフ（Gustav Radbruch, 1878-1949）……12(44), 56, 93(113), 94-95(114)
ラーバント（Paul Laband, 1838-1918）……4, 31, 107(207), 111(231), 188, 235, 271(86), 274(109), 275(113), 363(28), 392, 393, 410(65), 411(72), 411-412(77), 421
（ジュリアン）ラフェリエール（Julien Laferrière, 1881-1958）……16, 24(16)

（フィルマン）ラフェリエール（Louis-Firmin-Julien Laferrière, 1798-1861）……66, 105(193)
ラブレー（Édouard-René Lefebvre de Laboulaye, 1811-1883）……66, 67
ランベール（Édouard Lambert, 1866-1947）……112(244), 415(95)
リヴェロ（Jean Rivero, 1910-2001）……416(107)
ルイ一八世（Louis XVIII, 1755-1824）……98(129)
ルイ＝ナポレオン（Charles Louis Napoléon Bonaparte, 1808-1873）……40
ルソー（Jean-Jacques Rousseau, 1712-1778）……139, 159(46), 272(96), 345
（ドミニク）ルソー（Dominique Rousseau）……413(88)
ルナール（Georges Renard, 1876-1943）……264(37), 290, 304(37), 433(30)
ルビエ（Paul Roubier, 1886-1964）……50, 86(67)
ル・フュール（Louis Le Fur, 1870-1943）……86(66), 178, 266(51)
ル・プレー（Frédéric Le Play, 1806-1882）……413(86)
ルロワ（Maxime Leroy, 1873-1957）……78(23)
レーヴェンシュタイン（Karl Loewenstein, 1891-1973）……9(24)
レオ一三世（Leo XIII, 1810-1903）……40, 58, 60, 75(6), 138
レオン・ブルジョワ（Léon Bourgeois, 1851-1927）……43, 78(23)
レズローブ（Robert Redslob, 1882-1962）……386, 390
ロッシ（Pellegrino Rossi, 1787-1848）……25(19), 66, 102(165), 105(193), 107(207)
ロマーノ（Santi Romano, 1875-1947）……304(39), 433(30)

〈わ〉

我妻栄（1897-1973）……236

著者紹介

時本義昭（ときもと　よしあき）

1961年　愛媛県生まれ

1993年　京都大学大学院法学研究科博士課程単位取得退学

現　在　龍谷大学社会学部准教授（憲法学）

　　　　法学博士（京都大学）

主要著書

『国民主権と法人理論』（2011年，成文堂）

カレ・ド・マルベール『法律と一般意思』［翻訳］（2011年，成文堂）

モーリス・デュヴェルジェ『フランス憲法史』［翻訳］（1995年，みすず書房）

法人・制度体・国家

―オーリウにおける法理論と国家的なものを求めて―

2015年12月20日　初版第1刷発行

著　者　時本義昭

発行者　阿部成一

〒162-0041　東京都新宿区早稲田鶴巻町514番地

発行所　株式会社　成文堂

電話 03(3203)9201(代)　FAX 03(3203)9206

http://www.seibundoh.co.jp

製版・印刷　三報社印刷　　製本　弘伸製本

☆乱丁・落丁本はお取り替えいたします☆

ISBN978-4-7923-0585-7　C3032　**検印省略**

定価（本体9000円＋税）